En amical hommage

Rita Thalmann

le 30.1.1991

LA MISE AU PAS

Du même auteur

La Nuit de Cristal. 9-10 novembre 1938, Paris, Laffont, 1982; trad. anglaise Londres-New York, 1974; trad. allemande, Francfort/Main, 1986.

Protestantisme et nationalisme en Allemagne de 1900 à 1945, Paris, Klincksieck, 1976.

Jochen Klepper, ein Leben zwischen Idyllen und Katastrophen, München, Kaiser, 1977.

Être femme sous le IIIᵉ Reich, Paris, Laffont, 1982; éd. allemandes : München, Hanser, 1984 et Berlin, Ullstein-Lange, 1986.

La République de Weimar, Paris, P.U.F. coll. « Que sais-je ? », 1986; éd. portugaise, Rio de Janeiro, Zahar, 1988; éd. italienne, Naples, 1988; éd. japonaise, Tokyo, Hakusui Sha, 1990.

Ouvrages collectifs

Alfred Grosser (dir.), *Dix leçons sur le nazisme,* Paris, Fayard, 1976; éd. allemandes : München, Hanser, 1977 et Francfort/Main, Fischer, 1980; éd. italienne, Milan, B.U.R. 1977.

Rita Thalmann (dir.), *Femmes et Fascismes,* Paris, éd. Tierce, 1986; éd. japonaise, Yamada-Tashiro, 1990.

Rita Thalmann (dir.), *La tentation nationaliste,* Paris, éd. Tierce, 1990.

Rita Thalmann

LA MISE AU PAS

Idéologie et stratégie sécuritaire dans la France occupée

Fayard

AVANT-PROPOS

Il y a plus de vingt ans, l'historien ouest-allemand Eberhard Jäckel s'étonnait, dans sa préface à l'édition française de son livre *La France dans l'Europe de Hitler* * de voir que la politique de Vichy avait été largement étudiée et discutée par des historiens français alors que celle de l'Allemagne à l'égard de la France était presque complètement ignorée d'eux. Lacune d'autant plus surprenante que, si les archives françaises concernant cette époque sont encore souvent inaccessibles et risquent de le rester durant bon nombre d'années, on peut en revanche accéder assez facilement aux archives allemandes, du moins en RFA, voire désormais à celles de l'ex-RDA. Véritable travail de pionnier, l'ouvrage de Jäckel retrace avec précision les étapes de la politique française d'Hitler, marquée par sa volonté d'affaiblir durablement la France, pays qu'il considérait déjà, dans *Mein Kampf*, comme le principal obstacle à l'hégémonie du Reich en Europe, et par les illusions qu'elle suscitait chez ses interlocuteurs français qui se raccrochaient à une collaboration qui n'était dans l'esprit du chancelier qu'une stratégie d'isolement et d'asservissement.

Restait à voir, et c'est l'objet de la présente recherche, comment cette stratégie fut mise en œuvre dans la pratique quotidienne des différentes autorités d'occupation : administration militaire (*Militärbefehlshaber in Frankreich*-MBF), services politiques de l'ambassade d'Abetz, *Propaganda Abteilung* du Dr Goebbels, état-major d'inter

* Eberhard Jäckel, *La France dans l'Europe de Hitler*, Fayard, 1968.

vention (*Einsatzstab*) d'Alfred Rosenberg, agents initialement peu nombreux mais omniprésents à partir de 1942 de la Sipo-SD. Sigle sans doute moins connu des Français que celui de Gestapo, mais qui correspond plus exactement aux rôles respectifs de la police de sûreté (*Sicherheitspolizei*-Sipo) à laquelle furent intégrés vingt-trois des vingt-cinq groupes de la sûreté militaire (*Geheime Feldpolizei*-GFP) et des services de sécurité (*Sicherheitsdienst*-SD), plus spécialisés dans le renseignement en liaison avec l'Abwehr, même si les sept sections de l'appareil policier du Reich, réunies depuis septembre 1939 dans l'Office central de sécurité du Reich (*Reichssicherheitshauptamt*-RSHA) sous l'autorité de Heydrich et de Himmler, agissaient de concert dans certaines opérations.

Devant un aussi vaste champ d'investigation, un choix s'imposait. Le hasard d'une conversation m'a orientée vers l'important fonds d'archives de l'administration militaire allemande en France, dit de l'hôtel Majestic, dont disposent les Archives nationales. Fonds qui n'avait jamais fait l'objet d'une analyse systématique et se trouvait, du moins lorsque j'ai commencé mes recherches à l'automne 1984, libre d'accès jusqu'à ce que, à la faveur de l'informatisation, il soit soumis à son tour aux rigueurs de la réglementation. Environ la moitié de ce fonds a trait à l'exploitation économique de la France, sujet qui, avec les dossiers d'aryanisation des biens juifs et de séquestres de biens ennemis, relève de spécialistes du droit et de l'histoire économique. L'autre moitié, soit environ 100 cartons, couvre pratiquement tous les aspects relatifs à l'organisation et au fonctionnement de l'administration militaire allemande, depuis les relations entre les nombreux services relevant de son autorité ou de celle d'Otto Abetz, responsable des affaires politiques, celles avec les différents pouvoirs de tutelle du Reich, notamment le haut commandement militaire (OKH et OKW), les ministères Ribbentrop et Goebbels, jusqu'aux relations avec les divers interlocuteurs français.

Si j'ai finalement renoncé à analyser la répression policière à l'égard des Juifs et des résistants, c'est parce qu'elle n'apparaît que dans un peu moins du quart de ce vaste ensemble et n'apporte pas suffisamment d'éléments nouveaux au regard des travaux déjà réalisés, notamment par Anne Grynberg, Serge Klarsfeld et le Centre de documentation juive contemporaine sur la répression antijuive, par Jacques Delarue et Henri Longuechaud sur l'action des polices allemande et française. De plus, compte tenu du rôle dévolu en la matière aux services de police français dûment épurés, renforcés et contrôlés, il paraît difficile d'éclairer les zones d'ombre qui subsistent aussi longtemps que les autorités civiles et militaires ne se décideront pas à ouvrir aux chercheurs les fonds en leur possession. Décision qui aurait pourtant l'avantage de dissiper le malaise qu'entretiennent des silences et des réticences lourds d'ambiguïté, ponctués de révélations qui se veulent fracassantes, d'insinuations sur d'obscures connivences, de polémiques par médias interposés.

Étrange époque, en vérité, où l'effet spectacle, la recherche du sensationnel importent davantage que l'accès à la connaissance, où les modes et les gourous en tout genre, lancés à grand renfort de publicité, prennent le relais des idéologies et des maîtres à penser, où le progrès des techniques de communication, censé ouvrir les esprits à la compréhension du monde sans entraves d'espace et de temps, est le plus souvent monopolisé à des fins mercantiles, l'information devenant un produit de consommation et un instrument de conditionnement. De sorte que, confronté presque en direct à une accélération sans précédent de l'Histoire et aux bouleversements qu'elle induit, noyé, faute des repères indispensables à la réflexion, sous une avalanche de faits, d'images, de discours difficilement vérifiables, il ne reste au citoyen que le pouvoir de se résigner, de s'adapter tant bien que mal à une situation qui le dépasse, ou de réagir en compensant ses frustrations par la recherche de boucs émissaires, le repli métaphysique, voire la fuite dans les paradis artificiels.

Interprété, il y a peu encore, comme une crise passagère des sociétés occidentales, le développement de la xénophobie, du racisme, de l'antisémitisme, des intégrismes de toute nature, qui gagne aujourd'hui à des degrés divers et sous des formes variables aussi bien les pays d'Europe de l'Est qui se sont récemment libérés du « socialisme d'État » qu'un tiers-monde acculé à la misère, montre que le mal est plus profond. On peut certes se rassurer en se disant que la France qui vient de célébrer avec éclat le bicentenaire de sa Déclaration universelle des droits de l'homme et du citoyen reste un havre de démocratie et de tolérance. Il n'empêche que plusieurs millions de Français soutiennent aujourd'hui un parti dont le discours fascisant rappelle singulièrement celui des années trente, qu'une proportion non négligeable d'entre eux n'hésitent plus à se déclarer ouvertement racistes. Or ce sont les mêmes forces, malgré un ravalement de façade et une relève partielle des générations, qui ont sapé les principes, les valeurs, les institutions démocratiques avant-guerre jusqu'à parvenir ensuite, dans le désarroi de la défaite, sous l'effet conjugué de l'invasion allemande, de la démission ou de la complicité d'une grande partie de la classe dirigeante, à instaurer un pouvoir autoritaire n'hésitant pas, sous prétexte de sauver le pays, à pactiser avec l'occupant et à violer les droits élémentaires de la personne humaine.

Ces considérations, l'expérience de ces années de crise majeure de la société française, ma formation en histoire et civilisation allemandes m'ont conduite à privilégier l'analyse de ce moment singulier des relations franco-allemandes que constitue la mise au pas de la France des années 1940-44, appelée, comme le souligne Goebbels dès juillet 1940, à jouer dans une Europe sous égide allemande, « le rôle d'une Suisse agrandie » vouée au tourisme et aux productions de mode. Conception révélatrice de la volonté d'affaiblir durablement la France qu'Hitler présentait, déjà dans *Mein Kampf* et jusque dans son *Testament politique*, comme une ennemie mortelle, mais qui traduit en même temps une sorte de fascination non dénuée d'envie qu'exercent la beauté de ses sites et la subtilité de ses goûts. Comment, en effet, ne pas noter le contraste saisissant entre l'image du chef de la Wehrmacht savourant le triomphe de dicter ses conditions dans ce même wagon de la clairière de Rethondes où l'Allemagne terrassée a dû, vingt-deux ans auparavant, signer sa reddition et celle du visiteur matinal, accompagné d'une escorte réduite, admirant sous la conduite de son architecte préféré les hauts lieux de la capitale – comme le feront à sa suite des dizaines de milliers de ses sujets en bottes et en uniforme ?

Ce qui m'a d'abord frappée à la lecture de la masse de rapports de situation et d'inspection, de comptes rendus de réunions et d'entretiens, c'est la simultanéité de ces deux attitudes : volonté d'une part de subjuguer un pays dont la plupart des occupants n'ont qu'une représentation stéréotypée, produit de la mémoire collective et familiale marquée par les antagonismes séculaires, la formation scolaire, culturelle, politique et militaire, fascination de l'autre – doublée de perplexité – par rapport à un mode de vie, de pensée, de comportement si différent du leur. Par l'analyse de ces documents que complètent, éclairent ou infirment, dans la mesure du possible, des pièces d'archives françaises, des ouvrages d'époque, des mémoires et travaux postérieurs mentionnés dans la bibliographie, j'ai tenté ensuite de comprendre et de faire comprendre pourquoi et comment la mise au pas d'un pays de 45 millions d'habitants avait pu atteindre de telles proportions en si peu de temps, avec des effectifs ne dépassant pas 40 000 hommes même après l'occupation de la zone dite libre. Pourquoi et comment aussi le contrôle du territoire et de son administration, l'épuration et la surveillance de tous les secteurs de la vie publique ont pu s'effectuer sans difficultés notables alors que l'emprise idéologique et culturelle n'a pas abouti aux résultats escomptés.

Dans ses « Rapports sur la France » *(Frankreichberichte)* couvrant les périodes 1934-1939 et 1940-1945, le juriste Friedrich Grimm (l'un des rares experts allemands – avec l'équipe d'Abetz et quelques officiers d'état-major – à connaître effectivement la société française dont il suivait attentivement l'évolution depuis 1923 lorsque, jeune avocat d'Essen, il s'était rendu à Paris pour défendre les intérêts des industriels de la Ruhr occupée) estime que « l'entente germano-française » – pour laquelle il plaidait déjà, comme Abetz, avant son ralliement au IIIe Reich – devait, dans le contexte nouveau créé par la suprématie de l'Allemagne, être fondée sur trois postulats : 1) la coopération *(Zusammenarbeit)* entre l'administration militaire allemande et l'administration française ; 2) la participation française *(Mitarbeit)* au travail politique allemand ; 3) la collaboration *(Kollaboration)* comme programme politique d'avenir impliquant l'intégration de la France dans une Europe sous égide allemande. Ce schéma ternaire, formule privilégiée sous le IIIe Reich à tous les niveaux de la hiérarchie, m'a servi de fil conducteur dans l'élaboration des différents chapitres qui suivent les avatars de sa réalisation en fonction de l'évolution conjoncturelle, de la nature des problèmes abordés et des réactions qu'ils suscitent du côté français comme du côté allemand. Réactions qui ne se limitent pas aux protagonistes de la mise au pas, mais dépendent également de celles d'une opinion publique, objet d'une surveillance permanente de la part des services allemands, évoquée dans le deuxième chapitre.

Telle qu'elle ressort de la mosaïque de données nécessairement partielles et partiales, la mise au pas de la société française fait apparaître, par-delà une stratégie liée aux objectifs militaires, économiques, politiques du IIIe Reich, l'importance des différences de culture, de mentalités, de comportements. Différences qu'accentue, chez les vainqueurs comme chez les vaincus, le contexte particulier de la guerre et de l'occupation nazie, mais qui tiennent aussi au poids de leurs traditions historiques respectives. Car si l'histoire des rapports franco-allemands de cette période est largement déterminée par des facteurs conjoncturels, il n'en subsiste pas moins chez les Allemands comme chez les Français une part de réminiscences, de sentiments, de réflexes, produits de la longue durée, qu'attestent les temps forts et les atermoiements de la mise au pas, ses succès et ses échecs.

REMERCIEMENTS

Compte tenu des difficultés que connaît la recherche universitaire française en sciences humaines et sociales, cette étude n'aurait pu être réalisée sans le soutien matériel et scientifique d'un certain nombre d'institutions et de personnes qualifiées. Je sais gré à la direction du CNRS et à son directeur des sciences humaines et sociales de m'avoir accordé en 1984 une « action spécifique programmée » grâce à laquelle j'ai pu faire appel au concours de mon ancien étudiant Alain Fleury, aujourd'hui professeur de civilisation allemande à l'université d'Orléans, pour le dépouillement des dossiers disponibles aux Archives nationales. De même qu'à M. Jean Favier, directeur général desdites Archives, et à Mme Chantal de Tourtier-Bonazzi, conservateur de leur section d'histoire contemporaine, sans l'aide desquels il m'aurait été impossible de franchir les obstacles imputables aux rigueurs de la réglementation et des ministères versants. Rigueurs qui contrastent singulièrement avec les conditions de travail réservées aux chercheurs des Archives fédérales de Coblence, où le vice-président Friedrich Kahlenberg et le Dr Jürgen Real m'ont apporté, comme lors de mes travaux antérieurs, un concours aussi compétent qu'amical. Quoique d'un abord plus austère, les Archives militaires de Fribourg-en Brisgau m'ont permis de combler certaines lacunes concernant le contrôle des mouvements de jeunesse et l'action du groupe Film de la Propaganda. *Professeur à l'université Paris-VII, qui ne dispose toujours pas d'une bibliothèque littéraire conforme aux besoins d'un grand établissement d'enseignement supérieur, je tiens à remercier la direction et le personnel de la Bibliothèque de documentation internationale contemporaine, le Centre de documentation juive contemporaine et la Bibliothèque de la Fondation nationale des sciences politiques, dont la qualité et la richesse de la documentation m'ont été d'un grand secours. Mes remerciements s'adressent aussi à mon amie Arlette Magnier-Bonner et à M. Denis Maraval, qui ont accepté de relire le manuscrit en me faisant part de leurs observations et de leurs suggestions.*

CHAPITRE PREMIER

Démantèlement et contrôle du territoire

> *« Toute puissance est aujourd'hui notre alliée naturelle qui considère avec nous comme insupportable la passion d'hégémonie de la France sur le continent. Aucune démarche vis-à-vis d'une de ces puissances ne doit nous paraître impossible si nous avons finalement la possibilité d'abattre l'ennemi qui nous hait rageusement. »*
>
> Adolf HITLER, *Mein Kampf* (1925-27).

> *« À l'avenir, la France jouera en Europe le rôle d'une " Suisse agrandie " et deviendra un pays de tourisme pouvant également assurer certaines productions dans le domaine de la mode. Soutenir les efforts du gouvernement français pour établir un régime autoritaire n'aurait donc aucun sens. Toute forme de gouvernement paraissant propre à restaurer les forces de la France se heurtera à l'opposition de l'Allemagne. »*
>
> Directive du gouvernement du Reich à la presse allemande (9 juillet 1940).

Considérée déjà dans *Mein Kampf* comme l'adversaire le plus acharné de l'Allemagne et le principal obstacle à son hégémonie en Europe, la France, défaite en juin 1940, n'a rien à attendre du vainqueur. En occupant son territoire, en choisissant Compiègne et le wagon où les plénipotentiaires allemands avaient dû signer l'armistice en novembre 1918, Hitler marquait sa volonté de revanche envers un pays qu'il entendait réduire à sa merci. D'abord comme théâtre d'opérations contre l'Angleterre, puis, la victoire définitivement assurée, comme fournisseur de biens et de loisirs aux nouveaux maîtres du monde.

En laissant subsister un gouvernement, avec les apparences de la souveraineté sur l'ensemble du territoire français, ce qui semblait respecter le droit international, notamment la convention de La Haye qui définissait depuis 1907 le statut de l'occupation militaire, son objectif prioritaire était de contrôler avec un minimum d'effectifs allemands la réalisation de ses exigences par les différentes instances françaises plus aptes à se faire entendre de la population. En réalité, la convention d'armistice signée le 22 juin 1940 dépassait les clauses de la convention de La Haye puisqu'elle assignait à la France le rôle de théâtre d'opérations de guerre. Ce qui impliquait que le pays vaincu devait non seulement pourvoir à l'entretien et à la sécurité des troupes allemandes sur son territoire, mais aussi contribuer à l'effort de guerre du Reich.

De plus, tout en laissant planer le doute sur le contenu d'un futur traité de paix, Hitler esquissait à travers le régime d'armistice les conditions d'un affaiblissement durable de la France. Abstraction faite des clauses militaires et de ponctions d'ordre économique considérables, le règlement provisoire comportait en effet trois aspects sous-jacents : 1. le démantèlement du territoire français, hormis celui d'outre-mer dont le contrôle militaire fut abandonné aux Italiens jusqu'en 1941 (erreur que Hitler ne devait pas tarder à regretter amèrement); 2. l'épuration et l'orientation de la vie publique; 3. l'utilisation des éléments favorables à la « coopération » – *Zusammenarbeit,* terme ambigu qui signifie à la fois coopération et collaboration – franco-allemande et la répression de toutes les forces jugées hostiles.

Amputations et divisions du territoire français

Selon l'article 2 de la convention d'armistice, le Reich faisait valoir ses droits d'occupation sur 49 des 87 départements métropolitains, soit 21 000 communes, dont la capitale, et 23 millions d'habitants. L'image d'une France coupée en deux zones : le Nord occupé, le Sud non occupé ou « libre », ne correspond ni à la réalité du régime d'occupation ni aux plans d'avenir hitlériens. Abstraction faite de l'invasion allemande de la zone Sud après le débarquement allié, en novembre 1942, avec, il est vrai, le maintien des apparences de la souveraineté de l'État vichyste dans cette zone, la France métropolitaine est divisée en sept zones de statuts différents.

1. *La zone côtière interdite,* d'une profondeur de 10 à 20 kilomètres, allant de la frontière belge à Hendaye, dont l'accès n'est autorisé qu'aux résidents et personnes munis d'un laissez-passer allemand. Dès le 14 août 1940, une ordonnance du haut commandement de la Wehrmacht (OKW) en fait expulser les « indésirables » (Anglais, Juifs Tziganes). Devenue zone de combats,

plus de 650 000 habitants en seront « évacués » entre 1943 et 1944 vers l'intérieur du territoire.

2. *Les départements du Nord et du Pas-de-Calais*, rattachés à l'administration militaire allemande de Belgique. Dans un mémoire d'avril 1941, le général von Falkenhausen, chef de cette administration, note que « le commandement allemand entend se créer et conserver toute liberté d'action dans cet espace limitrophe germano-roman », en ajoutant que « ces régions sont liées depuis toujours du point de vue ethnique *(völkisch)*, économique et géographique à l'espace néerlandais [1] ». D'où le soutien aux séparatistes flamands, français et belges, partisans d'un « *Dietschland* », mais surtout l'isolement total, durant quatre ans, de cette région du reste du territoire français. Malgré les demandes réitérées de Vichy et le soutien de l'administration militaire allemande en France (MBF), seul un assouplissement des communications interviendra en mars 1943, sans entraîner le rattachement au reste de la France occupée.

3. *Une ligne verte ou ligne du Führer* suivant un tracé nord-est qui englobe l'Aisne, les Ardennes, la Meuse, la Meurthe-et-Moselle, les Vosges, également fermée à la libre circulation des Français, en particulier au retour des réfugiés afin, comme le révèle le général Halder dans son journal de guerre, de préserver les régions « dont nous prendrons possession ultérieurement [2] ».

4. *Les trois départements de l'Est* (Haut-Rhin, Bas-Rhin, Moselle), recouvrés par la France en 1918, annexés de fait au Reich dès le 15 juillet 1940 malgré les assurances antérieures d'Hitler et en violation de la convention d'armistice. Ils furent incorporés respectivement aux provinces de Bade et de Sarre-Palatinat [3], et leur administration confiée aux gauleiters Robert Wagner et Josef Burckel, vieux compagnons de lutte du Führer avec mission de les « défranciser » radicalement. Cela eut pour effet le refus du retour des « indésirables » réfugiés à « l'intérieur » au moment de la guerre, l'expulsion de quelque 100 000 Alsaciens-Lorrains jugés inassimilables vers la zone Sud. Quant à ceux qui restent – y compris

les autonomistes hostiles à la République française laïque, qui se réjouissaient du retour à l'Allemagne –, ils perdront jusqu'au droit de garder les écoles confessionnelles et le statut concordataire – l'un des premiers gestes des nouveaux maîtres sera de fermer la cathédrale de Strasbourg et d'expulser l'évêque de Metz. Ils perdront aussi jusqu'au droit de parler le français ou même leur dialecte.

5. *La zone occupée ou zone Nord,* suivant une ligne de démarcation de près de 1 000 kilomètres qui va de la frontière franco-suisse près de Genève jusqu'à la frontière franco-espagnole, en passant par Dôle, Paray-le-Monial, Bourges jusqu'à 20 kilomètres de Tours pour longer ensuite la voie ferrée Angoulême-Libourne-Mont-de-Marsan-Orthez. Après la mise en place d'un contrôle allemand en août 1940, le commandement militaire autorisera, jusqu'en novembre, le retour des réfugiés et des soldats démobilisés en zone Nord, à l'exception des Juifs, interdits de retour dès septembre 1940. Après quoi, il instaurera un régime très strict de laissez-passer dont ne seront même pas exemptés les membres du gouvernement et les fonctionnaires de Vichy.

6. *La zone non occupée ou zone Sud dite « libre ».* Bien que l'administration militaire allemande et l'ambassadeur Abetz n'y aient officiellement aucun pouvoir jusqu'en 1942, elle doit accueillir diverses commissions d'experts allemands, notamment ceux de la commission d'armistice chargés de contrôler l'application des clauses de désarmement, le stockage et la livraison de matériel de guerre. De plus, une antenne plus ou moins camouflée des services économiques, responsable des transports, est installée à Marseille, et l'ambassade du Reich à Paris y entretient plusieurs légations diplomatiques et consulaires. En cas de menace militaire grave, ce que les Allemands appelaient *Ernstfall,* le haut commandement Ouest avait reçu d'Hitler, dès la fin de l'année 1940, l'ordre de préparer un plan d'occupation sous le nom de code « Attila », rebaptisé « Anton » (pour éviter

sans doute le rapprochement avec l'invasion des Huns). Lorsque interviendra, en novembre 1942, l'occupation de la zone Sud, Hitler ordonnera de maintenir la souveraineté de l'État français, tout en ajoutant que « celle-ci cesserait d'exister à partir du moment où elle se révélerait incompatible avec les exigences de l'intérêt militaire[4] ». En application de ces directives, le général Heinrich Niehoff sera nommé, en décembre 1942, « commandant du secteur militaire du sud de la France » *(Kommandant des Heeresgebietes Südfrankreich)* avec pour siège Lyon, un état-major de liaison principale auprès de chacun des six préfets de région et un état-major de liaison auprès de chacun des vingt-six autres préfets. Malgré les nombreuses interventions de Vichy, la ligne de démarcation sera maintenue. Seule concession accordée en mars 1943 : le libre passage des personnes, excepté les Juifs et les « indésirables », ainsi que celui du courrier, hormis les colis.

7. *La zone italienne,* initialement limitée au territoire limitrophe, est étendue après l'occupation de la zone Sud à sept départements (Haute-Savoie, Savoie, Isère, Drôme, Hautes et Basses-Alpes, Var, Alpes-Maritimes), plus une partie de l'Isère et du Vaucluse. Zone occupée par les Allemands, le 8 septembre 1943, après la signature par l'Italie d'un armistice avec les Alliés, ce qui priva les Juifs du dernier refuge contre les déportations opérées par l'occupant avec le concours des autorités vichystes[5].

Ce morcellement territorial ne correspondait ni à des délimitations géographiques ou administratives – la ligne de démarcation ne coupait pas moins de treize départements – ni aux impératifs du haut commandement allemand. Il compliquait singulièrement la tâche de son administration militaire en France (MBF), qui devait s'en plaindre à maintes reprises, mais offrait aux yeux d'Hitler l'avantage de lui assurer un moyen de pression venant s'ajouter aux 2 millions de prisonniers et à l'article 24 de la convention d'armistice selon laquelle le gouvernement du Reich pouvait la dénoncer immédiatement en cas de non-respect des engagements français. Il lui permettait aussi de faire miroiter la perspective de concessions ultérieures tout en préparant le terrain à ses revendications territoriales lors de la conclusion d'un traité de paix. À sa demande, le secrétaire d'État à l'Intérieur, Wilhelm Stuckart, avait en effet élaboré, au printemps 1940, un mémoire qui prévoyait la réduction du territoire français à ses frontières du traité de Westphalie de 1648. Projet que le général Jodl qualifiait de « restitution des territoires volés depuis quatre cents ans au peuple allemand [6] ». Pourtant, en octobre 1940, Hitler déclara que l'Allemagne se contenterait de l'Alsace-Lorraine, du bassin de Briey et d'un couloir au sud de Belfort; le sort du nord de la France dépendrait de celui de la Belgique et des Pays-Bas – même incertitude pour les côtes de la Manche et de la Bretagne. Deux ans plus tard, dans *ses Propos de table* (1941-1944) au quartier général [7], il revient sur la question en incluant cette fois dans ses projets d'hégémonie européenne l'annexion de l'ancien royaume de Bourgogne. L'évolution de la situation militaire en Afrique et sur le front de l'Est relégua ces projets au second plan malgré l'insistance du MBF qui estimait que l'incertitude quant au statut futur de la France détériorait gravement le climat politique et le prestige du gouvernement français dans l'opinion publique, rendant ainsi sa tâche particulièrement délicate.

Or, comme le révélera clairement le rapport final de l'administration du MBF [8], celui-ci ne disposait, même après l'occupation totale de la France, que d'un maximum de 40 000 hommes pour le maintien de l'ordre – effectif sensiblement diminué après les ponctions pour le front de l'Est – face à une population de 45 millions d'habitants. Faiblesse qui croissait avec l'évolution défavorable de la situation militaire du Reich et des exigences matérielles accrues de l'occupant qui en découlaient, suscitant l'hostilité d'une population qui ne pouvait être contenue qu'avec le concours des organismes français, notamment de l'administration. D'où l'importance accordée à la connaissance du système administratif français afin d'en contrôler le fonctionnement et d'assurer la coopération de ceux qui en avaient la charge.

La mise en place de l'administration militaire allemande (MBF)

Deux facteurs favorisaient d'emblée cet objectif. L'article 3 de la convention d'armistice stipulait : « Dans les parties de la France occupée par les Allemands, le Reich exerce tous les droits de la puissance occupante. Le gouvernement français s'engage à favoriser par tous les moyens les ordonnances prises pour l'exécution de ces droits et à les faire appliquer avec l'aide de l'administration française. En conséquence, le gouvernement français doit immédiatement aviser les autorités et services de territoires occupés qu'ils auront à se conformer aux décisions des commandants militaires allemands et à collaborer/coopérer *(zusammenarbeiten)* correctement avec ceux-ci. » Deuxième facteur : l'instauration d'un État français autoritaire, remplaçant le régime parlementaire républicain, avec ses assemblées nationale, départementales, locales élues, par un pouvoir centralisé nommant les administrateurs territoriaux à tous les niveaux et renforçant notablement l'autorité des préfets sur l'ensemble des activités de leur secteur. Structure qui devait faciliter la constitution d'un réseau de contrôle allemand et son orientation.

Dans une première période, allant du 30 juin au 25 octobre 1940, le général d'infanterie Alfred Streccius, ancien expert militaire en Chine, est nommé chef de l'administration militaire [9] cependant que le maréchal von Brauchitsch, chef du haut commandement des armées (OKH), conserve l'autorité d'ensemble afin de préserver les pouvoirs accordés par Hitler à l'exécutif militaire des exigences des différents ministères et organismes du Reich. Après son retour au quartier général de Zossen, près de Berlin, Hitler, conscient de la nécessité d'un exécutif fort, capable d'assurer l'ordre et la sécurité en territoire occupé, ordonne le remplacement de Streccius par le général Otto von Stülpnagel, militaire de carrière énergique malgré ses soixante et un ans, nommé commandant militaire en France (*Militärbefehlshaber in Frankreich,* MBF, qui sera aussi l'intitulé de tous les services relevant de son autorité). Installé à l'hôtel de Talleyrand, ce chef au physique peu engageant, doté d'une volonté et d'une capacité de travail peu communes et redouté de ses collaborateurs, va exercer durant quatorze mois les fonctions d'un véritable gouverneur du Reich en France. Son retrait, à sa demande, par suite de divergences avec le haut commandement en février 1942 sur l'opportunité d'exécutions massives d'otages civils français – il jugeait moins traumatisant pour l'opinion publique la déportation de Juifs et de communistes – ne lui évitera pas à la Libération l'arrestation et l'emprisonnement au Cherche-Midi à Paris où il se suicidera le 6 février 1946.

Quoique fort différent à la fois par son physique de grand éphèbe blond, ses manières d'aristocrate cultivé et de diplomate, son successeur et cousin, le général Heinrich von Stülpnagel, qui dirigeait auparavant la commission d'armistice germano-française à Wiesbaden, connaîtra une fin tout aussi tragique. Contraint d'affirmer l'autorité du MBF face à l'emprise croissante des services de police politique et de sécurité allemands (SIPO et SD), auxquels Hitler avait confié, depuis l'affaire des otages, les tâches de maintien de l'ordre public, il participa au complot du 20 juillet 1944 contre Hitler, ce qui lui permit de faire arrêter momentanément les principaux responsables de la SIPO-SD à Paris. Après l'échec du complot, rappelé à Berlin, il perd la vue en tentant de se suicider; traduit le 30 août devant le « tribunal du peuple », il sera exécuté le même jour. En juillet et août 1944, le commandement sera assuré provisoirement par le général Blumentritt, chef d'état-major du haut commandement Ouest, jusqu'à l'arrivée d'Ukraine du général d'aviation Kritzinger, chargé d'organiser le repli de l'administration militaire allemande sur le Reich en août 1944.

En dépit de ces changements de direction et des conflits de compétences dus à la multiplication des instances du Reich qui cherchent à implanter en France leurs propres services, le MBF fonctionne dès son installation le 30 juin 1940 à l'hôtel Majestic, avenue Kléber, et jusqu'à la fin de l'Occupation avec un appareil administratif de près de 1 100 cadres militaires et civils répartis en deux grands secteurs : l'état-major de commandement *(Kommandostab)* et l'état-major administratif *(Verwaltungstab)*; l'état-major de commandement, appelé « état-major général » *(Generalstab)* en 1943, est relativement peu nombreux. Son rôle consiste essentiellement à assurer la sécurité militaire en liaison avec le haut commandement Ouest et l'Abwehr. Jusqu'à son incorporation en 1942 dans la SIPO-SD, la sûreté militaire *(Geheime Feldpolizei)* opère à son service, notamment dans le cadre de la section I C, chargée des questions politiques relatives à la sécurité des troupes et à leurs installations. Dépendant directement du commandant de l'administration militaire, les cinq chefs successifs du *Kommandostab* changeront au même rythme que lui; déjà en poste pendant la campagne de France, le général de brigade Auleb sera remplacé, à partir du 1er août 1940 et jusqu'en avril 1942, par le lieutenant-colonel Hans Speidel, attaché militaire à Paris dans les années trente. Grâce à sa connaissance de la capitale, acquise lorsqu'il y était attaché militaire avant la guerre, et aux personnalités françaises que lui fait connaître son ami et adjoint le capitaine écrivain Ernst Jünger [10], Speidel sera un conseiller particulièrement apprécié d'Otto von Stülpnagel, peu enclin à cultiver lui-même les relations publiques. Après le départ du lieutenant-colonel, qui reviendra deux ans plus tard en France comme chef d'état-major du maréchal Rommel, le capitaine écrivain Jünger gardera ses fonctions d'adjoint – avec une interruption de six mois pour un voyage d'étude dans les territoires soviétiques occupés – jusqu'en août 1944. D'avril 1942 à juin 1944 auprès du colonel Cossmann, puis, durant deux mois, auprès du colonel von Linstow qu'il traite de « parfait incapable » sans égard pour l'officier condamné à mort et exécuté après l'échec du complot des généraux, avec von Stülpnagel, tandis que lui-même continue à jouer jusqu'à son départ de la capitale, dans la nuit du 14 août, son rôle d'observateur distingué sous les ordres du général de brigade von Krause. Jetant du haut de la terrasse du Sacré-Cœur un dernier regard sur le Paris de l'Occupation dont il a joui si intensément pendant plus de trois ans, il notera dans son journal, en guise d'adieu : « Les villes sont femmes et ne sont tendres qu'au vainqueur. » Conception pour le moins curieuse des rapports d'un écrivain censé aimer la France et sa culture avec un pays dont il a vécu la conquête, la mise en tutelle, l'exploitation et la répression impitoyables, mais qui ne semble guère lui en avoir fait grief ultérieurement...

Son séjour dans la capitale occupée commence en avril 1941 lorsque le colonel Speidel le fait venir pour siéger au conseil de guerre à l'hôtel Continental, ce qui lui vaudra de surveiller l'exécution d'un sous-officier allemand condamné pour désertion. Affecté ensuite au *Kommandostab,* il suit notamment l'affaire des otages et tient la chronique de l'ingérence croissante du parti nazi et de l'ambassade dans les affaires du MBF. Son *Journal* donne, à quelques variantes près, un aperçu des privilèges dévolus à la caste des cadres supérieurs du MBF et des officiers d'état-major sous l'Occupation. Logé successivement à l'hôtel Ambassador, boulevard Haussmann, dans un appartement près du bois de Vincennes, et finalement à l'hôtel Raphaël, il fréquente, avec ses collègues – le plus souvent Speidel –, les hauts lieux de la gastronomie parisienne : le Ritz, le George V, la Tour d'Argent, Maxim's, Prunier, Drouant, Calvet, la Rôtisserie de la reine Pédauque. Privilège supplémentaire de l'écrivain, il est reçu dans l'hôtel particulier de Sacha Guitry où la glace est servie dans une coupe en or massif qui fut la propriété de Sarah Bernhardt, chez Paul Morand, avec Benoist-Méchin et Abel Bonnard, dans le salon de Mme Boudot-Lamotte, rue de Verneuil, où Cocteau vient lire sa nouvelle pièce, *Renaud et Armide*, en présence notamment de Gaston Gallimard, de Jean Marais et du lieutenant Heller, ancien lecteur à l'École normale supérieure de la rue d'Ulm, promu « expert ès lettres françaises » à la *Propaganda Staffel.*

Il retrouve dans leur jardin Élise et Marcel Jouhandeau en compagnie de Marie Laurencin, ou se rend chez Marie-Louise Bousquet, place du Palais-Bourbon, pour un thé avec Giraudoux et Mme de Prévost, arrière-petite-fille de Liszt. Il rencontre Braque et Picasso dont il visite l'atelier, la belle-fille de Monet à Giverny, le peintre Nay au Mans, le sculpteur Gebhard au cours d'un déjeuner donné par la princesse Bariatinski, la jeune sculpteur Maggi Drescher, lors d'un dîner au Georges V avec le comte Podewils, chef adjoint de la *Propaganda Ableitung.* Entre une promenade dans Paris, au marché aux Puces, chez un marchand d'estampes, un libraire, une soirée à la Comédie-Française ou au Tabarin, il y a certes les nouvelles des massacres à l'est que rapportent les officiers amis qui en reviennent, l'affaire des exécutions d'otages français, à propos de laquelle Otto von Stülpnagel le consulte lors d'un thé. En juin 1942, il se sentira gêné d'être en uniforme allemand en croisant, pour la première fois de sa vie, rue Royale, trois jeunes porteuses d'étoile jaune et frémira d'horreur à l'annonce des fusillades et des gazages de leurs coreligionnaires, non sans affirmer peu après, au sortir d'une soirée à la Tour d'argent : « En de telles époques, manger, manger bien et beaucoup donne un sentiment de puissance. »

Tout en travaillant à la rédaction de *La Paix. Appel à la jeunesse de l'Europe et du monde*, destiné à la publication après-guerre, le capitaine écrivain se rend, dans la vallée de Chevreuse, à l'ancienne abbaye cistercienne des Vaux-de-Cernay, résidence d'été de Heinrich von Stülpnagel, dont la signature figure au bas des avis d'exécution pour s'entretenir, au cours de promenades dans le parc ou près d'un feu de cheminée, de Platon, de Tocqueville ou des « affaires courantes » en compagnie d'invités triés sur le volet. Il se rend aussi chez son ami Speidel, à l'état-major de La Roche-Guyon. S'il compatit, non sans morgue, au stoïcisme du « blond » von Stülpnagel et à l'exécution « des derniers chevaliers, des libres esprits, de ceux qui pensent et qui sentent au-delà des mornes passions des masses », il affirme en même temps : « J'ai depuis longtemps la conviction que ces attentats changent peu de chose et surtout n'arrangent rien. »

Il valait sans doute mieux parler des superstitions de Laval et de sa cravate blanche en dégustant un chambertin 1904 avant de prendre le chemin du retour dans la *Heimat* après un dernier déjeuner avec la princesse de Sixte et une ultime baignade dans la Meurthe, retrouver la vie civile, la métaphysique et les honneurs dus à un célèbre écrivain. S'il lui était arrivé, durant ses pérégrinations d'occupant, de croiser un regard d'aversion, de sentir la haine « dissimulée comme au fond d'eaux stagnantes », il s'était contenté d'en attribuer la cause aux exécutants de bas étage, pour lesquels les officiers d'état-major, dont il faisait partie, n'éprouvaient que condescendance méprisante.

L'état-major administratif, dirigé initialement par le secrétaire d'État à l'Économie Hans Posse, auquel succède, en août 1940, le Dr Jonathan Schmidt, ministre de l'Intérieur et de l'Économie du Wurtemberg, ne comprend pas moins de vingt-quatre services divisés en deux grandes sections : la section économique *(Wirtschafstabteilung)*, dont les compétences vont des questions juridiques relatives au séquestre des biens ennemis et à l'« aryanisation » des biens juifs aux questions financières, en passant par la production industrielle, l'artisanat, l'agriculture, la réglementation des prix; la section administrative *(Verwaltungsabteilung)*, elle, est subdivisée en quatorze sections selon la répartition suivante.

V1 *(in.)* administration générale interne	V2 *(pol.)* police	V3 *(verw.)* biens allemands	V4 *(kult.)* école-culture-bibliothèques	V5 *(fin.)* gestion financière
V6 *(med.)* santé	V7 *(vet.)* services vétérinaires	V8 *(ju.)* justice	V9 *(prop.)* propagande	V10 *(verk.)* transports
V11 *(bau.)* construction	V12 *(post.)* communications	V13 *(arch.)* archives	V14 *(kunst)* protection des œuvres d'art et archéologie.	

Les restructurations de novembre 1942 et mars 1944, destinées à dégager du personnel pour d'autres territoires occupés – dont la zone Sud –, se traduisent par une concentration des services et un renforcement de la section économique. Celle-ci ne compte plus que six grands services au lieu de dix, mais avec vingt-huit subdivisions, dont onze pour la seule production industrielle. La section administrative, ramenée de quatorze à dix services, perd, en revanche, une partie de ses attributions antérieures : la police étant passée, depuis le printemps 1942, à la SIPO-SD, la *Propaganda* est transférée en grande partie, en juillet de la même année, à l'ambassade de la rue de Lille. Jusqu'en juin 1942, les sections économique et administrative se développent parallèlement sous l'impulsion de l'économiste Elmar Michel et du juriste Werner Best. Arrivés tous deux en juillet 1940, avec le titre de « directeur ministériel » *(Ministerialdirektor)*, les deux hommes n'ont en commun qu'une indéniable compétence professionnelle et un sens redoutable de l'efficacité.

Né en 1903 à Düsseldorf, où il est mort récemment, Best [11] appartient à une génération marquée très jeune par la guerre – son père, officier, a été mortellement blessé en 1914 par un projectile français – puis par l'occupation française de sa patrie rhénane et de la maison familiale. Dès l'âge de seize ans, il s'engage dans le mouvement nationaliste, ce qui lui vaudra deux condamnations, en 1923 et 1924, par les tribunaux militaires français. Quelques années plus tard, après de solides études de droit, il entre dans la magistrature et rejoint en 1930 le parti d'Hitler dont il devient l'un des conseillers juridiques. À ce titre, il contribue à la rédaction des « documents de Boxheim » prévoyant les voies institutionnelles du renversement de la République de Weimar. Leur découverte, en 1931, entraîne sa suspension de la magistrature. Il n'aura pas à patienter longtemps : en reconnaissance des services rendus, il sera nommé en mars 1933 chef de la police de Hesse. Deux ans plus tard, il est déjà conseiller supérieur du gouvernement et chef de la section juridique de la Gestapo à Berlin. En sa double qualité de haut fonctionnaire du ministère de l'Intérieur et de général de brigade SS, il asssiste de 1936 à 1940 Reinhard Heydrich, chef du *Sicherheitsdienst* (SD), et contribue à la conception des services de police politique du Reich regroupés, à partir de septembre 1939, au sein du *Reichssicherheitshauptamt*, (RSHA) sous l'autorité d'Himmler et d'Heydrich.

À son actif, également, les mesures portant dissolution des associations juives sionistes peu avant le pogrome dit de « la Nuit de Cristal », en novembre 1938, et la préparation des *Einsatzkommandos* chargés de « nettoyer » les arrières de la Wehrmacht lors de l'invasion de la Pologne. Bien qu'il invoquât des divergences avec Heydrich et obtînt son transfert dans l'armée où il se garda de mentionner son grade de général SS et ses fonctions policières, Best demeure, comme nous le verrons, un adepte zélé du régime nazi et de sa doctrine raciale. À l'opposé, le Dr Elmar Michel incarne le type du technocrate dont l'adhésion tardive – fin 1939 – à la NSDAP relève davantage des ambitions professionnelles que des convictions politiques. Spécialiste des matières premières à la tête d'une section du secrétariat d'État au ministère de l'Économie du Reich, ses talents de négociateur l'ont fait choisir pour convaincre ses interlocuteurs français de livrer des contingents élevés de productions indispensables à la machine de guerre allemande. À partir de mai 1941, il assurera, en plus de la direction de la section économique, les fonctions de « commissaire aux devises ». Sa réussite à ces deux postes et le rôle croissant de l'exploitation économique de la France lui vaudront d'être nommé, en août 1942 – après l'envoi en juillet de Werner Best comme ministre plénipotentiaire du Führer au Danemark et le retrait, pour raison de santé, de Jonathan Schmidt –, chef de l'ensemble de l'appareil administratif du MBF. Titre auquel s'ajoute encore, en avril 1943, celui de commissaire allemand du Commerce extérieur, ce qui lui donne, en vertu de la convention d'armistice, un droit de contrôle sur la totalité de l'économie française.

Pour assurer la transmission de ses directives, l'administration militaire avait prévu et créé quatre commandements de région *(Militärbezirksverwaltungen)* avec à leur tête un général chef de région, selon la répartition suivante :

Régions **A** Nord-Ouest (siège : Saint-Germain-en-Laye).
B Sud-Ouest (siège : Angers).
Compte-tenu de l'étendue et de l'importance stratégique des zones côtières, un commandement militaire comprenant initialement les départements des Basses-Pyrénées, des Landes, de la Gironde, de la Charente et de la Charente-Maritime, auxquels s'ajoutent en août 1941 ceux de la Vienne, de la Vendée et des Deux-Sèvres

est installé à Bordeaux.
C Nord-Est (siège : Dijon).
Kommandant Groß Paris (siège : hôtel Meurice). Il inclut jusqu'en mars 1941 les départements de Seine-et-Marne et Seine-et-Oise, intégrés ensuite à la région A.

Sous leurs ordres immédiats, 46 *Feldkommandanturen* (FK) correspondant à l'implantation des préfectures de zone occupée. Avec l'instauration, en avril 1941, de préfets de région, l'administration allemande peut réduire ce nombre à 38 : chaque *Feldkommandantur* couvre alors deux ou trois départements tandis qu'une partie de leurs tâches est dévolue aux 144 *Kreiskommandanturen* (KK) installées dans les villes où il n'y a plus d'instance supérieure et dans les chefs-lieux de canton. Tombé à son niveau d'encadrement le plus bas en 1942, avec 28 *Feldkommandanturen* et 86 *Kreiskommandanturen,* par suite des ponctions de personnel, le système de contrôle allemand se trouve sérieusement affaibli dans la mesure où les préfets se montrent peu disposés à coopérer avec des subalternes et que les économies d'essence imposent aux supérieurs de limiter leurs déplacements. D'où le retour, l'année suivante, d'une *Feldkommandantur* dans chaque département, réalisé par la fusion de deux *Kreiskommandanturen.* Obligé de satisfaire néanmoins les demandes pressantes d'effectifs du haut commandement pour d'autres secteurs d'opérations, le MBF préfère opérer des ponctions aux échelons inférieurs. En 1943, il ne reste que 18 *Kreiskommandanturen* en zone occupée. Pour combler le vide, on installe des commandants de place ou de ville *(Platz* ou *Stadtkommandanten)* dans les localités moyennes et 82 antennes extérieures *(Außenstellen).*

En dépit de ces difficultés, le MBF cherche à étendre son autorité sur la zone Sud, dite « nouvellement occupée », fief du général Niehoff, qui assure, depuis sa nomination en décembre 1942, la liaison entre son QG de Lyon et l'hôtel Majestic à Paris. La tentative du MBF ne réussira que partiellement : il parvient à obtenir le détachement d'officiers de son état-major administratif chargés du contrôle et de l'harmonisation internes et d'un haut fonctionnaire de liaison auprès du général Niehoff, nommé, après avoir régenté d'une main de fer *l'Oberfeldkommandantur* du Nord-Pas-de Calais, commandant militaire du sud de la France (KHS). Mais les délégués du MBF ne sont pas autorisés à traiter directement avec les diverses autorités de Vichy. Ces relations sont réservées à la délégation d'armistice pour les questions économiques, au consul général Krug von Nidda, correspondant, avant la guerre, de la conservatrice *Deutsche Allgemeine Zeitung* à Paris, représentant le ministère des Affaires étrangères du Reich, et au général Alexander von Neubronn, délégué du haut commandement Ouest dont dépend l'ensemble de la zone dite « nouvellement occupée ».

D'ultimes restructurations administratives interviendront après le retrait des troupes italiennes d'occupation et dans la zone côtière de combat. Sept départements (Pyrénées-Orientales, Aude, Hérault, Gard, Bouches-du-Rhône, Var, Alpes-Maritimes) seront réunis sous la direction d'un *Oberfeldkommandant,* installé d'abord à Marseille puis en Avignon, autorisé à travailler directement avec le MBF. Ces remaniements quasi permanents, dictés par l'évolution de la conjoncture militaire et politique, compliquent singulièrement le fonctionnement de l'administration militaire qui subit de surcroît les interventions de représentants de divers services ministériels envoyés de Berlin ou directement installés en France, comme l'ambassade du Reich à Paris, émanation de l'*Auswärtiges Amt* dont elle est tenue de suivre les avis politiques.

La mission de l'ambassade allemande à Paris

Afin de ne pas abandonner aux militaires les intérêts politiques du Reich, l'*Auswärtiges Amt* avait, dès le début de la campagne de France, détaché auprès du haut commandement le conseiller de légation von Etzdorf qui participa, le 14 juin 1940, aux pourparlers concernant la reddition de Paris. La veille déjà, le ministre Ribbentrop avait pressenti Otto Abetz pour le représenter auprès de l'administration militaire en France avec l'intention d'en faire en quelque sorte l'homologue allemand de l'ambassadeur Léon Noël qui venait d'être accrédité en qualité de délégué général du gouvernement français dans les territoires occupés (DGTO). Choisir un homme de trente-sept ans, intégré depuis à peine quatre mois dans la carrière, comme interlocuteur d'un diplomate chevronné qui venait de participer aux négociations d'armistice, d'officiers d'état-major et de hauts fonctionnaires du Reich aurait tenu de la gageure si Ribbentrop n'avait pas eu l'occasion d'apprécier pendant six ans l'ardeur et l'habileté de son jeune expert des « affaires françaises ».

Appartenant, comme Werner Best, à cette génération d'hommes nés avec le siècle qui fut jusqu'à la fin l'un des piliers et le fer de lance du IIIe Reich, Otto Abetz [12] ne semblait pourtant, ni par ses origines ni par sa formation, destiné à se rallier au national-socialisme. Issu d'une famille libérale de Bade où son père était conseiller domanial du prince Max (qui forma en 1918 le gouvernement de transition entre l'Empire et la République de Weimar), il avait certes été lui aussi marqué par la guerre en assistant en 1916, à l'âge de treize ans, au bombardement par les Français de Karlsruhe, qui avait tué cinquante enfants. Dans ses Mémoires il ne cache pas son hostilité à la révolution allemande de 1918, au cours de laquelle son frère aîné, lieutenant d'aviation revenu blessé du front, avait été dégradé par ses soldats. Il partage aussi l'indignation quasi générale contre l'occupant français de la Ruhr et l'utilisation à cet effet de soldats noirs, humiliation suprême (*die schwarze Schmach*). Est-ce sous l'influence d'une région et d'une famille acquises aux traditions démocratiques, de sa formation dans un de ces foyers-écoles modernes (*Landschulheim*) qu'encourage le jeune régime républicain ou de la fréquentation de l'École des beaux-arts de Karlsruhe ? Toujours est-il que le jeune professeur de dessin, nommé en 1927 au Gymnasium de

Karlsruhe, au lieu de s'engager comme tant de ses congénères dans la voie d'un nationalisme assoiffé de revanche, opte pour l'entente franco-allemande dont Briand et Stresemann ont ouvert la voie à l'automne 1926, lors de l'admission de l'Allemagne à la Société des Nations et leur rencontre historique à Thoiry. Pour cet ancien du *Wandervogel* devenu président de la communauté de travail qui regroupe quarante organisations régionales de jeunes de toutes tendances, le rapprochement franco-allemand passe tout naturellement par celui de la jeunesse des deux pays. C'est ainsi qu'est né en 1930 le « cercle de Sohlberg » *(Sohlbergkreis)*, réunissant pour la première fois dans cette localité de la Forêt-Noire ceux qui, des deux côtés du Rhin – en évitant cependant les provinces limitrophes de l'Est « recouvrées » par la France –, partagent le même idéal. Dépassant rapidement le cadre du groupe franco-allemand de la Sorbonne, premier partenaire de cette initiative, les rencontres biannuelles, organisées alternativement en Allemagne et en France, attirent entre 1931 et 1933 de jeunes journalistes et militants politiques français partisans d'une réconciliation avec l'adversaire de la veille et dont la plupart connaissent et admirent la culture. De sorte que, lorsque Jean Luchaire, que Briand a soutenu pour le lancement de *Notre temps-revue des jeunes générations européennes*, devenu l'homologue français d'Abetz, organise à Pâques 1933 une rencontre du *Sohlbergkreis* à Paris, Victor Basch, président de la Ligue des droits de l'homme (qui tombera dix ans plus tard avec sa femme sous les balles de la milice de Touvier), sera l'un des seuls, sinon le seul à demander publiquement comment des membres du Sillon de Marc Sangnier, de la Jeune République, des Jeunesses républicaines et laïques, des Jeunesses radicales peuvent encore participer avec Fabre-Luce, Drieu La Rochelle, Bertrand de Jouvenel, Weil-Curiel à une manifestation d'amitié dont les partenaires allemands soutiennent un régime coupable d'exactions et de crimes que le monde réprouve [13].

Discours incongru aux yeux d'une majorité de Français

que préoccupait surtout à l'époque la crise interne, économique et politique du pays et qui n'aspiraient qu'à une entente durable avec cette « Allemagne nouvelle » dont le redressement les inquiétait autant qu'il les fascinait. Cette volonté de paix, expression non seulement du désarroi d'un pays en crise, mais du traumatisme de la Première Guerre mondiale dont les effets meurtriers restent largement présents, anime surtout les milieux de gauche et les associations humanitaires qui soutiennent par ailleurs les victimes du nazisme. Au point d'accuser de « bellicisme » ceux qui ne la partagent pas, notamment une partie de la droite nationaliste et des Juifs [14]. Pour ce qui est d'Otto Abetz, la défiance leur semblait d'autant moins justifiée qu'il jouissait d'une réputation de démocrate, d'ami sincère de la France, ce qu'attestaient son mariage en 1932 avec Suzanne de Bruyker, l'ancienne secrétaire de Luchaire à *Notre temps*, et sa destitution de la présidence des organisations régionales de jeunesse dans le cadre de la « mise au pas » *(Gleichschaltung)* des partis et organisations démocratiques instaurée par le pouvoir national-socialiste. Il fallait être un connaisseur aussi lucide que Pierre Viénot – ancien secrétaire du Comité Mayrisch pour la réconciliation franco-allemande, secrétaire d'État aux Affaires étrangères sous le Front populaire, puis grand résistant sous l'Occupation, mort d'un arrêt cardiaque en juillet 1944 – ou que le germaniste alsacien Robert Minder pour savoir combien de jeunes Allemands qu'enthousiasmaient la perspective d'une renaissance de la grandeur allemande et celle de jouer enfin un rôle à la mesure de leurs aspirations avaient abandonné la République allemande moribonde pour rallier le camp de « l'Allemagne nouvelle ». Peu avant sa mort en 1980, Robert Minder a raconté, au cours d'un entretien avec Lionel Richard [15], dans quelles circonstances il avait appris le revirement d'Abetz : « Quand je l'ai connu à Karlsruhe, sa ville natale *(sic)*, dans une modeste maison où il habitait comme professeur de dessin, le 15 janvier 1933, il m'a demandé de lui fournir une liste de romans destinés à combattre le nazisme, mais il voulait des romans catholiques. Je lui ai dit que je n'étais pas très spécialisé dans ce domaine, que je devais y réfléchir et que je lui ferais l'envoi de Strasbourg. Au bout de quinze jours environ, je lui ai écrit de Strasbourg, et, à ce moment-là, l'ami très sûr qui m'avait introduit auprès de lui comme étant un grand ami de la France m'a dit de faire attention, de rompre toute relation, qu'il avait retourné sa veste et qu'il s'était vendu à Ribbentrop... »

Recueilli près d'un demi-siècle après les faits, ce témoignage n'est pas exempt d'erreurs. Outre la confusion entre Karlsruhe (où Abetz a grandi et vivait) et sa ville natale de Schwetzingen, il est peu probable que le « retournement de veste » soit intervenu dès l'accession d'Hitler au pouvoir. La version manifestement édulcorée qu'en donne l'intéressé dans ses Mémoires le situe plus vraisemblablement à la fin de mars 1933, lorsqu'il est convoqué, quinze jours après son retrait forcé de la présidence des organisations régionales de jeunesse, à l'*Auswärtiges Amt* à Berlin où on lui demande d'annuler la rencontre franco-allemande d'avril à Paris. Il aurait cependant obtenu de la maintenir à titre privé à condition de s'engager à coopérer avec le directeur du Service des relations universitaires avec l'étranger, qui l'aurait rassuré sur la continuité de la politique extérieure du nouveau pouvoir. Quelle qu'ait été la véritable teneur de cette entrevue, le fait est qu'Abetz a pu participer sans problème à la rencontre parisienne du Cercle de Sohlberg avant d'organiser sous la même égide, en janvier 1934, une nouvelle rencontre à Berlin en présence cette fois des chefs des Jeunesses hitlériennes (HJ) et des responsables des étudiants nationaux-socialistes. Avec pour thème « Le principe racial est-il un facteur de division entre les deux peuples ? » et pour intervenant principal du côté français Drieu La Rochelle. À partir de là, même s'il prétend n'avoir adhéré au parti nazi qu'en 1937, l'ascension d'Abetz est rapide. Nommé, avec le grade d'*Unterbannführer*, au *Frankreich-Referat* de l'état-major des Jeunesses hitlériennes, il se rend en France durant l'été 1934 pour organiser les camps et échanges de vacances franco-allemands. À son retour, Ribbentrop le convoque pour un rapport sur ses entretiens avec ses interlocuteurs français et lui propose d'entrer comme expert des « affaires françaises » à son « bureau », sorte de réseau d'information et d'action qu'Hitler avait fait créer parallèlement à l'*Auswärtiges Amt,* resté l'un des derniers bastions conservateurs avant que Ribbentrop ne remplace en 1938 à sa tête le vieux baron von Neurath.

Entre-temps, Abetz était devenu – avec l'avocat Friedrich Grimm, chargé de renseigner Hitler et Ribbentrop sur l'opinion publique et les milieux influents français qu'il connaissait depuis 1923, lorsqu'il défendait les intérêts des industriels de la Ruhr occupée – l'un des agents les plus efficaces de la pénétration allemande en France. Tandis que Grimm y séjourne fréquemment en qualité de vice-président de la Société germano-française – il n'enverra pas moins de 42 rapports entre 1934 et août 1939 –, Abetz tisse patiemment la trame des personnalités qui fondent, le 22 novembre 1935, le Comité France-Allemagne, vivier de la collaboration économique, politique, culturelle avec l'« Allemagne nouvelle ». Une fois installé à l'ambassade de la rue de Lille, il n'oubliera pas le faste déployé à cette occasion par l'*Auswärtiges Amt,* dans les salons de l'hôtel George V pour éblouir les partenaires français influents à des titres divers alors que le menu fretin des admirateurs et solliciteurs de prébendes du IIIe Reich devait se contenter des diverses antennes du ministère de la Propagande. Hormis les réfugiés politiques allemands, sarrois, autrichiens et leurs amis français, de moins en moins nombreux en cette période de tensions intérieures et internationales [16], les Renseignements généraux semblent avoir été les seuls à s'inquiéter de cette offensive de séduction tous azimuts qui aboutira à la signature, le 6 décembre 1938 au Quai d'Orsay, d'un accord franco-allemand de coopération et d'amitié. Heure de gloire d'Otto Abetz, qui accompagne son ministre, hôte d'État de la France, comme il l'accompagnera, un an plus tard, dans le wagon spécial accroché à celui d'Hitler, à travers la Pologne envahie. Cet intermède ne lui fait pas oublier la France d'où il a été finalement expulsé, en juin 1939, sous l'accusation d'atteinte à la sûreté de l'État et interdit de séjour en dépit de l'intervention personnelle de Ribbentrop.

On imagine sa satisfaction lorsqu'il apprend, le 13 juin 1940, qu'il est chargé de représenter l'*Auswärtiges Amt* auprès de l'administration militaire allemande en France. En pleine nuit, il appelle le Dr Friedrich Grimm : « Êtes-vous prêt à venir avec moi en France ? Herr von Ribbentrop serait heureux que vous puissiez m'accompagner [17]. » Sans connaître exactement le sens et la durée de sa mission – Abetz lui a conseillé de préparer des bagages pour quatre à six semaines –, Grimm rejoint le lendemain matin la petite équipe composée d'hommes sûrs ayant chacun dans son domaine une solide expérience du travail en France et qui s'envole de Berlin à 8 heures pour le quartier général d'Hitler installé dans un château des Ardennes. Si l'on excepte le cas du Dr Grimm – acceptant le rôle de conseiller tout en gardant son titre de consul général et son statut de spécialiste du droit international, observateur politique du chancelier dont il est proche depuis 1932 et de l'*Auswärtiges Amt* – ainsi que celui de Friedrich Sieburg – correspondant avant-guerre de la *Frankfurter Zeitung* à Paris, auteur à succès de *Dieu est-il français ?* (1929), sans autre attribution que celle de médiateur culturel et artistique –, les trois autres experts qui accompagnent Abetz constituent le noyau de la future ambassade du Reich à Paris.

Quoique fort différents d'origine et de formation, Rudolf Schleier et Ernst Achenbach, nommés ministres plénipotentiaires, sont appelés à se compléter à la direction des affaires politiques. Le premier, qui connaît la France depuis son séjour comme prisonnier de guerre de 1918 à 1920, appartient au milieu commerçant de Hambourg où il a d'abord travaillé comme importateur de caséine française. Membre dès sa fondation de la nouvelle Société germano-française, il a dirigé de 1935 à 1938 la section de l'organisation national-socialiste à l'étranger (*NS Auslandorganisation*) établie à Hambourg. Son cadet

Ernst Achenbach, jeune et brillant juriste rhénan – il est né en 1909 à Siegen –, qui a commencé ses études à Paris pour y revenir ultérieurement comme conseiller à l'ambassade de la rue de Lille, doit son avancement rapide à ses relations dans les milieux industriels de la Ruhr auprès desquels il a collecté des sommes importantes en qualité de fondé de pouvoirs du « Fonds Adolf Hitler ». Relations qui lui permettront de refaire surface en RFA comme député libéral au Parlement de Bonn puis au Parlement européen... Quant au Dr Karl Epting [18], qui sera chargé des affaires culturelles et de la direction de l'Institut allemand à Paris, son passé l'a particulièrement bien préparé à ses nouvelles fonctions. Né en 1905 dans le Wurtenberg, il entreprend, après un séjour au séminaire de théologie protestante d'Urach, des études littéraires à l'université de Tübingen (1924-29) et se rend pour la première fois en France en 1926. Appelé en 1931 à la tête de la Mutuelle de l'œuvre mondiale des étudiants à Genève, il participe depuis 1929 à de nombreuses conférences, notamment au Centre de Bierville, à Nyon et à Londres, sur les problèmes de l'antisémitisme et de la discrimination raciale. Il y exprime toutefois l'opinion qu'il est plus facile de résoudre la question des Asiatiques avec Gandhi que celle des Juifs bien que, dans ses Mémoires, il qualifie encore Martin Buber de « véritable Hébreu d'esprit allemand ». Proche des conceptions de la « Révolution conservatrice », il voit dans l'arrivée d'Hitler au pouvoir le renouveau de la puissance allemande. « L'Allemand, écrit-il rétrospectivement, redevint quelqu'un avec qui il fallait compter. » Dès juillet 1933, il participe à une conférence au cloître d'Ettal en présence d'Himmler, Röhm, Bouhler, Buch et Schemm, tous hauts dignitaires du nouveau pouvoir, ce qui lui vaudra sans doute d'assurer jusqu'à la guerre la direction du Service allemand d'échanges universitaires en France (DAAD).

Ainsi constituée, l'équipe initiale d'Abetz est reçue dès son arrivé, le 14 juin, au quartier général d'Hitler dans les Ardennes, par Ribbentrop qui lui donne les premières instructions. Après avoir passé la nuit dans le train personnel d'Himmler, Abetz et ses compagnons gagnent Paris où ils prennent possession des locaux de la rue de Lille. La nomination officielle d'Abetz comme délégué, responsable des affaires politiques auprès du MBF, n'interviendra que le 3 août. Mais, à en juger par les rapports du Dr Grimm [19], renouant immédiatement avec sa pratique d'avant-guerre, et par le mémoire qu'il remet le 21 juin au lieutenant-colonel Speidel [20], l'équipe de l'ambassade met cette période transitoire à profit pour établir les premiers contacts et dégager les grandes lignes de ce que devrait être la politique des vainqueurs. Du côté des chefs militaires auxquels Hitler a accordé tous les pouvoirs de la puissance occupante, on accueille mal ces intrus qui osent de surcroît critiquer leur attitude jugée trop bienveillante (« Le Français doit sentir une main de fer, le peuple attend de vous fermeté et autorité », écrit dans son mémoire le Dr Grimm) et leur manque de vigilance à l'égard des Juifs, des francs-maçons, du clergé, d'une « bourgeoisie enjuivée et corrompue ». Sans tenir compte de l'esprit de caste des officiers d'état-major, le mémoire Grimm leur demande de s'appuyer sur le peuple, à commencer par les militants communistes que le gouvernement français a emprisonnés pour défaitisme et qu'il convient d'amnistier au plus vite. Pour contrôler la population, il conseille de mettre un Allemand dans chaque commissariat de police, de procéder à l'épuration de l'administration française, de placer des hommes de confiance dans les principaux journaux. Afin de gagner le cœur des Français, il suggère que l'on demande au Führer de venir déposer une gerbe sur les tombes du Soldat inconnu et de Napoléon, de ranimer la culte de l'Empereur et de Jeanne d'Arc pour attiser la haine de l'Angleterre. Affirmer par ailleurs que la destruction de l'ancien système politique français exige « la présence d'officiers imprégnés de l'esprit de la nouvelle Allemagne » et non « de vieux généraux à la Guillaume II » relève, comme le conseil de s'appuyer sur les communistes, de la provocation aux yeux d'une hiérarchie militaire encore formée en partie sous l'Empire. Seul allié dans la place, le

Dr Werner Best, issu, comme les hommes d'Abetz, de l'appareil du parti, affirme d'emblée partager leurs vues et se déclare prêt à coopérer étroitement avec eux. Avec les chefs militaires, les relations restent tendues même après qu'Hitler aura conféré à Abetz, en novembre 1940, le statut d'ambassadeur allemand à Paris, ce qui ne modifie en rien ses attributions mais indique clairement qu'il ne dépend que de l'*Auswärtiges Amt* et non du MBF.

Du côté français, la situation se présente sous de meilleurs auspices. Les amis, les relations des années trente, persuadés de trouver compréhension et appui auprès de ceux qui, contrairement aux militaires, proclamaient depuis longtemps leur désir de rapprochement et d'entente durable entre les deux pays, ne tardent pas à se manifester. Des personnalités politiques comme Pierre-Étienne Flandin, Georges Bonnet, Gaston Bergery, ralliés à Vichy, engagent des contacts discrets. Les journalistes Fernand de Brinon, Jean Fontenoy, Jean Luchaire, proches d'Abetz depuis la création de France-Allemagne, interviennent pour qu'il accepte de recevoir Pierre Laval. L'entrevue a lieu le 14 juillet, soit quatre jours après l'instauration de l'État français et la nomination de l'ancien chef de gouvernement sous la IIIe République comme vice-président du Conseil et dauphin du maréchal Pétain. Se souvenant de son expulsion humiliante en 1939, l'ancien agent de Ribbentrop savoure ce retournement de situation qui lui confère le pouvoir de mener le jeu politique à sa guise, d'user, selon l'humeur et les circonstances, de la séduction ou de la menace pour imposer la volonté de ses maîtres victorieux. Sa convocation, au début d'août, au Berghof, résidence d'été du Führer, ne laisse guère de doutes sur la conduite à tenir; les instructions d'Hitler, communiquées dès son retour à Werner Best qui les répercute aussitôt à ses subordonnés, sont sans ambiguïté : « Le Reich tient d'une part à ce que la France reste faible à l'intérieur, que soit d'autre part écartée toute relation avec des puissances étrangères adverses. Dans la mesure où l'Angleterre subsiste comme puissance démocratique, la France devrait être gouvernée autant que possible de manière autoritaire, ce qui dressera une barrière entre la France, l'Angleterre et les États-Unis. En tout état de cause, tout devra être entrepris du côté allemand pour susciter sa division interne et, par là, son affaiblissement. C'est pourquoi il n'y a aucun intérêt à soutenir réellement des forces *völkisch* ou nationales en France. Il faut, par contre, soutenir les forces qui seront, selon le cas de gauche ou de droite, susceptibles de favoriser la division. De ce point de vue, il convient de ne pas anéantir les communistes français, tout en veillant à pouvoir à tout moment les empêcher de nuire par une action décisive sur le plan politique. Il faut, dans les mois à venir, éviter un développement du mouvement communiste en suscitant comme contrepoids un autre groupe socialiste [21].

Précises sur la tactique, ces instructions ne soufflent mot du statut futur de la France, de sorte qu'Abetz – et c'est son principal rôle dès sa première entrevue avec Laval – servira de courroie de transmission pour les directives politiques du Reich tout en entretenant les espoirs de ses différents interlocuteurs français officiels de Vichy ou collaborationnistes parisiens qu'il tient en lisière grâce à des soutiens financiers et logistiques. Dans l'immédiat, la priorité va à la surveillance et à l'orientation des activités du gouvernement français dans l'administration du territoire. « Pour un spécialiste, écrit Best dans ses Mémoires inédits, il n'est pas de tâche plus intéressante que de diriger la surveillance de toute l'administration d'un pays ou d'une grande partie de celui-ci, dans notre cas la moitié de la France [22]. »

Le contrôle administratif allemand

Bien que la convention d'armistice reconnaisse, dans son article 3, au gouvernement français le droit de revenir à Paris et d'y établir son siège s'il le souhaite, les autorités allemandes, qui se sont pourtant engagées à lui « accorder toutes les facilités en ce sens », comprennent vite le danger d'une telle concession et se gardent de la satisfaire malgré les nombreuses démarches des émissaires de Vichy [23]; en ne tolérant initialement qu'une Délégation générale du gouvernement dans les territoires occupés (DGTO) et par la suite quelques antennes ministérielles, elles contraignent l'État français à s'aligner sur leurs décisions, sous peine d'aggraver les disparités administratives et d'accentuer la division du pays. De sorte que le droit de l'occupant à s'écarter de la législation nationale (art. 43 de la convention de La Haye) en édictant ses propres ordonnances en vient à précéder l'exercice de la souveraineté française au lieu de coexister avec lui [24].

Premier effet de cette prééminence dans la juridiction administrative : dès la mi-juillet 1940, l'administration militaire allemande interdit la publication d'un décret de Vichy sur « l'impression et la diffusion des journaux en zone occupée » et demande ce qu'elle appelle une « clarification » *(Klärung)* de la situation. Se référant aux dispositions réglementaires des Alliés, en particulier des Français lors de l'occupation de la Rhénanie, elle exige de se voir soumettre au préalable « toute mesure touchant aux droits de la puissance occupante ». La publication de textes législatifs en territoire occupé ne doit intervenir que si ceux-ci n'ont pas soulevé d'objection de sa part dans un délai de six jours. Au bout de près de deux mois de tergiversations, le gouvernement, pressé d'obtempérer, répond, dans une note du 8 septembre 1940, que, sous réserve des droits afférant à la souveraineté de l'État français sur l'ensemble du territoire, il accepte de soumettre « tous les projets de textes législatifs et réglementaires susceptibles d'intéresser les droits de la puissance occupante ». Formulation jugée « insuffisante » par l'administration allemande. À la suite de quoi, Vichy l'informe verbalement qu'il convient d'interpréter sa note dans le sens souhaité. Ne seront finalement dispensées de l'autorisation préalable que les mesures touchant à l'organisation politique de l'État français (actes constitutionnels, modification du gouvernement, nomination des ministres et secrétaires d'État). L'intervention d'Abetz lors de la destitution du gouvernement Laval, le

13 décembre 1940, et son arrivée à Vichy trois jours plus tard avec une escorte de SS armés pour dicter les conditions d'Hitler ne sont qu'un exemple parmi d'autres, qui démontre que le tuteur allemand sait user à ce niveau d'autres moyens de se faire entendre. Dans la pratique administrative courante, l'occupant se contente d'affirmer sa prééminence sous forme de notes, de questionnaires, d'entrevues avec des hauts fonctionnaires pour les « convaincre » de la nécessité d'introduire les modifications souhaitées ou de combler les lacunes par voie d'ordonnances publiées dans l'organe officiel du MBF (*Verordnungsblatt des Militärbefehlshabers im Frankreich*, VOBiF).

Passé les premières réticences, le gouvernement de Vichy s'accommode de la situation en cherchant moins à s'opposer qu'à gagner du temps, à assouplir ou contourner les exigences allemandes. Sous le prétexte du moindre mal, il lui arrive aussi de les devancer, notamment dans l'exclusion des Juifs et des francs-maçons, la réforme des appareils administratif et judiciaire, pour lesquels l'occupant préfère garder ses propres instances et n'attend qu'une « assistance technique ». Dans son rapport final, l'*Oberkriegsverwaltungrat* (OKVR) von Teuchert ne cite à ce sujet que deux incidents notables en 1942 : le message radiodiffusé du chef de l'État pour le Nouvel An, dénonçant sa « demi-liberté » et « l'asphyxie du pays », et le commentaire critique du ministre des Finances, publié dans le *Journal officiel*, à propos des charges d'occupation dans le budget, dont la reproduction fut interdite en zone occupée. Ce dernier incident incitera d'ailleurs le MBF à étendre l'obligation du visa préalable aux textes non juridiques publiés au *JO*. Demande que l'amiral Darlan, chef du gouvernement à l'époque, rejette d'abord catégoriquement, puis finit par accepter sur les instances de son délégué aux territoires occupés et du ministre de l'Intérieur, Pierre Pucheu.

Autre aspect – et non des moindres – de la tutelle de l'administration allemande : l'épuration et le contrôle de la fonction publique, clef de voûte de l'État autoritaire vichyste, dont les dirigeants, après avoir vilipendé sous la République les fonctionnaires « budgétivores », accroissent considérablement les effectifs, qui passeront de 600 000 à près de 1 000 000 en trois ans [25]. Cette extension de la fonction publique répond à un double objectif : intégrer les cadres, notamment militaires, qui ont perdu leur poste du fait des clauses d'armistice, mais surtout substituer des fonctionnaires nommés aux instances et assemblées élues à tous les niveaux. À cet effet, Vichy facilite la tâche du MBF en écartant de sa propre initiative les femmes, les Juifs, les naturalisés, tous les adeptes, notoires ou dénoncés commes tels, du régime républicain, à commencer par les francs-maçons [26].

Dès août 1940, un rapport de situation *(Lagebericht)* de l'administration militaire mentionne les informations publiées dans la presse française concernant un important remaniement dans la haute fonction préfectorale en indiquant que les autorités françaises ont été avisées d'avoir à lui signaler tout changement dans sa zone deux semaines avant son officialisation afin qu'elle puisse « s'assurer du comportement loyal de l'intéressé et faire objection dans le cas contraire [27] ». Deux mois plus tard, le MBF se plaît – sauf cas exceptionnels – à reconnaître la compétence et la correction des fonctionnaires, notamment du corps préfectoral, en contact avec ses services et impute certaines difficultés constatées « aux espoirs qui leur ont été donnés dans leur situation particulière [28] ». Formulation quelque peu sibylline qu'éclairent, quelques jours plus tard, les directives du MBF affirmant son droit de les contrôler et de leur donner directement des instructions [29]. Les mesures annoncées par Vichy expliquent toutefois la modération d'une circulaire du 31 août recommandant aux services allemands de « limiter au minimum les interventions » en se bornant à demander le maintien de fonctionnaires écartés « à cause de leur loyauté envers la puissance occupante, ou, inversement, la mutation, voire le renvoi pour incompétence ou déloyauté à son égard ». « Il n'y a, commente quelque temps après l'administration militaire, aucune raison d'exiger l'adaptation de l'administration française au modèle allemand, de même qu'il n'appartient pas à l'administration militaire d'imposer des principes de vie nationaux-socialistes au peuple français. Mais elle n'a pas davantage de raisons d'empêcher une réforme, d'autant moins que la réalisation du principe hiérarchique *(Führerprinzip)* ne peut que simplifier la coopération [30]. » Si ce commentaire correspond parfaitement aux directives hitlériennes, qui préconisent un régime autoritaire mais ne veulent en aucun cas d'un national-socialisme français capable de devenir un obstacle à l'hégémonie allemande, il tient aussi compte des observations des *Feldkommandanturen* [31]. Alors que celles-ci s'étaient plaintes au départ de l'attitude réservée, voire hostile de certains responsables dans leur région – la destitution du maire de Nantes, arrêté pour résistance passive, ainsi que celle du maire de Pontarlier ont été demandées –, les rapports de novembre 1940 notent avec satisfaction la dissolution des instances élues et la nomination des édiles ainsi que l'autorité accrue des fonctionnaires d'autorité, notamment des sous-préfets et des préfets, remplacés respectivement à 20 % et 50 %.

Pourtant, même épurée – un rapport du MBF annonce, en janvier 1941, l'exclusion systématique des fonctionnaires et employés juifs, dont 126 pour la seule préfecture de la Seine [32] –, même restructurée, l'administration française en territoire occupé reste sous surveillance permanente : aucune nomination, aucun changement de fonctionnaires d'autorité – y compris de maire de villes de plus de 10 000 habitants – ne peut intervenir sans l'agrément préalable des autorités allemandes. Mesure qui sera étendue, à partir de novembre 1942, à la zone Sud. Une circulaire du 25 mars 1942, suivie d'une ordonnance du MBF le 26 avril, prévoyant l'inspection des administrations françaises par ses représentants dans les régions et les localités [33], semble avoir suscité des réserves de la part de certains commandants de région. Notamment, celui de Bordeaux, qui répond préférer convoquer les fonctionnaires d'autorité plutôt que d'inspecter leurs services, ce qui « susciterait des remous et risquerait de provoquer des difficultés dans les contacts nécessaires avec les représentants des autorités françaises ». Objection retenue : une circulaire du 11 juin demande la « mise en veilleuse » des inspections puisque des pourparlers à ce sujet sont en cours avec le gouvernement français.

Néanmoins, vingt rapports d'inspection des régions militaires du Sud-Ouest (Angers), du Nord-Est (Dijon) et même de la zone interdite du Nord-Est sont déjà parvenus entre-temps au MBF. La plupart relèvent la vétusté et l'insuffisance des locaux administratifs, la faible productivité du personnel par rapport aux services allemands, imputée aux « méthodes de travail un peu complexes et lentes » qui seraient « une caractéristique générale en France ». L'accueil des autorités préfectorales [34] est, par contre, qualifié de « correct », parfois même de prévenant, comme à la préfecture de Besançon, exception faite du secrétaire général Marcel Colas qui est signalé pour son attitude réservée. À Coutances, l'inspecteur militaire ne cache pas sa surprise devant les appartements somptueux du sous-préfet, la cordialité de sa réception « dans les circonstances données », la manière dont il lui expose pendant deux heures ce que représente sa nomination à ce poste par rapport à sa relégation sous le régime antérieur. Seule ombre sérieuse au tableau au dire des inspecteurs militaires : l'insuffisance du nombre de fonctionnaires français et la faiblesse des effectifs allemands dans la zone interdite du Nord-Est par rapport à une population qui tend à revenir illégalement. Ce qui n'empêche pas les responsables du MBF de répondre aux militaires, qui s'interrogent sur l'utilité de conserver son statut à cette zone sans intérêt pour la défense, qu'elle sert les projets de restructuration ultérieure et constitue à ce titre « une écharde dans la chair de la France et un atout entre les mains du Reich [35] ».

Les inspections sur place « mises en veilleuse », il subsiste toutefois un système de contrôle permanent des préfets, sous-préfets, secrétaires généraux de préfecture que Werner Best a mis au point. Grâce à la récupération « miraculeuse » – le terme figure dans ses Mémoires inédits – du fichier de l'administration préfectorale au ministère de l'Intérieur (récupération due sans doute à un hasard aussi singulier que celle par l'occupant du fichier des étrangers), l'ancien expert de la police politique établit un nouveau fichier tenu à jour à partir des rapports des *Feldkommandanturen* puis d'un questionnaire spécial introduit en février 1941. En plus des rubriques habituelles – nom, prénom, date et lieu de naissance, situation de famille –, celui-ci comprend neuf rubriques : 1) descendance (aryenne) et confession ; 2) liens avec la franc-maçonnerie ; 3) participation à la guerre (blessures, décorations) ; 4) cursus professionnel ; 5) aptitudes ; 6) appartenances et relations politiques présentes et antérieures ; 7) attitude politique sur le plan national ; 8) envers les relations franco-allemandes et le MBF ; 9) disponibilité à coopérer/collaborer. Après le départ de Best en juin 1942, cette tâche reviendra tout naturellement à la SIPO-SD dont les méthodes d'investigation et les critères d'appréciation provoqueront une réduction sensible des fonctionnaires jugés « fiables ». Certains « suspects » étant remplacés d'office, à partir de 1943, par des éléments promus ou des personnalités extérieures choisies en fonction de leur zèle collaborationniste. Au vu de ces procédés, le MBF rappellera dans des directives de 1943-44 que les nominations et les mutations de fonctionnaires relèvent de sa seule compétence, que les services de la SIPO-SD ne sont habilités à intervenir qu'en cas d'urgence et à titre provisoire. De là à dissocier nettement, comme le font le rapport Teuchert et *a posteriori* certains historiens [36], l'action du MBF et celle de la SIPO-SD, il y a un pas qu'il faut se garder de franchir trop hâtivement.

Par tradition, par formation, sans doute aussi parce qu'ils adhèrent souvent moins fanatiquement à l'idéologie nazie, beaucoup de cadres de la Wehrmacht répugnent certes aux conceptions aussi sommaires qu'expéditives de l'Ordre noir. Il existe par ailleurs une distinction évidente entre le traitement des territoires occupés de l'Est et ceux de l'Ouest. Mais on ne saurait oublier qu'Hitler, en confiant aux militaires tous les pouvoirs sur la France occupée, a placé – du moins jusqu'en mars 1942 – les différents services de police sous leur autorité et que, même au-delà, il existe une coopération étroite dans de nombreux domaines. De plus, la plupart des cadres du MBF accomplissent leur tâche avec une volonté d'efficacité, une rigueur non dénuées de morgue envers ceux qu'ils ont mission de soumettre. Sans omettre que certains d'entre eux, comme le Dr Best – mais il n'est pas le seul –, sont liés aux formations nazies, dont la SS, et exercent de ce fait une pression permanente sur leurs collègues enclins à la modération.

Dans les notes et rapports confidentiels qu'il adresse entre septembre 1940 et juin 1941 au chef de l'État, le général Fornel de La Laurencie [37], successeur de Léon Noël à la tête de la DGTO, ne cache pas sa préoccupation au sujet de la désinvolture des autorités militaires allemandes, de leur ingérence brutale dans tous les domaines de la vie publique : réunion des préfets de zone occupée sans même en informer le délégué du gouvernement, réquisitions lourdes et parfois inutilement humiliantes (comme, par exemple, l'enlèvement des canons devant les Invalides), ordonnances dénotant une méconnaissance totale de la psychologie française (comme celle du 15 octobre 1940, prescrivant la peine de mort pour ceux qui ne s'acquittent pas avec assez de zèle des tâches de surveillance au service de l'occupant), envoi systématique de questionnaires aux organisations publiques et même privées. De sorte qu'il en vient à se demander « si cette ingérence de l'autorité d'occupation dans la vie intérieure française est le résultat d'initiatives des commandants locaux ou si elle traduit un effort de dissociation de la nation française en attendant la solution définitive qui serait imposée au pays lors de la conclusion des hostilités ».

Manifestement, le délégué général penche pour la seconde hypothèse. Car, tout en citant les préfets de Haute-Marne, de Haute-Saône, d'Ille-et-Vilaine qui ont dû s'opposer aux fréquentes ingérences de l'occupant dans ces régions particulièrement sensibles, il insiste sur le divorce croissant avec la population, qui ne comprend pas « l'attitude passive » du gouvernement face à l'annexion de fait des trois départements d'Alsace-Lorraine, au détachement du territoire du Nord-Pas-de-Calais où l'*Oberfeldkommandantur* a annoncé officiellement que les lois françaises, même agréées par le MBF, n'avaient pas à être appliquées puisqu'il dépend de l'administration allemande de Belgique; il évoque le découragement des fonctionnaires pris entre des directives contradictoires et le mécontentement de l'opinion publique : « La population de la zone occupée a l'impression d'être abandonnée, le maréchal est loin et vieux, dit-on. Le gouvernement est impuissant, certains disent lâche, en face des Allemands et ne s'occupe pas de nous (...), le divorce s'accentue chaque jour entre l'opinion en zone occupée (notamment à Paris), la presse et le gouvernement. » Plus préoccupantes encore à long terme lui semblent les interdictions de circuler entre les différentes parties du territoire national et le refus de laisser rentrer les fonctionnaires français dans les zones interdites. Le général en conclut que, « en face de l'attentisme passif reproché au gouvernement français, l'autorité d'occupation pratique pour sa part un attentisme actif qui, tout en lui donnant une connaissance chaque jour plus approfondie des ressources et de la nation françaises, permettrait au gouvernement allemand de garder les mains libres pour toute solution qui lui paraîtrait opportune au moment de la conclusion de la paix ».

Ce diagnostic lucide n'est pas seulement empreint de la rude franchise d'un militaire peu soucieux de diplomatie. Il traduit aussi l'amertume du délégué général que le chef de l'État, malgré les assurances qu'il lui a données, a abandonné à l'exigence allemande de le remplacer par Brinon [38]. Au lendemain de la destitution, le 13 décembre 1940, de Laval et de ses proches – que les Allemands avaient interprétée comme une trahison de la politique de collaboration scellée à Montoire –, le général von Stülpnagel avait en effet demandé le rappel immédiat du général de La Laurencie pour « manquement grave vis-à-vis de l'autorité du commandant en chef ». Nullement dupe du motif invoqué – avoir fait arrêter Déat à Paris sans demander son agrément préalable –, La Laurencie avait répondu : « Par dignité, je ne discute pas les raisons de cette décision mais, soldat comme moi, j'ose espérer que vous comprendrez qu'ayant reçu un ordre de mes chefs, je n'avais qu'à en assurer l'exécution. » En fait, la presse parisienne aux ordres de l'occupant avait déjà annoncé, six semaines auparavant, son remplacement par Brinon. Dans une lettre du 7 novembre 1940, il s'était plaint au chef de l'État de ne pas avoir reçu une notification officielle à ce sujet et se déclarait prêt à se retirer. Une semaine plus tard, Pétain le rassurait : il avait nommé Brinon *uniquement* (souligné dans l'original) comme chargé de mission de la vice-présidence du Conseil et autorisait La Laurencie à informer le MBF que lui seul avait mission et compétence de représenter le gouvernement auprès de l'administration allemande, en ajoutant en post-scriptum : « Vous pouvez donc continuer votre mission en toute confiance. Aucun incident ne peut plus se produire qui soit capable de porter atteinte à votre autorité vis-à-vis du commandement allemand. » Or, le 18 décembre, soit quatre semaines après cette missive, un télégramme de la présidence du Conseil le prie de se présenter au Maréchal après transmission de son service à l'ambassadeur Brinon convoqué, lui, par téléphone pour recevoir les instructions du chef de l'État. Les revirements au nom de la raison d'État relèvent certes de la pratique courante des gouvernants, mais il s'agit plutôt en l'occurrence d'un de ces marchandages entre Vichy et le Reich dont certains, comme nous le verrons, auront des conséquences infiniment plus graves que l'abandon d'un haut fonctionnaire aux exigences allemandes. Si, dans ce cas précis, Otto Abetz, venu à Vichy exiger le retour immédiat de Laval au pouvoir, n'a obtenu en échange que le renvoi de La Laurencie et la promesse de revoir ultérieurement le cas Laval, il peut néanmoins se féliciter d'un double succès de son expédition musclée : il a débarrassé le MBF d'un interlocuteur trop peu docile et renforcé du même coup sa propre position avec la nomination à la direction de la DGTO de Brinon, l'ancien vice-président et compère du Comité France-Allemagne.

Partisan convaincu de la collaboration avec « l'Allemagne nouvelle », Brinon n'en a pas moins conscience, comme il l'écrit, à peine installé dans ses nouvelles fonctions, au chef de l'État, de l'irritation des Français directement soumis à l'arbitraire de l'occupant : « On doit malheureusement constater, observe-t-il, que la mystique du Maréchal s'est largement atténuée et que, tout en conservant leur respect au chef de l'État, les Français en zone occupée ne lui accordent plus leur foi. » Contrairement à son prédécesseur, il estime certes que, pour calmer un public « qui taxe d'hypocrisie le vainqueur et de trahison les dirigeants français lorsqu'il perçoit le contraste entre les pratiques, sans doute inévitables, de l'armée d'occupation et les grandes perspectives de travail en commun sur un plan d'égalité pour la construction d'une Europe nouvelle qu'on fait luire à ses yeux, la propagande aurait dû davantage insister sur les conséquences de la défaite et le choix entre disparaître ou accepter d'être pour une longue période auxiliaire de la seule grande puissance européenne qu'est désormais l'Allemagne ». S'il admet le rôle d'auxiliaire assigné à la France vaincue comme le seul possible, s'il considère les pratiques de l'armée d'occupation « sans doute inévitables » et les attribue à des « subalternes », Brinon rejoint, non sans contradictions, son prédécesseur sur un point essentiel, la politique de dissociation nationale menée par l'occupant, quand il conclut : « En un mot, plus le gouvernement français accepte et pratique la collaboration, plus il faut obtenir que l'Allemagne lui restitue l'administration du pays et renonce à cette politique de dissociation qui semble avoir été jusqu'ici l'attitude continue, permanente et exclusive des Autorités d'occupation à l'égard des Autorités légitimes françaises. » Le nouveau délégué général a beau mettre des majuscules aux deux autorités, comment imaginer que la France, dont il admet le rôle d'auxiliaire, puisse attendre quoi que ce soit du Reich qui la tient à sa merci ? Comment n'attribuer ce qu'il appelle « les vexations et exactions locales » qu'à des subalternes et se plaindre en même temps d'une politique systématique de dissociation nationale ?

Le renforcement de l'emprise allemande

Or, après une année d'occupation, au mépris des nombreuses protestations de la délégation française à la commission d'armistice, l'emprise allemande sur l'administration territoriale, loin de se relâcher, n'a cessé de se renforcer. Dans les trois départements d'Alsace-Lorraine, bien qu'Hitler interdise de publier les mesures prises – telles que la modification des frontières, l'introduction des systèmes ferroviaire, postal, scolaire allemands – au *Journal officiel* du Reich et que les gauleiters de Bade et de Sarre-Palatinat chargés de l'administration civile ne dépendent que de sa seule autorité, « l'annexion camouflée » se poursuit sans relâche. Même les chefs autonomistes qui avaient milité pour le retour au Reich et s'étaient imaginé en devenir les grands bénéficiaires commencent à déchanter en constatant que les postes convoités vont aux cadres venus d'outre-Rhin alors qu'eux, admis dès septembre 1940 dans la SS à l'occasion de la visite d'Himmler, doivent se contenter d'une modeste fonction de chef de canton *(Kreisleiter).* Seuls le Dr Emil Petri, qui avait déjà servi dans l'administration alsacienne sous Guillaume II, et Robert Ernst, responsable de l'Association des Alsaciens-Lorrains et resté en Allemagne entre 1919 et 1940, accèdent l'un au poste de commissaire provincial *(Landeskommissar)*, l'autre à celui de conseiller à la direction de l'administration du gauleiter Wagner, puis de haut commissaire de la *Reichsstadt Straßburg.* Le reste des autonomistes, auxquels on avait largement fait appel durant la phase de transition, est relégué, à partir d'avril 1941, à des postes d'édile municipal, de chef de bloc, de groupe local, de cellule de la NSDAP, les nouveaux maîtres estimant qu'ils n'ont plus besoin d'un paravent autonomiste. Pour eux, désormais, les seuls autonomistes vraiment utiles sont les autonomistes morts, comme le germaniste Karl Roos, fusillé sous l'accusation d'espionnage en février 1940 par les Français et élevé sur l'ordre d'Hitler à la dignité de « martyr » *(Blutzeuge)*, qui devient l'objet d'un véritable culte au cénotaphe érigé en son honneur près de Saverne.

Dès le 6 août 1940, la chancellerie du parti a ordonné que soient supprimés les noms de localités, de rues, de monuments, les affiches et les inscriptions d'origine française. Le français est proscrit à l'école, les enseignants jugés « loyaux et aryens » sont envoyés en recyclage dans le Reich, même la prédication dans les églises n'est tolérée qu'en allemand. Une ordonnance du 12 février 1941 prévoit la dissolution des ordres religieux, des congrégations et des institutions liées à eux, leurs locaux étant transformés en écoles publiques, hôpitaux militaires, centres d'enfants évacués. La plupart de leurs membres, à commencer par les jésuites, seront expulsés vers la zone Sud, comme d'ailleurs quelque 100 000 habitants jugés « irrécupérables ». Dans les communes, la réglementation du Reich a remplacé depuis 1940 la législation française. Il en sera de même pour le droit. Comme dans le reste des territoires occupés, les organisations politiques, syndicales, les associations – particulièrement nombreuses en Alsace où on en comptait près de 15 000 avant-guerre, soit 1 pour 8 habitants – sont dissoutes, mais, dans le cadre de la germanisation, celles qui seront nouvellement autorisées devront se rattacher à des associations du Reich. Décidées à transformer jusqu'au moindre garde-barrière en serviteur dévoué du régime, les autorités obligent les fonctionnaires restés en place non seulement à souscrire un engagement de loyauté envers le Führer mais à adhérer obligatoirement, de même que leur épouse et leurs enfants, à une formation de la NSDAP. Dans bien des cas, on les prive du statut de fonctionnaire en les réduisant au rang d'employé. Les engagés volontaires dans l'armée française durant la Première Guerre mondiale sont purement et simplement exclus. Dans le cadre de la déconfessionnalisation de l'école, les prêtres et les religieuses – très nombreux dans l'enseignement en vertu du maintien du concordat, l'un des chevaux de bataille des autonomistes contre la IIIe République laïque – sont licenciés et souvent expulsés du jour au lendemain. La « défrancisation » ira jusqu'à imposer la germanisation des noms de famille et des prénoms (alors que de nombreux descendants de huguenots réfugiés en terre allemande après la révocation de l'Édit de Nantes peuvent continuer à les porter). Mesure plus caractéristique encore de cet acharnement : une ordonnance du 16 mai 1940 interdit le port du béret basque « couvre-chef typiquement français qui obscurcit l'esprit »; tout contrevenant est passible d'une amende de 150 Reichsmark ou d'une peine de prison pouvant aller jusqu'à six semaines.

Sans atteindre pareil degré de germanisation, la politique administrative de l'occupant dans les zones interdites, notamment le Nord-Pas-de-Calais, vise à maintenir l'isolement du reste du territoire national [39]. Malgré un accord intervenu le 7 mai 1941 sur les échanges interzones, les habitants, à l'exception de chefs d'entreprises industrielles ou agricoles, de médecins et de pharmaciens, ne sont pas autorisés à revenir. Ce qui est surtout visé dans ces régions, c'est l'affaiblissement progressif de l'appareil administratif français par les entraves à l'application des lois françaises et le blocage de nominations de nouveaux fonctionnaires pour combler un sous-encadrement reconnu, on l'a vu, par les inspecteurs du MBF. Premier officiel autorisé à se rendre dans le Nord-Pas-de-Calais, le commissaire général aux Sports, Borotra, signale, dans son rapport du 20 mai 1941, que « les populations de ces départements ont le sentiment d'être abandonnées des pouvoirs publics et d'être retranchées de la communauté nationale, leur réaction de défense en face de cette situation est violente ». Un mois plus tard, le conseiller juridique de la DGTO, qui a pu se rendre dans les Ardennes, abonde dans le même sens. Sur les 290 000 habitants présents avant-guerre dans ce département particulièrement éprouvé par les combats

(24 000 maisons ont été détruites ou endommagées, 225 ponts ont sauté), les 160 000 qui ont pu y retourner « sont particulièrement anxieux du sort qui leur sera réservé. Ils craignent l'annexion et se demandent s'ils resteront français ». Quant à Pierre Pucheu, premier ministre autorisé à visiter officiellement, en septembre 1941, les principales villes du Nord-Pas-de-Calais, sa demande, soutenue par le MBF, d'un rattachement de la région à l'administration militaire allemande en France se heurte au refus du général von Falkenhausen auquel il rend visite le 1er octobre au siège du commandant militaire pour la Belgique et le nord de la France à Bruxelles.

Même en Bretagne, alors que le MBF avait formellement démenti l'annonce en juillet 1940, par l'agence officieuse d'information allemande DNB et l'organe officieux de la Wehrmacht, *Der Sieg,* de la reconnaissance de l'autonomie de la province par le Reich, le Dr Best – auteur d'un mémoire sur « La Bretagne, pierre angulaire de la garde allemande sur l'Atlantique [40] » concluant à la nécessité d'une Bretagne autonome sous occupation allemande permanente – et ses amis de l'ambassade n'avaient pas abandonné la partie. Plus prudent, le général Streccius, premier chef de l'administration militaire, après avoir consulté le secrétaire d'État à l'Intérieur, Stuckart, et le Dr Klöpfer, représentant d'Hitler auprès de l'état-major Ouest, avait précisé, dans une circulaire du 13 août 1940, que l'autonomie ne pourrait être réalisée que lorsque le Reich jugerait le moment favorable. Ce qui, en attendant, n'excluait ni un soutien « adéquat » au mouvement autonomiste à condition qu'il se montre discipliné, ni la protection dudit mouvement contre les mesures que les autorités françaises pourraient prendre à son encontre, mais il fallait éviter de paraître prendre parti en sa faveur. Bien que la bataille d'Angleterre et la rencontre de Montoire, en octobre 1940, qui avait scellé l'ère de la collaboration franco-allemande, eussent relégué le sort de la Bretagne au second plan, Werner Best, accompagné de plusieurs adjoints et de membres de l'Abwehr, s'était rendu personnellement sur les lieux. Constatant la faiblesse du mouvement autonomiste de Mordrel et Debauvais, déchiré par les querelles intestines, il recommanda de les envoyer en « séjour d'étude dans le Reich », mais de maintenir l'existence et les subventions du mouvement, destiné à devenir le pendant extrémiste d'un Parti national breton modéré dont il confia la création à Raymond Delaporte qui présidait depuis 1938 le *Bleun Brug,* mouvement de défense de la culture bretonne soutenu par le clergé local.

Du côté allemand, ces mesures sont loin de faire l'unanimité. Approuvé par Heydrich et l'ambassade, l'état-major de commandement du MBF, tout en souscrivant à l'envoi des deux chefs autonomistes dans le Reich, souligne dans une note confidentielle que l'Allemagne ne soutient pas les tentatives séparatistes – le souvenir des troubles du séparatisme rhénan des années vingt est resté vivace parmi les cadres militaires conservateurs –, qu'il convient d'empêcher toute campagne et tout soutien en ce sens « dans l'intérêt de l'ordre et de la sécurité militaire intérieure [41] ». Pourtant, six mois plus tard, après un entretien avec Delaporte qui lui fait part de ses craintes d'être débordé par les extrémistes de son mouvement et par la propagande communiste rappelant la promesse de Pétain de rétablir les provinces françaises, le préfet de région, François Ripert, type du haut fonctionnaire dévoué à l'État français et à l'Église – les évêques de Rennes et de Quimper sont ses plus sûrs alliés contre le mouvement séparatiste – ne cache pas son inquiétude face au ressentiment et à l'agitation entretenue en sous-main par l'occupant contre le gouvernement. Attitude qui lui vaut l'hostilité conjuguée du Dr Best, de l'ambassade, de la SIPO-SD, qui demandent son remplacement. Pour ne pas perdre la face, Vichy fait traîner l'affaire pendant près d'un an, puis décrétera en 1942 sa réintégration au Conseil d'État. Son successeur, le préfet de région Jean Genette, ancien député de Toul, proche de Laval, muté douze mois plus tard en Côte-d'Or, sera suivi de deux autres préfets en l'espace de huit mois. Le dernier aura la surprise de voir – dès son arrivée – l'autonomiste Yann Fouerré installé à sa place avec l'aval de l'occupant.

En réalité, qu'elles aillent au-devant des exigences allemandes ou qu'elles cherchent à les contourner, les autorités de Vichy se montrent incapables de les contrer efficacement. Mais, autant les interventions des autorités allemandes sont énergiques, voire brutales lorsqu'elles estiment que leurs objectifs sont en cause, autant elles se refusent, fidèles en cela aux directives initiales d'Hitler, à aplanir les différends politiques entre pouvoirs français. Ainsi, lorsque Brinon [42] s'adresse directement au MBF pour obtenir le rappel du préfet régional de la Gironde, Pierre Alype, qui entend relever de leurs fonctions le maire doriotiste de Bordeaux, Adrien Marquet, et le préfet des Landes, Daguerre, celui-ci accepte la mutation d'Alype en Mayenne tout en soulignant « qu'il n'est pas là pour soutenir Brinon contre Darlan ».

Si, comme le montre un rapport de situation du printemps 1941, le MBF est conscient du fait que, dans les régions soumises à son autorité, les préfets s'en tiennent généralement à la « coopération correcte » prévue par la convention d'armistice « sans entreprendre quoi que ce soit qui pourrait être interprété comme une volonté collaborationniste, certains services n'hésitant pas à ignorer les ordres directs de la puissance occupante en invoquant des instructions opposées du pouvoir central français [43] », il ne s'en offusque pas, dans la mesure où ceux-ci acceptent de remplir le rôle indispensable de médiateurs entre lui et la population. Ce qui le préoccupe davantage, c'est la sourde opposition des échelons inférieurs de la fonction publique, notamment dans les postes et les chemins de fer – perçus comme des fiefs de l'idéologie communiste [44] –, la difficulté à trouver des personnalités acceptant d'assurer bénévolement les fonctions de maire, l'instabilité « intolérable » *(untragbar)* consécutive aux mutations trop fréquentes opérées par Vichy au sein du corps préfectoral. À titre d'exemple, l'administration militaire mentionne le remplacement, à l'occasion d'un mouvement affectant vingt-neuf préfets, de deux préfets de région et de quatre préfets pour les seuls pays de Loire [45].

À partir de 1942, l'affaiblissement du contrôle allemand

par suite des ponctions d'effectifs pour les zones de combat incite les préfets, comme le signalent les chefs de région et les *Feldkommandanturen*, « à défendre plus énergiquement les intérêts français » et « à faire apparaître nettement la volonté de transformer le rôle de vaincu en interlocuteur à part entière [46] ». Attitude jugée inquiétante, parce qu'elle correspond manifestement à la volonté du ministre de l'Intérieur, Pucheu, qui a réuni le 19 février les 130 préfets et préfets régionaux des deux zones afin de mieux coordonner leur action [47]. Estimant que la présence accrue de responsables du gouvernement à Paris « a entraîné un raidissement de l'attitude des autorités et des fonctionnaires français en territoire occupé », Best décide, en accord avec le lieutenant-colonel Speidel, de freiner au maximum les demandes de transfert des services du gouvernement de Vichy à Paris. De plus, afin d'éviter les nombreuses mutations et le remplacement de préfets jugés trop favorables au collaborationnisme, il informe le délégué général qu'à l'avenir le MBF n'acceptera les changements de préfets qu'à titre exceptionnel.

Tension passagère qu'estompe rapidement le retour, en avril, de Laval au pouvoir : les *Feldkommandanturen* ne tarissent plus d'éloges sur les bonnes dispositions des préfets et des préfets de région. Au tableau d'honneur, ceux du territoire de Belfort et de la Côte-d'Or, qui n'ont pas hésité « à faire une propagande habile en faveur de la relève des agriculteurs prisonniers de guerre par des ouvriers français dans le Reich *(Sauckelaktion)*, engagement d'autant plus méritoire qu'il va à l'encontre de l'opinion publique [48] ». Au lendemain du débarquement allié en Afrique du Nord et de l'occupation de la zone Sud par les troupes de l'Axe, le préfet régional de la Côte-d'Or a réuni les fonctionnaires afin de leur rappeler leurs devoirs envers le gouvernement et menacé de révoquer sans ménagements quiconque tenterait d'entraver la coopération avec les services allemands. Lors de sa tournée de conférences en zone Sud, en juin 1942, Grimm note pour sa part les bonnes dispositions du préfet délégué de Perpignan, du préfet régional et du préfet délégué de Toulouse ; la réception « réservée mais courtoise » du préfet délégué de Carcassonne, « l'amabilité » des préfets de Narbonne, d'Avignon, du préfet régional et du préfet délégué de Lyon [49]. De sorte qu'à la fin de l'année 1942 le MBF conclut non sans satisfaction que « l'esprit de collaboration du gouvernement français tend à s'imposer de plus en plus dans la fonction publique », tout en concédant qu'il n'en va pas de même « chez les petits fonctionnaires et les cadres moyens mal payés, surchargés de travail, qui restent en grande partie attachés à l'ancien régime et, par conséquent, défavorables à la coopération germano-française [50] ». Autre préoccupation persistante : la démission des maires qui se déclarent incapables d'assumer les tâches qui leur incombent et pour qui les autorités françaises ont le plus grand mal à trouver des remplaçants qualifiés.

Un divorce croissant

Alors que les craintes d'un revirement brutal à la suite de l'invasion allemande de la zone Sud se sont révélées sans fondement, le divorce constaté à maintes reprises entre la haute administration et les fonctionnaires subalternes se manifeste de plus en plus ouvertement à partir de 1943. Cette « résistance passive » inquiète d'autant plus le MBF que les préfets fidèles à la politique de collaboration de Laval parviennent de moins en moins aisément à imposer leur autorité à la population tant est grande leur impopularité. Lors d'une nouvelle tournée de conférences en février-mars, cette fois à Angoulême, Bordeaux, Royan, Orléans, Grimm confirme sa bonne impression antérieure des préfets au cours d'un entretien avec Laval et Brinon. Mais il demande au chef du gouvernement une reprise en main énergique afin d'éviter que les cadres changent de camp ou prennent la fuite en avion dans la perspective d'une victoire anglo-américaine. A quoi Laval aurait répondu qu'il valait mieux ne rien précipiter et procéder à une épuration administrative progressive afin de ne pas heurter l'opinion publique [51]. Pour sa part, le MBF adresse le 14 avril une note confidentielle aux commandants de région de zone Nord, dans laquelle il rappelle que « le maintien d'une administration française ordonnée qui obéit aux directives de l'autorité d'occupation et s'efforce de satisfaire ses besoins tout en se montrant capable de s'imposer à la population constitue l'une des tâches les plus importantes de l'administration militaire. Plus la disponibilité de la population diminue, plus l'administration française se raidit, conclut-il, plus cette tâche se révèle fondamentale [52] ».

La tension est infiniment plus grave dans les trois départements pratiquement annexés et sous administration civile allemande, où la population restée après les vagues d'expulsion de quelque 100 000 « irrécupérables » a longtemps espéré que les mesures excessives, parfois grotesques, de germanisation ne dureraient que le temps de mettre la machine sur les rails. Après quoi les « Schwowe » – terme alsacien usuel pour désigner les Allemands – leur rendraient la direction des affaires. Espoir entretenu par le constat que, contrairement à ce qui s'était passé en 1871, les fonctionnaires qu'on leur avait imposés n'étaient pas des Prussiens, mais leurs « cousins » de Sarre et de Bade qui avaient, avec le concours de la Wehrmacht, de l'organisation Todt, du Service du travail, rétabli les infrastructures, fortement endommagées par la guerre, restauré, voire embelli les bâtiments publics, l'habitat des villes et des villages, construit des routes et un aérodrome reliés au réseau du Reich. Le budget et le personnel des diverses administrations et institutions avaient été considérablement augmentés; l'économie, stimulée par les investissements allemands, était prospère. Toutefois, sauf chez une minorité d'inconditionnels, l'anxiété tenaillait la population, majoritairement catholique, devant l'acharnement des autorités allemandes contre les institutions religieuses, garantes depuis des siècles, à travers l'alternance des régimes et des pouvoirs, du maintien de l'identité spécifique de la contrée [53]. Or le Reich avait déclaré d'emblée ne pas se sentir tenu par le concordat de 1801 conclu par Rome avec la France et ne pas vouloir étendre à l'Alsace-Lorraine celui de 1933 conclu avec l'Allemagne. Les institutions protestantes, surtout luthériennes, davantage acquises à la culture allemande, étaient relativement moins menacées. Dans la mesure où le Saint-Siège, dûment informé de la politique de déconfessionnalisation radicale, s'était contenté de déplorer, dans une émission destinée au monde anglo-saxon, le triste sort des chrétiens d'Alsace-Lorraine, ceux-ci avaient pris leur mal en patience jusqu'à ce que la décision, prise le 9 août 1942 lors d'une réunion au quartier général d'Hitler en Ukraine, d'introduire le service militaire obligatoire pour les Alsaciens-Lorrains qui avaient montré peu d'empressement à répondre aux appels à l'engagement volontaire et la rumeur – fondée – d'un plan de transport des populations autochtones dans le Reich ou à l'est, en France pour les « asociaux et les tarés [54] », mettent le feu aux poudres.

Deux semaines plus tard, après l'ordonnance du ministère de l'Intérieur du Reich sur l'octroi de la nationalité allemande – préalable qu'exigeait le haut commandement –, les services de recrutement procédèrent à l'incorporation des classes 1924 à 1914 en incluant les Alsaciens-Lorrains libérés de captivité en 1940 auxquels on avait promis qu'ils ne porteraient plus l'uniforme [55]. Incorporation étendue en 1943 aux classes 1913 à 1908. L'administration a beau exalter la mission glorieuse des nouvelles recrues, organiser des fêtes en l'honneur des conscrits, rares sont ceux qui acceptent d'endosser l'uniforme de bon gré. Les uns tentent de se faire réformer pour débilité mentale ou tuberculose, de fuir en Suisse ou dans la France de l'intérieur, d'autres lâchent des tracts hostiles ou manifestent lors des séances de conscription. Dans certaines localités, les recrues arrivent éméchées dans les casernes en chantant des chansons satiriques, voire *La Marseillaise,* et en brandissant des drapeaux tricolores. Autorisés à intervenir au besoin par les armes et de déférer les réfractaires à la SIPO-SD, les militaires escortent les appelés par petits groupes jusqu'aux lieux de rassemblement pendant que les forces de police interdisent leur accès aux proches. À l'effervescence qui gagne tous les milieux – la mobilisation touche quelque 200 000 Alsaciens-Lorrains, dont 47 000 tomberont ou seront portés disparus et 10 000 grièvement blessés – vient s'ajouter, durant l'été 1943, la première mise en garde publique des évêques de la contrée, soutenus par Mgr Gröber, archevêque de Fribourg-en-Brisgau et président de la Conférence des évêques allemands, contre le projet de « transférer » 1 650 membres des ordres contemplatifs dans le Reich. Soucieuses de rétablir le calme, les autorités décident de mettre une sourdine à la politique de déconfessionnalisation. Une circulaire « strictement confidentielle » enjoint à toutes les instances de l'administration et du parti de soumettre désormais tous les problèmes d'ordre confessionnel au seul directeur du *Gauamt,* leur interdit toute correspondance avec les autorités ecclésiastiques et toute pression sur les fidèles pour les inciter à quitter l'Église.

Dans les autres parties du territoire français, une évolution se dessine à partir de juin 1943. Étant donné, comme le souligne une nouvelle circulaire confidentielle du MBF aux commandants militaires de région, l'attitude des fonctionnaires subalternes – « qui, dans certains cas, vont jusqu'au sabotage des ordres ou des décisions prises dans l'intérêt des autorités d'occupation [56] » –, une vigilance particulière est recommandée à l'égard de fonctionnaires et d'auxiliaires nouvellement recrutés, issus des milieux d'officiers et de sous-officiers de l'armée française. En vertu de l'ordonnance publiée conjointement aux instructions d'avril 1943, une action énergique doit être engagée sans retard contre tout fonctionnaire coupable de manquements. En revanche, l'administration militaire, qui s'insurgeait auparavant contre la prétention des préfets d'être traités en interlocuteurs à part entière, en vient à admettre que les rapports avec eux « doivent, pour correspondre à l'orientation définie entre le Reich et la France, être fondés sur une estime et une compréhension réciproques ». Attitude contestée par le commandant de la SIPO-SD [57] qui estime que l'administration française est gagnée par l'anarchie, que la résistance passive et le sabotage qui s'y manifestent exigent une « action résolue de nettoyage » *(entschlossene Säuberungsaktion)*, que seules des arrestations et des déportations sont susceptibles de créer l'effet de choc indispensable. Selon lui, le moment est venu de passer du contrôle de l'administration à une réelle prise en main par les autorités allemandes, mesure qui substituerait notamment à la procédure d'agrément préalable des nominations de fonctionnaires d'autorité la proposition de personnalités choisies pour leurs convictions collaborationnistes. Conclusions trop hâtives, rétorque le MBF, destinées à justifier les arrestations de fonctionnaires, voire à alerter les services allemands au risque d'y créer la panique. S'il est exact que peu de Français en général et de fonctionnaires en particulier croient encore à la victoire allemande, il est inexact de parler d'une volonté générale de résistance passive, de sabotage, d'un courant d'hostilité de l'ensemble de l'administration. Une résistance croissante se développe certes aux échelons inférieurs et intermédiaires, mais on ne peut prétendre que « les autorités françaises laissent libre cours à tous les manquements » ni que les mesures des autorités d'occupation soient insuffisantes, même s'il convient d'envisager, comme le recommande la SIPO-SD, de nouvelles mesures concernant l'administration française.

Peu disposé à se plier purement et simplement aux exigences de la SIPO-SD, le MBF accepte cependant de coopérer plus étroitement avec elle dans deux domaines : l'extension du fichier des préfets, sous-préfets, secrétaires généraux de préfecture à d'autres fonctionnaires d'autorité et l'établissement d'une liste de personnalités fiables, susceptibles de remplacer les suspects. Car, tout en continuant à reconnaître les mérites d'une administration exposée, quand il s'agit d'exécuter des directives allemandes, « à un front uni de la population » et « aux menaces des terroristes mises de plus en plus souvent à exécution [...] sans pouvoir s'appuyer sur l'autorité d'un gouvernement enraciné dans le peuple [58] », l'administration militaire se montre de plus en plus préoccupée devant l'extension de la résistance des agents d'exécution. Longtemps concentré presque exclusivement dans les milieux communistes, ce mouvement, observe-t-elle, tend à se transformer en un « chauvinisme national » qui imprègne désormais les proches et l'entourage d'une grande partie des fonctionnaires, au point de ne plus garantir leur capacité à s'opposer à la situation qui découlerait d'une action d'envergure sur le continent. Bien qu'il évite d'évoquer explicitement l'éventualité d'un soulèvement populaire, le rapport du MBF pour le troisième trimestre 1943 envisage la nécessité de prévoir à cet effet l'instauration d'une « administration de détresse » *(Notverwaltung)* composée d'éléments sûrs ou même, le cas échéant, une prise en main directe des principaux rouages de l'administration française – sans se cacher la difficulté d'une telle entreprise avec les effectifs limités dont elle dispose.

Ce pessimisme n'est pas de mise dans les services de la SIPO-SD, qui s'activent à constituer une sorte de vivier de collaborateurs fiables puisque le gouvernement de Vichy a accepté, depuis juillet 1942, que l'obligation de soumettre les nominations de hauts fonctionnaires à l'agrément préalable du MBF soit complétée par un droit de proposition. Droit dont ce dernier n'a pas jugé utile de faire usage jusqu'alors puisque Laval, depuis son retour au pouvoir, a entrepris lui-même une épuration progressive qui s'est traduite par d'importants mouvements dans le corps préfectoral [59]. En prévision d'une « invasion », le général SS Oberg, chef de la police et de la SS en France, et son adjoint, le *Standartenführer* SS Knochen, établissent, à partir de leur fichier, des listes de fonctionnaires et de personnalités de confiance adressées directement, entre juillet 1943 et mai 1944, au général Heinrich von Stülpnagel. On y relève les noms de 58 préfets, bien notés d'ailleurs jusqu'à la fin de l'Occupation, de 22 sous-préfets recommandés à une nomination de préfet en cas de besoin, de 8 secrétaires généraux de préfecture, 3 intendants de police, 1 capitaine de gendarmerie ainsi que 5 avocats – dont le bâtonnier de Tours –, un juge d'instruction, un inspecteur principal de la SNCF et une douzaine de responsables divers : maires, délégués à la propagande, responsables régionaux de mouvements collaborationnistes, chefs de la Milice [60].

Tout en réprouvant cet activisme qui va jusqu'à envisager la nomination à la tête d'administrations de gens sans formation ni expérience, l'administration militaire estime que la situation exige désormais de s'écarter du principe de « non-immixtion active » appliqué jusqu'alors, mais déclare préférable d'y mettre les formes dans la mesure où, « du côté français, on se montre généralement disposé à tenir compte des remarques allemandes [61] ». Les listes d'éléments sûrs « en cas de crise grave » *(im Ernstfall)* qu'elle commence à dresser elle-même à partir d'août 1943 comprennent presque uniquement du personnel d'encadrement des préfectures (préfets, sous-préfets, secrétaires généraux – dont celui de la Gironde), un ancien préfet délégué de Rouen, juge au tribunal de Paris, l'ancien secrétaire général de la préfecture de Laon, devenu chef de cabinet du préfet de police de Paris, et seulement deux des personnalités extérieures proposées par la SIPO-SD : le capitaine Dubois, chef de brigade de gendarmerie de Saint-Malo, et le baron de Surcouf, proposé pour la mairie de cette ville. Son rapport de janvier 1944 note avec satisfaction l'important mouvement préfectoral mis en œuvre par le gouvernement Laval, qui touche sept préfets de région et vingt-deux préfets. En avril 1944, le MBF adresse encore aux quatre commandants militaires des régions dépendant de son autorité une circulaire sur le contrôle de l'administration française rappelant les règles d'agrément des fonctionnaires d'autorité : « Les ingérences dans la gestion française du personnel doivent être réduites au minimum à cause de la responsabilité clairement définie du gouvernement français. Un refus de nomination ne se justifie que dans le cas d'incompétence ou de comportement déloyal.

[...] De même, l'opposition à un rappel du gouvernement français ne doit intervenir que si celui-ci est motivé par la coopération loyale avec les autorités d'occupation[62]. » Dans ce long texte, le MBF insiste sur la nécessité de ne pas déstabiliser l'administration française par de trop fréquentes demandes de rappel, de limiter les demandes aux cadres de préfecture, aux chefs des services du ravitaillement, de l'agriculture, des Ponts et Chaussées, de l'inspection du travail, aux délégués à la propagande, aux maires de communes importantes. Pour tous les autres, il suffit de recourir au blâme ou au changement interne de service. Les arrestations ne doivent intervenir qu'à titre exceptionnel. En cas de non-respect des d'ordonnances allemandes, engager d'abord des poursuites *pénales* (souligné dans l'original) ou déférer à un tribunal militaire qui examinera si l'éloignement du poste s'impose. Toute mesure pénale concernant des préfets de région, préfets, sous-préfets et fonctionnaires assimilés relève du chef de l'administration militaire (le Dr Elmar Michel, signataire de la circulaire). De même, les demandes de rappel de maires des communes de plus de 10 000 habitants. Seules exceptions à la règle : la suspension d'un fonctionnaire et son arrestation lorsqu'il y a danger immédiat, opérée de préférence par l'administration militaire, les expulsions à demander à la SIPO-SD dans les régions côtières soumises à la surveillance sont renforcées.

Incontestablement destinées à freiner l'ardeur répressive de cette dernière, ces directives sont mises à mal, un mois plus tard, après l'arrestation par la SIPO-SD du sous-préfet Chalvron et de la plupart des vingt-sept hauts fonctionnaires dont les noms figurent dans les documents saisis du réseau de résistance « Super Nap ». Le général SS Oberg et son adjoint Knochen demandent au MBF la révocation immédiate du secrétaire d'État à l'Intérieur Lemoine et du secrétaire général Pichat, impliqués dans l'affaire, qu'ils suggèrent de remplacer par Joseph Darnand, « qui fait ses preuves dans l'épuration et la réorganisation de la police », et par le conseiller d'État Marc Chevalier. À la place des 23 administrateurs – dont 22 préfets

–, déjà arrêtés pour la plupart, Oberg propose une première liste de 15 noms – comprenant un chargé de mission à la préfecture d'Orléans et un directeur de la commission interministérielle de la main-d'œuvre – destinés à compenser les 15 personnes que la SIPO-SD récuse catégoriquement sur les 28 que Vichy a soumises au MBF pour un nouveau mouvement préfectoral. Le 27 mai, soit dix jours plus tard, Helmut Knochen adresse au MBF une deuxième liste de 14 candidats, dont 8 – parmi lesquels le Dr Durandy, chef de la Milice de Marseille, proposé comme préfet de région, les présidents départementaux de la Légion des combattants à Toulouse et Avignon, le délégué à la propagande de Lille, le bâtonnier de Tours – sont puisés dans le vivier des collaborationnistes avérés. Pour couper court aux objections prévisibles du MBF, le commandant de la SIPO-SD explique que, « dans la situation présente de la France, il est infiniment plus important de disposer dans l'administration de personnes politiquement irréprochables que de travailler avec du personnel qualifié auquel on ne peut se fier [63] ». L'argument ne semble pas convaincre le récipiendaire, qui le gratifie en marge d'un grand point d'interrogation vert. En fin de compte, le mouvement préfectoral agréé en juin 1944 ne comporte que des fonctionnaires du corps. Seules concessions aux demandes de la SIPO-SD : les nominations du secrétaire général de la préfecture de Lille comme préfet de l'Isère et du sous-préfet de Thonon, proche de la Milice, comme préfet de la Creuse, et ce malgré les interventions de Laval et de Brinon en faveur du maintien du préfet Delannet, muté dans les Vosges [64].

À partir du débarquement allié – toujours appelé « invasion » dans les textes allemands –, la déstabilisation administrative redoutée par le MBF gagne surtout la zone Sud où la SIPO-SD multiplie les arrestations. Dans la seule région du Sud-Ouest, on relève les noms de vingt-quatre personnalités visées. Parmi celles-ci : les préfets de Haute-Garonne, du Lot-et-Garonne, du Tarn, des Pyrénées-Orientales, plusieurs chefs de cabinet et secrétaires généraux de préfecture, des présidents de cour d'appel, le chef des Ponts et Chaussées de Haute-Garonne, les maires d'Agen et d'Ax-les-Thermes, les directeurs des postes d'Agen et de Cahors, le directeur de l'école de Saint-Girons et même Mgr Théas, évêque de Montauban, Moussaron, archevêque d'Albi, ainsi que le vicaire général des Basses-Pyrénées, Marie-Émile Daguzau. Tandis que Joseph Darnand devient secrétaire d'État à l'Intérieur à la place de Lemoine démissionnaire, conformément à la proposition antérieure de la SIPO-SD, et que le directeur général de la police, Parmentier, est promu secrétaire général, onze préfets de région et préfets sont encore destitués pour relations avec la Résistance sans que leurs postes puissent tous être pourvus. Mais le rapport du MBF souligne l'effort de l'administration française pour soutenir la population évacuée des zones d'opérations et l'action du Service interministériel de protection contre les événements de guerre mis en place par Vichy[65]. L'administration militaire se félicite par ailleurs de l'efficacité de son système de contrôle en zone Nord, où l'administration française poursuit sa tâche sans incidents notables, grâce surtout à la « loyauté » des préfets, voire à l'abnégation de certains, tels ceux de Caen, de Saint-Lô, du préfet régional de Rouen, restés à leurs postes dans les pires conditions[66].

Dans son bilan rétrospectif achevé à Potsdam en 1945, le major von Teuchert, dernier directeur administratif du MBF, souligne lui aussi le bon fonctionnement du système de contrôle et de concertation avec les gouvernants de Vichy. Il impute les difficultés rencontrées aux ingérences de l'ambassade, à la séparation administrative du Nord-Pas-de-Calais, à l'isolement de la zone interdite et aux interventions croissantes, depuis 1942, des services de sécurité. Son administration, observe von Teuchert, a eu malgré cela le mérite de n'avoir provoqué, de juin 1940 à août 1944, que seize rappels de préfets et quatorze de sous-préfets et secrétaires généraux. Selon lui, ce bon fonctionnement est dû en grande partie aux cadres de l'administration française auxquels il rend un hommage appuyé : « Dans leur écrasante majorité, les hauts fonctionnaires ont satisfait nos exigences, y compris dans les moments extrêmes. Pour apprécier leur coopération, il faut tenir compte du fait que les demandes de la puissance occupante à l'administration autochtone atteignaient la limite du concevable, notamment, la désignation des otages, le recrutement forcé de travailleurs pour le Reich, l'obligation de signaler les menées hostiles contre la puissance occupante, les sanctions de police ou des tribunaux des personnes contrevenant aux ordonnances de la puissance occupante, la réquisition de ravitaillement pour le Reich, l'évacuation de civils de régions entières. Même après l'invasion, les autorités préfectorales des zones de combat sont restées près des populations. Elles ont pour l'essentiel répondu jusqu'à la fin aux exigences allemandes et ont, dans bien des cas, fait preuve de courage et d'esprit d'abnégation. » Von Teuchert cite notamment le préfet du Calvados qui a poursuivi sa tâche depuis l'arrière-pays, après le bombardement massif de Caen, « jusqu'à ce qu'il tombe entre les mains de l'ennemi ». « La majorité de ces responsables, poursuit-il, a également fait preuve de fermeté face au “ maquis ”. Certains furent victimes de ces bandes durant la dernière période de l'Occupation, de même qu'un grand nombre de préfets, sous-préfets et maires payèrent ultérieurement de leur vie l'accomplissement de leur devoir sous l'administration allemande. Tous ces hommes, ainsi que de nombreuses personnalités compétentes des ministères et de l'économie, n'étaient nullement à la solde du Reich, ils ne travaillaient pas non plus au service ou dans l'intérêt de la puissance occupante. Ils ont seulement cherché, par leur attitude loyale envers l'occupant allemand, à tirer le meilleur parti pour la population confiée à leur protection, les administrés de leurs secteurs, les employés des entreprises ou d'un secteur économique et, partant, pour leur propre pays. Il est possible que l'un ou l'autre ait envisagé l'objectif d'une nouvelle Europe à laquelle il se sentait lié à la vie, à la mort parce qu'il reconnaissait que la situation qui avait prévalu jusqu'alors en Europe était intenable, qu'elle était une source permanente de nouvelles guerres. »

La manière dont le dernier directeur de l'administration du MBF juge l'action de la Résistance n'a rien de surprenant. Pas plus d'ailleurs que celle dont il apprécie le rôle des hauts fonctionnaires français qui ont accepté de poursuivre jusqu'à la fin ce qu'il appelle la « coopération loyale », allusion à l'article 3 de la convention d'armistice. À lire l'énoncé des tâches et l'hommage qu'il rend à l'administration préfectorale, aux personnalités compétentes des ministères et de l'économie qui les accomplirent, force est de constater que l'État vichyste, en procédant de son propre chef à l'épuration radicale de l'administration, en acceptant – malgré quelques protestations – l'interprétation extensive, voire la violation des engagements souscrits par la convention d'armistice, a largement facilité la tâche de l'occupant. Il lui a permis en particulier d'assurer son emprise sur le territoire et le potentiel français sans difficultés majeures et avec une grande économie de moyens qui, il le reconnaît à maintes reprises, lui faisaient défaut. Paradoxalement, les principales difficultés rencontrées tiennent davantage, comme le soulignent les rapports du MBF, à l'incertitude qu'Hitler et son entourage ont entretenue pendant quatre ans quant à leurs objectifs à long terme concernant la France, à la multiplicité des instances allemandes impliquées dans la politique d'occupation, aux divergences et rivalités internes qui en résultent et en compromettent la cohérence. À quoi s'ajoute la méfiance viscérale de la plupart des responsables du MBF envers un peuple qu'ils perçoivent – compte tenu de son histoire mouvementée, des affrontements du passé, de l'image qu'ils s'en sont formée à travers la tradition familiale, l'éducation, la propagande – comme un adversaire d'autant plus redoutable qu'ils ont du mal à le comprendre en dépit de leurs efforts permanents pour scruter ses moindres réactions, pour bannir de sa vie quotidienne tout ce qui pourrait ranimer l'orgueil de ce que leurs rapports continuent à appeler « *die grande Nation* ».

CHAPITRE II

La surveillance de l'opinion publique

LES RAPPORTS DE SITUATION

Peu désireux de voir les SS de la SIPO-SD sévir dans le sillage de l'armée comme cela avait été le cas lors de l'annexion de l'Autriche, de l'occupation de la Tchécoslovaquie puis de la Pologne – et comme cela se produira ultérieurement dans tous les territoires conquis de l'Est –, le haut commandement (OKW) avait obtenu d'Hitler tous les pouvoirs, y compris ceux du maintien de l'ordre et de la sécurité pour les zones d'opérations occidentales, parmi lesquelles la France. Ce qui explique que, en dépit de l'abandon d'une partie de ses prérogatives policières au printemps de 1942, l'administration du MBF ait accordé une attention particulière à l'état de l'opinion publique, qui conditionnait pour une large part la réalisation de ses missions. Pourquoi aussi les « rapports de situation » *(Lageberichte)*, établis tous les mois tant au niveau central que régional, comportent obligatoirement, durant la période qui va d'août 1940 à avril 1944, une rubrique « opinion publique » ou « situation politique ».

L'appréciation varie évidemment en fonction des observateurs et des préoccupations qu'ils souhaitent communiquer à l'autorité supérieure. Ceux de l'administration militaire de l'hôtel Majestic tendent à insister davantage sur les difficultés découlant de l'absence d'une ligne de conduite claire du Reich à l'égard de la France que sur les actions d'hostilité, voire de résistance signalées par les régions, qui risqueraient de provoquer une intervention massive de la SIPO-SD. D'où la différence parfois sensible entre les sources d'information conservées après utilisation au siège du MBF et les rapports de synthèse destinés aux autorités du Reich. Différence particulièrement nette lorsqu'il s'agit de notes de l'ambassade, des rapports de la *Propaganda Abteilung* ou des antennes de la SIPO-SD à propos de questions politiques telles que la question juive, le rôle des associations et groupes d'opposition ou de collaboration. Notes et rapports rédigés à la demande du MBF, souvent aussi à la suite de concertations entre représentants des diverses instances allemandes concernées. Ce qui intéresse essentiellement le MBF tient en quelques mots : maintenir le calme, l'ordre, la sécurité nécessaires à l'accomplissement des missions de la Wehrmacht. Or autant la coopération avec l'administration française ne pose pas de problèmes majeurs, autant on sent percer, derrière l'assurance des vainqueurs, la méfiance, les incertitudes, voire l'exaspération face aux réactions imprévisibles, parce que changeantes, d'une population si différente de celle du Reich.

Dès les premières observations recueillies entre juillet et septembre 1940, l'impression prévaut que, passé le choc de la défaite, un sentiment anti-allemand tend à se développer en zone Nord. Dans l'ensemble, la population adopte certes une attitude courtoise, « courtoisie feinte ou sincère », note le commandant de la région Nord-Est [1], qui va jusqu'à louer la correction et la discipline des militaires allemands. Courtoisie qui « correspond au caractère national des Français et n'a par conséquent aucune signification particulière », observe le rapport du MBF [2]. Selon ce dernier, le sentiment anti-allemand serait surtout le fait d'une bourgeoisie qui ne mesure pas encore les conséquences de la défaite, s'imagine, sous l'effet de la propagande anglaise, que la France peut encore traiter avec l'Allemagne d'égale à égale comme avant la guerre, croit que le Reich, malgré ses succès militaires, sera finalement vaincu grâce à l'entrée en guerre des États-Unis. Impression différente dans le Sud-Ouest [3] où le commandant de région perçoit à la fois des signes d'hostilité, comme l'arrachage d'affiches allemandes, les sifflets du public lors de la projection d'un film d'outre-Rhin, et un mouvement de mécontentement à l'encontre du gouvernement français. Sentiments qu'attisent, selon lui, les propagandes anglaise et communiste ainsi que de jeunes démobilisés et des instituteurs « adeptes de Léon Blum ». À son avis, on peut s'attendre à ce que la déception qu'inspire le gouvernement français, perceptible surtout chez les petits-bourgeois, les paysans et les ouvriers, « provoque un changement radical de la situation après le retrait des forces d'occupation ». Argument qui n'est pas encore repris par les services allemands mais servira ultérieurement de moyen de pression dans les négociations avec Vichy.

En fait, l'administration militaire perçoit dès septembre 1940 la différence entre le respect, voire la vénération que la population – hormis certains jeunes démobilisés et des milieux ouvriers qui le traitent de « vieil gaga » *(sic)* – voue à la personne du maréchal Pétain et sa défiance envers le gouvernement Laval et la haute administration. Elle conclut que « la situation politique en zone occupée ne suscite pas la moindre inquiétude et ne nécessite pas de mesures particulières, parce que les forces politiques se neutralisent mutuellement, qu'aucun groupe, aucun courant n'est assez fort pour causer des difficultés à l'occupant [4] ». Le constat se veut rassurant, mais ne correspond que partiellement à la réalité. Sinon pourquoi cette ordonnance de l'autorité militaire du 28 août interdisant toutes les associations de zone occupée, excepté celles fondées sur le droit général ou d'ordre purement économique, et proscrivant aussi toute réunion de plus de trois personnes, les défilés et les drapeaux, le port d'uniformes autres que ceux de fonction ou d'insignes, hormis les décorations officielles, sans son autorisation préalable [5] ? D'après elle, il s'agit seulement de mesures préventives. Car, « hormis les communistes dont la propagande n'est, pas davantage que celle de Moscou, dirigée contre les Allemands » et le « Partie nationale collectiviste » *(sic)*, mouvement xénophobe et antisémite toléré par le MBF « qui semble avoir trouvé un terrain particulièrement favorable dans la population de Dijon [6] », les partis et groupes politiques ne déploient, selon les rapporteurs, aucune activité notable.

La « question juive »

Relativement peu évoquée dans les rapports du MBF durant les vingt premiers mois d'occupation, la question juive ne figure que dans douze d'entre eux – dont cinq seulement émanent de l'hôtel Majestic, les autres des commandements militaires de région. Après le transfert de l'action répressive – excepté celle concernant directement la sécurité militaire – à la SIPO-SD en 1942, des rapports, des notes d'information ou de réunion des différentes instances concernées (SIPO-SD, ambassade, *Propaganda*) figurent encore dans les dossiers du MBF. Mais son implication en la matière se limite au niveau de la concertation, du feu vert, dans la mesure où ces services envoient aussi des rapports à leur ministère ou instance de tutelle dont ils reçoivent directement des instructions. Parmi les principaux points abordés pendant la période 1940-1941, les mesures antijuives prévues par l'ordonnance allemande du 27 septembre 1940 (recensement obligatoire de tous les Juifs résidant en zone Nord, marquage de leurs magasins et de leurs cartes d'identité), les lois du gouvernement de Vichy portant statut des Juifs et « des ressortissants étrangers de race juive » des 3-4 octobre 1940 et 2 juin 1941, la création, à la demande des Allemands, de l'*Institut d'études des questions juives*, du *Commissariat général aux questions juives* et de l'*Union générale des israélites de France*. À suivre ces textes, on constate les contradictions dans l'appréciation de l'opinion française et la critique quasi constante du manque d'ardeur raciale des responsables français. Ainsi, un premier rapport d'octobre 1940 à ce sujet affirme : « Le gros du peuple français n'aime pas les Juifs et attendait depuis longtemps des mesures allemandes en ce sens [7]. » Il s'étonne de la « modération » *(Zurückhaltung)* de Vichy dont le ministre de la Justice aurait déclaré que « le gouvernement ne décrèterait pas de *lois raciales* (souligné dans l'original), mais restreindrait seulement la liberté de mouvement des Juifs pour assurer la sécurité de l'État [8] ». Ce qui se traduit certes par leur exclusion des services publics, mais admet trop de dérogations au gré du MBF. Quant aux administrations militaires régionales, elles ignorent purement et simplement les mesures antijuives de Vichy pour ne rendre compte que de l'application des ordonnances et directives allemandes [9]. Revenant sur l'attitude de la population dans son rapport de novembre 1940, le MBF modifie sensiblement sa première appréciation : les mesures allemandes, notamment le marquage des magasins juifs et l'éviction des Juifs étrangers, « ont rencontré un certain écho » mais « la prise de conscience raciale n'existe que dans une très faible mesure [10] ».

Sans contester généralement l'intervention des militaires allemands contre les tentatives de propriétaires juifs qui ont cherché à atténuer l'effet de marquage de leurs magasins en affichant leurs états de service, la mention d'un proche mort à la guerre, leurs distinctions – notamment la Légion d'honneur –, l'opinion, reconnaît le MBF, « estime souvent cette mesure injustifiée lorsqu'il s'agit de Juifs français de longue date ». D'où il conclut : « Une solution radicale de la question juive entraînerait actuellement de grands bouleversements économiques. Il a fallu plusieurs années à l'Allemagne pour la résoudre, et il faut d'abord régler la question des émigrés. » On sait que l'article 19 de la convention d'armistice prévoit que « le gouvernement français est tenu de livrer sur demande tous les ressortissants allemands désignés par le gouvernement du Reich qui se trouvent en France de même que dans les possessions françaises, les territoires sous protectorat ou sous mandat ». Clause qui abandonnera à leurs bourreaux des milliers de réfugiés du IIIe Reich, qui ont cru trouver asile et protection en France. La distinction entre Juifs français et étrangers existait déjà bien avant l'Occupation. Elle s'était trouvée renforcée par le climat de xénophobie consécutif à la crise des années trente, et particulièrement par les lois Daladier de mai 1938 contre les « étrangers indésirables ». Mais l'antijudaïsme fondé sur des critères biologiques n'était prôné en France que par une infime minorité. « Le Français, constatait le romaniste allemand Ernst Robert Curtius dans son *Essai sur la France* (1932), ne possède ni instinct ni conscience raciale : la notion de race est chez lui nettement inférieure à celle de nation. » Attitude que ne cesseront, comme nous le verrons, de déplorer les différents services allemands, bien qu'elle n'exclue pas pour autant les préjugés d'ordre économique et culturel. Différence perceptible quand l'administration militaire du Nord-Est, qui a signalé en octobre l'accueil favorable de la propagande xénophobe et antisémite du Parti national collectiviste à Dijon, écrit deux mois plus tard : « Les mesures contre les Juifs ne semblent du reste être comprises jusqu'à présent que dans quelques secteurs de la population française. On ne constate d'attitude foncièrement antijuive ni dans le public ni dans la presse [11]. »

Quant aux critiques contre le gouvernement français, elles portent surtout sur son manque de zèle à appliquer les mesures antijuives en zone Nord. « Ne fût-ce que pour cette raison, observe un rapport du MBF de février 1941, il paraît nécessaire de pousser énergiquement du côté allemand à la *solution* (souligné dans l'original) du problème juif. À cet effet, des négociations ont été engagées avec le gouvernement français pour la création à Paris d'un “ Office central des Juifs ” (*Zentrales Judenamt*) qui devrait, en plus du recensement et de la surveillance de tous les Juifs, suivre sous contrôle allemand toutes les questions en rapport avec le traitement du problème juif [12]. » La création, en mai 1941, de l'Institut d'étude des questions juives et du commissariat général aux Questions juives est simplement annoncée. La nomination à sa tête de Xavier Vallat suscite en revanche une double objection. D'une part, parce qu'elle est provisoirement limitée à quatre mois, de l'autre, parce que, « d'après la personnalité du commissaire général Vallat, il paraît peu vraisemblable qu'il contribue de manière décisive à une solution radicale de la question juive [13] ».

Même si l'on tient compte du fait que la « solution radicale » du problème juif qu'évoquent les rapports du MBF à cette époque n'est pas encore la « solution finale » mise en œuvre à partir de l'invasion de l'URSS, et aussi de la volonté de l'administration militaire de prouver qu'elle n'a pas besoin du renfort de la SIPO-SD, force est de constater qu'elle est pleinement impliquée dans le « traitement de la question juive ». Au point de suivre jusqu'à son évolution en zone Sud. Le même rapport du 31 mai 1940 signale en effet que, « d'après les informations de presse, l'intérêt pour le problème juif s'accroît constamment. La fuite massive devant l'avance allemande des Juifs français et étrangers en zone Sud a provoqué leur concentration dans cette partie du pays. C'est pourquoi le gouvernement français a créé un Comité pour la solution du problème des étrangers. Dans la population de zone non occupée, l'hostilité envers les Juifs paraît augmenter constamment ». Affirmation sans doute valable pour le gouvernement de Vichy, mais nettement exagérée s'agissant de l'opinion puisque les seuls exemples cités à l'appui sont la création d'un Comité gouvernemental pour les étrangers, la sortie imminente d'un nouveau statut des Juifs – publié effectivement le 2 juin – et des remarques hostiles des spectateurs lors de la projection du *Juif Süss*, film allemand violemment antisémite. Un rapport de l'administration militaire du Nord-Est infirme d'ailleurs, peu après, cette assertion en continuant à déplorer « l'absence de conviction ou, pour le moins, l'indifférence d'une grande partie du peuple français, notamment de l'intelligentsia, à propos des mesures anti-juives. De ce fait, conclut-il, la mise en œuvre des mesures tant allemandes que françaises s'effectue généralement avec lenteur, sans l'énergie souhaitable. On exécute certes les mesures parce qu'elles sont exigées du côté allemand, mais sans être convaincu de leur justesse, voire de leur nécessité fondamentale [14] ».

Au regard de cette situation, le MBF revient à la charge en annonçant en septembre qu'il a incité le commissaire général aux Questions juives – dont il persiste à souhaiter le remplacement par une personnalité plus qualifiée [15] – à créer « une organisation contraignante » *(Zwangsorganisation)* à laquelle une loi ferait obligation à tous les Juifs d'adhérer. Cette organisation n'aurait compétence que pour l'assistance sociale à tous ses membres et la représentation de l'ensemble des Juifs auprès des autorités et des institutions officielles. La loi de Vichy, instaurant l'Union générale des israélites de France (UGIF) [16] sur le modèle de l'association créée dès novembre 1938 dans le Reich, étendue ensuite à tous les territoires occupés, dans le dessein de faciliter le contrôle de la population juive et la mise en œuvre de la répression, sera publiée un mois plus tard. Preuve que le gouvernement français sait témoigner d'un zèle à exécuter les demandes allemandes dont son administration locale semble parfois manquer. Le dernier rapport du MBF en la matière, qui couvre la période de janvier à mars 1942, émane encore du commandement de la région Nord-Est, décidément le plus prolixe à ce sujet. Il fait état de la réprobation de l'opinion « qui *estime injustifiées* » (souligné dans l'original) les arrestations et exécutions d'otages juifs et communistes à la suite d'attentats anti-allemands à Dijon, Montceau-les-Mines, Chalon-sur-Saône et Auboué. « Lors de l'arrestation des Juifs, commente le rapport, il est apparu à quel point la *question juive* (souligné dans l'original) a été méconnue en France. De nombreuses personnes de tous les milieux sont intervenues en faveur des Juifs arrêtés [17]. »

À partir de cette période, les services de l'hôtel Majestic laissent le soin à l'ambassade, à la *Propaganda Abteilung,* à la SIPO-SD de suivre ce problème. Ils continuent néanmoins à être régulièrement informés et consultés. Leur attention se porte en priorité sur la détérioration de l'état de l'opinion, qui leur fait craindre une résurgence du nationalisme, à l'instar de ce qui s'était produit en Allemagne dans les années vingt, pendant l'occupation française de la Rhénanie. Hantise d'autant plus grande que l'entrevue Hitler-Pétain à Montoire, censée sceller l'ère nouvelle de la collaboration, n'a pas suscité le revirement escompté. « L'humeur des Français, constatait déjà peu après le commandement militaire du Sud-Ouest, oscille entre l'espoir, l'abattement et l'indifférence [18]. » Espoir suivi d'abattement chez ceux qui attendaient du vainqueur certains gestes de bonne volonté tels que l'évacuation des régions côtières, la libération de tous les prisonniers de guerre, la conclusion rapide d'un traité de paix. Espoir chez d'autres, les « activistes », d'un affaiblissement de l'Allemagne après la réélection de Roosevelt à la présidence des États-Unis et l'annonce de la mort accidentelle à Rouen du maréchal Göring – l'une de ces rumeurs qui commencent à se propager de bouche à oreille. Indifférence parmi ceux dont l'unique préoccupation est la chasse de plus en plus difficile au ravitaillement. Même constat d'espoir déçu et de division des esprits dans le Nord-Pas-de-Calais où l'*Oberfeldkommandantur* constate qu' « *une attitude politique active* (souligné dans l'original) tend à se substituer à la résignation antérieure », avec, dans les milieux modestes, « un certain écho à l'introduction de concepts nationaux-socialistes, en particulier sur la question sociale », mais aussi « un renforcement de la propagande communiste ».

Le « réveil » de la conscience nationale

Déjà, après six mois d'occupation, alors que les mots « détérioration », « raidissement », « détresse économique », « défiance », « espoirs déçus » commencent à revenir comme un leitmotiv sous la plume des observateurs militaires, apparaît comme une certitude ce qui n'était jusqu'alors qu'une appréhension : le réveil de la conscience nationale française. Car – et c'est ce qui surprend le plus les services du MBF – l'expulsion vers la zone Sud de quelque 100 000 Alsaciens-Lorrains de trois départements en cours de germanisation – auxquels le gauleiter Wagner a joint 6 500 Juifs de Bade-Palatinat qui seront internés dans les sinistres camps du Sud-Ouest avant d'être livrés à la déportation – soulève une vague d'indignation. À tel point que « même les milieux loyaux sont désemparés et doutent de la sincérité des Allemands à vouloir parvenir à une entente avec la France [19] ». L'opinion s'interroge certes encore sur l'attitude du maréchal Pétain et des différents groupes qui s'affrontent pour le pouvoir à Vichy, mais « elle salue unanimement le départ de Laval qui passe aux yeux des Français pour le type du politicien sans scrupules, seulement soucieux de ses propres intérêts au détriment de la collectivité [20] ». Or, loin de se calmer, la vague d'indignation s'amplifie. Si, par crainte de représailles, elle ne s'exprime en zone Nord que dans la tension des rapports avec l'occupant, il n'en va pas de même en zone Sud où des prêtres, des personnalités expulsées font des tournées de conférences, appellent à la solidarité avec ceux qui ont tout perdu du jour au lendemain, mobilisent les réfugiés alsaciens-lorrains de 1939 qui ne sont pas rentrés après l'armistice. Si le MBF en conclut que « le renoncement à l'Alsace-Lorraine passe moins facilement qu'on ne pouvait s'y attendre initialement [21] », son analyse du « raidissement anti-allemand » – qu'il attribue aussi aux difficultés du ravitaillement, à l'incertitude concernant la composition et l'orientation de la nouvelle équipe gouvernementale, aux succès britanniques en Afrique – n'en déduit encore aucune menace pour la sécurité des troupes dans la mesure où on ne constate ni soulèvement ni opposition organisées de la part des autorités ou de la population. Mais il doit en convenir : « La France, assez longtemps découragée, désorientée, désespérée au lendemain de la défaite, commence à se " ressaisir ". Une conscience nationale revient progressivement au détriment de la volonté d'entente germano-française même s'il n'y a pas encore de volonté politique et de stratégies unitaires. » On aura noté au passage l'opposition entre conscience nationale française et entente germano-française, qui montre clairement la manière dont les Allemands conçoivent la « Collaboration ».

Devant l'ampleur inattendue des réactions françaises, le MBF ordonne dans sa zone une surveillance renforcée des courants politiques d'opposition ainsi que le rencensement des réfugiés alsaciens-lorrains susceptibles d'être transférés dans leur région d'origine ou dans le Reich. Opération qui constitue manifestement une concession à ceux qui critiquent la politique de « défrancisation » brutale des gauleiters Wagner et Bürckel [22]. Tout en se refusant à désavouer ses deux fidèles serviteurs, Hitler admet l'objection d'Abetz quant à l'effet désastreux sur l'opinion française des expulsions massives. S'il en ordonne l'arrêt, c'est peut-être surtout parce que Werner Best, soutenu par Himmler en sa qualité de commissaire au renforcement du *Volkstum,* lui a fait valoir que ces mesures sont contraires non seulement aux intérêts du Reich mais aussi aux conceptions national-socialistes qui « se fondent sur le sang du patrimoine génétique et non sur l'état d'esprit momentané d'un individu ». Sinon, pourquoi avoir cherché en 1933 à gagner les communistes allemands à la *Weltanschauung* du IIIe Reich au lieu de les expulser vers la Russie ? « De plus, explique ce féru de science raciale, cette perte de substance du corps allemand serait un gain pour le corps français, ce qui pourrait avoir des effets nocifs pour l'Allemagne. Tous les grands soldats de France sont – au sens large – d'ascendance allemande : le maréchal et chef de l'État Pétain est de sang flamand, les généraux Weygand, Gamelin, Huntziger, Dentz, Költz, Koenig, etc., d'ascendance alsacienne ou lorraine. Or ce sont là précisément les inspirateurs de projets de résistance et de lutte alors que les hommes de type “ westique ” comme Laval ou Brinon sont plutôt disposés à une entente. » Pour le chef de la section administrative du MBF (qui ne manque pas une occasion de faire valoir ses compétences de doctrinaire racial – encore qu'en l'occurrence son appréciation du général Gamelin en illustre la faiblesse), il importe en toute hypothèse de « récupérer chaque goutte de sang allemand ». « Car, dans le cas d'une coopération loyale entre la France et l'Allemagne, les éléments *volksdeutsch* ne tarderaient pas, vu leur supériorité raciale, à jouer un rôle prépondérant en France, et leur haine de renégats les inciterait à l'hostilité envers le Reich. Si, en revanche, l'Allemagne ne visait qu'à la soumission de la France, leur sang allemand et tout ce qui reste de sang germanique dans ce pays produiraient des êtres révoltés qui entraîneraient la population à la résistance. » La cause est entendue : désormais l'administration d'Alsace-Lorraine devra transférer les récalcitrants dans le Reich ou dans les territoires conquis de l'Est afin de les rééduquer, tandis qu'un Office central d'immigration (*Einwanderer Zentralstelle* – EWS) dépendant du MBF procédera au recensement des personnes de sang allemand restées en zone occupée en vue de leur retour volontaire en Allemagne.

Engagée à partir du printemps 1941, l'opération ne donne pas les résultats escomptés, sauf dans les trois départements pratiquement annexés où l'administration allemande expédie sans ménagements une partie de la population autochtone dans le Reich afin d'installer à sa place des Allemands d'outre-Rhin. En zone Nord, le rapatriement volontaire ne touche que 13 % des 78 255 *Volksdeutsche* recensés malgré une reprise en main de l'Office d'immigration jugé peu efficace par le SS *Sturmbannführer* Bonifer. Il est vrai que le recensement effectué à l'aide d'un questionnaire adressé aux intéressés ou à partir de la seule consonance germanique de leur nom de famille avait dû inclure bon nombre de personnes peu susceptibles d'être récupérées au profit de la « race supérieure ». La science raciale et la supériorité tant vantées de l'organisation allemande n'ayant donné que de maigres résultats en zone Nord, les tenants de la récupération du sang allemand envisagèrent son extension à la zone Sud. À l'instigation de la SS, l'Office d'immigration du MBF établit, le 17 juillet 1941, un mémoire exigeant le transfert de tous les *Volksdeutsche* résidant en zone Sud [23]. Demande jugée excessive par l'*Auswärtiges Amt* et par son ambassadeur à Paris, qui recommandèrent de s'en tenir au retour volontaire, afin de ne pas envenimer les relations avec Vichy sur un point aussi sensible. De son côté, le gouvernement français, d'ordinaire plutôt prompt à satisfaire les exigences allemandes, conscient qu'il ne peut se permettre la moindre concession en la matière, cherchera à gagner du temps en recourant à sa pratique du marchandage. Puisque le Reich souhaite un accord de coopération entre polices françaises et *Einsatzkommandos* du SD, il est prêt à y souscrire en échange du renoncement au recensement en vue d'un transfert forcé des Alsaciens-Lorrains et des *Volksdeutsche* de la zone Sud. Jugeant la concession mineure au regard de la promesse française du renforcement de la coopération policière, Hitler ordonne d'abandonner l'action envisagée. Ainsi, excepté les enseignants et étudiants de l'université de Strasbourg repliés depuis 1939 à Clermont-Ferrand, qu'il fera arrêter et déporter pour avoir osé maintenir une université française du même nom que la *Reichsuniversität* créée avec son appui depuis l'annexion, Himmler doit renoncer à son projet. En compensation, il disposera de moyens accrus pour la déportation des Juifs, la répression des « dissidents » et des « terroristes ».

Endiguer l'influence de l'Église

Si le sort des Alsaciens-Lorrains dépasse en fin de compte largement les compétences du MBF, l'émoi qu'il a suscité dans la population française a eu pour effet de renforcer sa vigilance à l'égard des foyers potentiels de résurgence d'un sentiment national unitaire. Mis à part l'interdiction des anciens partis politiques, l'instauration dès le début d'un contrôle de la vie associative, la proscription, sans autorisation préalable, des défilés, du port d'uniformes et d'insignes autres qu'officiels, du drapeau tricolore même sur les bâtiments publics du territoire occupé, il en vient, à partir de mai 1941, à interdire dans sa zone jusqu'à la commémoration publique de la fête de Jeanne d'Arc et de la fête des mères [24]. Que les Allemands ne tiennent pas à voir célébrer en leur présence l'armistice du 11 novembre, symbole de leur défaite de 1918, ou le 14 juillet, rappel du soulèvement populaire contre la tyrannie qui, au dire de l'ambassade, appartenait « à la République française passée dont l'État français de Pétain s'était expressément détourné [25] », quoi de plus évident. Mais pourquoi interdire le culte de Jeanne d'Arc, dont Grimm avait au contraire suggéré le développement pour raviver la haine des Anglais, ou la fête des mères, pourtant conforme à la conception national-socialiste de « la » femme ? La mesure vise incontestablement à endiguer l'influence de l'Église catholique que tous les services allemands considèrent comme un foyer du nationalisme français et dont ils ont pu mesurer le rôle dans au moins trois circonstances : lors du renvoi de Laval en décembre 1940, dans l'opposition des évêques aux menées séparatistes des autonomistes bretons, lors de la campagne contre l'expulsion des Alsaciens-Lorrains.

Analysant la situation intérieure française après l'éviction de Laval du gouvernement, le MBF avait constaté « des tendances anti-allemandes » au sein des mouvements politiques tolérés ou soutenus officiellement. Cela vaut en partie pour le mouvement catholique et royaliste, surtout en zone non occupée. Le mouvement catholique qui n'avait pour l'essentiel qu'une influence souterraine à l'époque de la République gagne en importance – abrogation accélérée de la législation antireligieuse (levée des mesures d'exception frappant les congrégations), participation accrue des représentants de l'État aux manifestations religieuses, soutien unanime de la hiérarchie catholique au gouvernement de Vichy (appel au soutien de Pétain comme un devoir de conscience). « Les paroles favorables à une entente des évêques de la zone occupée, en particulier du cardinal de Paris, Suhard, ne doivent pas masquer des tendances différentes du mouvement catholique [26]. » Analyse confirmée peu après par Grimm, qualifiant les cardinaux Baudrillart et Suhard « d'ecclésiastiques avisés qui agissent contre la suprématie du cléricalisme politique parce qu'ils estiment dangereux l'excès de la politique cléricale de Vichy [27] ». Du côté allemand, observe Grimm qui sait partager sur ce point les vues de l'ambassade, « il faut tenir compte du fait que la France est un pays laïc, que la majorité de la population est attachée à la laïcité et ne veut pas du cléricalisme ».

D'où sa suggestion de substituer aux organisations laïques dissoutes, telle la Ligue des droits de l'homme, « de nouvelles possibilités de rassemblement de la gauche laïque débarrassée des francs-maçons et Juifs ». Aux yeux des politiques – et, comme on le verra, surtout d'Abetz –, l'objectif est de susciter un contrepoids à ce qu'il appelle le « régime clérical-réactionnaire » de Vichy.

Sans aller aussi loin, le MBF avait, à peine installé en France, recommandé à tous ses services « d'adopter une réserve extrême » à l'égard de l'Église. De n'envoyer, notamment pour la surveillance des processions soumises à autorisation préalable mais qu'il s'était gardé d'interdire, que « des hommes expérimentés sachant le français [28] ». Surveillance aussi, comme le révèlent de nombreux rapports de cette période [29], de la prédication et de la presse paroissiale. Or, bien que ceux-ci ne constatent que l'afflux des fidèles, des protestations du clergé au sujet de la réquisition de bâtiments appartenant à l'Église, la fermeté particulière des évêques contre les activités séparatistes en Bretagne mais pas la moindre attaque ouverte ou insidieuse contre l'Allemagne, le mot d'ordre reste à la vigilance. « Étant donné l'état d'esprit depuis toujours fortement nationaliste de ces milieux en France, observe le commandement de la région Nord-Est, il faut incontestablement accorder une attention particulière à l'attitude de l'Église catholique dans l'évolution de l'attitude française. »

Quoique très minoritaires, les Églises protestantes n'échappent pas à la surveillance qu'assurent, dans la plupart des cas, les *Propaganda Staffeln,* dépendant du MBF. Dans le style propre aux services du Dr Goebbels, celle du Nord-Ouest relate les sanctions prises à l'encontre de l'Église réformée d'Alençon : « Si l'on est parvenu à juguler ici ou là l'activité des prêtres en leur signifiant qu'ils devaient s'en tenir dans leurs feuilles paroissiales aux seuls problèmes spirituels de leur ressort, il n'en arrive pas moins que l'Église politise ses écrits de manière irresponsable, ce qui ne peut qu'entraîner leur interdiction. Ainsi, *Le Christianisme au XXe siècle* et le *Journal des missions,* deux publications de l'Église réformée, ont dû être interdits à Alençon, place forte de cette dernière qui cherche systématiquement à maintenir en France l'espoir d'une victoire de l'Angleterre [30]. »

Ce qui inquiète surtout l'administration militaire, c'est l'effort de l'Église catholique pour accroître son influence sur la jeunesse à travers les mouvements et associations qu'elle contrôle [31]. À propos de graffitis du genre « Vive Jac (F) » (Vive Jeunesse agricole chrétienne de France) le commandant de la région Sud-Ouest parle de « travail de sape des pères jésuites » *(Wühlarbeit der Pères jésuites)* en recourant à la terminologie nazie introduite depuis la « déconfessionnalisation du Reich » en 1937 pour désigner les activités de l'Église catholique, les membres du clergé étant qualifiés de « campagnols » *(Wühlmäuse).* Quelques mois plus tard une circulaire du MBF aux commandants de région rappellera l'interdiction des activités des jeunesses chrétiennes hors des églises et ordonnera d'intervenir, en particulier contre les patronages qui développeraient des activités sportives à l'extérieur. Restriction supplémentaire : « Les demandes d'autorisation pour la formation de groupes sportifs devront être refusées [32]. » Les militaires n'oublient pas la pratique du « Père la Gymnastique » Jahn lors de l'occupation napoléonienne du territoire allemand. Pratique reprise par la Reichswehr au lendemain de la défaite de 1918, qui consistait à compenser la réduction des effectifs militaires imposée aux vaincus par une préparation militaire camouflée dans le cadre d'associations sportives.

Depuis la célébration de messes commémoratives de l'armistice, des perquisitions « à effectuer le plus discrètement possible » au domicile des prêtres du Sud-Ouest à la suite de découvertes d'armes dans des cures, depuis aussi l'arrestation en région parisienne de dix ecclésiastiques soupçonnés d'avoir favorisé la fuite de prisonniers, tenu des propos malveillants et distribué des tracts contre l'occupant, le clergé de la zone Nord – y compris la hiérarchie [33] – est mis sous « surveillance renforcée ». Le rapport du MBF de mars 1941, qui mentionne les arrestations, le dit sans ambages en expliquant qu'« il a fallu faire comprendre à certains évêques que les lettres pastorales et leurs articles dans la presse religieuse sont soumis à la censure, car la propagande anti-allemande est souvent habilement camouflée sous des extraits de la littérature spirituelle ou à l'aide de discours du pape et de citations bibliques falsifiés ». Dans le style ineffable qui est le sien, la *Propaganda Staffel* d'Angers va plus loin. Sous le titre *Les Évêques à la recherche d'une nouvelle Jeanne d'Arc* (souligné dans l'original), elle écrit au MBF que « l'accroissement de ses observations à propos du contenu des feuilles paroissiales de son secteur tient aux nouvelles directives de la conférence épiscopale. Les déclarations de ne pas se mêler de politique ne servent vraisemblablement que d'écran de fumée pour faciliter des attaques politiques. Dans ce contexte, on tente d'éveiller l'espoir en une deuxième Jeanne d'Arc. On compare l'époque actuelle à celle de la guerre de Cent Ans et présente la religion comme unique salvatrice de la France [34] ». Ce que le MBF résume par la formule « mouvement de résistance spirituelle » justifie donc son opposition à la célébration de Jeanne d'Arc qui était, circonstance aggravante, une Lorraine au service de la France. Il revient en revanche sur son interdiction de la fête des mères, mais les cérémonies publiques ne devront avoir lieu que dans des salles municipales. Concession supplémentaire, il consent à lever l'interdiction des bals : « Si les Français ont envie de danser malgré leur défaite ignominieuse, l'intérêt allemand commande de ne pas les en empêcher [35]. »

En opposant de la sorte bals publics et commémorations officielles, les autorités militaires allemandes prouvent, une fois de plus, leur méconnaissance des traditions d'un peuple jugé inconscient et frivole sans savoir qu'au moins depuis la Révolution de 1789 la fête, les bals populaires ont souvent contribué à cimenter l'unité nationale, que ce genre de distraction dans lequel elles ne voient que défoulement propice à leur sécurité peut aussi être une sorte de défi à l'adversité, parfois même un moyen d'échapper à leur surveillance permanente de la vie associative. Habituée à une stricte organisation de la société, leur attention se porte en effet essentiellement sur ce secteur.

Dans un rapport de juillet 1941, le commandement de la région Nord-Est fait état de « la volonté des milieux ecclésiastiques d'intervenir dans la reconstruction nationale de la France en utilisant toutes les occasions possibles pour s'introduire dans les groupements sportifs et sociaux afin d'y faire prévaloir – modérément dans un premier temps – une influence conforme à l'idéologie catholique. Officiellement, le clergé se montre généralement réservé. Si l'Église, poursuit le rapporteur, refuse – pour des raisons doctrinales – le national-socialisme, elle salue néanmoins sa lutte contre le bolchevisme, car elle estime qu'après une victoire de l'Allemagne sur la Russie, le peuple russe retrouvera le chemin de l'Église et espère ainsi donner une nouvelle base et renforcer la position du catholicisme à l'est et dans le sud-est de l'Europe [36] ».

Avec l'invasion de l'URSS un mois auparavant, les militaires, qui ont déjà obtenu le soutien logistique de Vichy contre les forces britanniques en Syrie, s'attendent, comme on le voit, de la part de l'Église de France, à un ralliement analogue à celui des évêques du Reich, à leur croisade antibolchevique qui « répond, estiment-ils, au sentiment du Français moyen [37] ». Bien qu'il ait tendance à réduire l'URSS à la Russie – ce qui est courant dans les textes allemands de l'époque –, qu'il confonde de surcroît catholicisme et orthodoxie, le rapporteur du Nord-Est – qui avait déjà surestimé initialement l'antisémitisme dans son secteur – reconnaît deux mois plus tard que l'approbation par l'Église de la lutte du Reich national-socialiste contre le bolchevisme n'est pas aussi unanime qu'il l'avait pensé. « L'Église catholique persiste dans sa réserve. Des prises de position antibolcheviques de certains membres de la hiérarchie ont certes eu un impact sur la population attachée à l'Église. Mais le bas clergé reste foncièrement anti-allemand sans déployer, il est vrai, d'activité particulière en ce sens. Le grand nombre de prêtres expulsés (d'Alsace-Lorraine) a fait naître l'impression d'une persécution de l'Église en Allemagne. Il est frappant, conclut-il, de constater l'intérêt que l'Église accorde à l'éducation de la jeunesse, notamment aussi à sa formation sportive [38]. »

Les deux problèmes soulevés dans ce texte – l'importance accordée à la formation chrétienne des jeunes, le rejet par une partie du clergé d'un régime qui persécute l'Église – sont en fait déjà connus du MBF qui dispose du compte rendu de la conférence épiscopale réunie les 24 et 25 juillet à Paris que Knochen (SIPO-SD) avait adressé quelques jours après au « commandant du Grand Paris ». Preuve que le chef de ce qui n'est encore qu'un modeste « service extérieur » *(Außenstelle)* est déjà parvenu à étendre son réseau d'informateurs jusqu'au sein de la hiérarchie ecclésiastique. Sur les neuf prélats qui siègent sous la présidence du cardinal Suhard, huit exercent en zone occupée : Mgrs Baudrillart (Institut catholique de Paris), Dubourg (Besançon), Feltin (Bordeaux), Fillon (Bourges), Gaillard (Tours), Lamy (Sens) Petit de Juleville (Rouen), Roques (Rennes). Seul le cardinal Liénart, archevêque de Lille, n'a pas obtenu de l'*Oberfeldkommandantur* du Nord-Pas-de-Calais le laissez-passer obligatoire pour circuler entre cette région et le reste du territoire, en raison de son attitude jugée hostile envers l'occupant. Appréciation confirmée depuis, précise Knochen : « Une perquisition le 27 juillet au domicile du cardinal Liénart a révélé la présence de matériel indiscutablement anti-allemand. Elle a également prouvé que le cardinal entretenait un réseau d'informations étendu dans les divers milieux de la population avec l'aide de membres notoires du clergé. Le contenu de cette correspondance était nettement politique [39]. » Des cinq prélats de zone Sud, les Allemands n'ont en revanche autorisé que la venue du cardinal Gerlier, primat des Gaules, qui, au dire de Knochen, est d'emblée mis en cause par le cardinal archevêque de Paris. Celui-ci aurait insisté sur les efforts nécessaires pour obtenir du MBF l'autorisation des organisations catholiques de jeunes en soulignant que

« l'attitude anti-allemande de Mgr Gerlier rendait quasi impossible la levée de l'interdiction de la JOC et de la JAC. L'orateur demande par ailleurs que les autres archevêques donnent les directives à leur diocèse afin d'éviter à tout prix des difficultés avec les autorités d'occupation, ce qui condamnerait ses efforts ». « Gerlier, écrit Knochen, répond à l'accusation de Suhard qu'il n'a rien contre l'Allemagne, mais qu'il ne pourrait jamais souscrire à l'idéologie national-socialiste et parle, dans ce contexte, des récentes persécutions des Églises en Allemagne dont il aurait été informé confidentiellement par un aumônier allemand. Les cardinaux Suhard et Baudrillart lui coupent la parole en déclarant que l'épiscopat allemand s'était rangé unanimement derrière le Führer dans la guerre contre la Russie en le présentant dans une lettre pastorale comme le sauveur de la religion et de la culture chrétiennes, ce qui prouve à l'évidence que les aumôniers de ce genre ne sont que des " mécontents incorrigibles ". »

Toujours selon Knochen, l'affrontement se poursuit durant la deuxième réunion. « Après un exposé de Mgr Gerlier sur son voyage en Espagne, le cardinal Suhard souligne que celui-ci " a fait une extrêmement mauvaise impression sur les autorités allemandes ", sur quoi le primat des Gaules aurait rétorqué qu'il s'agissait d'affaires intérieures françaises, qu'il trouvait vraiment étrange que des " services allemands s'expriment à ce sujet et dans cet esprit ". Par ailleurs le cardinal Suhard aurait proposé – mais la nouvelle n'est pas encore confirmée – que la conférence envoie un télégramme au pape pour le prier de parler en public de la croisade européenne contre le bolchevisme, de condamner à nouveau ce dernier en tant qu'ennemi mortel de la religion et de la culture chrétiennes. »

On ne peut évidemment pas prendre à la lettre un compte rendu du responsable de la SIPO-SD qui traduit à sa manière des informations dont on ignore la provenance. Il reste que ce texte révèle le silence de la hiérarchie sur le sort des Juifs au lendemain de la publication du second statut de Vichy, qu'il met aussi en lumière le clivage que les politiques allemands – et pas seulement la SIPO-SD – perçoivent fort bien entre ceux qu'ils appellent les « cléricaux-réactionnaires », qui soutiennent le régime de Pétain – mais aussi des États totalitaires ou fascistes restés dans le giron de l'Église, comme l'Espagne de Franco, le Portugal de Salazar, l'Italie de Mussolini – mais récusent le national-socialisme presque autant que le communisme athée, et une minorité qui, à l'instar des évêques du Reich, accepte de s'allier à lui par opportunisme ou parce que la peur ou la haine viscérale du bolchevisme l'emporte sur les réserves d'ordre doctrinal. Mais à la différence des militaires qui ne s'intéressent, à de rares exceptions près, qu'au rôle de l'Église en France dans le réveil de la conscience nationale – notamment au sein de la jeunesse, dans la mesure où son développement pourrait à plus ou moins long terme mettre en péril l'exécution de leur mission –, les politiques – SIPO-SD, *Propaganda,* ambassade – raisonnent en terme d'incompatibilité idéologique.

Dans une analyse des « influences idéologiques hostiles en France » du 10 novembre 1941, la SIPO-SD [40] retrace, entre autres, l'historique de l'Église de France, « fille aînée de l'Église », en remontant jusqu'à la monarchie qui a marqué, avec la Sorbonne, l'apogée de la tradition gallicane. La révolution de 1789 et plus tard la loi de 1905 sur la séparation de l'Église et de l'État ont certes, estime-t-elle, affaibli son influence, mais elle a néanmoins réussi à regagner une partie du terrain grâce à son nationalisme, notamment à travers l'union sacrée de 1914-18. Dans l'entre-deux-guerres, la reprise des relations diplomatiques entre la France et le Vatican et la canonisation de Jeanne d'Arc (1920), le maintien du concordat de 1801 dans les provinces recouvrées d'Alsace-Lorraine, la réadmission de quatorze ordres religieux entre 1923 et 1928 ont marqué les étapes du rapprochement entre la République et l'Église de France. Malgré le manque de prêtres, le faible nombre de pratiquants, sa relative pauvreté due à l'absence de subventions de fonctionnement de l'État, elle contrôlait déjà dans les années trente 5 universités,

11 500 écoles avec près de 1 million d'élèves dans 87 diocèses avec 4 000 cures, des organisations dynamiques de jeunes avec près de 300 000 membres. Héritier de cette tradition qui mêle idéaux chrétien et national, le clergé français est allé jusqu'à enterrer son hostilité envers la franc-maçonnerie avec le « Nègre Monnerville ». Il a entretenu des relations suivies avec le judaïsme, allant jusqu'à inviter le grand rabbin de France et le Consistoire lors du congrès eucharistique d'Alger en mai 1939. Depuis la Première Guerre mondiale, son Comité catholique des amitiés avec l'étranger, créé par le cardinal Baudrillart, a mené campagne contre l'Allemagne, surtout à la fin des années trente sous l'impulsion du cardinal Verdier.

Depuis la défaite française, cette attitude n'a pas fondamentalement changé. Les cardinaux Baudrillart et Suhard ont certes publié des articles en faveur de la Collaboration, mais l'Église conserve son aspiration au pouvoir, avec le projet du Vatican de constituer sous son égide un bloc d'États latins d'Europe unissant la France, l'Espagne, le Portugal, l'Italie. Ce qui explique, selon la SIPO-SD, la tentative de l'Église de France d'unir solidement le peuple sous sa direction et celle de l'État français. À la même époque, la *Propaganda Staffel* de Paris insiste elle aussi sur le nationalisme des milieux catholiques qui diffusent des tracts reprenant la formule de Maurras : « La France, la France seule. » Mais elle met aussi l'accent sur le lien entre le refus par l'Église de la doctrine raciale – certains prêtres tels le curé de Saint-Sulpice ou celui de Notre-Dame-des-Victoires soulignent dans leur prédication la judéité de Jésus – et son refus, malgré l'accentuation, en accord avec Pétain, de ses prises de position anticommunistes, de soutenir la lutte du Reich parce qu'elle craint que les fidèles, en entrant dans la communauté de combat antibolchevique avec le national-socialisme, soient contaminés par son « hérésie païenne [41] ».

Cet état d'esprit expliquerait-il, se demandent pour leur part les observateurs militaires allemands, l'attentisme qu'ils reprochent désormais au gouvernement de Vichy? Attitude qui, en dépit des bonnes dispositions reconnues à Darlan et Pucheu, à certains milieux intellectuels ou économiques, aux prisonniers et aux travailleurs rentrés d'Allemagne, bloque, selon eux, la volonté de coopération avec le Reich. « Il manque une ligne claire, un discours sans ambiguïté du gouvernement pour faire mûrir dans le peuple l'idée de la collaboration européenne qui, dans les circonstances données, exige un changement d'attitude et des sacrifices [42]. »

« OÙ SE SITUE LA JEUNESSE FRANÇAISE ? »

Telle est la question [43] que se posait déjà Karl Epting en 1936 lorsqu'il était chargé de la coopération universitaire franco-allemande à Paris et que se posent avec lui ses partenaires du MBF depuis qu'Otto Abetz l'a choisi en juin 1940 comme conseiller culturel et directeur de l'Institut allemand. Ce qui les déconcerte et les inquiète, c'est que, contrairement à ceux des pays fascistes, la plupart des jeunes Français, quoique privés de toute influence sur une vie publique que domine, selon l'expression d'Epting, « la gériarchie de Vichy », semblent s'accommoder d'institutions parternalistes fondées sur l'idée du relèvement de la France, telles que les Chantiers de jeunesse placés sous les ordres du général de La Porte du Theil [44]. Se souvenant du rôle qu'avait joué la préparation militaire clandestine au lendemain de la défaite allemande de 1918, la section politique de l'état-major de commandement du MBF avait établi, dès octobre 1940, un état [45] des trois principaux mouvements de jeunes créés par Vichy (Chantiers de jeunesse, Compagnons de France, Comité national des sports) avec, en annexe, un projet d'ordonnance portant interdiction des deux premiers. S'y ajoute le mouvement scout, en raison de son inspiration anglo-saxonne. Aucune objection, en revanche, de la part des militaires, à l'existence du Comité national des sports, créé en août 1940 à l'initiative du champion de tennis Jean Borotra.

Selon eux, la multiplicité des associations sportives, leur niveau médiocre, l'insuffisance des équipements – il faudra d'abord aménager des terrains de sport – sont autant d'obstacles au développement rapide d'un ensemble efficace. Par leur organisation, leur encadrement, leur objectif, les Chantiers de jeunesse et les Compagnons de France s'apparentent l'un au Service du travail du Reich, l'autre aux Jeunesses hitlériennes, avec un caractère militaire plus prononcé. Leur encadrement est en effet assuré par de jeunes officiers énergiques rétribués par le ministère de la Guerre. Par ailleurs, le recrutement des chantiers s'effectue en vertu de la loi sur le service militaire, les jeunes appelés étant destinés à passer après six mois de service – ultérieurement huit - dans l'armée de 90 000 hommes autorisée par la convention d'armistice.

Au lendemain des manifestations patriotiques du 11 novembre 1940, un second texte du *Kommandostab*[46], cette fois « confidentiel », étend les interdictions antérieures en zone d'occupation au Centre laïque des auberges de la jeunesse, parce que « fondé par le Front populaire, truffé d'éléments juifs et communistes ». Son autorisation n'interviendra qu'en 1942, après son épuration et sa réorientation sous la direction de Gaston Tyrand[47], lié au Parti populaire français de Doriot. Moins marquée politiquement, la Ligue française pour les auberges de la jeunesse, qui devait obtenir une « dérogation révocable » à condition de prouver qu'elle avait procédé à l'épuration de ses cadres en tenant compte de la nouvelle orientation politique, ne l'obtiendra finalement pas, sous prétexte qu'elle a accueilli les adhérents exclus du Centre laïque. Cette règle profite déjà, dans l'immédiat, aux groupes du mouvement scout attestant qu'ils ont rompu tout lien avec l'Angleterre et procédé à leur réorientation. Même traitement proposé pour le Comité Jeunesse de France et son Centre Kellermann à Paris. Un paragraphe spécial est consacré aux mouvements catholiques de jeunes pour rappeler qu'ils ne peuvent exercer aucune activité hors du cadre de l'Église, qu'il faut par ailleurs leur « refuser toute dérogation en arguant de la création prochaine d'un mouvement d'État pour la jeunesse, vraisemblablement bientôt autorisé en zone occupée ». Promesse fallacieuse, puisqu'il est clair que les Allemands redoutent tout projet de ce genre et que l'Église, pour des raisons différentes, ne le souhaite pas davantage. Estimant à environ 1,2 million le nombre d'adhérents de ces mouvements – évaluation qui semble inclure la totalité des élèves de l'enseignement catholique –, l'auteur souligne que « ces organisations posent un problème particulièrement difficile, compte tenu de leur orientation foncièrement anti-allemande ».

Quant aux principales organisations étudiantes (Union nationale des étudiants, Entraide universitaire internationale, Fédération des étudiants de Paris, Rassemblement universel des étudiants), elles doivent cesser toute activité immédiatement et jusqu'à nouvel ordre, et leurs bureaux sont mis sous surveillance. Restent les sections jeunes des mouvements collaborationnistes, notamment de la Ligue d'épuration, Garde française, Jeune Front, Femmes françaises du Parti français national collectiviste, que le texte recommande de « tolérer tacitement » (*stillschweigend*, souligné dans l'original) « jusqu'à nouvel ordre ». Pas question, en revanche, de tolérer des organisations qui revendiquent le sigle national-socialiste, « parce que leur soutien présumé de la part des instances allemandes pourrait s'avérer nuisible auprès des Français sérieusement pro-allemands ». La décision touchant aux organisations de jeunes des syndicats et des associations d'anciens combattants n'interviendra, comme nous le verrons, qu'en janvier 1941, lors d'une réunion à l'ambassade qui procédera à la sélection des organisations politiques et sociales à autoriser et à la répartition de leur surveillance entre les différents services allemands.

La vigilance des militaires ne se relâchera pas pour autant. En juillet 1941, l'Abwehr s'adresse à l'état-major de commandement du MBF pour attirer son attention sur la multiplication des demandes d'autorisation d'associations de toute nature et assortit sa démarche du commentaire suivant : « La population française, dont l'état d'esprit majoritairement hostile est bien connu, en vient à augmenter et à intensifier ses exigences de dérogation aux interdits et ordonnances en se servant abusivement du concept de “ Collaboration ” [...]. Bien qu'il soit difficile, en l'absence d'effectifs de surveillance suffisants, de prouver dans chaque cas l'activité essentiellement anti-allemande d'une association ou de ses responsables, il faut se demander si l'autorisation accordée ne sera pas utilisée pour développer les sentiments anti-allemands. En tout cas, la possibilité de réunions fréquentes contribue déjà à elle seule à renforcer le moral, à stimuler la conscience nationale et, par conséquent, l'esprit anti-allemand. L'occupation de la Rhénanie a montré que, dans ces circonstances, la population recourt volontiers aux associations les plus anodines à des fins patriotiques. Le danger est d'autant plus grand que les difficultés de ravitaillement augmentent, que la lutte contre l'Angleterre laisse prévoir une plus forte concentration de nos troupes. Les associations apparemment anodines que nous autorisons actuellement peuvent se transformer un jour en instrument actif d'influence contre nous dans l'intérêt des Anglais alors que leur surveillance sera encore plus difficilement réalisable qu'actuellement [48]. » En conséquence, l'Abwehr demande un durcissement de l'attitude allemande.

Recommandation suivie d'effets. À partir de l'été 1941, la SIPO-SD surveille de près les associations et leurs responsables. Parmi les premiers visés [49], Louis-Fernand Paulhac, ancien intendant militaire, *très catholique* (souligné dans le rapport), cofondateur de la Jeunesse de France et d'outre-mer, homme de confiance du général Huntziger au secrétariat à la Jeunesse, et Louis Garonne, ancien directeur de l'École des Roches, présenté comme un homme très cultivé, catholique croyant de tendance sociale, dans la ligne de « Travail-Famille-Patrie », mais très réticent par rapport à la Collaboration parce que adversaire déclaré du national-socialisme et de l'antisémitisme – ce qui a fait naître la rumeur, non encore élucidée, qu'il serait d'origine juive. Même les mouvements autorisés restent sous surveillance permanente. En mars 1942, la censure postale allemande de Bordeaux ira jusqu'à établir un rapport de cinq pages [50] à partir de l'analyse de 5 718 cartes provenant à 75 % des Chantiers de jeunesse et pour le reste des camps de Compagnons de France. Elle signale en particulier la possibilité pour les jeunes des chantiers d'être envoyés aux colonies, le développement d'activités paramilitaires telles que les « grands jeux d'unités mobiles », les marches avec équipement complet et cartes d'état-major, les cours sur l'artillerie, les formations de radios, d'infirmiers, de spécialistes de la signalisation, les visites d'officiers dans les camps, de jeunes dans les casernes. Le courrier fournit aussi des renseignements sur le renforcement de la discipline, la formation accélérée de cadres dans des écoles où l'on enseigne aussi les mathématiques, la géographie, l'histoire en général et l'histoire coloniale. Bien que les candidats se plaignent de la dureté des stages, les censeurs constatent leur enthousiasme unanime et leur idéalisme : les messages de ceux qui sont déjà chefs d'équipe, assistants, chefs de groupe témoignent presque tous de leur satisfaction, de même ceux des chefs rémunérés entre 600 et 800 francs par mois, nourris, vêtus et logés. Les renseignements recueillis sur les Compagnons de France font ressortir quant à eux que la plupart étaient chômeurs. Un fort pourcentage, qui provient de zone occupée, cherche à recruter des proches en leur conseillant même dans certains cas de franchir illégalement la ligne de démarcation « puisque les autorités allemandes ne leur accorderaient pas de laissez-passer pour entrer aux Compagnons de France ». En mai 1942, après la dispersion à Paris de cinq cents membres des Jeunesses impériales françaises et des Jeunesses populaires de France [51], qui convergeaient de la rue Saint-Victor et du métro Villiers vers l'Arc de Triomphe en chantant *La Marseillaise*, et l'interception d'une lettre ouverte d'étudiants de l'université de Paris et des grandes écoles [52] faisant part au chef de l'État de leur rejet de la Révolution nationale qui se traduit par le mensonge de la relève au service de la machine de guerre allemande et leur volonté d'y échapper en rejoignant ceux qui incarnent la volonté de résistance, la SIPO-SD recommandera au MBF de renoncer à son intention de déléguer aux autorités françaises le droit d'accorder des autorisations aux associations de jeunes [53].

En juillet 1942, l'Abwehr établit la liste [54] des seize écoles des Chantiers de jeunesse, avec en annexe celle des quarante-six chefs de chantier et leur adresse, la liste des dix-neuf camps de Compagnons de France en zone Sud ainsi que des treize camps de Jeunesse et Jeunesse et montagne. La méfiance envers les jeunes incite même la SIPO-SD à demander à son antenne d'Angoulême d'ouvrir une enquête sur le *Centre féminin* de formation ménagère de Ruelle-sur-Touvre pour lequel le secrétariat d'État à la Jeunesse demande l'agrément, puis « d'examiner en concertation avec la *Feld-* et l'*Ortskommandantur* si l'ouverture de ce centre ne touche pas aux intérêts stratégiques ou à d'autres intérêts allemands [55] » : on ne sait si elle redoute que la formation de fées du logis cache celle de Mata-Hari ou mette en péril la pureté de la race supérieure. L'obsession majeure reste néanmoins celle des mouvements de jeunesse chrétiens. Rappelant l'interdiction de toute activité hors du cadre de l'Église, y compris les sorties et les activités sportives, la SIPO-SD précisera, dans une note de septembre 1942, qu'elle s'applique aussi aux mouvements protestants, notamment aux Éclaireurs de France, aux Éclaireurs unionistes, à l'Union chrétienne de jeunes gens. « En cas de constat d'activité illicite, il appartient au délégué du secrétariat à la Jeunesse ou à la police française de faire respecter l'interdiction si une intervention directe ne s'impose pas [56]. » Une circulaire de même origine insiste sur le caractère impératif de la surveillance de l'ensemble des mouvements de jeunesse, « parce que la jeunesse française est particulièrement réceptive aux courants anti-allemands de toute nature, que les organisations et institutions existantes favorisent ce genre de propagande [57] ».

Le contrôle de l'enseignement

La méfiance particulière envers la jeunesse explique aussi l'attention que les autorités d'occupation accordent à l'enseignement, notamment aux universités et aux grandes écoles. En principe, ce secteur relève du groupe *Schule und Kultur* du MBF. En pratique, hormis certaines initiatives – comme le soutien à l'enseignement de la langue et de la culture bretonnes, la création d'un Institut d'études celtiques à Rennes –, son rôle consiste surtout à mettre en œuvre les décisions conjointes du MBF de l'ambassade et de la SIPO-SD en la matière. Faute de pouvoir procéder à une germanisation totale des écoles françaises comme il est en train de la réaliser dans les trois départements d'Alsace-Lorraine, sans illusion sur les chances de rallier une majorité de jeunes Français à sa cause, l'occupant se concentre prioritairement sur un objectif : éliminer l'influence des idées et des personnes qui pourraient les inciter à la révolte. Pour obtenir la coopération du gouvernement de Vichy, responsable de l'ensemble du système éducatif, il dispose de moyens de pression, qui peuvent bloquer son fonctionnement en territoire occupé : refus de libérer les bâtiments scolaires réquisitionnés, de libérer les enseignants prisonniers de guerre, d'agréer les nominations de fonctionnaires d'autorité (recteurs, inspecteurs généraux, inspecteurs d'académie, responsables des institutions scientifiques et culturelles), fermeture d'établissements censés troubler l'ordre public.

Or, non content, malgré les nombreuses interventions du ministère de l'Instruction publique, de ralentir la reprise des cours, en particulier dans des facultés et des grandes écoles encore occupées ou laissées dans un état qui ne permet pas leur remise en service immédiate, l'occupant s'arroge souvent dans sa zone un droit de contrôle direct, n'offrant aux responsables français que le choix entre la soumission et la répression. Les uns, comme le président du Syndicat des chefs d'établissements d'enseignement libre, s'y plient et demandent aux « hautes autorités allemandes » ce qu'il faut faire pour obtenir la libération de ses enseignants retenus en captivité [58]. D'autres, comme l'école primaire supérieure de garçons de Bar-le-Duc, se rebiffent, ce qui entraîne sa fermeture pour deux semaines et l'envoi des élèves à l'entretien de la voirie en guise d'avertissement [59]. En zone interdite, comme dans les autres régions susceptibles d'annexions ultérieures, l'intervention vise à affaiblir la diffusion de la culture française. Ainsi, dans une note au MBF, le Dr Dahnke, responsable du groupe *Schule und Kultur,* justifie le refus d'un laissez-passer à l'inspecteur d'académie nommé à Laon en remplacement « du Juif nord-africain Bensekri rappelé pour incompétence [60] » par l'argument suivant : « La mutation d'un inspecteur d'académie plus compétent au-delà de la ligne nord-est ne peut que servir le maintien de la culture française dans cette région. D'après la nouvelle législation française sur les Juifs, l'actuel inspecteur de Laon devrait disparaître n'importe comment s'il n'est pas ancien combattant. » L'auteur de cette prose sera nommé après la guerre haut fonctionnaire *(Oberregierungsrat)* au ministère des Affaires culturelles de Basse-Saxe.

Le gouvernement de Vichy a sans doute réagi comme d'ordinaire par une protestation auprès de la commission d'armistice. Il fait preuve en revanche de bonne volonté concernant l'épuration des « indésirables » et des manuels scolaires. Pour ces derniers, le MBF, parant au plus pressé, avait publié dès le 30 août 1940 une première liste d'interdiction de livres d'histoire jugés anti-allemands et procédé à leur saisie dans les écoles et les maisons d'édition [61]. Trois mois plus tard, il constate avec satisfaction que le ministère de l'Instruction publique lui emboîte le pas en interdisant l'usage et la diffusion de vingt-sept manuels. « Cette décision, note le rapporteur, ne couvre pas, loin s'en faut, ce qui paraît contestable du point de vue allemand. Elle témoigne du moins de la bonne volonté du côté français et constitue une base à partir de laquelle l'atmosphère de l'enseignement pourra être épurée [62]. » Supposition fondée puisque le ministre de l'Instruction publique s'est empressé de renforcer la commission d'examen des manuels d'enseignement primaire et décrète que les nouveaux livres scolaires devront obligatoirement lui être soumis un mois avant leur mise en vente. Une commission et un système de censure analogues fonctionneront sur décision du nouveau ministre Jacques Chevalier à partir de mars 1941 pour l'enseignement secondaire. Jérôme Carcopino, qui le remplace en avril 1941, diffusera à son tour, en juillet 1941, à tous les recteurs une liste de 82 titres interdits depuis février en zone occupée. Une troisième liste de 95 ouvrages scolaires proscrits sera diffusée de la même manière deux ans plus tard. Pour faire bonne mesure, Abel Bonnard, deuxième académicien et cinquième ministre de l'Éducation de Vichy, ordonnera une épuration complète des bibliothèques scolaires [63].

Même bonne volonté du gouvernement pour l'épuration du corps enseignant, qui touche d'abord les Juifs, en application du statut des Juifs du 3 octobre 1940, stipulant leur exclusion de la fonction publique. Mesure encore insuffisante aux yeux de la SIPO-SD qui adresse une note au MBF afin qu'il demande aux autorités françaises le renvoi de l'Institut libre des sciences politiques des professeurs Wilfrid Baumgartner, Henri de Peyster, Pierre Laroque, Michel Debré et Pierre Rain en raison de leurs liens de parenté ou de leurs relations suivies avec des Juifs [64]. Helmut Knochen n'est pas le seul à souhaiter une épuration plus radicale. Dans son rapport d'octobre 1940, le MBF faisait lui aussi état, sans le nommer, d'un « haut fonctionnaire du gouvernement français » qui avait écrit : « Le moment est venu pour les Allemands d'agir contre la cristallisation des forces de la franc-maçonnerie en progrès manifeste à la Sorbonne et au Collège de France. Tous ceux qui, il y a quelques mois encore, tiraient avantage à nous pousser à la guerre mettent aujourd'hui toute leur énergie à accroître notre malheur [65]. » Appel entendu puisque, non content d'inviter le ministère de l'Instruction publique à lui communiquer la liste des professeurs qui ont déjà repris leurs cours ou comptent les reprendre dans l'enseignement supérieur de zone occupée durant le semestre d'hiver 1940-41, le Dr Dahnke du MBF, assisté du Dr Epting pour l'ambassade et du *SS Haupsturmführer* Biederbick, dresse une liste des « indésirables » au Collège de France [66]. Aucun problème, constatent-ils, pour quatre des sept premiers visés : les professeurs Jules Bloch, Paul Léon, Isidore Lévy, Szolem Mandelbrojt devront « comme d'autres sans doute, à en juger par leur nom », avoir quitté leur poste au plus tard deux mois après la publication du statut des Juifs. Restent leurs trois collègues non juifs « très anti-allemands », parmi lesquels le germaniste Ernest Tonnelat auquel il est reproché d'avoir organisé avec le caricaturiste alsacien Hansi la propagande anti-allemande en 1914-1918 et d'avoir refusé depuis 1933 tout contact avec les représentants de « l'Allemagne nouvelle ». Paul Langevin, considéré quant à lui comme « la résistance principale à l'autorité allemande au Collège de France », arrêté peu après, et accusé avec Henri Wallon d'avoir soutenu le Front populaire et joué un rôle moteur au sein du Comité de vigilance des intellectuels antifascistes. L'ambassade, consultée, estimant que « les mesures envisagées tombent bien après l'entrevue du Führer avec le maréchal Pétain », le Dr Dahnke prépare avec le concours des services juridiques du MBF un projet de lettre au délégué du gouvernement à Paris conçu en ces termes : « L'activité des professeurs Ernest Tonnelat, Paul Langevin et Henri Wallon au Collège de France est incompatible avec les intérêts et l'autorité de l'occupant allemand. Je requiers de prendre les mesures en conséquence et de m'en informer. De m'informer également quels professeurs du Collège de France vont partir à la suite de la loi du 3 octobre portant statut des Juifs. »

Le temps d'obtenir l'aval des instances supérieures, ce projet est déjà dépassé. Car, après les manifestations d'étudiants et de lycéens du 11 novembre 1940 qui ont provoqué la fermeture de l'université de Dijon et de presque tous les établissements d'enseignement supérieur de Paris, le MBF décide d'exiger une épuration complète des établissements d'enseignement supérieur de zone occupée, à commencer par ceux de la capitale avant leur réouverture fixée au 3 janvier 1941 [67]. À cet effet, le groupe de travail composé des Drs Dahnke, Epting et du *SS Hauptsturmführer* Biederbick établit une première liste de 125 professeurs « indésirables », classés en deux catégories : « Juifs » ; « très anti-allemands ». Classement très approximatif : le géographe Emmanuel de Martonne figure parmi les 109 enseignants juifs répertoriés, le juriste René Cassin, président de l'Alliance israélite universelle, parmi les 16 anti-allemands non juifs; Henri Hauser est mentionné dans les deux catégories. La liste comporte aussi la répétition des noms de ceux qui, comme l'historien Marc Bloch, l'ethnologue Marcel Mauss, le juriste William Oualid, le germaniste Edmond Vermeil, enseignent dans des établissements différents; le professeur Paul Rivet est cité trois fois. Comble de l'ordre administratif allemand : le germaniste Maurice Boucher, qui siège à la commission des traductions de l'Institut du Dr Epting et écrit dans sa revue, est listé « très anti-allemand ».

Avant d'être présentée au gouvernement de Vichy, cette demande, comme toute démarche de ce type, donne lieu à une concertation entre le MBF et l'ambassade. Otto Abetz et Best [68] s'accordent pour inviter le gouvernement français à appliquer intégralement dans un premier temps le statut des Juifs à l'ensemble des établissements parisiens d'enseignement supérieur. L'extension envisagée par l'ambassade aux écoles libres est finalement abandonnée. Mais, autant l'ambassadeur et le chef de la section administrative tiennent à l'exclusion totale des Juifs, autant tous deux sont d'avis qu'il est de l'intérêt allemand de ne pas s'en prendre trop exclusivement à la gauche française qui s'est montrée dans le passé plus compréhensive envers l'Allemagne que la droite nationaliste et qui pourrait constituer un contrepoids utile aux forces « cléricales-réactionnaires » dans le contexte de la collaboration germano-française. D'où leur décision de surseoir à une demande d'exclusion d'universitaires de gauche non juifs classés « très anti-allemands » jusqu'à ce que des investigations complémentaires aient permis d'y adjoindre des noms d'universitaires de droite. Cette réserve ne vaut évidemment pas pour ceux qui, à l'instar d'Aimé Cotton et de Charles Mauguin, de l'Académie des sciences, sont accusés d'avoir distribué des tracts anti-allemands [69].

Parallèlement, l'ambassade accentue sa pression sur le secrétariat général à la Jeunesse qui dispose d'une antenne importante à Paris et semble décidé à accentuer l'épuration [70]. Désormais, les candidats au professorat d'éducation physique sont tenus de joindre à leur dossier une attestation sur l'honneur que le père est français, qu'il ou elle n'est pas juif et n'appartient pas à des organisations secrètes. La mesure semble liée à la négociation avec le *Bannführer* Schmidt, chargé de ce domaine auprès d'Abetz, qui rapporte peu après qu'à la suite d'un entretien avec le secrétaire général Lamirand le blocage des laissez-passer pour son administration est levé moyennant l'engagement d'en écarter toute influence anti-allemande. Le Dr Dahnke, qui suit l'affaire, ajoute que « l'ambassade surveillera en ce sens l'activité de M. Lamirand, y compris celle des personnels, en particulier de Louis-Fernand Paulhac », dont le nom est souligné en rouge sur la liste jointe, sur lequel, on l'a vu, la SIPO-SD ne tardera pas à enquêter.

Entre-temps, le remplacement du « clérical » Jacques Chevalier par le « libéral » Jérôme Carcopino au ministère de l'Éducation a été plutôt bien accueilli. D'autant plus qu'il a, dans une allocution radiodiffusée, souligné la compréhension bienveillante qu'il avait trouvée auprès du MBF lorsqu'il avait succédé au rectorat de Paris au recteur Roussy démis de ses fonctions après les manifestations d'étudiants et de lycéens du 11 novembre 1940. « On ne peut que confirmer, commente le rapporteur du MBF, qu'il a travaillé si loyalement avec les autorités allemandes d'occupation à l'époque où il était recteur que ses adversaires politiques l'appelaient “ le Gauleiter de la Sorbonne ” [71]. » Ce passé et la déclaration que son objectif principal à l'Éducation nationale serait de surmonter les oppositions entre Français en mettant fin aux influences subversives du marxisme et du communisme ne semblent pourtant suffire ni au chef de groupe *Schule und Kultur* ni au Dr Epting, qui suggèrent [72] de faire dépendre l'agrément de sa nomination du renvoi du nouveau directeur des enseignements, l'ancien recteur de Strasbourg, Terracher, qui a pris position publiquement à maintes reprises en faveur du maintien de l'Alsace française et bloque la restitution aux Allemands des biens de l'université de Strasbourg évacuée en 1939 sur Clermont-Ferrand. L'ambassade ne retient pas cette demande, pas plus que celle de Bernard Faÿ [73], professeur au Collège de France, qui a succédé à Julien Cain démis de ses fonctions – il sera déporté ultérieurement – à la tête de la Bibliothèque nationale. Ce grand pourfendeur et dénonciateur de francs-maçons a contesté la nomination du professeur Maurain en remplacement de Jérôme Carcopino au rectorat de Paris à cause de sa participation active au Front populaire, de ses liens d'amitié avec les professeurs Langevin et Perrin et l'ancien président du Sénat, Jules Jeanneney, dont le fils avait été chef de cabinet.

Certains services allemands souhaiteraient une intervention plus radicale. Ainsi, le commandement militaire du Sud-Ouest s'indigne [74] de la persistance de l'influence néfaste des enseignants sur la jeunesse, qui accentue le différend germano-français. Il estime que rien n'est prévu dans les programmes, notamment d'enseignement des langues et d'histoire, pour le surmonter. La SIPO-SD demande quant à elle la fermeture provisoire de l'université de Caen où enseignants et étudiants se montrent hostiles aux Allemands et à la Collaboration. Selon le MBF et l'ambassade [75], l'opposition à l'occupant est largement répandue dans l'enseignement supérieur, mais, aussi longtemps que cette hostilité ne donne pas lieu à des manifestations importantes, il faut éviter de la renforcer en faisant inutilement des martyrs. Mieux vaut encourager des initiatives comme celles de certains préfets du Sud-Ouest qui ont introduit des cours sur l'attitude à observer envers l'occupant ou celle d'enseignants du

Nord qui ont créé un « parti de Pétain » à l'intérieur de l'école.

Désireux de sonder les intentions du nouveau ministre, le conseiller Achenbach le reçoit le 5 juin 1941, rue de Lille – on ne sait s'il s'agit d'une invitation ou d'une convocation. Mais le fait qu'un ministre accepte d'aller traiter des problèmes d'éducation nationale à l'ambassade d'Allemagne et ne soit même pas reçu par l'ambassadeur en personne illustre bien la réalité de la collaboration dite d'État. Entouré du *Bannführer* Schmidt et du Dr Epting, Achenbach, sans doute conscient de l'incongruité de la situation, s'empresse de déclarer au ministre – qu'accompagne l'inspecteur général Maurice Roy, membre de son cabinet comme les inspecteurs Clarac et Henri Bourgoin – que « le gouvernement allemand ne veut nullement s'immiscer dans les questions universitaires mais qu'il lui paraît utile de connaître la position de l'Université dans le cadre de la Collaboration [76] ». Le ministre, auquel Achenbach reproche par ailleurs son manque d'ambition, assure qu'il n'éprouve personnellement aucune difficulté à se situer dans ce contexte, mais que sa priorité consiste à « remettre de l'ordre et de la clarté dans la maison, à rendre à la jeunesse le goût du travail bien fait, de la conscience professionnelle, d'une vie physique ordonnée et disciplinée à l'exemple du mouvement allemand La Force par la joie. Dans cet esprit, les instituteurs qui jadis incarnaient souvent une idéologie désormais balayée devront être des sportifs, des musiciens, des diffuseurs du progrès technique au lieu de jouer le rôle d'agents politiques ». Conception qu'il entend traduire dans sa réforme de l'enseignement, notamment avec la suppression des écoles primaires supérieures et des écoles normales d'instituteurs, mais qui n'a pas l'heur de plaire au conseiller Achenbach. Selon ce dernier, « l'instituteur est l'agent qui pénètre le plus dans les masses et, par conséquent, le problème politique est fondamental ». Après quoi, il se lance dans un de ces survols des relations franco-allemandes depuis 1933 dont Hitler est coutumier pour démontrer la constante bonne volonté du Reich, la générosité des conditions d'armistice, la patience du gouvernement allemand « alors que l'homme de la rue en Allemagne avait l'impression qu'il n'y a rien à faire avec les Français » pour aboutir à une menace à peine voilée : « Il est probable que nous ne réussirons pas une troisième fois à convaincre le gouvernement et le peuple allemands si la politique d'entente échouait une nouvelle fois. »

Réponse du ministre : « S'il s'agit pour les instituteurs de faire des cours de collaboration, la tentative est vouée à l'échec. S'il s'agit de faire des cours d'intérêt français, nous n'arriverons peut-être pas à l'harmonie parfaite du mariage d'amour, mais à la solidité du mariage de raison. » Car, avant de pouvoir développer un esprit de collaboration alors qu'une partie de l'opinion impute aux Allemands les difficultés de la vie quotidienne, il importe d'abord de rétablir la confiance. C'est pourquoi il a déclaré le 1er mai devant les étudiants de Montpellier : « Si les Allemands veulent réussir pleinement, ils doivent nous aider à faire disparaître les motifs de suspicion qui existent à leur égard. » Peu disposé à le suivre sur ce terrain, Achenbach revient à son argument du rôle politique des enseignants et suggère au ministre de transformer le Syndicat national des instituteurs, avec à sa tête son secrétaire général André Delmas, en une association élargie d'enseignants capables d'apporter à son ministère et au maréchal Pétain « le soutien des masses ouvrières et paysannes au lieu de les abandonner à l'opposition ». Comment concevoir, rétorque le ministre – qui connaît visiblement mieux l'histoire de l'Empire romain que celle des totalitarismes contemporains –, qu'un État autoritaire puisse confier la direction d'une association nationale à un syndicat aussi marqué politiquement que le SNI, nommer à un poste de responsable un homme dont il apprécie certes l'intelligence et l'habileté, mais qui fut l'instigateur de la grande grève de 1938 ? Même si le prétexte invoqué était la défense de la paix, « il faut établir une distinction entre adversaires d'une guerre injustifiée et ceux dont le pacifisme honteux est aussi méprisable pour vous que pour nous ». Sans se rendre compte de l'effet d'un tel discours sur son interlocuteur – qui sait, pour avoir été en poste à l'ambassade de Paris avant la guerre, l'usage que le Reich a fait du pacifisme en général et de celui des Français en particulier –, le ministre continue imperturbablement à expliquer qu'il préfère commencer par des associations régionales d'enseignants, ce qui laissera le temps de voir comment intégrer ce qui reste de l'ancien syndicat dans une future organisation professionnelle. Ce genre de considération n'intéresse pas Achenbach, qui termine l'entretien non sans marquer son étonnement de voir figurer encore certains auteurs au programme des facultés. Sur quoi le ministre, désireux de prouver sa bonne volonté, lui demande de signaler tous les cas litigieux afin qu'il puisse intervenir.

En dépit du ton apparemment ferme du ministre – du moins si l'on en croit le compte rendu de son chargé de mission –, de son opposition au maintien du SNI, son geste de bonne volonté à la fin de l'entretien n'est que le premier d'une série d'autres. À peine deux jours plus tard, il adresse une circulaire aux recteurs, leur demandant de mettre bon ordre à la propagande anti-allemande dans les écoles, au besoin de la réprimer sévèrement. S'agit-il du même entretien ou d'un second lorsque le Dr Dahnke mentionne, dans une note datée du 14 juin, une entrevue au cours de laquelle Carcopino « évoque de sa propre initiative la nécessité d'une réforme de l'enseignement de l'histoire relative aux rapports franco-allemands » et exprime sa volonté « de déférer volontiers à l'avenir aux desiderata allemands [77] » ?

Autre geste de la bonne volonté ministérielle : le 9 juin, Carcopino soumet au MBF un projet de loi réglementant les conditions d'accès des étudiants juifs à l'enseignement supérieur [78]. Cette loi, publiée dès le 21 juin, prévoit un *numerus clausus* fixé à 3 % des étudiants non juifs inscrits. Une commission de cinq professeurs désignés par le doyen ou le directeur dans chaque faculté, école, institut examinera les demandes adressées tous les ans jusqu'au 15 septembre, la liste des étudiants juifs retenus étant arrêtée et affichée le 31 octobre. Une seconde loi rectificative du 19 décembre 1941 ajoute les conditions d'autorisation pour suivre les cours, la possibilité d'un pourvoi auprès du secrétariat d'État dans un délai d'un mois, des sanctions en cas d'infraction allant d'un mois à un an d'emprisonnement et de 500 à 50 000 francs d'amende. La coopération en la matière va jusqu'à fournir, en mars 1942, au MBF un premier bilan de l'application de la nouvelle législation dans l'ensemble du territoire métropolitain occupé.

Pourtant, les Allemands ne furent pas satisfaits. D'abord parce qu'ils voulaient une législation concernant les élèves juifs à tous les niveaux d'enseignement. Le problème était posé en fait depuis l'automne 1940, lorsqu'ils s'étaient élevés auprès d'Henri Rabaud, directeur du Conservatoire national de musique et d'art dramatique, contre l'attribution d'un premier prix à une élève ayant des grands-parents juifs [79]. Celui-ci avait répondu qu'aucune loi n'excluait jusqu'à présent les élèves juifs de l'enseignement public. Le ministre, alerté par ses soins, avait chargé l'inspecteur général Bourgoin de régler l'affaire qui était remontée jusqu'au Dr Best. Celui-ci avait consulté l'ambassade sur l'opportunité de s'en servir pour demander au gouvernement français une loi générale à ce sujet. Le Dr Epting ayant estimé possible une incitation en ce sens, la démarche avait été effectuée auprès du délégué du gouvernement, l'assurant toutefois qu'en l'absence de ladite législation, les autorités allemandes ne prendraient aucune sanction à l'encontre du Conservatoire.

La législation introduisant le *numerus clausus* pour les étudiants juifs apparaît donc comme une concession du gouvernement. Elle ne suffit pas à calmer l'irritation croissante de certains services allemands, qui constatent la persistance des foyers d'hostilité dans les milieux scolaires [80]. Près du métro Convention sont apparues des croix de Lorraine découpées dans des cahiers d'écolier. L'une d'elles portait l'inscription : « Mort à Darlan, Le vieux à l'asile. » Au lycée Jeanson-de-Sailly, déjà actif lors de la manifestation du 11 novembre 1940, des professeurs invitent les élèves à manifester le 25 juin, premier anniversaire de la signature de l'armistice. Le commandement du Sud-Ouest revient à la charge sur l'absence d'effort des écoles en faveur de la Collaboration, qui se traduit notamment par l'absence des lycéens de classes terminales et d'étudiants aux manifestations organisées dans cet esprit. La *Kommandantur* de Paris a, il est vrai, trouvé l'étudiant idéal en la personne du marquis Jehan Marchal de Bièvre, venu solliciter pour l'Union générale des étudiants de Paris (UGEP) – « sans adhérents juifs », précise-t-il – qu'il préside, l'autorisation d'exercer ses activités humanitaires en liaison éventuellement avec les institutions sociales allemandes. Aucun problème, répond l'ambassadeur consulté, qui connaît cette association privée favorable à « l'Allemagne nouvelle » depuis les années trente. À en croire un informateur de la Sûreté militaire, ce sentiment n'est guère répandu parmi les étudiants parisiens. Si, d'après lui, la plupart sont anticommunistes, l'anglophilie et l'écoute de la BBC sont monnaie courante.

Le MBF note certes que le ministre a ordonné une enquête immédiate sur l'affaire du lycée Jeanson-de-Sailly, qu'il a adressé une circulaire aux recteurs prescrivant « les sanctions les plus sévères contre les élèves et les enseignants qui se laissent aller à des manifestations politiques irréfléchies [81] ». Ce même rapport signale que l'administration militaire a décidé d'autoriser 8 000 élèves et étudiants à rejoindre leurs proches en zone Sud, « afin qu'ils ne restent pas sans surveillance et, de ce fait, exposés aux incitations politiques durant la longue période de vacances ». Mais le reproche de laxisme persiste, car les services allemands trouvent insuffisante la législation sur l'exclusion des Juifs de l'enseignement. Ils estiment de surcroît qu'elle n'est pas assez radicalement appliquée. Ainsi Werner Best charge le *SS Hauptsturmführer* Biederbick d'enquêter sur les Juifs qui siègent encore à l'Institut de France, notamment à l'Académie [82]. Le problème prend une nouvelle dimension lorsque la *Feldkommandantur* de Nancy fait appel au MBF contre le recteur – pourtant nommé quelques mois plus tôt avec l'aval de ce dernier – qui a refusé d'obtempérer à son ordre de ne plus inscrire d'étudiants juifs, en se retranchant derrière les instructions ministérielles l'autorisant à les admettre dans la limite des 3 % fixés par la loi. En réponse, le MBF ne peut que déplorer « le caractère pénible d'une situation où une *Feldkommandantur* doit retirer un ordre parce qu'il ne correspond pas à la législation [83] ». Nullement gênés lorsqu'il s'agit d'intervenir dans les affaires françaises, les services allemands se gardent de déstabiliser l'appareil d'État indispensable à la transmission et à l'exécution de leurs exigences. D'où le choix d'une tactique de harcèlement permanent assortie alternativement de pressions ou de concessions mineures, qui permet au gouvernement français de céder progressivement sans heurter de front l'opinion publique. Aucune question n'échappe à la règle. Le ministre de l'Éducation ne tardera pas à s'en apercevoir.

Au départ, la nomination de Carcopino, qui avait déjà donné des gages de loyauté et proclamait sa détermination d'épurer l'enseignement, avait été plutôt bien accueillie. Sa bonne volonté s'était certes traduite par des mesures en ce sens jugées néanmoins insuffisantes [84]. Quant à sa réforme de l'enseignement, publiée en septembre 1941, le Dr Epting estime qu'elle reprend « la pièce qui se joue inlassablement depuis un siècle et demi entre cléricalisme et laïcité, traditionalisme et modernisme », qu'elle mécontente aussi bien les libéraux par son caractère passéiste que les traditionalistes qui lui reprochent son caractère improvisé, générateur de flottements mis à profit par la propagande antigouvernementale. À ses yeux – reproche le plus grave –, « cette réforme ne facilitera pas le rapport de la jeunesse française à la jeunesse d'Europe. Elle peut durer, mais elle ne crée pas la césure, elle ne constitue pas cet événement historique que l'on était en droit d'attendre d'une réforme scolaire de la Révolution nationale ». Dans l'administration militaire, la situation varie d'un secteur à l'autre. À Belfort, la *Kreiskommandantur* s'adresse au préfet pour qu'il prenne énergiquement en main l'éducation intellectuelle des adolescents : « On entend par là, explique-t-elle, que des hommes ayant une bonne formation politique, c'est-à-dire des hommes convaincus, qui sont des partisans d'une Europe unie, fassent des cours instructifs. Ces cours doivent avoir lieu en petits cercles. Le sujet traité doit être présenté toutes les fois au préalable en allemand à la *Kreiskommandantur* [85]. » Peu après, le général Heinrich von Stülpnagel reçoit personnellement le ministre [86] et admet, comme le conseiller Achenbach auparavant à propos du secrétaire général du syndicat des instituteurs, ses objections au choix du professeur Albert Châtelet, suggéré par Abetz comme nouveau recteur de Paris. Carcopino fait valoir en effet que le gouvernement français ne peut accepter à un poste aussi en vue un homme d'extrême gauche qu'il a relevé de ses fonctions à l'université de Caen, qu'une telle nomination ne serait pas comprise de l'opinion qui l'attribuerait à l'influence allemande, ce qui obérerait d'emblée son autorité auprès des étudiants. L'accord se réalisera sur la personne du doyen Gidel de la faculté de droit de Paris dont le Dr Grimm dit apprécier le patriotisme et la loyauté. Renseignements pris, le MBF estime, pour sa part, que « cette personnalité énergique, forte de la confiance des étudiants, présente les garanties souhaitées sur sa capacité à maîtriser des difficultés éventuelles ». Car, souligne le même rapport, « avec la reprise des cours, il faut s'attendre au retour des éléments activistes, qu'en conséquence l'attention du ministre a été fermement attirée sur la nécessité de prendre des mesures préventives ».

Mais il n'y a pas que l'enseignement supérieur. Aussi le Dr Dahnke relance-t-il auprès de l'inspecteur général Roy la demande allemande d'extension du *numerus clausus* à l'ensemble des élèves juifs. Le représentant du ministre répond que celui-ci attend de connaître les résultats de son introduction en Algérie – la loi n'y sera publiée qu'en octobre 1942 – avant de l'appliquer en métropole [87].

Dans ce contexte, on a peine à croire que le MBF soit étranger aux attaques de la presse qu'il qualifie « de tous bords » contre l'incohérence de la politique du ministre et son laxisme, accréditant la rumeur de son prochain remplacement. Campagne qui incite un chercheur de l'Institut Pasteur et un enseignant du lycée Louis-le-Grand à lui envoyer une liste de quinze universitaires [88] qui bénéficieraient indûment de la protection ministérielle. Sont notamment cités : l'ancien proviseur du lycée Louis-le-Grand, « sympathisant maçon qui a toléré les inscriptions antiallemandes », nommé par Carcopino directeur des enseignements primaires de la Seine, tandis qu'il affectait son prédécesseur M. Masbou, relevé de son poste par le ministre Jacques Chevalier « pour soutien aux maçons et aux bolcheviques dans l'enseignement », à la direction de l'École normale supérieure de l'enseignement technique. Cas analogue de Mme Hattingais, qui a été nommée directrice de l'École normale supérieure de jeunes filles de Sèvres. L'ancien recteur de Paris, Gustave Roussy, auquel Carcopino a succédé après les manifestations du 11 novembre 1940, est toujours directeur de l'Institut du cancer. Sont également maintenus dans leur poste, en dépit de leurs opinions subversives, Frédéric et Irène Joliot-Curie, le minéralogiste Mauguin, le physicien Émile * Cotton, le physiologiste Lapicque et le mathématicien Émile Borel, de l'Académie des sciences, le professeur Gustave Monod qui a été directeur de cabinet au temps du « ministère juif Jean Zay ». L'inspecteur d'académie César Santelli, destitué par le ministre Chevalier « pour tendances communistes », a été nommé inspecteur général de l'enseignement technique dont le directeur, C. Luc, est favorable aux maçons et aux bolcheviks.

Ce genre de dénonciations, inspirées par les motifs les plus divers, relativement moins important dans le milieu enseignant que dans d'autres couches de la société française, n'en est encore qu'à ses débuts. Mais la campagne contre le ministre atteint rapidement les plus hautes sphères du gouvernement. Une note (« secret et personnel ») adressée le 12 novembre à la demande de l'amiral

* *Sic:* confusion avec son frère Aimé, mathématicien.

Darlan au secrétaire général de la vice-présidence du Conseil « pour aiguiser les armes qu'il forge à ce jour contre l'Éducation nationale qui a besoin d'être secouée vertement [89] » critique les flottements consécutifs aux nombreux changements et décrets publiés sans prévision ni mise en place d'un dispositif de remplacement, notamment pour les écoles primaires supérieures, ce qui provoque la colère des parents, lesquels parlent de désordre et d'incurie. « Est-il admissible, lit-on par ailleurs dans cette note, que le rabbin Deutsch de Limoges demande avec insistance aux directeurs d'école de dispenser les élèves israélites des exercices écrits, les samedis et jours de fêtes juives ? » Face à ses détracteurs, le ministre tient à rappeler les mesures qu'il a prises pour renforcer le contrôle de l'enseignement : remplacement des recteurs qui doivent désormais prêter serment d'allégeance au chef de l'État, remplacement de 68 des 90 inspecteurs d'académie du territoire qu'il a réunis pour améliorer les coordinations interzones, des deux tiers des 405 inspecteurs de l'enseignement primaire et augmentation de leur nombre, instauration de conférences annuelles d'instituteurs dans chaque canton. Dans les centres urbains des conférences d'orientation ont été organisées pour les maîtres des enseignements primaire, secondaire et technique. Curieusement, le ministre ne souffle mot du traitement des élèves juifs alors que le chef du gouvernement s'étonnait de sa mansuétude à leur égard et que le MBF vient de rappeler son exigence d'un *numerus clausus* à tous les niveaux d'enseignement.

La fin des illusions

À vrai dire, en cette fin d'année 1941, la crise dépasse largement l'Éducation nationale. Après avoir toléré pendant un an le gouvernement Darlan issu de la « révolution de palais » de décembre 1940, le MBF en vient à critiquer ouvertement l'absence de ligne politique claire susceptible de provoquer un revirement de l'opinion en faveur de la Collaboration. Or cette ligne claire que l'administration militaire réclame de Vichy, Pétain en déplore l'absence dans son allocution du Nouvel An 1942, en exprimant sa déception de n'avoir obtenu, lors de la visite de Göring, les assurances escomptées sur le rôle futur de la France en Europe. Message interdit en zone occupée, mais dont la teneur a été câblée aux États-Unis. D'où l'insistance, dans le même rapport de fin d'année du MBF, sur la nécessité d'apporter sans plus tarder les apaisements souhaités. Il se déclare en effet convaincu qu'ajoutée aux difficultés matérielles de l'hiver, au poids de l'occupation avec toutes les conséquences sur la vie de la population, l'inquiétude quant à l'avenir de la France constitue – comme le répéteront inlassablement les rapports des mois suivants – « un facteur décisif dans les réactions politiques présentes du gouvernement et du peuple [90] ». « La France, conclut cette analyse au tournant de l'année 1941-1942, continue d'osciller entre l'attentisme et l'espoir d'une clarification allemande. La conviction que l'Allemagne monte la garde à l'est pour l'Europe, que ni les Français ni les Anglais, voire les Américains ne pourraient arrêter un bolchevisme victorieux aux frontières d'un pays en proie à une aussi forte décomposition intérieure que la France ne se fera jour que progressivement. C'est alors seulement que le peuple français pourrait accepter de coopérer sous la ferme direction de l'Allemagne – dont il a besoin – à condition de lui assurer et de définir clairement sa place en Europe. »

Sans mentionner le cycle attentats-exécutions d'otages qu'a déclenché en zone Nord l'invasion de l'URSS par l'Allemagne, ce texte constitue un aveu d'échec. Parler d'un pays en forte décomposition intérieure, de l'absence de conviction du peuple français sur le bien-fondé de la Collaboration en général et de la croisade antibolchevique en particulier, n'est-ce pas reconnaître qu'il ne suffit pas de vaincre un pays, de faire peser sur lui le poids de sa force militaire ni d'un contrôle permanent jusque dans les moindres détails de sa vie quotidienne pour le soumettre, voire le rallier à sa cause ? Il y a plus : jusque-là, l'administration militaire allemande avait attribué le décalage croissant entre la politique d'occupation et l'attitude de la majorité d'un peuple qui en subit les contraintes aux séquelles de la démocratie française, à la présence d'éléments subversifs qu'il s'agit de neutraliser, au nationalisme d'une Église catholique dont il faut réduire l'influence. Certains de ses responsables étaient allés jusqu'à mettre en cause le trop grand morcellement du territoire, source de difficultés dans l'accomplissement de leur mission. Et voici que, pour la première fois, le MBF qui s'était insurgé au début de l'Occupation contre la présence d'un conseiller politique en la personne d'Abetz en vient à mettre en cause l'absence d'initiatives politiques du Reich. Formulée en termes prudents dans l'analyse de la situation en fin d'année 1941, la critique s'amplifie au cours du premier semestre 1942. Le rapport de février-mars n'hésite pas à incriminer « l'absence d'orientation » *(Richtungslosigkeit)* concernant le sort de la France [91]. Critique qui semble vouloir ignorer que la stratégie hitlérienne d'asservissement de la France à l'hégémonie allemande repose justement sur l'incertitude quant à son avenir, que les instructions transmises par Abetz en ce sens dès août 1940 préconisaient son isolement et son affaiblissement, notamment par l'encouragement de ses divisions internes. À défaut d'un ralliement enthousiaste du gouvernement et du peuple français, les militaires avaient cru que la démonstration de la puissance allemande, son dynamisme et sa discipline parviendraient du moins à ce qu'ils se résignent par désarroi, faute d'alternative et de moyens, à une collaboration, synonyme de soumission à la volonté du vainqueur. Ils peuvent certes encore obtenir par la pression et les interventions des concessions non négligeables du gouvernement et un concours jugé « correct » de la plupart de ses hauts fonctionnaires. Mais le retournement tant attendu de l'opinion n'est pas intervenu. Pis, sa sourde irritation contre l'occupant, sa défiance croissance à l'égard des autorités françaises jugées trop complaisantes à ses exigences a entraîné au fil des mois une détérioration sensible.

À l'appui de leur demande de clarification politique aux autorités du Reich, les rapports du MBF insistent sur le fait que, hormis chez une minorité de collaborationnistes, ni le procès de Riom ouvert en février contre les anciens dirigeants français, ni les attaques massives de la RAF qui ont fait de nombreuses victimes dans la population n'ont entamé sa réserve, voire son rejet de l'occupant aggravé par l'exécution d'otages. Bien au contraire, « on note un accroissement des mouvements d'opposition au gouvernement émanant soit des groupes nationalistes de résistance, qui s'inspirent de l'orientation des puissances anglo-saxonnes et cherchent à entraîner la France dans le camp des adversaires de l'Allemagne, soit du camp collaborationniste où l'on considère de plus en plus que la chute du gouvernement est le préalable à un rapprochement avec l'Allemagne ». La majorité semble persévérer dans une léthargie apparemment inébranlable. Son état d'esprit est mauvais. Elle refuse la collaboration germano-française et persiste à voir dans l'autorité d'occupation la cause de toutes les restrictions, de la détresse générale de la France. Quant au succès relatif du recrutement de travailleurs pour le Reich, il tient essentiellement à leur espoir d'y trouver une meilleure nourriture, les Français en étant arrivés, au cours du dernier hiver, à n'accorder d'importance qu'à ce problème. Les militaires restent convaincus que « la sécurité intérieure n'est pas menacée aussi longtemps que la volonté de résistance ne gagnera pas le gros des milieux nationalistes [92] », mais leur désenchantement est patent.

Si les historiens situent généralement le tournant de la politique d'occupation en novembre 1942 avec l'invasion de la zone Sud qui réduit à la portion congrue la marge de manœuvre de l'État français, le changement de cap intervient en fait dès l'automne 1941 avec le début du cycle attentats-répression que le MBF espérait encore endiguer par des concessions politiques dont Hitler ne voulait pas entendre parler. Le retrait, en février 1942, d'Otto von Stülpnagel, hostile, parce qu'il la jugeait inefficace et dangereuse, à la stratégie de la terreur, l'extension consécutive des pouvoirs de la SIPO-SD dont les militaires avaient initialement récusé la présence, le départ, en juillet, de Werner Best, suivi d'une concentration de l'ensemble du secteur administratif entre les mains de l'économiste Elmar Michel, la dévolution, à la même époque, d'une partie importante de la *Propaganda* à l'ambassade traduisent incontestablement une modification profonde du rôle et des tâches du MBF. Modification nettement perceptible dans les rapports de situation qui privilégient désormais les problèmes d'ordre administratif et économique et n'abordent plus que rarement les aspects politiques.

Exception à la règle, le groupe *Schule und Kultur,* qui travaille depuis longtemps en étroite coopération avec l'ambassade et la SIPO-SD. À travers ses comptes rendus, on perçoit nettement le passage de la stratégie de la pression à la stratégie de la répression. En janvier, à la suite de la dénonciation d'une institutrice qui signale la diffusion de tracts communistes et l'influence pernicieuse des propos anti-allemands tenus par des élèves juives sur leurs camarades à l'école de la rue Corvisart à Paris, la Sûreté militaire établit immédiatement une surveillance de l'établissement, tandis que l'ambassade relance la concertation sur la « question de l'exclusion totale des élèves et des enseignants juifs [93] ». Concernant les enseignants juifs et les membres de l'académie encore en poste, objets d'une première réunion le 12 janvier, qui groupe l'*Oberkriegsverwaltungsrat* Rilke, le Dr Epting et le conseiller Achenbach, ce dernier préconise de s'en tenir à l'attitude antérieure. « La question juive, note dans son compte rendu le représentant du groupe *Schule und Kultur*, sera clairement résolue par un statut international après la victoire finale de l'Allemagne. Entre-temps, il convient de ne pas troubler les relations germano-françaises en montant en épingle des cas particuliers pratiquement mineurs. C'est pourquoi l'ambassade recommande de “ ne pas entreprendre de démarches officielles mais de revenir à chaque occasion sur les séquelles d'avant-guerre, notamment lors d'entretiens avec le représentant du ministère de l'Éducation. » Attitude et version quelque peu différentes à propos du problème des élèves juifs, évoqué au cours de la seconde réunion le 18 février. Toujours selon les notes de l'OKVR Rilke, le Dr Epting aurait suggéré que le MBF exige du gouvernement français leur ségrégation *(Absonderung)* en zone occupée, « en faisant valoir que les écoliers juifs constituent un foyer de trouble en tant que propagandistes anti-allemands ». Si le gouvernement refuse, on pourrait envisager une ordonnance du MBF bien qu'il paraisse difficile de trouver les effectifs nécessaires au contrôle de centaines d'établissements. D'accord sur le principe de la ségrégation, le conseiller Achenbach reprend l'argumentation avancée quatre semaines auparavant sur le besoin de rappeler en permanence la nécessité d'une solution de la question juive mais souligne qu'« il faut d'autre part laisser un peu de temps aux Français pour qu'ils puissent se familiariser avec les nouveaux modes de pensée ». Le problème serait de toute façon résolu par un statut européen des Juifs après la fin victorieuse de la guerre.

Que l'ambassade persiste à vouloir maintenir la stratégie de pression parce qu'elle reste convaincue que les directives allemandes ne peuvent être exécutées efficacement que par l'entremise des Français, cela n'a rien de surprenant. Ce qui surprend, en revanche, c'est son évocation d'un statut international ou européen des Juifs après la guerre. Hitler avait certes déclaré à Abetz en août 1940 qu'il était résolu à faire partir tous les Juifs d'Europe après la guerre. Mais l'idée d'un statut européen ou international correspond à la thèse avancée en 1942-43 dans les projets de paix des milieux conservateurs impliqués dans le complot contre Hitler. Si l'on peut concevoir que l'entourage d'Henrich von Stülpnagel, engagé dans la conjuration, la reprenne à son compte, la chose paraît peu concevable de la part de l'ambassade. Comment imaginer, en effet, qu'elle ignore qu'à cette époque la conférence de Wannsee examine les modalités de la « solution d'ensemble finale et définitive de la question juive » dont Göring a chargé Heydrich, chef du RSHA depuis le

31 juillet 1941 ? Comment imaginer qu'elle ignore les préparatifs en cours pour la déportation des Juifs de France qui commence cinq semaines plus tard ? Préconiser, comme le fait Achenbach, la poursuite de la stratégie antérieure ne peut, par conséquent, s'expliquer que par l'intention de créer un écran de fumée devant la radicalisation en cours.

Suivant les consignes reçues, l'OKVR maintient le contact avec le ministère, comme en témoigne, par exemple, la suite donnée au rapport détaillé que lui adresse l'anthropologue Georges Montandon, aussi virulent pourfendeur des Juifs que Bernard Faÿ l'est des francs-maçons. « Je ne parlerai pas des agrégés (de médecine) et des chargés de cours juifs, écrit l'expert en “ questions raciales ” de la préfecture de Police et de la SIPO-SD, car je crois qu'ils ont été éliminés correctement [94]. » Il ne se prive toutefois pas du plaisir de mentionner au passage les professeurs Étienne Bernard, Haguenau, Metzger et Weil-Hallé. « Cependant, je dois citer Mlle Jeanne Lévy, agrégée de pharmacologie. Elle n'a pas été suspendue parce que pour 50 % elle est non juive. On se demande ce qu'elle peut bien être pour l'autre moitié. Elle faisait partie de ce Comité des intellectuels antifascistes qui nous a fait tant de mal et du Comité des femmes pour la paix qui nous a menés à la guerre. Elle a la spécialité de s'être largement occupée de caser les Juifs et Juives de laboratoires exilés d'Allemagne dans un certain nombre de postes ainsi pris aux Français. » Viennent ensuite le professeur Robert Debré, suspendu en décembre 1940, bénéficiaire d'une dérogation pour services exceptionnels. « Il parle bien, il enseigne bien, mais la valeur et l'originalité de ses travaux scientifiques sont nulles *(sic)* : ce sont des pseudo-découvertes, des démarquages habilement présentés. » Note en marge de l'OKVR Rilke : « Non, suivant l'indication personnelle du ministre Carcopino, il reste suspendu d'enseignement et n'a plus le droit de se rendre à la faculté. » Également suspendu, « le Juif algérien Eliab dit Edmond » Lévy-Solal, auquel on aurait néanmoins conservé sa chaire, a droit à des aménités du même acabit : « Valeur scientifique : néant. Extrêmement intrigant, frère ou demi-frère des Juifs Charles et Joseph Lévy, que leurs escroqueries monumentales ont rendus célèbres lors de l'affaire Stavisky. » Quant à « Youssof dit Joseph » Lévy-Valensi, également suspendu, il serait réintégré sans enseignement à cause de ses titres militaires – qui ne devraient pas jouer – en attendant son affectation dans une université de zone non occupée. Note en marge de l'OKVR Rilke : « Est rétabli dans ses droits, selon l'inspecteur général Roy, avec l'intention de lui confier une chaire à Marseille. » Sont également dénoncés le ministre de la Santé et le directeur de l'Assistance publique, qui « ne veulent rien faire pour exclure les Juifs de l'enseignement également dans les hôpitaux ». Autre cible de la délation, le germaniste Edmond Vermeil, qu'un agrégé d'allemand accuse, dans les cahiers *Allemagne-France*, d'être « tombé au rang d'un vulgaire excitateur juif tel que Benda [95] ». Il ne sait sans doute pas que ce dernier figure déjà sur la liste des universitaires « très anti-allemands » établie au lendemain du 11 novembre 1940.

Jusqu'alors, ces dénonciations, on l'a vu à plusieurs reprises, donnaient lieu à une enquête classée quand elle se révélait non fondée. Elles étaient utilisées en même temps comme moyen de pression sur les autorités françaises afin de les inciter à prendre des mesures en conséquence. Le problème de l'exclusion des enseignants et des élèves juifs, que l'ambassade suggère encore en mai 1942 de relancer auprès du nouveau commissaire aux Questions juives, Darquier de Pellepoix, prouve que cette procédure persiste tandis que se multiplient les interventions directes des Allemands en territoire occupé.

Sur les douze cas d'interventions allemandes que signale le groupe *Schule und Kultur* pour le premier semestre 1942 [96], un seul traite de l'envoi d'un formulaire allemand aux fonctionnaires de l'académie de Poitiers et même à certains prêtres. Formulaire qui comporte, outre l'indication des nom, prénom, adresse, fonctions, des questions du style : « Êtes-vous aryen ou juif ? Appartenance politique avant-guerre ? Êtes-vous officier de réserve ? Avez-vous des dettes ? » Les onze autres concernent des arrestations, des sanctions allant du renvoi d'un professeur de l'université de Caen pour attitude anti-allemande jusqu'à la condamnation à mort de la fille du germaniste Maurice Bouchez, conservateur au musée de l'Homme, pour intelligence avec l'ennemi, en passant par des peines d'emprisonnement infligées par des tribunaux militaires pour diffusion de tracts communistes ou gaullistes, tentative de reconstitution d'associations interdites comme les Scouts de France.

À en juger par les dossiers consultés, les réactions françaises sont variables. Certains, comme le directeur de l'École centrale des arts et manufactures, espèrent prévenir la répression allemande en informant le MBF – auquel il présente ses excuses – qu'il a sanctionné les élèves coupables d'inscriptions « Mort aux boches ». En Sorbonne, aux dires de la préfecture de police et du MBF, la propagande communiste entretient l'agitation. On lui attribue notamment l'élection de Charles Mauguin, précédemment arrêté par les Allemands, au conseil de l'université, interprétée comme une défaite du candidat du camp collaborationniste. De même, les réactions à l'annonce de la mort en détention préventive d'un professeur de sciences, imputée aux tortures que les Allemands lui auraient fait subir, ont été vives. Bien que sa marge de manœuvre soit étroite – le recteur Gidel sait que le commandant en chef, qui l'a reçu à l'occasion du Nouvel An, attend de lui qu'il maintienne le calme et l'ordre –, l'inspecteur d'allemand Frank Forget intervient à plusieurs reprises en son nom en faveur de lycéens, d'étudiants, de l'aumônier du lycée Voltaire, d'enseignants arrêtés. Ses lettres sollicitant la libération des victimes invoquent leurs mérites scolaires ou professionnels, des raisons de santé. Motifs auxquels s'ajoute, comme par exemple dans le cas de Jean-Pierre Kahane, élève de première au lycée Henri-IV, l'argument que, si son père est « israélite », sa mère est d'origine protestante, et qu'il est lui-même baptisé depuis 1938 (l'acte est vraisemblablement antidaté). Exemple encore plus significatif : l'intervention en faveur d'Henri Plard, étudiant de l'École normale supérieure, arrêté le 7 juin et transféré au camp de Drancy pour port indu de l'étoile juive en même temps que ses camarades Voisin et Siefridt, élèves du lycée Fénelon, incarcérés pour le même motif à la prison des Tourelles, ainsi qu'Antoinette Planeix, étudiante en lettres, emprisonnée un jour plus tard à la Santé. « Je me suis abstenu jusqu'à présent, lit-on dans cette lettre datée du 29 juin, d'intervenir en faveur des susnommés parce que j'entendais exprimer ma réprobation d'un comportement contraire à mes instructions répétées. Je voudrais cependant éviter qu'une sanction trop rigoureuse des coupables provoque chez leurs condisciples une compassion peu souhaitable et pourrait de la sorte manquer son véritable but. C'est pourquoi je voudrais vous prier de faire preuve de clémence en ordonnant leur remise en liberté. » L'argument d'une recrudescence de l'agitation semble avoir partiellement porté : Henri Plard sera relâché le 1er septembre. On ne sait pourquoi les trois jeunes filles arrêtées pour le même motif ont été regroupées à la Santé et maintenues en détention. Quant au ministre Carcopino, on peut se demander, en l'absence de toute trace de son intervention, si sa démission, le 14 avril 1942, est due « à l'arrestation d'un nombre important de savants français », comme le prétend le groupe *Schule und Kultur*, ou s'il ne cherche pas tout simplement à s'attribuer le mérite du départ, à l'occasion d'un remaniement du gouvernement, d'un ministre contesté de toutes parts.

Pas question, en tout cas, d'accorder un préjugé favorable au nouveau ministre Abel Bonnard. Écrivain et académicien comme son prédécesseur, il a certes participé en octobre 1941 à la rencontre européenne des écrivains à Weimar et plaidé, dans *La Gerbe* et *Le Matin*, pour les échanges culturels franco-allemands. Mais, observe le MBF, quatre semaines après sa nomination il n'a pas encore procédé au moindre changement notable du personnel de son ministère et s'est contenté d'annoncer de nouvelles réformes. Grief majeur : « Il a la réputation d'un bel esprit étranger au monde dont on peut difficilement attendre, malgré toute sa bonne volonté, qu'il combatte activement la clique intellectuelle et transforme fondamentalement le système scolaire et universitaire [97]. » Pour que le MBF en vienne à parler de « clique intellectuelle », l'heure n'est manifestement plus aux états d'âme. Le même rapport mentionne d'ailleurs de nouvelles arrestations d'étudiants et d'enseignants dont l'un a été fusillé pour propagande anti-allemande.

Qualifiée désormais d'intelligence avec l'ennemi *(Feindbegüngstigung)*, la propagande anti-allemande n'est plus seulement celle qui s'en prend directement « à la collaboration avec les oppresseurs », mais aussi, ce qui est nouveau, celle qui tend à saper la confiance dans le gouvernement français. Les rares observations sur l'état de l'opinion mettent aussi l'accent sur l'écoute clandestine de la radio anglaise, l'insuccès des investigations menées à la suite de dénonciations anonymes, le rejet persistant de la propagande allemande [98]. L'auteur de cette évaluation de la situation tente d'atténuer l'effet de son constat lorsqu'il déclare que la traversée de Paris des troupes allemandes, le 29 juillet, a fortement impressionné une partie importante de la population, que ceux qui combattront activement en cas d'attaque anglaise seront peu nombreux. Mais c'est pour admettre aussitôt que la majorité des Français l'attend avec impatience, qu'ils en viennent à insulter les familles de ceux qui travaillent en Allemagne ou ceux qui en reviennent en permission. Les militaires ont beau affirmer [99] que l'ordre et la sécurité ne sont pas sérieusement menacés parce que la population a conscience qu'elle ne peut modifier le cours des choses, qu'une résistance ouverte déclencherait aussitôt une riposte sans merci, leur nervosité transparaît [100] lorsqu'ils vont jusqu'à interdire pendant le séjour de Laval la présence du drapeau tricolore sur l'hôtel Matignon – alors que l'ambassade l'a pourtant autorisée. Sur ordre de Heinrich von Stülpnagel aucune information sur la présentation du drapeau et l'exécution de *La Marseillaise* ne peut désormais être publiée sans agrément préalable du MBF ou de ses représentants. Curieusement, l'année 1942, marquée par tant de bouleversements, s'achève, contrairement à la précédente, sans que le MBF dresse un bilan de l'état de l'opinion publique. Seule observation [101] à ce sujet, une page du commandant du Grand Paris de fin novembre, qui relève une certaine tension de l'opinion dans l'attente « empreinte de joie maligne » *(Schadenfreude)* des événements à venir, mais ne croit pas à une prochaine « résistance ouverte ». « Qui se mettrait inutilement en danger alors que le but final sera n'importe comment atteint ? » s'interroge-t-il. « Il est étonnant, poursuit non sans condescendance le rapporteur, à quel point le Français est peu porté, même encore maintenant, à une réflexion véritablement politique ou aux considérations d'ordre stratégique. L'occupation des colonies d'Afrique-Occidentale et d'Afrique du Nord a été perçue et jugée essentiellement du point de vue alimentaire. » L'idée que les Parisiens ont faim ne l'effleure visiblement pas; aucune mention non plus de l'invasion de la zone Sud à laquelle le MBF ne consacre que quelques lignes en avouant plus modestement qu'il est difficile de percevoir clairement l'état d'esprit véritable de la population si ce n'est que ses sympathies la portent maintenant davantage vers les Américains que vers les Anglais, qu'elle n'est unanime que sur *un point* (souligné dans l'original) : le rejet de la « relève » ou du moins, nuance-t-il, « sur la manière dont elle est appliquée ».

Les quelques observations relatives à l'opinion publique dans les rapports de 1943 [102] font état de la lassitude de la population à cause des difficultés du ravitaillement, des mesures allemandes de réquisition et d'évacuation des zones côtières. De l'érosion aussi du nombre, évalué à à peine 5 %, de ceux qui soutiennent encore une Allemagne en butte aux revers militaires et aux bombardements massifs de ses villes. L'influence de la propagande adverse revient comme un leitmotiv. « Il n'est pas exagéré de dire, note le commandement militaire du Sud-Ouest dans un rapport du dernier trimestre 1943, que tout le peuple français – excepté un nombre de plus en plus infime de collaborationnistes et de fonctionnaires loyaux – est déjà au moins *psychiquement* (souligné dans l'original) mûr et prêt à entrer dans le combat contre les envahisseurs aux côtés des Anglais et des Américains. Cette disponibilité (...) résulte largement de la propagande des radios anglo-américaines. » Le MBF fait quant à lui état des manifestations du 11 novembre à Grenoble, suivies de nombreuses arrestations, à la suite desquelles 50 à 70 % des lycéens de terminale et des étudiants n'assistent plus aux cours. « Il semble que les parents craignent de laisser revenir leurs fils à Grenoble », commente-t-il tout en précisant qu'il a ouvert une enquête avec le SD à ce sujet.

À voir les maigres dossiers du groupe *Schule und Kultur* de l'année 1943, qui ne contiennent qu'un rapport sur le renforcement de la surveillance des manuels scolaires – toutes les autres notes traitent d'interventions de la SIPO-SD –, on se rend compte que ce service, encore si actif l'année précédente, s'efface désormais devant la répression. Mais si le recteur de Paris continue d'intervenir en faveur des victimes, il en est d'autres, comme celui de Besançon qui accepte encore d'aller prendre la place du directeur des enseignements Adolphe Terracher, l'ancien recteur de Strasbourg, bête noire des Allemands. Le ministre Bonnard lui-même apparaîtra encore, dans les derniers rapports du MBF de mars 1944 [103], pour avoir obtempéré à ses instructions de maintenir l'ordre dans les facultés où il a fait placarder un appel à la sagesse des étudiants et interdire l'accès à toute personne extérieure. Alors que les généraux, dont Heinrich von Stülpnagel et son entourage, se préparent à renverser Hitler, il exhorte encore, salle Récamier à Paris, les équipiers des Centres de jeunesse à créer « un nouveau type de l'homme français ». Ministre aveugle et sourd à la vague de fond dont les militaires du MBF observaient la montée depuis plus d'un an et qui ne tardera pas à les balayer d'un pays qu'ils avaient mission de soumettre sans être parvenus à le comprendre.

CHAPITRE III

Briser « l'impérialisme culturel » de la France

« Quelque opinion que les Français puissent formuler sur leur grande défaite de 1940, ils avoueront un jour, s'ils sont honnêtes, que l'armée allemande a battu l'armée française mais qu'en même temps l'Allemagne a libéré le peuple français de ses parasites dont il ne pouvait se défaire par ses propres moyens. »

Alfred ROSENBERG, discours du 28 novembre 1940 au Palais-Bourbon, in *Alfred Fabre-Luce, Anthologie de la nouvelle Europe*, Plon, 1941, p. 257.

« Nous étions pratiquement étouffés par un snobisme en grande partie d'origine juive. (...) L'Occupation ne pourrait-elle pas de cette manière être pour nous une occasion favorable pour retrouver l'être vraiment français ? »

Bernard GRASSET, « Die französischen Verleger und die Zusammenarbeit », *Les Cahiers franco-allemands*, Paris, novembre-décembre 1940, pp. 354-356.

Un constat d'échec trop sévère ?

Alors que les militaires se bornent à souligner à maintes reprises la faiblesse de la propagande allemande par rapport à l'impact de la propagande anglo-saxonne, le Service de sécurité du Reich (RSHA) dresse, en novembre 1943, un véritable réquisitoire des défaillances de la « politique culturelle » allemande en France [1]. Selon ses auteurs, tout avait commencé sous les meilleurs auspices. Dans le chaos de la défaite, les millions de Français jetés sur les routes avaient perçu l'armée allemande comme une force disciplinée, efficace, secourable à leur détresse. Incarnation d'un ordre nouveau capable d'en finir avec « la corruption des puissances malfaisantes – grand capital, Juifs, francs-maçons », qui avaient conduit la France au désastre, la Wehrmacht leur insufflait l'espoir de parvenir, avec son aide, à instaurer un État d'ordre et de justice sociale allié au Reich, son grand partenaire et son modèle.

Espoir rapidement déçu. Aux causes du revirement de l'opinion maintes fois évoquées dans les rapports du MBF – aggravation des conditions de vie imputée aux exigences des vainqueurs sans contrepartie politique quant au rôle futur de la France dans « l'Europe nouvelle », doutes quant à la victoire finale de l'Allemagne, effets de la propagande adverse – le RSHA ajoute l'incohérence et l'incompétence des instances d'occupation. La critique ne se borne pas aux conflits de compétence entre MBF, ambassade et *Propaganda Abteilung.* Elle souligne « la divergence de points de vue sur la manière de traiter les problèmes français ». D'un côté, l'administration militaire et les services du Dr Goebbels, pour lesquels le rôle dirigeant de l'Allemagne passe, quel que soit le statut futur de la France, par l'affaiblissement systématique de son « impérialisme culturel ». De l'autre, Abetz et son entourage, qui entendent poursuivre la stratégie de la séduction qui leur a si bien réussi dans les années trente. Partisan d'une orientation musclée, le RSHA voit dans cette incohérence un effet doublement préjudiciable aux intérêts du Reich : elle entrave le ralliement des « forces positives » tout en renforçant le camp des attentistes persuadés que le réalisme anglo-saxon l'emportera en définitive sur l'idéalisme allemand, capable de concevoir de grands projets, mais incapable de les mener à bien.

Cible principale de ces critiques, l'ambassade, accusée de « baigner dans une atmosphère française », de rechercher les faveurs des élites françaises en les ménageant même lorsqu'elles sont anti-allemandes sous le prétexte « de ne pas envenimer inutilement les relations avec la France ». Attitude aussi peu admissible, notent les rapporteurs, que le mariage d'Abetz avec une Française ou celui du conseiller Achenbach avec une Américaine. Comment s'étonner, dans ces conditions, que des hommes aussi « naïfs », aussi dépourvus de sens politique qu'eux ou que le Dr Epting, se laissent circonvenir par leurs interlocuteurs français « qui sont le plus souvent non seulement d'excellents connaisseurs des problèmes mais, de surcroît, des défenseurs passionnés de la cause française » ? Quoique moins éloignés de leurs conceptions, le MBF et la *Propaganda* n'échappent pas aux reproches. Pourquoi l'administration militaire fait-elle preuve de mansuétude envers des personnalités notoirement hostiles au lieu de soutenir les rares connaisseurs français de la « question raciale » comme Georges Montandon ou le professeur Labroue, qui doit se contenter de trois à cinq auditeurs à ses cours d'« histoire du judaïsme » en Sorbonne parce qu'on n'a pas jugé utile de les rendre obligatoires ? Quant à la *Propaganda Abteilung,* ses hommes formés au travail dans le Reich n'ont pas su s'adapter au « traitement du peuple français ». Leur utilisation si peu subtile de la presse et de la radio françaises, leurs campagnes agressives d'endoctrinement répugnent aux Français qui y décèlent sans peine l'origine allemande.

Appréciation aussi négative concernant les journalistes, les intellectuels, les artistes français disposés à collaborer : quand ils ne passent pas pour des opportunistes ou des porte-parole stipendiés aux yeux de leurs compatriotes, ils utilisent les facilités qui leur sont offertes pour valoriser leur propre culture. Comment admettre par exemple que le sculpteur Despiau expose, dans sa biographie d'Arno Breker, traduite en dix-sept langues, tout ce que le sculpteur favori du Führer doit à l'influence française ? Ou que l'historien de l'art Louis Réaud mette en cause, dans son *Expansion de l'art français*, la germanité de Dürer en lui attribuant une ascendance hongroise et une inspiration essentiellement italienne ? Si la situation est heureusement meilleure dans le domaine musical, que dire du théâtre où les directeurs justifient la faible proportion de pièces et d'opéras allemands en invoquant l'insuffisance des moyens techniques et artistiques quand ce n'est pas l'absence de traduction valable ? Et n'est-ce pas un comble de voir le cinéma français surpasser le modèle allemand à partir duquel il avait été réorganisé en 1940-41 ?

S'agissant des universitaires, le bilan est encore plus négatif : ils sont hostiles à 80 % et vraisemblablement irrécupérables. Le doyen de la faculté des lettres de Paris n'hésite pas à comparer la situation de la France à celle de la Prusse occupée par Napoléon en 1810-12. Les chercheurs de renom se refusent à entretenir des relations avec leurs collègues allemands durant l'Occupation. Dans les universités et les grandes écoles, les cours évitent d'aborder les questions d'actualité. Ceux d'allemand s'arrêtent généralement à Goethe ou au romantisme. On s'y réfère aux Juifs Gundolf et Emil Ludwig comme représentants caractéristiques de la littérature d'outre-Rhin, Beethoven et Wagner sont présentés à travers les biographies de Romain Rolland qui haïssait l'Allemagne (*sic*). À la faculté de droit de Paris, le professeur Basdevant ose qualifier la guerre sous-marine allemande de violation du droit international sans souffler mot des violations anglo-américaines du droit qui l'ont déclenchée. L'École libre des sciences politiques persiste à cultiver un nationalisme exacerbé. Dans les académies de Rennes et de Montpellier, on va jusqu'à donner des sujets de baccalauréat sur l'indépendance de la Grèce et de la Serbie pour susciter des commentaires sur les bienfaits de la démocratie.

Toutefois, et bien que les résultats de la « politique culturelle » allemande en France ne soient pas satisfaisants, le RSHA estime qu'il est impératif de la poursuivre en clarifiant la stratégie et en améliorant les méthodes de travail. « Un renoncement, observe-t-il, serait non seulement considéré comme une capitulation de l'esprit allemand, il ouvrirait aussi la porte aux influences de tous les pays étrangers et menacerait sérieusement à l'avenir de nouveaux points d'ancrage allemands. » Ce qu'il faut envisager, c'est un travail à long terme afin de « rééduquer les Français à la pensée allemande à partir de leur propre structure mentale ». Objectif qui suppose d'abord une délimitation précise des compétences entre autorités militaires, *Auswärtiges Amt* et ministère de la Propagande, des directives sans ambiguïté concernant aussi bien la politique culturelle que le traitement des problèmes français et européens, l'introduction et l'application de normes juridiques « qui tiennent compte du caractère très formaliste de la sensibilité française en matière de droit et d'ordre ». Faire preuve au besoin d'une fermeté sans concession nuirait certainement moins au prestige allemand que les changements ou l'abandon de principes générateurs de demi-mesures. Mais il faut aussi procéder, au sein des services allemands, à la réduction des effectifs pléthoriques, ne garder que les éléments compétents qui sauront inciter les responsables français à veiller avec plus de fermeté au fonctionnement irréprochable de leurs institutions.

Parfois lucide, souvent empreinte de l'obsession de rétablir au profit du Reich une hégémonie plutôt compromise, cette analyse de l'automne 1943 ne tient pas compte de ce que les différents services allemands ont réussi à imposer dans la vie culturelle française au moins à trois niveaux : l'exclusion systématique des personnes et de la production culturelle déclarées « indésirables », le bâillonnement de la liberté d'opinion et d'expression, l'orientation et, dans certains cas, la mainmise sur la presse, la radio, la production et la diffusion des films, les lettres et les arts. Ce qui est le plus étonnant, c'est que cette mise au pas a été réalisée dans la plupart des cas par la coopération entre les autorités militaires, l'ambassade, la *Propaganda,* la SIPO-SD qui ne cessent par ailleurs de se disputer les compétences. Car les démêlés commencent dès juillet 1940 et ne s'achèveront qu'avec le débarquement allié et la libération du pays.

Tout commence effectivement le 18 juillet 1940, lorsque le haut commandement de la Wehrmacht (OKW) donne l'ordre au major Schmidtke, ancien officier de liaison pour la presse au ministère Goebbels, d'organiser un réseau de colonnes de propagande *(Propaganda Staffeln)* dans les quatre grandes régions militaires de la France occupée avec des antennes dans les principales localités [2].

Première source de conflits : ce réseau doit avoir son siège principal à l'hôtel Majestic puisqu'il dépend de l'état-major de commandement. Mais il relève en même temps du ministère Goebbels, dont il reprend l'organigramme en six secteurs d'intervention et qui lui transmet ses instructions par télex et ligne téléphonique directe. Deuxième source de conflits, interne celle-là, entre la *Propaganda Abteilung* du major Schmidtke et la *Propaganda Staffel* de Paris. Profitant de la faiblesse initiale des effectifs de la *Propaganda Abteilung,* limités à 80 personnes – officiers ou *Sonderführer,* techniciens et auxiliaires féminines à répartir sur l'ensemble du territoire occupé –, celle-ci lui conteste la coordination des *Propaganda Staffeln* régionales qui travaillaient jusqu'alors directement au sein de l'armée. Arrivée le 14 juillet, c'est-à-dire huit jours plus tôt dans la capitale, la *Propaganda Staffel* s'empresse d'occuper le terrain en réquisitionnant cent cinquante bureaux au 52, avenue des Champs-Élysées, à proximité de Radio-Paris, et dix-neuf locaux du quartier, dont ceux des grands couturiers et parfumeurs Maguy Rouff, Jacques Heim, Paquin, Lelong, Molyneux, Jean Patou, Schiaparelli, Worth, des magazines féminins *Vogue, Le Jardin des modes, Le Petit Écho de la mode, Marie-Claire*. Le major Schmidtke ne parviendra à imposer son autorité qu'en 1941, lorsqu'il disposera d'une équipe de 1 073 personnes, dont 198 experts (*Sonderführer*). Après l'invasion de la zone Sud, une partie d'entre eux passeront sous les ordres du centre de censure militaire installé à Lyon qui couvre dix antennes départementales. Faute d'avoir obtenu la haute main sur les antennes régionales, la *Propaganda Staffel* de Paris cherche à étendre son influence dans la capitale. D'où une troisième source de conflits avec les services de l'ambassade. Car Otto Abetz refuse catégoriquement de partager avec la *Propaganda* la responsabilité de la « politique culturelle » qu'Hitler lui a confiée alors que le chancelier, selon sa tactique habituelle du « diviser pour régner », a également promis au Dr Goebbels que toute directive en la matière devait avoir l'aval de son ministère.

Conciliant, le major Schmidtke se déclare prêt à reconnaître le monopole politique de l'ambassade. Abetz ne veut rien entendre. Il demande son rappel et la réduction de la *Propaganda* à un simple service de censure. Mais il a beau insister sur la supériorité de son système, qui consiste à faire travailler des Français favorables à la collaboration avec l'Allemagne, obtenir en l'occurrence le soutien du MBF qui décide de dissoudre la *Propaganda Abteilung* en France, l'OKW, trop heureux de contrer l'ambassadeur, dont la présence lui a été imposée, ordonne l'annulation de la décision. Quoique de moindre importance, Abetz n'obtiendra pas non plus la fermeture du bureau parisien de l'état-major d'intervention (*Einsatzstab*) Rosenberg, chargé de la formation idéologique, de la récupération de documents et des œuvres d'art. Il lui faudra patienter jusqu'à l'été 1942 pour obtenir partiellement gain de cause.

À la faveur des ponctions de personnel destinées à compenser les pertes en vies humaines dans les zones de combat, l'*Auswärtiges Amt* négociera un compromis : moyennant la nomination du consul général Knothe, délégué de Goebbels à l'ambassade, l'OKW accepte de dissoudre la *Propaganda Staffel* de Paris et de transférer aux services de la rue de Lille la majeure partie du secteur lettres et arts, une partie du groupe Film et l'organisation des expositions. La *Propaganda Abteilung* du major Schmidtke conservera le contrôle de la presse et de la production cinématographique, l'attribution des contingents de papier, une partie de la « Propagande active », incluant la radio et l'organisation des loisirs des forces d'occupation, avec notamment la gestion des casinos et salles de spectacle militaires, de même que celle des quatre-vingts « librairies du front » *(Frontbuchhandlungen)*.

Celle nouvelle répartition ne met pourtant pas fin aux rivalités. À peine apaisé, le conflit rebondit lorsque Abetz promet, en novembre 1942, à Laval le contrôle de Radio-Paris moyennant son acceptation de la censure militaire allemande en zone Sud. Belle occasion de revanche pour le major Schmidtke. Soutenu par Goebbels et le maréchal Keitel – l'OKW ayant décidé, avec l'aval d'Hitler, que l'ensemble du réseau français d'information devait lui être transféré sans délai en cas de débarquement allié –, le chef de la *Propaganda Abteilung* se charge de rappeler à l'ambassadeur que la radio ne relève pas de sa compétence. Plus décidé que jamais à agrandir son domaine, Abetz repart à la charge. Quand on annonce l'affectation de son rival au haut commandement militaire de l'Ouest, il propose de prendre en main l'ensemble des services de la censure. L'annonce était prématurée : Schmidtke ne rejoindra son nouveau poste qu'en juillet 1944. Quoi qu'il en soit, le MBF informe d'ores et déjà la rue de Lille qu'en ce cas, le Dr Goebbels envisage d'installer une annexe directe de son ministère à Paris.

Par-delà les ambitions et les rivalités des protagonistes,

il existe bel et bien ce que le RSHA appelle une divergence de points de vue sur la manière de traiter les problèmes français qui touchent à la lutte d'influence entre l'*Auswärtiges Amt*, désireux de voir la France traitée en pays étranger relevant par conséquent de ses prérogatives, et le Dr Goebbels, partisan d'un statut de territoire occupé soumis à la *Volksaufklärung* de son ministère. La présence aux côtés du major Schmidtke du *Sonderführer* Viehoff, chef de l'*Aktivpropaganda*, montre le rôle clef attribué à l'orientation idéologique dans l'ensemble de la *Propaganda Abteilung.* Faute de parvenir à un accord – chacune des parties estimant que sa stratégie est la seule susceptible d'assurer l'hégémonie du Reich –, le maréchal Keitel se décidera finalement à demander l'arbitrage d'Hitler qui n'aura plus l'occasion de se prononcer.

Entre-temps, en dépit des tensions, des échanges de notes, des réunions de conciliation à Paris ou à Berlin, les différents services coopèrent à la mise en œuvre des objectifs assignés. Ainsi, la *Propaganda Abteilung* organise régulièrement à partir de 1941 des réunions de ses chefs de service régionaux et locaux avec les experts français et allemands des différents secteurs culturels, envoie, en mars de la même année, ses représentants à un congrès du ministère de la Propagande à Bruxelles sur « La politique culturelle en Belgique, en Hollande et en France occupées ». Toujours présente aux négociations la concernant et aux conférences de presse de l'ambassade, elle coopère aussi avec l'Abwehr et la SIPO-SD aux activités de renseignement ou de réquisition d'ordre idéologique selon les instructions du MBF ou de Berlin.

Dans l'esprit de ses responsables, leur tâche se résume en trois mots : « épuration », « orientation », « direction » (*Säuberung – Lenkung – Führung*).

L'ÉPURATION DE LA PRODUCTION CULTURELLE

Priorité des priorités, l'« assainissement » de la vie culturelle en France se traduit par l'interdiction et la saisie des publications, films, œuvres d'art non conformes aux critères nationaux-socialistes, l'éviction des journalistes, auteurs, producteurs, artistes, voire techniciens de la communication jugés indésirables parce que juifs, francs-maçons, émigrés, antinazis, adversaires politiques. Action poursuivie à un rythme et selon des modalités variables.

Pour la presse de zone occupée [3], cette tâche est relativement simplifiée : certains quotidiens comme *L'Aube, L'Époque, L'Intransigeant, L'Ordre, Le Populaire* se sont sabordés. Un grand nombre d'autres sont repliés en zone Sud. Ceux dont les installations subsistent ou qui sont restés, comme *Paris-Soir* – dont le propriétaire, Jean Prouvost, devra se résigner à publier une réplique à Lyon –, *Le Matin* de Bunau-Varilla, *L'Œuvre* de Déat, *Le Cri du peuple* de Doriot, *La France socialiste* de René Château, sans oublier *Les Temps nouveaux* de Jean Luchaire, intime d'Abetz depuis l'avant-guerre, sont acquis à la Collaboration ou gérés par des hommes de confiance avec les fonds de l'ambassade, disposant d'un budget de 1 milliard de francs pour la propagande prélevés sur les frais d'occupation (qui se montent à 400 millions de francs par jour, puis, après l'invasion de la zone Sud, à 500 millions). Situation identique dans les hebdomadaires dont certains, comme *L'Illustration* de René Baschet, Robert de Beauplan et Jacques de Lesdain, s'alignent sans peine, tandis que *La Gerbe* d'Alphonse de Châteaubriant, barde chenu du IIIe Reich, prend la place de *Gringoire* d'Horace de Carbuccia et Henri Béraud, qui préfèrent poursuivre leurs campagnes anglophobes, anticommunistes et antijuives sous la houlette de Vichy. Si le *Crapouillot* de Galtier-Boissière et *Le Canard enchaîné* sont contraints de se saborder – le persiflage n'est plus de mise –, si Henri Jeanson est promptement remplacé par Georges Suarez à la rédaction d'*Aujourd'hui* après avoir refusé de glorifier l'entrevue de Montoire, la *Propaganda* peut compter sur l'ardeur collaboratrice d'*Au pilori*, de *Je suis partout*, auxquels elle adjoint une version française de l'hebdomadaire allemand *Signal*.

Le cas de la radio est encore plus simple : dès l'arrivée des troupes allemandes, l'*Oberleutnant* Bofinger, précédemment responsable de Radio-Stuttgart, s'empare, assisté des *Sonderführer* Haëfs et Mohrenschild, de la direction des cinq stations d'État ou privées fusionnées en Radio-Paris, tandis que les autres émetteurs en zone Nord sont confisqués au profit de l'Office d'information de la Wehrmacht et de Radio Mondial qui émet à destination des colonies françaises. Quant à Radio-Bretagne, installée à l'hôtel des Postes de Rennes, une partie de ses émissions, assurées par des techniciens allemands et des autonomistes bretons, sera consacrée à la diffusion de la langue et de la culture bretonnes sous la direction de Leo Weisgerber, professeur d'études celtiques à l'université de Marburg, proche de Werner Best, promu *Sonderführer* pour la circonstance. En décembre 1942, après l'essai infructueux d'Abetz pour restituer Radio-Paris aux autorités françaises, le MBF restreindra encore le champ d'intervention de ces dernières en interdisant à ses stations – hormis à celle de Roanne – de recevoir ou de diffuser des émissions hors du territoire métropolitain [4].

Dans le domaine littéraire [5], les premières mesures interviennent avant même l'entrée en fonction du groupe *Schrifttum* de la *Propaganda* en août 1940. Dès le 1er juillet , une ordonnance du MBF impose aux éditeurs de soumettre tout nouvel ouvrage avant sa publication au bureau de presse militaire allemand et stipule que les libraires seront désormais tenus pour responsables de la vente de toute publication « susceptible de gêner ou blesser le gouvernement allemand ou le MBF »; À l'instigation du Dr Epting, la *Geheime Feldpolizei* (GFP) recherche les principaux dépôts d'archives publiques [6]. Dans ses *Mémoires* [7], le colonel Oscar Reile, chef de l'Abwehr en France – dont dépend la GFP jusqu'à son transfert en 1942 à la SIPO-SD –, raconte comment ses hommes sont tombés par hasard sur un convoi d'archives bloqué lors de son évacuation sur Orléans. Escorté d'un *Sonderkommando,* le colonel SS Blassmann se rend chez Pierre Caron, directeur des Archives nationales, et fait placer sous bonne garde l'ensemble des fonds, y compris ceux qui sont évacués dans huit châteaux de province. Scénario identique à la Bibliothèque nationale où les dépôts, dont certains ont été mis à l'abri dans les châteaux d'Usse et de Castelnau, passent également sous contrôle allemand. Au ministère de la Guerre, les archives confisquées sur ordre du *Freiherr* von Waldemar sont confiées à la garde de la police française avant leur transfert dans le Reich, tandis que le commandant Gerum fait procéder à celui des archives restées au Quai d'Orsay. Deux groupes de l'état-major d'intervention Rosenberg, munis d'un ordre du maréchal von Brauchitsch aux commandants de région [8] pour qu'ils apportent tout l'aide requise, ont pour mission de mettre la main sur les archives des synagogues, des bibliothèques juives et maçonniques. L'*Einsatzstab* Rosenberg se chargera aussi de la saisie de 21 903 œuvres d'art, dont 5 821 tableaux de grands maîtres détruits ou envoyés dans le Reich [9].

Conscients des difficultés de coordination entre les différentes instances habilitées à intervenir dans son domaine, l'*Arbeitsführer* Walter Schulz a créé, dès son arrivée à la tête du groupe *Schrifttum,* un « cercle de travail » *(Arbeitskreis).* Jusqu'à ce que l'ambassade prenne le relais en juillet 1942, celui-ci réunit tous les jeudis le *Sonderführer* Friedhelm Kaiser, remplacé en décembre 1940 par le lieutenant Gerhard Heller [10], qui y retrouve le Dr Epting qu'il a connu à la direction de l'Office universitaire allemand de Paris. Leur travail, il est vrai, a quelque peu changé, comme en témoigne la présence à leurs côtés du capitaine Niggemeyer, de la *Geheime Feldpolizei*, ainsi que celle des SS *Obersturmführer* Muehler et Bick, du RSHA. Dans une première phase, il s'agit en effet de procéder aux « actions de nettoyage » *(Säuberungsaktionen)* dans les maisons d'édition, les librairies, les kiosques et les bibliothèques publiques. En prélude à cette opération, René Philippon, président du Syndicat des éditeurs, qui a devancé dans la capitale Bernard Grasset désireux de négocier au nom du gouvernement français un « armistice de l'esprit » avec l'occupant, diffuse une note de la *Propaganda Abteilung* datée du 5 août 1940, ordonnant l'arrêt de la diffusion et la mise au pilon de tous les ouvages d'émigrés du IIIe Reich.

Le 21 août à huit heures du matin, cent membres de la *Geheime Feldpolizei,* flanqués de vingt hommes du « groupe d'observation 36 », de deux cents policiers français et de cent prisonniers de guerre chargés de la manutention commencent les descentes dans soixante-dix maisons d'édition dont onze seront fermées [11]. Munis de la liste Bernhard, qui proscrit 143 titres d'auteurs allemands et français – parmi lesquels Georges Duhamel, Jacques Bainville, Jean Giraudoux, Robert d'Harcourt, André Malraux, les germanistes Charles Andler et Édmond Vermeil ainsi que l'ensemble de la production de six éditeurs refugiés politiques allemands –, ils confisquent 713 682 ouvrages emportés par camions dans un garage parisien du 77, avenue Niel. Une action identique, entreprise à partir du 1er août chez les libraires, se solde par la saisie de cent tonnes de publications. Établie hâtivement dans le Reich, la liste Bernhard est remplacée quelques semaines plus tard par une première liste Otto – il y en aura deux autres jusqu'en 1943 [12] – que la *Propaganda Staffel* et l'ambassade établissent avec le concours d'Henri Filipacchi, chef du service de la librairie Hachette. Grâce à cette coopération et à la signature, le 28 septembre, d'une convention sur la censure des livres entre le Syndicat des éditeurs et la *Propaganda* – que Vichy étendra à la zone Sud –, l'*Arbeitsführer* Schulz peut attribuer au syndicat la paternité de la liste Otto, assortie d'un préambule en allemand et en français qui déclare notamment : « Désireux de contribuer à la création d'une atmosphère plus saine dans le souci d'établir les conditions nécessaires à une appréciation plus juste et objective des problèmes européens, les éditeurs français ont décidé de retirer des librairies et de la vente les œuvres qui figurent sur la liste suivante et sur des listes analogues qui pourraient être publiées plus tard. Il s'agit de livres qui, par leur esprit mensonger et tendancieux, ont systématiquement empoisonné l'opinion publique française ; sont visées en particulier les publications de réfugiés politiques ou d'écrivains juifs qui, trahissant l'hospitalité que la France leur avait accordée, ont sans scrupules poussé à une guerre dont ils espéraient tirer profit pour leurs buts égoïstes. Les autorités allemandes ont enregistré avec satisfaction l'initiative des éditeurs français et ont de leur côté pris les mesures nécessaires [13]. » À l'évidence, ce texte non signé est dû à l'initiative allemande. Mais il est non moins évident qu'il exprime la soumission des éditeurs aux critères d'exclusion nazis.

Abstraction faite de la limitation de nouveaux ouvrages, les deux premières listes Otto de septembre 1940 et juillet 1942 aboutiront au retrait de 1 060 titres français et étrangers, auxquels s'ajoutent les œuvres complètes du théologien calviniste suisse Karl Barth, inspirateur de l'Église confessante allemande, de l'écrivain Max Brod, exécuteur testamentaire de Kafka. Aucun des 156 éditeurs touchés ne semble avoir émis une protestation avant la circulaire de leur syndicat annonçant le 15 juillet 1941 la décision de la *Propaganda* d'interdire désormais aussi toute nouvelle publication ou réimpression d'auteurs anglo-saxons postérieurs à 1870. Les Presses universitaires de France, Gallimard, Stock et le Mercure de France observent à ce propos qu'il eût mieux valu – puisque les Allemands invoquaient la pénurie de papier – réduire la production générale au lieu de les priver d'une part essentielle de leurs revenus, ce qui risquait d'entraîner des licenciements de personnel. Ces considérations d'ordre économique n'impressionnent pas la *Propaganda* qui poursuit sur sa lancée en interdisant toutes les publications de tendance communiste. Seront également proscrits dans la deuxième liste Otto de juillet 1942 toutes les traductions de l'anglais, excepté les classiques, celles du polonais ainsi que tous les auteurs juifs et les biographies écrites par des non-Juifs consacrées à des personnalités juives. Curieusement, les ouvrages scientifiques d'auteurs juifs échappent à l'interdit qui les frappe depuis longtemps dans le Reich.

À la différence de la première liste Otto, l'avertissement liminaire en allemand et en français est cette fois dûment signé par le président du Syndicat des éditeurs. Après la Libération René Philippon affirmera que le texte ne correspondait pas à la version que lui avait soumise l'*Arbeitsführer* Schulz. Mais la version qu'il authentifie ne modifie celle qui aurait été publiée à son insu que sur deux points. Elle atténue quelque peu la responsabilité des éditeurs français en déclarant qu'« ils se sont astreints sincèrement à épurer non seulement, dans l'esprit de la collaboration européenne, la littérature française des ouvrages d'excitation entre peuples, mais encore à réaliser leurs nouvelles productions dans ce même esprit loyal pour une Europe nouvelle ». Somme toute, le syndicat et son président se voulaient des pionniers de l'entente européenne. Par ailleurs, cette version omet la phrase sur les « dispositions qui ne semblent pas causer un préjudice matériel sérieux ». Omission qui confortera la demande d'indemnisation du Syndicat des éditeurs en septembre 1944, que la préfecture de la Seine et la Commission consultative des industries et arts du livre évaluent à 30 millions de francs pour 2 550 000 ouvrages saisis [14], et vaut à son auteur l'indulgence des juges et les félicitations du syndicat qu'il continue de présider.

Bon nombre d'éditeurs et de libraires se sont, il est vrai, efforcés de soustraire et de diffuser sous le manteau des stocks non négligeables d'ouvrages proscrits. Dans son *Journal pendant l'Occupation*, Jean Galtier-Boissière [15] cite le cas de Sylvie Bitche qui soustrait tout son fonds d'ouvrages anglo-saxons à la saisie. Prévenue que les Allemands feraient une descente le lendemain dans sa librairie de l'Odéon, elle la déménage aussitôt chez sa voisine Adrienne Monnier et fait peindre sur sa boutique, où elle installe quelques meubles anciens, une enseigne d'antiquaire. Lorsque les Allemands arriveront avec leur camion, ils croiront à une méprise et repartiront bredouilles. Toutefois, l'incident qui surviendra en mai 1943 à propos de la liste de 739 « écrivains juifs de langue française », annexe à la troisième liste Otto, révèle l'ambiguïté de ce que la plupart des professionnels considéraient comme une simple adaptation aux circonstances. Cette annexe avait suscité les protestations d'auteurs non juifs, entre autres Blaise Cendrars et Gabriel Marcel, qui y figuraient par erreur. L'*Arbeitsführer* Schulz jugea alors utile de préciser, dans la *Bibliographie de la France* du 30 juillet, qu'il s'agissait d'un premier recensement encore incomplet, réalisé à partir de « renseignements puisés auprès des maisons d'édition invitées à signaler les noms de leurs auteurs d'origine israélite » et « d'autres sources paraissant vraisemblables ». Le syndicat peut, pour une fois, proclamer qu'il n'est pour rien dans une opération menée avec le concours direct de ses adhérents qui ont, par la même occasion, dû répondre à un questionnaire du lieutenant Heller concernant l'« aryanité » de leur personnel. Il croit cependant utile d'ajouter qu'une telle liste, par sa nature, nécessite à ses yeux « une opération de police pour laquelle il n'a pas qualité ».

La déjudaïsation de la scène et de l'écran

Ce qui vaut pour l'édition vaut pour le théâtre. Selon les instructions du groupe *Kultur* qui, avec l'aide du Comité d'organisation des entreprises du spectacle (COES), établit un fichier du répertoire agréé, toute pièce devra être soumise à son autorisation préalable. Au centre des préoccupations des *Sonderführer* Lucht et Baumann, « le traitement de la question juive », objet d'une note spéciale [16]. Après avoir constaté que la direction des salles parisiennes est juive ou « sous influence juive » à 80 %, ils ont imposé une « déjudaïsation » à vingt d'entre elles comme préalable à leur réouverture. « D'abord réticents, voire opposés, observe ce texte, les directeurs de théâtre s'adaptèrent à la nouvelle situation. Après la publication de l'ordonnance du MBF du 27 septembre 1940, suivie du statut des Juifs de Vichy, nos mesures antérieures ont été reconnues et exécutées avec empressement. On constate qu'un certain nombre de directeurs de scènes ont compris le sens de la législation qu'ils appliquent dans sa lettre et dans son esprit. » Les exécutants disciplinés de la propagande ignorent manifestement qu'une majorité de Français admet plus aisément les décisions de l'occupant lorsqu'elles ont été légalisées par leur gouvernement.

Reste un handicap de taille. Comment distinguer les Juifs intégrés depuis plusieurs générations dans un pays où n'existait pas de « séparation raciale » entre eux et les Français et qui a, de surcroît, naturalisé des ressortissants de toutes espèces ? Hommage involontaire à la démocratie laïque... De plus, beaucoup d'entre eux ont pu acquérir des certificats de baptême avec l'aide de l'Église – autre hommage involontaire. En fin de compte, le seul moyen de faire comprendre aux Français l'éviction des Juifs est de leur faire valoir leur droit prioritaire à l'emploi : « Par des dénonciations glissées dans des considérations des plus mondaines, notent les auteurs de ce texte, les Français attirent l'attention sur des Juifs encore employés clandestinement, mais ils prennent rarement la responsabilité de les signaler ouvertement. La vieille garde des principales institutions se montre en partie récalcitrante au traitement de la question juive. » « Décidément, concluent-ils, le Français n'est absolument pas préparé à une appréciation raciale *(völkisch)* de l'importance de la question juive. Dans tous les domaines de la vie publique, nous avons pu constater une ignorance absolue de la révolution de 1933 dans le Reich. L'image caricaturale du Reich et de l'homme allemand, gravée dans l'esprit des Français essentiellement sous l'influence juive et qui subsiste encore, constituera sans doute encore longtemps un obstacle à leur évolution politique. » Seule consolation des *Sonderführer* : leur service a d'ores et déjà réussi à déjudaïser vingt-sept scènes françaises. Il peut aussi compter sur le Comité du spectacle, qui n'accorde la carte professionnelle, désormais obligatoire, qu'aux personnes ayant fourni la preuve de leur « aryanité ». En août 1941, la déjudaïsation de la scène est pratiquement achevée. Dans une lettre du 28 août, le secrétaire général de l'Association et mutuelle des anciens combattants des théâtres lyriques annonce au groupe *Kultur-Theater* que

« le désir de ne plus admettre nos camarades d'origine israélite a été satisfait [17] ». Le récipiendaire de la *Propaganda* a souligné le mot « camarades » avec un point d'exclamation dans la marge. Il n'apprécie manifestement pas que ladite association demande des mesures dérogatoires en faveur des exclus titulaires de la carte du combattant 1914-18 ou de la médaille interalliée.

Instrument privilégié, avec la presse et la radio, des services du Dr Goebbels, la production cinématographique subit un processus d'épuration particulièrement intensif parce que, contrairement aux autres formes de spectacle, son impact idéologique est plus immédiat et qu'il touche un large public populaire. Dès son entrée en fonction, le premier soin du *Sonderführer* Derichsweiler, chargé jusqu'en 1944 du contrôle au *Referat Film* de la *Propaganda*, sera de veiller à l'application de l'ordonnance du MBF du 9 septembre 1940, selon laquelle tout film non autorisé, y compris les copies et les négatifs, devra lui être remis [18] – ce qui aboutira à la saisie ou à la destruction d'une partie importante de films et documentaires français d'avant-guerre. À l'instar de toute administration allemande, il constitue aussi un fichier, en l'occurrence celui des cinémas sur l'ensemble du territoire français. Les informateurs manquent d'autant moins qu'il bénéficie également du concours d'un organisme officiel, le Comité d'organisation des industries du cinéma (COIC) que Vichy a créé par décret du 2 décembre 1940. Sous l'égide de Guy de Carmoy, commissaire du gouvernement, sa direction est, dans un premier temps, assurée par Raoul Ploquin, assisté d'un secrétariat général où figurent Robert Buron, futur ministre du général de Gaulle, et Ribadeau-Dumas. Après le retour de Laval au pouvoir, le COIC sera réorganisé en août 1942 en concertation avec Abetz. Louis Galey remplace Carmoy, déporté peu après, au commissariat du gouvernement, Raoul Ploquin, promu directeur général du cinéma, sera assisté d'une commission consultative où siègent des représentants des ministères concernés, un délégué de la Légion des combattants, un du COIC et des représentants de la profession, dont Roger Richebé (producteurs), Marcel Achard (auteurs), Albert Trarieux (techniciens).

D'ici là, le COIC aura fait le ménage. À peine installé, en décembre 1940, il envoie aux membres de la profession une circulaire leur rappelant que, en vertu de la loi du 5 octobre, « les Juifs ne pourront sans condition ni réserve exercer l'une des professions suivantes : directeur, administrateur, gérant d'entreprise ayant pour objet la fabrication, la distribution, la présentation de films cinématographiques ». La loi exclut aussi les compositeurs et scénaristes de la scène et de l'écran, les rédacteurs de presse et d'entreprises de radiodiffusion. L'interprétation que le COIC donne à ce texte exclut pratiquement tous les Juifs de la profession sans que les Allemands aient à intervenir. Se méfiant cependant du « laxisme » de leurs auxiliaires français, ceux-ci transmettent leurs propres listes de proscription. Indice significatif de leur intention de mettre la main sur l'industrie française du cinéma : la première fournée d'exclus [19] comporte 19 producteurs, dont Georges Agiman, Pierre Braunberger, Georges Danciger, Jacques Haïk, les cinq frères Hakim, Émile Nathan, Adolphe Osso, Michel Salkind, Simon Schiffrin, Roger Weil-Lorac, les réalisateurs Jean et Marie Epstein, Max Ophüls, Jeff Musso, Henri Diamant-Berger. Seule exception notable : Jean-Paul Dreyfus, *alias* Le Chanois, qui travaille pour la Continental, filiale française de la société allemande UFA, avant de réaliser clandestinement *Au cœur de l'orage* à la gloire des maquisards du Vercors. Figurent également dans cette première fournée les compositeurs Darius Milhaud, Paul Misraki et Ray Ventura.

La « déjudaïsation » de l'écran ne s'arrête pas à la ligne de démarcation, à la satisfaction d'Alfred Greven, auquel ses fonctions de chargé de mission *(Reichsbeauftragter)* du Dr Goebbels et de directeur de la Continental permettent d'effectuer de fréquents déplacements entre son bureau parisien du 104, avenue des Champs-Élysées et la zone Sud. « L'influence juive, note-t-il dans un compte rendu partiellement reproduit dans le rapport du groupe Film d'août 1941, y diminue et tend à disparaître. L'immixtion des Juifs, même clandestins, n'apparaît que rarement et de manière furtive. À la suite des événements, beaucoup de Juifs du cinéma *(Kinojuden)* sont partis, ont disparu dans des refuges mystérieux ou sont assignés à résidence avec interdiction d'exercer leur activité. Mais, avant de se retirer, ils annoncent généralement leur intention de revenir ultérieurement et profèrent des menaces contre les adeptes de la collaboration germano-française des industries cinématographiques [20]. »

Le 8 septembre 1941, la *Propaganda* envoie au COIC une seconde liste [21] comportant 200 noms de créateurs et d'acteurs juifs pour leurs deux tiers déclarés « indésirables », y compris dans la presse et les publications. On y relève notamment les noms de Jean-Pierre Aumont, Pierre Dac, Marie Dubas, Anatole Litwak, Robert Siodmak, Jean Wiener, Nita Raya – qualifiée d'« amie de Maurice Chevalier », ce qui ne semble pas lui avoir évité l'exclusion. Abel Gance, également mentionné, fera exprès le voyage de la zone Sud à Paris afin de prouver son ascendance aryenne, de même que Viviane Romance. Comme dans les autres domaines de la vie culturelle, les interdits frappent aussi certain non-Juifs qualifiés d'« anti-allemands » à des titres divers : engagement politique, participation à des films hostiles au Reich, contrats avec des firmes américaines; 64 artistes figurent dans cette catégorie avec chaque fois le motif de leur exclusion : Marlène Dietrich, Lilian Harvey, Erich von Stroheim, Konrad Veidt, Germaine Dulac, Marcel Cariven, Françoise Rosay, Michèle Morgan, Louis Jouvet, Jean Mistler, Henri Thorez, Bernard Zimmer, Bien que Jean Gabin soit parti pour Hollywood en novembre 1941, ses films ne seront interdits qu'en mars 1944 lorsque la censure allemande s'apercevra que le public applaudit ostensiblement pendant leur projection [22]. Mariés à des femmes juives, René Clair et Julien Duvivier font l'objet d'une « suspension provisoire » en raison d'une « action diplomatique en cours pour les faire revenir » des États-Unis. Göring et Goebbels avaient, comme jadis les souverains et les princes, leurs « juifs protégés » *(Schutzjuden)* utiles à leurs intérêts et à leur prestige. Aux échelons inférieurs et chez leurs auxiliaires français, la protection de quelques réprouvés, parfois synonyme de profits substantiels, offrait surtout l'avantage de procurer un alibi en cas de renversement de la situation.

Dans *La nostalgie n'est plus ce qu'elle était* [23], Simone Signoret relate ainsi comment, malgré son père juif qui avait rejoint de Gaulle à Londres et sa carte d'identité au nom de Kaminker, elle put gagner la vie des siens sous l'Occupation en empruntant le nom de Signoret à sa famille maternelle. D'abord « grouillote », de l'automne 1940 à juin 1941, aux *Temps nouveaux* de Jean Luchaire (dont la fille Corinne, actrice vedette du Tout-Paris sous l'Occupation, avait été sa camarade de classe à Neuilly), elle parvient, grâce à ses relations dans le milieu du spectacle, à obtenir un emploi de « figurante » puis de « silhouette ». Sa promotion s'arrête là parce qu'un rôle d'actrice figurant au générique suppose la possession de la carte professionnelle délivrée aux seuls « aryens ». « Il est important de faire savoir, note-t-elle à ce propos, que, pendant quatre ans, sur notre territoire, le barrage n'était pas celui des exploitants, des metteurs en scène, des distributeurs, des producteurs, mais simplement, sans considération de talent potentiel, un barrage de flics qui se référaient aux lois allemandes. » La réalité est moins simple. Sauf à classer dans les catégories des « flics » les professionnels du COIC appliquant non seulement les ordonnances allemandes, mais les lois de Vichy qui les légitimaient.

Peut-on oublier par ailleurs que des feuilles xénophobes et antisémites comme *L'Ami du peuple, Candide, Gringoire, Au pilori*, Lucien Rebatet à *Je suis partout*, Paul Morand avec *France la Doulce* (1934), Robert Brasillach dans son *Histoire du cinéma* (1935) fustigeaient déjà, dans les années trente, ce que Jacques Feyder résumait lors d'une interview à *Ciné-France* en 1938 par cette formule lapidaire : « Les envahisseurs juifs ont mis la main sur le cinéma français. » À la veille de la guerre, les écrits antisémites avaient pris de telles proportions que le décret-loi Marchandeau du 21 avril 1939 en ordonna l'interdiction. L'État de Pétain s'étant empressé d'abroger ce texte, les Rebatet, Roger-Ferdinand, Alain Laubreaux, Lucien Pemjean – pour n'en citer que quelques-uns – reprirent de plus belle leurs diatribes contre ceux que l'exposition *Le Juif et la France* (1941) appellera « les pourrisseurs de l'écran ».

Il y eut certes, là aussi, des cas d'aide individuelle et quelques protestations. En mars 1942, dix-neuf producteurs, dont Roger Richebé, membre de la commission consultative du cinéma instaurée par Vichy, et vingt et un distributeurs de films s'élèveront contre la décision de la *Propaganda* de procéder au retrait de tous les films produits, réalisés ou interprétés par des Juifs [24]. Ce qui, soulignent-ils, reviendrait à retirer 50 à 80 % de la production et entraînerait la fermeture d'un grand nombre de salles. Attitude qui n'est pas sans rappeler le réflexe corporatiste des éditeurs. En réponse, les services allemands déplorent, une fois de plus, « l'incapacité de certains milieux français, enfermés dans une conception libérale-démocratique-matérialiste, à comprendre la question juive » et concluent : « Cette protestation démontre de manière flagrante qu'en tout cas pour l'heure même les responsables des producteurs et distributeurs de films ne sont pas prêts à faire des sacrifices pour la naissance du nouveau cinéma français. » Devant le refus du major Schmidtke de revenir sur la décision de retrait des films concernés, les producteurs cherchèrent à limiter les dégâts en procédant à des coupures ou à la réinterprétation par des acteurs agréés des passages litigieux. Ainsi Pierre Renoir remplace Eric von Stroheim, vedette, avec Mireille Ballin, de *Macao*, devenu *L'Enfer du jeu*, que Jean Delannoy avait tourné en 1939. Dans le film *Brazza*, bien que les images de Jean Worms et Clemenceau aient été enlevées du générique, les scènes de la Chambre des députés coupées, les censeurs allemands refusent d'accorder le visa parce qu'ils estiment que le film en appelle au « sentiment national français », que l'officier Brazza invoque la civilisation française et le drapeau tricolore « comme symbole de la liberté et des droits de l'homme sur le territoire nouvellement conquis [25] ».

Parallèlement à la « déjudaïsation » de l'écran, le Groupe Film s'emploie à écarter du marché la production anglo-saxonne et les films français d'avant-guerre. Sur un ordre du MBF du 12 avril 1941, la sécurité militaire (GFP) et la *Propaganda* procèdent à la mise sous scellés des filiales de la 20th Century Fox, d'Universal Films, Columbia Films, de la Metro Goldwyn Mayer et d'United Artists. Deux ordonnances [26] allemandes de mai 1941 et avril 1942 conduisent au retrait de tous les films français antérieurs à 1937 et à l'obligation pour les professionnels de signaler leurs stocks. À la demande du haut commandement (OKW) des « commandos de recherche » *(Suchkommandos)* spécialement créés à cet effet effectuent leur première descente à la Cinémathèque des armées [27], le délégué de Vichy étant autorisé à discuter des conditions de récupération d'une partie des trois wagons de matériel saisi. Le reste, ainsi que des courts métrages de 1939 sur *Hitler et le catholicisme*, *Hitler et l'Angleterre*, des films sur l'Espagne républicaine sont expédiés avec copies et négatifs à Berlin, au Reichsfilmarchiv et au ministère de la Propagande [28]. À Tours, un *Suchkommando* saisit 135 boîtes de films et 2 tonnes et demie de films 16 mm. Des opérations analogues menées à Bordeaux, Dijon et Charleville entraînent la confiscation de 10 tonnes de pellicule. Des perquisitions et des saisies interviennent aussi aux archives et dépôts de la firme Pathé, à La Queue-en-Brie et Joinville. Ces mesures touchent même des films américains qui transitent par la zone Sud à destination d'autres pays. Le rapport du *Referat Film* du 26 juin 1942 mentionne un entretien à ce sujet avec Louis Galey, commissaire du gouvernement, qui aurait donné l'assurance « de mettre en œuvre tous les moyens à sa disposition afin que le transport soit arrêté et retenu sur le territoire non occupé de l'État français [29] ».

« L'épuration du marché du film » *(Bereinigung des Filmmarktes)* se poursuivra jusqu'en 1944. Le dernier rapport trouvé dans les archives date de mars 1944 et fait état d'une saisie [30] de 83 « films d'incitation à la haine » (*Hetzfilme*), mais, au 31 décembre 1942, tous les films français antérieurs à septembre 1937 sont déjà retirés de la circulation. Ont été notamment saisies quinze tonnes de films sur la colonisation, réparties entre l'OKW, le *Reichsarchiv* et le *Kolonialpolitisches Amt* à Berlin, quatre tonnes provenant de la Cinémathèque dont Henri Langlois avait heureusement caché une partie en zone Sud.

Orientation et investissement des médias

« Il est possible, notait dès le 5 octobre 1940 le général Fornel de La Laurencie, délégué général du gouvernement pour les territoires occupés, dans une missive confidentielle au chef de l'État, que l'Allemagne tente par divers procédés d'exercer non seulement un contrôle sur l'expression de la pensée française mais également de lui imprimer certaines orientations jugées désirables [31]. » Ce qui n'est encore qu'une hypothèse de la part du délégué général de Vichy correspond déjà à une action concertée des divers services allemands. Pour eux, il est acquis qu'à la « phase négative » de l'épuration doit succéder ce qu'ils appellent une « phase positive » visant à diffuser et à promouvoir une production culturelle conforme aux visées hégémoniques et aux critères idéologiques du IIIe Reich.

Premier objectif : la presse, ses canaux d'information et de diffusion [32]. Dès l'entrée des troupes allemandes dans la capitale, le lieutenant Hermes, appelé ultérieurement à diriger la censure militaire allemande à Vichy, s'empare de locaux de l'agence Havas. Il y crée, avec les fonds de la *Propaganda Staffel*, l'Agence française d'information et de presse (AFIP), relais de l'agence officielle d'information du Reich (*Deutsches Nachrichtenbüro* – DNB). Passée sous le contrôle de l'ambassade, l'AFIP concluera à partir de janvier 1942 un accord de coopération institutionnelle avec l'*Office français d'information* (OFI), établissement public au service du gouvernement de Vichy, instauré par une loi du 25 novembre 1940, qui possède un bureau à Paris. La jonction des deux offices sera officialisée en décembre 1943 avec la nomination de Jean Fontenoy, ami d'Abetz et de Laval, comme directeur adjoint de l'OFI. En plus de ces deux agences officielles qu'alimente le DNB, trois agences privées : l'Agence Fournier à Lyon, qui reçoit ses informations de l'agence allemande Europa Press ; Presse Information de Gaston Morancé, proche de Flandin, et surtout Inter-France, qui signe en octobre 1940 une convention pour l'échange et la diffusion des informations avec l'agence allemande Transozean, couvrant la majeure partie de la presse régionale des deux zones. Fondée lors de la crise de Munich par Dominique Sordet journaliste chassé de l'*Action française* en 1940 à cause de ses prises de position pronazies, Michel Alerme, ancien officier de la coloniale que le MBF nommera administrateur du *Petit Parisien*, et l'ultramonarchiste Xavier de Magallon, ancien compagnon du pamphlétaire antisémite Édouard Drumont, l'agence Inter-France avec ses annexes (radio, éditions, publicité) bénéficiera d'emblée du soutien des Allemands, leurs fondateurs étant connus depuis leur adhésion en 1938 au comité France-Allemagne, et de celui du gouvernement de Vichy. Avec la bénédiction des premiers, elle s'installe dans les bureaux réquisitionnés – parce que propriété britannique – du palais Berlitz dont les salons serviront de cadre à l'exposition *Le Juif et la France* (1941). Le second lui fournit des subventions gouvernementales et des capitaux souscrits par les quinze principaux éditeurs de la presse régionale. Osmose parfaite qui permet aux services de l'ambassade et de la *Propaganda* d'orienter la quasi-totalité de la presse régionale de métropole et même d'Afrique du Nord sous le couvert d'une agence officiellement française. Apogée de cette collaboration : les « journées d'Inter-France » qui réuniront deux ans plus tard, en présence d'Abetz, de ses principaux adjoints, des représentants du MBF, les ministres Bichelonne, Abel Bonnard, Max Bonnafous, Pierre Cathala, Paul Marion, Brinon, délégué du gouvernement dans les territoires occupés, Darquier de Pellepoix, commissaire général aux Questions juives. Pour la presse, on note, aux côtés de Jean Luchaire, président de la Corporation nationale de la presse française, et de son ami Guy Crouzet, directeur des *Nouveaux Temps*, la présence de Louis Baschet (*L'Illustration*), Robert Brasillach (*Je suis partout*), René Château (*La France socialiste*), Marcel Déat (*L'Œuvre*), Jacques Doriot (*Le Cri du peuple*). Sont également présents les directeurs des grands groupes régionaux, notamment Georges Soustelle, directeur du *Petit Méridional*, président de l'association de plus de 250 organes de province, presque tous clients d'Inter-France, ainsi que des personnalités de la banque et de l'industrie.

Non contents d'irriguer l'ensemble de la presse française, les services allemands organisent tous les mardis et vendredis à l'ambassade une conférence d'orientation destinée aux directeurs et rédacteurs en chef de zone occupée [33]. Les comptes rendus confidentiels en sont transmis à la presse de zone Sud par l'intermédiaire de l'OFI. En cette période de pénurie alimentaire, les participants apprécient surtout le buffet bien garni de leurs hôtes. Quant au résultat escompté, le général de La Laurencie notait déjà peu après l'entrevue de Montoire : « Les campagnes de presse en faveur de la Collaboration n'ont eu que peu d'effets : le discrédit de la presse dans la zone occupée reste en effet total. » Ce qui l'inquiète néanmoins, c'est ce qu'il appelle « cette œuvre de désagrégation nationale » face à laquelle il avoue se sentir « complètement désarmé » (souligné par lui dans l'original). Il est évident que le contenu et le ton de la presse directement soumise aux Allemands accentuent le fossé créé par les divisions du territoire.

Pourtant les Allemands s'irritent de constater que la population préfère l'information de la radio de Vichy, les rumeurs colportées de bouche à oreille, voire, pour ceux qui comprennent l'allemand, les journaux moins censurés de la Wehrmacht [34]. Pour y remédier, ils entreprennent des démarches afin d'obtenir le retour de *La Croix* à Paris. « Les quotidiens qui paraissent jusqu'à présent, note la *Propaganda* n'ont pas réussi à toucher le public catholique, non négligeable politiquement, avec l'efficacité souhaitable. Le retour de cette feuille offrirait la possibilité d'une large influence allemande. Le cardinal Suhard soutient ce projet, le rédacteur en chef Mercklin *(sic)* inacceptable pour nous serait remplacé par l'abbé Peuch (?) de Bordeaux. » On ne sait pourquoi ce projet a échoué. Mais le rôle du catholicisme politique, en particulier dans les sphères dirigeantes de l'État français, reste au centre des préoccupations de l'ambassade et de la *Propaganda*. Dans un long télégramme d'août 1941 à la commission d'armistice de Wiesbaden [35], Otto Abetz évoque les nominations de Lucien Romier et Paul Marion comme ministre et secrétaire général à l'Information. Il s'interroge sur Romier qui avait, lorsqu'il était éditorialiste au *Figaro*, « conservé un jugement raisonnable sur l'Allemagne malgré la tendance catholique chauvine » du journal. Mais quelle est son attitude actuelle concernant les rapports germano-français ? Au cours de nombreuses conversations, il ne cesse d'affirmer son adhésion à une coopération sans réserve, mais d'aucuns laissent entendre qu'il préconise l'attentisme par rapport à l'Allemagne et aux États-Unis dans l'espoir qu'une paix sera conclue grâce à l'arbitrage de ces derniers. L'ambassadeur se réjouit en revanche de la nomination de Marion, proche de Doriot, qui a « présenté un programme très positif en faveur de la collaboration avec l'Allemagne pour la presse, la radio et le cinéma ». Reste à savoir s'il parviendra à s'imposer « aux éléments pro-anglais et pro-américains du ministère qui n'ont pas fait preuve jusqu'ici de la loyauté nécessaire dans le travail des services de censure et de propagande gouvernementales ».

Dans son propre secteur, l'occupant doit aussi neutraliser quelques récalcitrants [36]. Hormis le cas déjà mentionné d'Henri Jeanson, incarcéré durant six semaines puis interdit de journalisme, la *Feldkommandantur* de Poitiers arrête l'éditeur de *Tours-Soir* qui a refusé de publier un article anti-anglais à la demande de la *Propagandastaffel*. À Chalon-sur-Saône, des poursuites sont engagées contre l'éditeur du *Progrès*. Si ce genre d'opposition est rare, certains directeurs de quotidiens régionaux font néanmoins part à Dominique Sordet de la réticence des lecteurs et conseillent de « guider les esprits sans les heurter brutalement [37] ». À en croire les rapports allemands [38], la situation varie d'une région à l'autre. Dans le Nord-Est, la propagande anti-anglaise est largement utilisée alors que la propagande contre les Juifs et les francs-maçons « subit une rétention manifeste, les mesures allemandes à leur encontre sont reproduites sans commentaire, la presse mène surtout une propagande active en faveur du gouvernement Pétain ». Dans le Sud-Ouest, l'administration militaire signale qu'elle a pu impressionner favorablement la presse et l'opinion bordelaises en leur présentant des ouvriers français revenus en permission d'Allemagne, mais qu'elle a dû rappeler à l'ordre *La Petite Gironde* qui minimise les succès militaires de l'Italie et annonce ses revers en gros caractères. En zone interdite, constat d'un recul sensible des ventes de journaux parisiens, notamment de *Paris-Soir* et de *L'Œuvre* de Marcel Déat. D'où l'initiative de la *Propaganda* de réunir à Dijon les directeurs et rédacteurs en chef de 17 quotidiens du secteur [39]. En présence du commandant militaire allemand et du préfet de région, le chanoine Poliman, conseiller municipal et direteur de *La Croix meusienne* d'Épinal, ouvre la séance. Le *Sonderführer* Eich, chef du Groupe Presse, expose l'évolution de la situation militaire. Dans une note de juillet 1942, il rappellera que le rôle du groupe consiste « à créer et maintenir un instrument efficace conforme aux besoins de guerre allemands, un instrument qui utilise et oriente la politique de presse selon les exigences de la stratégie militaire et de la propagande [40] ». L'*Oberleutnant* Klecker explique quant à lui le problème de la répartition du papier journal qui ne tardera pas à devenir l'atout principal dans l'orientation allemande de la presse et de l'édition.

Ajoutée à la création, en mars 1941, de l'Office français des papiers de presse et d'édition, qui travaille en liaison permanente avec les services allemands, la réorganisation, en juillet, de la presse de zone occupée en Corporation nouvelle de la presse française, toujours sous l'égide de Jean-Luchaire – lors de la 3e conférence du Groupe Presse, l'*Oberleutnant* Klecker se targuera de la part décisive qu'il a prise dans l'élaboration des statuts [41] –, fournit aux Allemands un circuit supplémentaire d'orientation particulièrement efficace. Car, en plus de la censure militaire, de la mainmise directe ou indirecte sur les agences d'information, des directives bi-hebdomadaires à la presse, assorties, à partir de janvier 1942, de « soirées de camaraderie professionnelle » *(Berufskameradschaftsabende)*, il leur suffira de diminuer, voire de supprimer les attributions de papier pour réduire au silence toute velléité d'opposition. En prévision de l'extension de leurs activités, le lieutenant Klecker et son adjoint, le *Sonderführer* Sanna, reçoivent de nouveaux bureaux au 4 de la rue Lasteyrie [42] et sont désormais autorisés à rester en permanence en civil afin de pouvoir surveiller plus facilement les imprimeries. Ainsi, tout est en place lorsque paraîtra, le 27 avril 1942, l'ordonnance du MBF sur les nouvelles mesures de contingentement du papier. La création par Vichy, trois semaines plus tard, d'un Comité national de coordination de la presse française, sous la présidence conjointe de Jean Luchaire et de Georges Soustelle, est censée préserver les intérêts de la presse de zone Sud, alors que ce comité, comme tous ceux créés par Vichy dans le sillage de l'occupant, sert essentiellement à ce dernier de courroie de transmission.

En fait, le contingentement du papier a déjà commencé en zone Nord trois mois avant la publication de l'ordonnance du MBF. Peu après la réorganisation de la presse dans leur zone, les responsables allemands réunis à l'initiative du conseiller Achenbach [43] avaient déjà arrêté des mesures de réduction « drastiques » : *Paris-Soir* et *Le Petit Parisien*, pourtant gérés sous contrôle allemand, devront réduire leurs tirages respectifs de 150 000 exemplaires, les autres quotidiens parisiens de 100 000, des mesures analogues sont prévues pour la presse régionale. La décision est transmise à Jean Luchaire qui informe, le 22 janvier

1942 son « cher Dr et ami Klecker » qu'il a « indiqué à chacun des quotidiens de Paris les chiffres de tirage qui leur étaient alloués pour janvier par la *Propaganda Staffel.* Je leur ai précisé qu'il leur était interdit d'utiliser le moindre stock pour effectuer des dépassements de tirage. C'est tout ce que je pouvais faire sur le plan corporatif, ne disposant pas d'agents capables de contrôler les stocks existants et d'en vérifier l'entité de façon périodique [44] ». Le « cher ami » Luchaire n'a nul besoin de s'excuser : Klecker dispose d'informateurs zélés comme le capitaine Sézille, secrétaire général de l'Institut d'études des questions juives, qui espère récupérer du papier pour ses *Cahiers jaunes* en lui signalant l'existence d'un stock important appartenant à la firme Geismar et Lévy, quai de Valmy à Paris [45]. Quant à Jean Granvilliers, président du Syndicat de la presse hebdomadaire française, qui se permet de protester contre ces mesures, les autorités allemandes l'informent qu'elles ne reconnaissent pas son syndicat et lui interdisent par conséquent toute activité ultérieure à ce titre [46].

Les Allemands ne sont pas les seuls à évincer les gêneurs. Profitant de la circonstance, Jean Luchaire adresse une lettre « confidentielle » à son ami Klecker pour lui rappeler « que, si des économies de papier s'imposent, elles pourraient être, sans inconvénients, faites en partie sur le tirage manifestement excessif de certains journaux de province [47] ». La *Propaganda* entretient certes d'excellentes relations avec le président de la Corporation nationale de la presse française. Mais elle n'entend pas favoriser indistinctement la grande presse parisienne. Plus la situation militaire allemande se détériore, plus elle a tendance à privilégier les feuilles les plus collaborationnistes ou celles qu'elle contrôle directement par l'intermédiaire du groupe Hibbelen [48].

L'aventure de Gerhard Hibbelen, homme d'affaires et secrétaire de légation, né le 3 avril 1900 à Aix-la-Chapelle – encore un de ces hommes de quarante ans, cadres et piliers du régime –, commence en 1941 lorsque l'ambassade lui confie la mission de cogérer avec la journaliste française Simone Perréon les Éditions du Pont. Produit de la fusion du Gai Paris, société éditrice avant-guerre d'hebdomadaires grivois que les services d'Abetz ont acquis pour une bouchée de pain, et de la saisie de la Société d'édition parisienne (SEP), proprieté depuis 1914 des Offenstadt, famille juive bavaroise installée en France depuis le XIXe siècle, qui publiait des périodiques pour enfants comme *L'Épatant*, *Fillette*, *L'Intrépide*, des journaux féminins, divers magazines et le célèbre *Almanach Vermot*. Cette entreprise encore modeste à son siège au 55, avenue des Champs-Élysées, presque en face de la *Propaganda Staffel*. À ce fonds initial vont s'ajouter au fil des ans des revues spécialisées de la radio (*Les Ondes*), du cinéma (*Ciné-Mondial*, *Le Film complet*, *Vedettes*), du spectacle (*Paris-Toujours*, *Comœdia*, *La Semaine à Paris*) et un grand nombre de quotidiens et d'hebdomadaires tels que *L'Appel* de Costantini, *Toute la vie* de Luchaire, *La France socialiste* de René Château, *Le Rouge et le Bleu* de Charles Spinasse, *La Gerbe* du groupe Collaboration, *La Terre française*, *La Mairie française*, les publications du groupe *L'Auto* d'Albert Lejeune associé à Hibbelen. Ce dernier participe aussi au capital de *Paris-Soir-Paris-Midi*, du *Petit Parisien*, de *L'Œuvre*, du *Matin*, des *Temps nouveaux*. Avant même l'invasion de la zone Sud, il commandite l'impression en zone occupée de l'hebdomadaire *Actu* [49], du doriotiste marseillais Philippe Géraud qui, en dépit de ses relations avec Paul Marion, s'est heurté au veto conjugué de Georges Reynal, chef de la censure photographique (déporté ultérieurement comme résistant), de Garcin, P-DG du *Nouvelliste de Lyon*, organe officieux de l'évêché, membre du comité directeur du Syndicat patronal de la presse régionale, de Jean Prouvost, P-DG de l'édition lyonnaise de *France-Soir* et Jean Fraissinet, directeur de *Marseille-Matin*, membre du Conseil national de Vichy, qui jugent sa publication trop alignée sur l'hérésie païenne du national-socialisme. Géraud n'hésite pas à les dénoncer au Dr Klecker auquel il demande appui : grâce à l'ambassade et à la *Propaganda*, *Actu* reçoit de quoi imprimer 100 000 exemplaires en zone occupée et n'aura aucune peine à obtenir les contingents de papier pour monter jusqu'à 350 000. Le Tout-Paris de la Collaboration viendra fêter en mai 1943, au Château de Bagatelle, un luxueux cabaret de la rue de Clichy, le premier anniversaire du lancement de l'hebdomadaire sous égide allemande.

Durant la dernière année d'occupation, le groupe Hibbelen absorbera encore la Société d'édition de propagande française (spécialisée dans les publications antisémites) de Jean Lestandi et lancera en avril 1944 l'hebdomadaire *Germinal* dont l'ex-député SFIO Paul Rives assurera la direction politique et l'agrégé de philosophie Claude Jeantet, l'un de ces cadets de l'Action française passés à la Collaboration, la rédaction en chef. Au total, selon ses propres déclarations de mai 1944, Hibbelen se trouve alors à la tête de vingt-deux sociétés éditrices et contrôle près de cinquante périodiques français, soit 45 à 50 % de la presse parisienne (dont six quotidiens), un à Lyon, des hebdomadaires politiques, des revues spécialisées, de bimensuels illustrés à grand tirage. Le tout acquis, assure-t-il, avec un capital de soixante-cinq millions de l'époque. Montant vraisemblablement très sous-évalué – Hibbelen, qui aurait en réalité obtenu de l'ambassade un crédit d'un milliard [50], avait tout intérêt à minimiser l'ampleur de la mainmise allemande sur la presse française à quelques mois de la Libération.

Seul échec d'importance, l'acquisition d'Hachette. Chargé par l'*Auswärtiges Amt* de négocier les acquisitions et participations allemandes sous l'Occupation, le Dr Oskar Möhring, avocat d'affaires prospère à Munich après la guerre, expliquait en 1955 [51] qu'il avait conçu sa tâche avec l'intention d'établir une coopération intellectuelle germano-française afin de créer un front contre le système d'information bolchevique. Avec son entourage, il était d'avis qu'une issue de la guerre défavorable à l'Allemagne n'était pas à exclure. Auquel cas, une coopération européenne serait encore plus indispensable pour endiguer la pénétration soviétique. Les Français auraient d'autant mieux compris ce point de vue qu'une grande partie de la Collaboration était fondée sur la défense contre le bolchevisme. Formulés après coup, dans le contexte de la guerre froide, ces propos tendent à masquer, derrière l'antibolchevisme, l'un des seuls facteurs communs à l'Europe de la Collaboration, les visées hégémoniques du IIIe Reich. Visées qui impliquaient, entre autres, l'appropriation de ce que le rapport du *Reichssicherheitshauptamt* de novembre 1943 qualifiait de « nouveaux points d'ancrage allemands pour l'avenir ».

Pendant que Gerhard Hibbelen édifie son empire de presse, le Dr Oskar Möhring, qui a déjà réussi à faire racheter 49 % des parts de l'agence Havas, engage l'action en vue d'obtenir une participation majoritaire au sein du groupe Hachette [52]. Dès l'entrée des troupes allemandes dans la capitale, le *Sonderführer* Weber avait occupé les Messageries qui assuraient avant-guerre l'essentiel de la diffusion de la presse en France et les avait transformées en Messageries de la coopération des journaux français sous la tutelle de la *Propaganda Abteilung*. Représentées par le Suisse Alfons Geubels, gérant de Conti Press, une société de droit français créée en décembre 1941 en association avec Carl Anders, homme d'affaires berlinois, et l'agence belge Dechenne, celles-ci avaient repris la « distribution de la presse continentale », c'est-à-dire sous contrôle allemand. Un commissaire allemand avait été installé au siège des éditions Hachette, boulevard Saint-Germain. Mais, en dépit de trois années de tractations, dans lesquelles interviennent tour à tour le MBF, la *Propaganda*, l'ambassade, l'*Auswärtiges Amt*, de pressions allant jusqu'à leur interdire l'accès des lieux, René Schoeller et Édmond Fouret, respectivement directeur général et président du conseil d'administration du groupe, refusent une participation majoritaire des Allemands. Ils ne souscriront pas davantage au compromis négocié entre l'ambassade et Laval, qui leur laisse la librairie et prévoit un partage du reste de l'entreprise entre eux et des partenaires d'outre-Rhin. En l'absence d'un accord, Hachette est confié à deux administrateurs allemands jusqu'à la Libération. Mais la tentative d'appropriation du plus grand groupe éditorial français s'est heurtée à l'opposition obstinée de ses dirigeants.

La bataille des ondes

Encore plus total que l'investissement de la presse, celui de la radio – plus de cinq millions de Français possèdent un poste à l'époque – représente pour l'occupant un instrument capital d'orientation idéologique qui, au dire du MBF et même du RSHA, ne parvient pourtant pas à endiguer l'écoute d'émetteurs étrangers comme Radio-Sottens (Suisse) ou Radio-Moscou, encore moins à contrecarrer la propagande anglo-saxonne [53]. À tel point que le Dr Grimm [54] souligne dès octobre 1940 la supériorité de la BBC, son impact sur l'opinion française grâce au concours d'hommes compétents – souvent des Français qui connaissent parfaitement les mentalités de leurs compatriotes. Certains, reconnaîtra-t-il un an plus tard, envisagent de confisquer tous les postes. Plutôt que de recourir à cette extrémité qui a produit un mauvais effet aux Pays-Bas – une pression en ce sens conduira néanmoins à l'interdiction d'acheter de nouveaux postes en 1943 – Grimm conseille d'étendre les heures d'écoute (Radio-Paris émettra jusqu'à dix-neuf heures par jour), d'améliorer l'écoute dans certaines régions, de faire plus largement appel à des journalistes français qualifiés.

Pourtant, le groupe *Rundfunk* de la *Propaganda* dispose de moyens importants et ne ménage pas sa peine. Parallèlement à la constitution de l'équipe de Radio-Bretagne sous la direction du professeur *Sonderführer* Weisgerber, le Dr Bofinger crée, en liaison avec le MBF et l'ambassade, une équipe chargée, sous la responsabilité des *Sonderführer* Vycichl et Appel, d'un programme quotidien d'informations en arabe maghrébin et en kabyle, complété trois fois par semaine par des concerts de musique orientale et destiné à l'Afrique du Nord. À Radio-Paris, le *Sonderführer* Mohrenschild est chargé, dès l'automne 1940, de recruter des journalistes français capables d'intervenir plus subtilement que ceux de Radio-Stuttgart dont Ferdonnet, trop marqué par son rôle dans ce poste pendant la drôle de guerre, et son tuteur allemand le *Sonderführer* Dambmann, *alias* Dr Friedrich, animateur de l'émission bi-hebdomadaire *Un Allemand parle aux Français* [55], bien qu'il prétende recevoir 200 lettres d'auditeurs par semaine, dont seulement 40 seraient négatives. Ainsi, avec l'aval du délégué général de Vichy en zone Nord, Du Chastain accepte d'assurer l'information avec un groupe d'anciens camarades des Camelots du roi et du Front national, encadrés par les experts du groupe *Rundfunk* dont ils reçoivent chaque matin les consignes venues de Berlin. Face aux deux bulletins quotidiens de Radio-Vichy, Radio-Paris programme initialement une tribune de midi et une du soir, mais passera progressivement à cinq bulletins d'information en 1941, puis à dix jusqu'en 1943. Ce matraquage, que discrédite très tôt le fameux slogan « Radio-Paris ment, Radio-Paris est allemand » de la BBC, ne convainc pas davantage l'opinion que la presse aux ordres. La diffusion d'émissions telles que *La Rose des vents* de Robert Peyronnet, avec pour devise « Le micro aux hommes du peuple », soutenue, à partir d'avril 1941, par une tribune des auditeurs dans l'hebdomadaire *Les Ondes* (sous régie allemande) qui tire à 100 000 exemplaires, des reportages de *Radio-Actualité*, avec une antenne à Bordeaux, allant de la réouverture des Folies-Bergère à une émission de recherche des réfugiés en passant par la visite des catacombes de Paris ou des châteaux français, prélude à ce qu'un rapport sur les dix premiers mois de la section « faits d'actualité » appelle « habiller les idées politiques de l'époque d'un vêtement apolitique [56] ». D'où de nouvelles séries : « Les grands Allemands », « Les grands Français », des entretiens avec des artistes et des savants, le défilé des intervenants français, hommes politiques, écrivains, artistes, chercheurs favorables aux thèses de la Collaboration.

À partir de 1942, la contre-offensive s'accentue avec une grande diversification des programmes, destinée à mieux faire passer la radicalisation du contenu de l'information. Alors que le fasciste suisse Oltramare, *alias* Charles Dieudonné, essaie de contrer le chroniqueur de Radio-Sottens, René Payot, avec d'ailleurs si peu de succès que les collaborationnistes finiront par demander une intervention allemande auprès des autorités suisses pour obtenir le retrait de Payot et le brouillage de l'émetteur [57], les bulletins d'informations sont entrecoupés de causeries s'adressant tour à tour aux paysans, aux ouvriers, avec aussi, grande innovation, une chronique féminine, « Cette heure est à vous », qu'anime le chanteur de charme André Claveau. C'est aussi l'époque où l'occupant trouve ses deux propagandistes de choc. Jean Hérold, dit Hérold-Pâquis, ex-journaliste de l'organe catholique *Choisir* engagé aux côtés de l'Espagne franquiste puis au service de la propagande de Pétain qu'il a connu ambassadeur à Madrid avant de passer à Radio-Paris où il est rapidement promu chef de la rédaction militaire et interviendra chaque soir à l'antenne après le bulletin de 20 heures. Plus intellectuel, l'ancien professeur de l'enseignement libre Philippe Henriot, orateur avant la guerre de la Fédération nationale catholique antirépublicaine, antisémite et germanophobe, représente aux yeux des Allemands la jonction idéale entre eux et Vichy à partir du moment où son antibolchevisme viscéral le conduit dans les rangs des ultras de la Collaboration jusqu'à rejoindre la Milice et à diffuser son idéologie dans ses causeries régulières à Radio-Vichy à partir de février 1942 avant d'en devenir le président et secrétaire d'État sous le dernier gouvernement de l'Occupation. Incontestablement, sa rhétorique passionnée sait capter l'auditoire : « Avant, on n'écoutait que Londres, maintenant on écoute aussi régulièrement ses émissions », rapportera encore triomphalement en avril 1944 le Dr Grimm, ajoutant en guise d'éloge suprême : « On l'appelle le Goebbels français. » L'appréciation est plus nuancée au MBF qui estime que « le Français écoute presque sans exception les émissions ennemies, mais Henriot a tout de même réussi à entamer le monopole de la radio anglaise et à inciter le Français à la réflexion ». Ultime espoir et symbole de ceux qui attendent encore un retournement de l'opinion, sa mort, en juillet 1944, sous les balles de la Résistance crée, selon la formule des services allemands de zone Sud, « un grand vide, parce que aucun autre homme du gouvernement français n'est capable d'exercer une influence comparable sur la population, voire sur les ouvriers [58] ».

S'il est difficile de mesurer l'impact de la radio occupée sur le public français, on peut tout de même observer que les Allemands, pour le fidéliser, doivent accorder une large place aux divertissements traditionnels des Français. Des émissions de qualité, comme « Le film invisible » du poète Luc Bérimont, « Le coffret aux souvenirs », de Pierre Hiegel, qui voient défiler de grands créateurs tels que Charles Dullin, Jean-Louis Barrault, Marcel Herrand, les épisodes quotidiens des feuilletons, les soirées de prestige consacrées au théâtre et à la musique où l'on va jusqu'à fermer les yeux sur l'interprétation de l'œuvre du « Juif Offenbach » et le passage de disques américains, même « L'heure du thé » d'Anne Mayen et les recettes de cuisine d'Édouard de Pomiane apparaissent comme autant de concessions de la *Propaganda* à la culture française alors qu'elle doit en briser le rayonnement. Cette contradiction permanente entre un matraquage idéologique conforme à la *Volksaufklärung* du IIIe Reich et le recours à la tradition française pour le faire oublier explique la faiblesse de la *Propaganda* et sa défaite précoce dans la bataille des ondes.

La littérature à l'heure allemande

Quoique moins totale que sur la radio et la presse, l'emprise allemande sur les lettres françaises est d'une certaine manière plus pernicieuse parce que moins facilement décelable et bénéficiant de la parfaite connaissance d'experts tels que le Dr Epting, son adjoint Karl Heinz Bremer ou le *Sonderführer* Heller, comme de l'attitude ambiguë d'auteurs et d'éditeurs prompts, à de rares exceptions près, à s'adapter aux exigences de l'occupant sauf quand leurs intérêts sont directement menacés. Car si les éditeurs avaient accepté sans trop de réticences la convention de censure avec la *Propaganda*, ils se défendent opiniâtrement – l'exemple d'Hachette le prouve – lorsque les Allemands veulent faire main basse sur des centres de production et de diffusion. Sans autre forme de procès, ceux-ci se sont emparés dès leur arrivée des Éditions sociales internationales (ESI) qui avaient été placées sous séquestre judiciaire en vertu des décrets-lois des 26 septembre et 29 novembre 1939 portant dissolution des organisations communistes, ainsi que de la librairie anglaise W.H. Smith & Son, rue de Rivoli à Paris, transformée en Librairie allemande du front. Butin mineur au regard des sept maisons d'édition dont ils comptent s'emparer à la faveur de « l'aryanisation » des biens juifs.

Or, dès le 6 décembre 1940, le président du Syndicat des éditeurs avait adressé une note à la présidence du Conseil, dans laquelle il demandait qu'un texte législatif interdise l'exercice de la profession à tout étranger ou entreprise étrangère dans une firme si ses dirigeants n'étaient pas français et son capital français à 80 %. Pour contrecarrer la mainmise allemande, René Philippon suggérait aussi la fusion des entreprises existantes en coopératives d'édition. Au terme de longues procédures judiciaires et de montages financiers complexes [59], quatre des sept maisons d'édition convoitées par l'occupant resteront françaises. Gallimard et Charles Peignot se partagent les Éditions des arts et métiers graphiques. La Librairie Gedalge, spécialisée depuis 1843 dans les manuels scolaires, revient à l'imprimerie Firmin-Didot. Transférées dans les locaux des *Cahiers du Sud* à Marseille, les Éditions du Sagittaire échappent à l' « aryanisation ». Treize associations – dont Masson et les papeteries de Navarre – rachètent Fernand Nathan à 65 %, le reste va à Albert Lejeune, associé au groupe allemand Hibbelen.

Les Allemands remportent néanmoins des morceaux de choix, notamment 50 % des Éditions de Cluny cédées au gérant des éditions Tauchnitz (Leipzig) Maxime Klieber, fils de l'éditeur de *Mein Kampf*, acquiert la totalité de Ferenczy et fils, devenues les Éditions modernes. Quant à Calmann-Lévy, « aryanisées » en Éditions Balzac, Gallimard et Fayard proposent vainement de les racheter à Albert Lejeune, Henry Jamet et René Lelief, détenteurs officiels d'une société qui est en fait déjà passée aux mains du trust Hibbelen. Par ailleurs, malgré l'intervention des autorités françaises, Denoël, en difficulté financière, accepte une participation allemande à 49 %. Les éditions Sorlot, plus connues sous le nom d'Éditions latines, que le tribunal de commerce de la Seine a condamnées en 1934 pour la publication de *Mein Kampf*, cèdent aux pressions de la *Propaganda*, qui n'a pas oublié cet épisode, en signant un contrat à durée limitée, mais renouvelable, avec l'éditeur Paul List. À l'instigation de l'Institut allemand, Hibbelen se rendra aussi acquéreur du café d'Harcourt, situé à l'angle du boulevard Saint-Michel et de la place de la Sorbonne, pour en faire la librairie germano-française Rive gauche. Comme il ne s'agit pas, en l'occurrence, de l'appropriation d'une entreprise française, mais d'un centre destiné à développer la diffusion de livres français et allemands, René Philippon exalte sans états d'âme cette contribution à l'ère nouvelle de la collaboration intellectuelle franco-allemande, lors de son inauguration le 21 avril 1941 en présence du Dr Hoevel, envoyé du ministère de la Propagande, du consul général Schleier de l'ambassade, du Dr Epting et du major Heinz Schmidtke. Cible de deux attentats en juillet et novembre 1941, Rive gauche, que dirigent conjointement Henry Jamet et le libraire Karl Frank, deviendra, malgré la faible proportion du public français, l'une des vitrines de la collaboration littéraire : Maurice Bardèche, Robert Brasillach, Lucien Rebatet siègent à son conseil d'administration. Charles Lesca, commanditaire de *Je suis partout*, auteur de *Quand Israël se venge*, Georges Blond, Henry de Montherlant viennent y signer leurs livres. Dotée d'un capital de quatre millions de francs, la librairie obtiendra deux ans plus tard l'exclusivité de la diffusion du livre français dans le Reich.

L'investissement de l'édition française ne s'arrête pas là. Quatre semaines avant l'inauguration de la librairie Rive gauche, le Dr Hoevel a réuni le groupe *Schrifttum* afin de lui communiquer les directives du Dr Goebbels concernant ses trois axes principaux d'intervention. Il s'agit, explique-t-il, « d'entretenir des contacts avec des écrivains français susceptibles de toucher un vaste public, de lier les maisons d'édition à la Collaboration afin de stopper la grande action culturelle et de civilisation que la France a exercée dans la plupart des pays d'Europe et de la remplacer par l'action de l'Allemagne. Ce faisant, il faut créer la possibilité d'exprimer nos projets par des Français en nous servant de la littérature française[60] ». Méthode plus subtile que celle appliquée aux médias, qui rejoint – une fois n'est pas coutume – les conceptions de l'ambassade. Troisième impératif : « travailler au corps » les libraires pour la diffusion des livres souhaitables sans oublier les germanistes et les critiques littéraires. Aussitôt, le groupe *Schrifttum* se met à l'œuvre. La première tâche du lieutenant Heller consiste à « rechercher des écrivains capables de combler le grand vide qui s'est produit dans l'édition depuis l'élimination des Juifs et des Américains ». Il a déjà trouvé, annonce-t-il, trois écrivains de renom « prêts à collaborer », à savoir : Jacques Chardonne, qui dirige de surcroît les éditions Stock, Paul Morand, relation d'Ernst Jünger, Robert Brasillach, rentré de captivité. « Les forces françaises positives seront, assure-t-il, encadrées à l'avenir et prises en charge de façon plus active par les responsables du groupe *Schrifttum*. »

Sans attendre les directives de ses nouveaux tuteurs, l'édition a déjà commencé sa propre réorientation. Le Mercure de France réédite l'*Essai sur l'inégalité des races* de Gobineau, premier volume d'une nouvelle collection, « Les précurseurs », dans laquelle sont déjà programmés les écrits d'Alphonse de Toussenel et *Le Mythe du XXe siècle* d'Alfred Rosenberg. Denoël lance une collection « Les Juifs en France », mais crée à cet effet les Nouvelles Éditions françaises, dont il dira par la suite qu'elles étaient destinées aux ouvrages imposés par l'occupant.

Nouvelles collections aussi chez Grasset : « A la recherche de la France »; soutien de la politique de Montoire chez Sorlot, avec les « Grands Redressements français » de l'Histoire. Durant le seul semestre de juin à décembre 1940, on recense la parution de vingt-huit ouvrages contre l'ancien gouvernement, les faiblesses de Vichy, contre les Juifs et les Anglais. Signe des temps : on publie aussi des livres de prophéties, de conseils du genre *Comment pallier les conséquences de la défaite dans la vie quotidienne*, des manuels de conversation français-allemand, des guides touristiques de l'Allemagne.

La réorientation s'accélère quand la *Propaganda* publie, en juin 1941, une première « liste de littérature à promouvoir [61] ». Classés en six rubriques – *Allemagne nouvelle, Littérature active, La France jusqu'à l'effondrement, Nouvelle Attitude française, Littérature historique, Belles Lettres* –, les 189 titres cités ne dépassent que pour 20 % d'entre eux le niveau de l'endoctrinement. Côté allemand, des textes expurgés d'Hitler, *La Race* de Walter Darré, ministre de la Paysannerie du Reich; des ouvrages de Franz Grosse, chantre de la « révolution sociale » du IIIe Reich; Gieselher Wirsing, pourfendeur de la « ploutocratie américaine »; des économistes, Ernst Samhaber et Anton Zischka; deux ouvrages aussi d'Eduard Wintermeyer, créateur du service de promotion littéraire, dit service W, du groupe *Schrifttum.* Côté français, des écrits de Pétain, d'Abel Bonnard, d'Henri de France, de Benoist-Méchin, d'Alfred Fabre-Luce, de Bertrand de Jouvenel, de Brasillach, de Drieu La Rochelle, de Georges Suarez voisinent avec les pamphlets antimaçonniques de Léon de Poncins et de Bernard Faÿ, les diatribes antijuives de Drumont, Labroue, Montandon, Pemjean et Rebatet. Plus surprenante, la rubrique *Belles Lettres* mêle aux biographies de Luther, Gluck, Liszt, Arthur de Gobineau *Les Affinités électives* de Goethe, *La Guerre, notre mère* d'Ernst Jünger, des romans de Pierre Benoit, Marcel Arland, Jean Giono, Paul Morand, *Le Solstice de juin* de Montherlant, *La Fleur d'acier* de Friedrich Sieburg, *Via Mala* du Suisse John Knittel.

Pour le « travail au corps » des libraires, la propagande charge des enquêteurs de faire des investigations dans les 1 498 librairies recensées de la capitale [62]. Diagnostic plutôt sombre d'un certain Lecorgne : les affichettes de la littérature à promouvoir sont peu exposées, les ouvrages de propagande pas mis en évidence, la clientèle, hostile à tout ce qui est allemand, préfère les traductions de l'anglais. Seuls 18 % des libraires visités sont des professionnels compétents. Le groupe *Schrifttum* envisage un moment de les former à la défense « des valeurs culturelles et morales dans l'esprit de l'Europe unie ». Faute de formateurs appropriés, il doit se contenter de demander au Cercle de la librairie de veiller à la « bonne tenue » de la profession, la préfecture de police de la Seine se chargeant des bouquinistes, le lieutenant Heller des écrivains.

Mais qu'il soit entendu que la « bonne tenue » n'a rien à voir avec l' « ordre moral » catholique dont les publications – obsession de l'ambassade comme de la *Propaganda* – représentent encore 25 % d'une production pourtant en forte régression [63]. « On n'y trouve pas seulement, observe le rapporteur, des écrits spécifiquement religieux comme les 33 (!) – le point d'exclamation figure dans le rapport – divers cathéchismes des diocèses qui contiennent aussi des conseils pour la vie quotidienne, pas seulement une littérature qui ne cache pas ses origines jésuites. Il existe aussi plusieurs maisons d'édition importantes dont toute la production, apparemment anodine, est influencée par l'Église catholique qui tente d'attirer tous les esprits en recherche. Rien qu'à Paris, c'est le cas d'Alcan, lié aux Presses universitaires, d'Aubier, des éditions Montaigne, de Beauchesne et ses fils, de la Bonne Presse, de Charles Lavauzelle, Desclée, Lethielleux, Mame, des Éditions ouvrières, des éditions Spes. Les publications de ces maisons, poursuit-il, couvrent la vulgarisation scientifique, tous les problèmes de vie et de conscience, naturellement la philosophie et l'idéologie, mais aussi les belles lettres et la littérature enfantine. On se fera une idée de la profondeur *(Gründlichkeit)* du travail littéraire des milieux catholiques en lisant la dernière livraison du *Dictionnaire de spiritualité ascétique et mystique.* Son éditeur (Beauchesnes et ses fils) appartient à l'ordre des jésuites. » Or, estime le rapporteur, la France est devenue l'un des bastions de l'ordre qui influence, entre autres, les écrits politiques du catholicisme français. À titre d'exemples, il cite *Les idées restent* d'Henri Massis, *La Seule France, chronique des jours d'épreuve* de Maurras, publiés à Lyon en 1941, où il dit déceler les concepts chauvins du *Testament* de Richelicu, de l'*Histoire de deux peuples* de Bainville et l'aspiration à une Europe latine, hantise des thuriféraires de « l'Europe nouvelle » sous direction allemande.

À l'instar des autres services allemands, la *Propaganda* se garde néanmoins d'attaquer ouvertement les milieux catholiques, comme le suggèrent certains de ses amis français. Ainsi, Lucien Rebatet dénonce, dans *Les Décombres*, l'un des best-sellers de l'Occupation malgré son interdiction par Vichy, la complicité de l'Église d'avant-guerre avec les loges maçonniques, le judaïsme international, le bolchevisme, et s'étonne qu'on n'ait pas encore réduit au silence François Mauriac, dépeint en termes obscènes. Dans un autre registre, Alfred Fabre-Luce, Drieu La Rochelle, l'ancien ministre Georges Bonnet, auxquels se joint Friedrich Sieburg, mentionnent, lors d'une réunion consacrée aux relations littéraires franco-allemandes[64], l'hostilité envers l'Allemagne de Mauriac, Giraudoux et Duhamel en 1939. Le propos relève de ce que les *Sonderführer* du groupe *Kultur-Theater* appellent des « considérations mondaines » que les services allemands consignent soigneusement comme base d'investigation. Compte tenu du renom de ces trois écrivains, les conséquences seront relativement modérées. Surtout si l'on tient compte du fait que la SIPO-SD avait informé peu auparavant le MBF que Georges Duhamel s'était prononcé, avec Maurice de Broglie, Émile Picard et Paul Valéry – l'unique académicien à avoir rendu un dernier hommage à son collègue Henri Bergson lors des obsèques de ce philosophe d'origine juive en janvier 1941 –, contre la politique de collaboration de Pétain au cours d'un vote secret à l'Académie française[65].

Si *La Pharisienne* de Mauriac et les rééditions des œuvres de Giraudoux figurent parmi les 5 190 ouvrages – dont 3 888 nouveaux titres – autorisés en 1941 [66], il n'empêche que le lieutenant Heller intervient auprès de Brasillach pour que *Je suis partout* fasse campagne contre les poètes et les écrivains français – dont Mauriac – « qui ont avant tout nui à la collaboration franco-allemande », qu'il demande à l'éditeur de celui-ci, Grasset, de limiter le tirage de *La Pharisienne* à 5 000 exemplaires et annonce des mesures appropriées de la *Propaganda* qui interdit notamment que l'on parle de ces auteurs dans les émissions littéraires de Radio-Paris [67]. Giraudoux semble inattaquable puisque, selon ses propres dires, il bénéficie de la protection de Ribbentrop. Quant à Georges Duhamel, dont *Lieu d'asile* a été saisi peu après sa mise en vente, un rapport du groupe *Schrifttum* se réjouit de son éviction du Mercure de France [68]. À défaut d'attaque frontale, la branche parisienne des éditions Alsatia – maintenue, alors que la maison mère de Colmar est entièrement germanisée, parce que son directeur, l'autonomiste catholique alsacien Joseph Rossé, « s'est engagé à ce qu'elle serve le rapprochement germano-français [69] » – reçoit du groupe *Schrifttum* la mission de publier une anthologie d'écrivains catholiques favorables à la Collaboration, ouvrage qui paraît sous le titre *France 41*. Bien qu'elle trouve l'ensemble « fort convenable », la *Propaganda* s'étonne d'y voir figurer Jean de Pange, arrêté sous l'accusation de collusion avec les milieux monarchistes autrichiens.

Est-ce parce que le groupe *Schrifttum*, trop absorbé par les mesures d'épuration, n'a pas encore eu le temps de resserrer les mailles de la censure ? Toujours est-il que 1941 reste une année littéraire relativement faste, d'autant plus que le nombre de lecteurs a, d'après les statistiques de l'époque, triplé en France depuis 1938 ; celui du prêt a doublé dans les bibliothèques municipales (sans doute pour compenser l'absence de réassortiment chez les libraires qui écoulent tout ce qu'ils ont en stock). On acquiert au prix du marché noir des traductions d'*Autant en emporte le vent*, de *Moby Dick*, des *Contes* de Joseph Conrad. Mais, contrairement à ce qu'affirmeront Otto Abetz et Gerhard Heller après l'Occupation, la parution tolérée du *Crève-Cœur* d'Aragon, d'œuvres de Gide, de Jean Paulhan, de Maurice Blanchot, Raymond Queneau, Paul Valéry, des poèmes d'Éluard et de Louise de Vilmorin n'a qu'un temps.

Dès avril 1941, le lieutenant Heller déclare que la liberté laissée aux éditeurs en vertu de la convention de censure « produit encore beaucoup de littérature inutile », et annonce « une ordonnance soumettant toutes les publications à un contrôle préalable qui n'autorisera que les publications importantes [70] ». Parallèlement à ce qui se passe pour la presse, cette annonce provoque la création par décret du 10 juin 1941 d'un Conseil du livre français chargé d'assurer une coordination inter-zones. Composé de Bernard Faÿ (président), André Bellesort, secrétaire perpétuel de l'Académie française (remplacé à sa mort par Georges Duhamel), Marcel Rives, directeur du Comité d'organisation du livre, des écrivains Octave Aubry, Pierre Drieu La Rochelle, Paul Morand, André Siegfried, Jean Vignaud, président de la Société des gens de lettres, Dunoyer de Segonzac, représentant les illustrateurs, des éditeurs Benjamin Arthaud, Maurice Bourdel, André Gillon, Bernard Grasset et René Philippon, ce conseil rassure pleinement la *Propaganda* puisqu' « il comprend pour l'essentiel des hommes qui vivent et travaillent en zone occupée et sont en contact avec les Allemands [71] ». Appréciation tout à fait fondée. Dans la « Note relative à la censure du livre » qu'il adresse le 27 juillet au maréchal Pétain, René Philippon, qui demande que soit ajoutée à la convention qu'il a signée avec la *Propaganda* une clause de non-nuisance aux intérêts français, précise en effet : « Un appui sans nul doute sera fourni par les autorités allemandes. Celles-ci ont déjà proposé au président du Syndicat des éditeurs (c'est-à-dire lui-même) de l'aider dans toute la mesure du possible pour asseoir son autorité et faire régner la discipline sans laquelle aucune tentative de relèvement intellectuel n'est possible. »

La discipline que René Philippon entend faire régner avec l'appui de l'occupant ne tarde pas à se manifester. Instauré en janvier 1942, le contingentement du papier réduit dès février-mars la production des éditeurs au dixième de leurs besoins. Pour ne pas laisser aux seuls Allemands la décision des attributions, Vichy crée le 1er avril 1942 une Commission de contrôle du papier d'édition de cinq membres où l'on retrouve Bernard Faÿ, Marcel Rives, Paul Morand et deux nouveaux : Louis de Broglie et Paul Chack, nommé suppléant. Dans cette commission, le soin des expertises est confié à une quarantaine de lecteurs dont les écrivains Ramon Fernandez, Dionys Mascolo, Brice Parrain, André Thérive; Mme Anthelme (Marguerite Duras) assure le secrétariat. Mais la *Propaganda* n'en a cure. « Pour la zone occupée, écrit le lieutenant Heller, la réglementation de la répartition du papier ne peut-être discutée que par les maisons qui soutiennent à 100 % les intérêts allemands; cela veut dire que chaque décision concernant ce sujet doit être vue par nous [72]. »

Volonté hégémonique analogue dans le domaine des traductions. Un premier échange de vues, le 12 décembre 1940, lors d'un déjeuner à l'Institut allemand qui avait réuni autour du Dr Epting et de son adjoint Karl Heinz Bremer des représentants de la *Propaganda*, des éditeurs et des écrivains français, aboutit le 6 février 1941 à la création d'une commission. Formée du directeur de l'Institut et de son adjoint, des éditeurs René Philippon, Maurice Bourdel (Plon), Georges Poupet (Payot), des écrivains Alphonse de Châteaubriant, Jacques Benoist-Méchin, Drieu La Rochelle, du germaniste Maurice Boucher, de Peter Widloecher, chef du service de traduction installé au Cercle de la librairie, celle-ci établit un programme de traductions de près de 1 000 titres. La manière dont les Allemands conçoivent ce que la *Pariser Zeitung* du 11 février 1941 appelle « les livres qui ouvrent la voie » tient en trois chiffres : 300 à 350 traductions de l'allemand d'ici à la fin de 1941 contre 11 du français entre 1941 et 1943. Encore s'agit-il, pour ces dernières, d'auteurs agréés par l'occupant, à savoir : Paul Allard, Jacques Benoist-Méchin, Alphonse de Châteaubriant, Georges Blond, Francis Delaisi, Alfred Fabre-Luce, Bertrand de Jouvenel, Paul Mousset, Louis Thomas, Jean de La Varende, Gontier de Vassé [73].

Quelques autres écrivains français – notamment Marcel Arland, Brasillach, Brinon, Giraudoux, Drieu La Rochelle, André Fraigneau, Montherlant, Paul Morand – bénéficient déjà d'une diffusion directe dans le Reich. Quant à Céline, qui déclarera après la guerre « que ses relations littéraires avec l'Allemagne étaient nulles parce que ses ouvrages interdits », il est vrai que certains experts, comme le Dr Payr, chef de l'*Amt Schrifttum* à Berlin, tout en louant sa « science raciale », lui reprochaient ses conceptions « nihilo-pacifistes » et son « argot effréné » [74]. N'empêche que *Le Voyage au bout de la nuit*, déjà traduit en 1933, sera réédité en 1940, *Mort à crédit*, traduit en 1937. *Bagatelles pour un massacre*, traduit en 1938 sous le titre *Judenverschwörung in Frankreich* (« La conjuration juive en France »), aura les honneurs du *Stürmer*, feuille antisémite obscène du gauleiter Streicher affichée dans toutes les localités allemandes. Dans l'essai qu'il lui consacre en 1941 [75], Karl Epting ne tarit pas d'éloges sur celui qui, « dans son pessimisme, renie le monde de l'eudémonisme rationaliste et clérical de la France officielle » et qualifie « d'acte de courage » son antisémitisme à une époque « où le judaïsme régnait sans entraves en France à l'abri des loges maçonniques et de l'Église, où le philosémitisme militant était devenu l'une des formes de l'auto-affirmation française contre la nouvelle Europe ». Par presse interposée, l'Institut déplore que Vichy interdise *Les Beaux Draps*. Le même Epting, qui devait affirmer en 1963 : « Céline ne nous aimait pas », écrivait dans son essai de 1941 (publié en 1943) : « Il est proche de nous. Sa critique porte sur les faits contre lesquels la collaboration franco-allemande a toujours échoué. C'est pourquoi nous ne lui accordons pas seulement notre estime littéraire. » Sans aimer les Allemands – mais qui aimait-il ? –, le marginal en canadienne élimée était un hôte apprécié de l'Institut parce que plus efficace idéologiquement que la cohorte des courtisans qui se pressaient dans ses salons ou dans ceux de l'ambassade.

Très éclectique, Epting défend aussi Montherlant qu'il connaît depuis leur rencontre en 1937 dans une salle de boxe parisienne, lorsque Vichy interdit son *Solstice de juin* à cause de ses attaques contre le cléricalisme et la tartufferie de la Révolution nationale, son adjoint Karl Heinz Bremer, auquel Montherlant rendra hommage à sa mort sur le front en 1943, avait traduit et fait publier en pleine guerre *Service inutile.* Le fait que ni lui ni Céline ne figurent dans *Le Miroir des livres*, luxueuse brochure de promotion publiée à l'initiative de quatorze éditeurs parisiens avec le concours de la *Propaganda,* reflète simplement les divergences d'appréciation entre cette dernière et l'Institut. Dans ses *Mémoires* des années soixante-dix, le lieutenant Heller, habile à passer d'un camp à l'autre, accable ses anciens compères Epting et Bremer pour mieux marquer ses distances avec un régime qu'il a pourtant servi avec zèle. S'il lui est arrivé d'adoucir certaines mesures – ce dont il saura tirer parti après coup –, il a néanmoins continué à exercer ses fonctions jusqu'en août 1944 à Paris et sera même appelé à encadrer le dernier carré des écrivains de la Collaboration qui suivront l'occupant jusqu'à Siegmaringen alors que sa dénonciation auprès de leurs supérieurs d'Epting et de Bremer avait contribué au rappel provisoire du premier tandis que le second, envoyé sur le front de l'Est, y a trouvé la mort [76].

Cependant, malgré la censure supplémentaire que provoque le contingentement du papier, des œuvres de qualité comme *L'Étranger* et *Le Mythe de Sisyphe* de Camus, *Le Livre des choses* de Lanza del Vasto, *L'Eau et les Rêves* de Bachelard, des poèmes d'André Michaux et de Guillevic passeront entre les mailles de la *Propaganda* en 1942. Mais c'est surtout grâce à l'existence en zone Sud d'éditeurs encore relativement indépendants, comme Seghers et Barbezat, à la création des éditions Robert Laffont, des Éditions de Minuit, de la Bibliothèque française que le public découvre *Poésie et Vérité* d'Éluard et son célèbre poème « Liberté », *Le Silence de la mer* de Vercors, qu'il peut lire les romans de Jean Guéhenno, de Claude Aveline, d'Aragon, d'Elsa Triolet, de Mauriac, qui écrivent désormais sous des pseudonymes. Leur tirage reste, il est vrai, modeste, comparé à celui du *Maréchal et son peuple* de René Benjamin (Plon, 95 000 exemplaires), des *Décombres* de Rebatet (Denoël, 65 000 exemplaires). Sans parler du tirage de publications achetées par la *Propaganda* comme la prose de Paul Allard ou de 1,2 million de brochures à la gloire de Laval qu'édite Flammarion au profit du Secours national.

Le véritable reflux n'intervient qu'en 1943. La *NRF*, qu'Abetz désignait, avec les catholiques et le communisme, comme l'une des trois puissances dominantes en France, dépose son bilan malgré les interventions d'Heller et de Wintermeyer auprès de Gallimard qui avait accepté d'en confier la direction à Drieu La Rochelle moyennant la réouverture de sa maison d'édition que les Allemands avaient initialement fermée parce qu'ils la jugeaient « enjuivée ». Henry Jamet et Louis Thomas tenteront de colmater la brèche en lançant *La Chronique de Paris* qui sortira six numéros jusqu'en 1944 avec des contributions de Drieu La Rochelle, Georges Blond, Brasillach, Lucien Combelle, Ramon Fernandez et même du Dr Epting. Alfred Fabre-Luce avait, quant à lui, jugé plus prudent de poursuivre son *Journal de la France* en Suisse après ses démêlés avec la censure de l'occupant dont il avait tant admiré auparavant la « virilité » toute romaine.

Une quinzaine d'œuvres de qualité – dont *Les Voyageurs de l'impériale* d'Aragon, *L'Expérience intérieure* de Georges Bataille, *Haut Mal* de Michel Leiris, *L'Invitée* de Simone de Beauvoir, *L'Être et le Néant* de Sartre, *Les Impudents* de Marguerite Duras, *Le Silence de la mer* de Georges Bruler – verront encore le jour. Mais, sur les cent tonnes de papier allouées en 1943, soixante vont à la *Propaganda* pour 58 ouvrages et 177 traductions de l'allemand. Devant l'hostilité croissante du public après l'invasion allemande de la zone Sud, la *Propaganda* recourt davantage à la promotion de livres français édités à Paris. Il y en aura 63 de ce type en 1943 dont, pour la première fois en zone Nord, un ouvrage de Maurras, *Vers l'Espagne de Franco*, à propos duquel Eduard Wintermeyer se targue d'avoir amené l'écrivain à ajouter un passage sur l'engagement des volontaires allemands [77]. Denoël reçoit une attribution spéciale de papier pour éditer *Guignol's Band* de Céline, *Le Sergent Karacho* de Marc Augier, *À la Recherche du temps futur* de René Château. Une deuxième liste d'ouvrages à promouvoir de 213 titres – dont la traduction des *Jeux africains* d'Ernst Jünger – paraît encore en 1944, tandis que les dernières interdictions frappent *Loup parmi les loups* de Hans Fallada, tableau jugé trop noir de l'Allemagne à l'époque de l'inflation, et *Premier de cordée* de Frison-Roche, « actif dans la propagande de la dissidence [78] ».

Au total, avec 28 millions de tonnes de papier entre 1941 et 1944, l'édition française a publié 112 millions de volumes, c'est-à-dire en trois ans 60 % de la production de la seule année 1938. Encore faut-il noter qu'une bonne part de celle-ci allait à des ouvrages de propagande ou à l'édition des manuels scolaires en remplacement de ceux jugés « non conformes » aux critères de l'occupant et de Vichy. On peut malgré tout estimer que l' « orientation de la pensée française » engagée par la *Propaganda* a été moins efficace que la phase d'épuration de la littérature menée avec le concours des instances de Vichy et des éditeurs.

LE THÉÂTRE, ESPACE DU DÉFOULEMENT FRANÇAIS ?

Le constat est identique pour le théâtre, à propos duquel un rapport confidentiel de la SIPO-SD d'octobre 1943, intitulé « Résistance à la représentation d'œuvres allemandes sur les scènes françaises », observe : « En dépit du contrôle allemand et des interventions les plus diverses de ses services *on joue moins de pièces allemandes sur les scènes françaises qu'avant-guerre* [79] » (souligné dans l'original). « D'après un bilan en notre possession, dit ce rapport, on montait chaque saison au moins cinq pièces allemandes. En 1930-31, vingt-cinq, parmi lesquelles, il est vrai, un certain nombre d'auteurs juifs alors que, durant la dernière saison, ils n'en ont pas monté une seule. La plupart des pièces représentées relèvent du théâtre typiquement parisien de boulevard dont le peu de valeur culturelle, le contenu frivole, la faiblesse de l'interprétation ont aussi suscité de fréquentes critiques du côté français. Quelques drames historiques de meilleur niveau ont reçu en revanche un très bon accueil du public et de la critique. Certains auteurs ont tenté de donner une image sérieuse de la vie communautaire et des problèmes de la paysannerie. Leurs pièces ont été un échec non seulement parce qu'elles étaient mauvaises, mais aussi à cause de leur *orientation* (souligné dans l'original). Des pièces comme *Souvenez-vous, madame,* de Rostand, au théâtre d'État de l'Odéon, ou anti-anglaises, comme *L'Honorable Mr Pepys,* de Couturier, à l'Atelier, sont d'un caractère essentiellement nationaliste français. *L'Aiglon,* de Rostand, interdit initialement pour chauvinisme, a déclenché, dans sa nouvelle version à la Comédie-Française, des tonnerres d'applaudissements dont la signification politique est incontestable. La censure n'est pas intervenue, malgré les réserves du côté allemand, parce qu'elle estime que les sentiments patriotiques des Français doivent pouvoir se défouler de « manière inoffensive ».

Tout en admettant que le refus des directeurs de scène et l'hostilité du public se sont accrus à partir de l'annonce par la BBC d'un débarquement anglo-américain, la SIPO-SD regrette que n'ait pas été réalisé à Paris le projet d'un théâtre allemand qui aurait pu, « indépendamment des fluctuations conjoncturelles, constituer un pôle de diffusion d'œuvres allemandes et influencer la culture politique du théâtre en France ». L'idée de points d'ancrage culturels pour l'avenir reste, dans ce domaine comme dans tous les autres, un objectif majeur. Dans la pratique, hormis les opérations de prestige de l'ambassade, l'influence de l'occupant se limite presque exclusivement à la « déjudaïsation » de la scène et à la censure. Ainsi, Charles Dullin doit retirer *Volpone* [80], son plus grand succès, de l'affiche du théâtre Sarah-Bernhard – qui a perdu le nom de la célèbre actrice juive [81] –, parce que son traducteur, Jules Romains, invité et fêté avant-guerre dans le Reich comme membre fondateur de France-Allemagne et auteur du *Couple France-Allemagne*, est déclaré indésirable depuis son départ aux États-Unis avec sa femme, née Louise Dreyfus. Singulière ironie du sort pour un homme qui avait nié en son temps l'existence de l'antisémitisme nazi dans les colonnes de *L'Œuvre* [82]. Lorsque Louis Jouvet s'avise de monter une de ses pièces, il est contré par Abetz qui lui propose de commanditer à la place la mise en scène de *Catherine de Heilbronn*. À la suite de quoi l'acteur part en tournée avec troupe et décors en Amérique latine d'où il ne reviendra qu'à la Libération. Veto aussi pour *Arnold ou les mondes interdits* d'Henri Jeanson, déjà banni de la presse, auquel on reproche en l'occurrence ses articles de 1938 en faveur du jeune meurtrier juif du secrétaire de l'ambassade d'Allemagne à Paris [83]. Alice Cocéa, qui avait vainement tenté d'obtenir que la pièce soit montée dans son théâtre des Ambassadeurs, aura plus de chance avec *L'Échec à Don Juan* de Claude-André Puget, auteur à succès, victime sans doute de certains confrères jaloux qui l'ont dénoncé comme étant juif. Mésaventure assez courante à l'époque, qui vaudra aussi des déboires à Moritz Lehmann, directeur du Châtelet [84], et même, comme nous le verrons, à Sacha Guitry, pourtant si bien en cour qu'il recevra une invitation personnelle de Goebbels à se rendre avec sa femme à Berlin, davantage encore à Harry Baur, incarcéré pour avoir trompé les Allemands sur son « aryanité ». Ce qui sauve la pièce de Puget, c'est l'intervention personnelle de Suzanne Abetz qui s'était pourtant montrée intransigeante peu auparavant à propos de *La Machine à écrire* de Cocteau [85]. Si empressé à regagner ce « Paris de rêve » au lendemain de l'Occupation, si apprécié dans les salons et réceptions du Tout-Paris de l'époque, le poète adepte de « l'inactuel » s'était déjà vu refuser la représentation des *Parents terribles* lorsqu'un fonctionnaire de la préfecture de police s'était avisé que les scènes de délation et d'épilepsie de *La Machine à écrire* étaient contraires aux bonnes mœurs et fit interdire la pièce le 29 avril 1941. Le rapport de la *Propaganda* mentionne une intervention de Brinon qui aurait demandé et obtenu de l'auteur quelques modifications, mais s'interroge sur cette initiative d'un service de censure français « sans fondement légal » qui fait perdre 400 000 francs au théâtre et conclut que, dans la mesure où il n'y a pas eu concertation avec les services allemands, « même notre prestige exige que nous levions l'interdiction ». À cet effet, le *Sonderführer* Lucht annonce le 30 avril 1941 sa venue à une représentation afin de décider des suites à donner. Nouveau rebondissement le 3 mai lorsque le consul général Schleier informe le chef du Groupe Théâtre que la femme de l'ambassadeur est choquée par la présentation « d'aspects de la décadence française », parce que « la France nouvelle se dresse désormais contre les phénomènes de décadence qui ne peuvent que blesser le spectateur français voyant jouer à Paris des pièces indésirables en zone non occupée ». Réponse de la *Propaganda* : la censure des pièces de théâtre n'intervient que « quand nous pensons y voir une atteinte aux intérêts allemands ». Le dernier mot reste à la *Propaganda* : la pièce sera jouée au théâtre Hébertot.

S'il lui est facile de l'emporter dans les rapports de force avec la censure française, le Groupe Théâtre a moins de succès dans l'orientation idéologique. Seul exemple notable : la représentation en 1942 à l'Ambigu, ancien music-hall transformé en théâtre sous la direction artistique de Georgius, des *Pirates de Paris*. Dans la mesure où cette pièce violemment antisémite d'Alain Laubreaux, *alias* Michel Daxiat, sur l'affaire Stavisky met en cause les responsables du gouvernement de l'époque, les Allemands la soumettent au préalable à Brinon qui déclare « n'avoir aucune raison, alors que le procès de Riom se déroule publiquement, de ménager des Français impliqués dans une affaire d'escroquerie ». (On sait que la séparation des pouvoirs et l'indépendance de la justice sont des valeurs périmées sous Vichy. On sait aussi que, malgré cela, le procès de Riom tourna à la confusion du régime.) De plus, les maîtres du IIIe Reich, peu désireux de le voir interférer avec le grand procès projeté du jeune Grynszpan, meurtrier du conseiller d'ambassade vom Rath à Paris, livré par Vichy à l'Allemagne en vertu de l'article 19 de la convention d'armistice, procès censé illustrer « le complot du judaïsme mondial » *(Verschwörung des Weltjudentums)* [86], souhaitaient le voir s'achever au plus vite.

Est-ce à dire qu'hormis quelques exceptions notables, les gens du spectacle restaient au-dessus de la mêlée, qu'ils se cantonnaient dans l'exercice de la profession ? « Au Français, écrit Jean-Louis Barrault dans ses *Souvenirs pour demain* (1972), j'étais à l'abri des occupants. Sortir du Français, c'était entrer dans la mêlée sociale des idées et de la politique. Je risquais de ne pouvoir mener jusqu'au bout notre action. » La maison de Molière s'en tient certes à son répertoire traditionnel, elle offre de grands moments au public avec Barrault dans *Hamlet*, ou dans *Le Soulier de satin* de Claudel, *Renaud et Armide* de Cocteau, une brillante interprétation de Madeleine Renaud dans *Boubouroche* de Courteline. Encore que Cocteau, après une représentation de l'*Iphigénie* de Goethe par le théâtre de Munich, à laquelle il assiste dans la loge aux côtés d'Abetz, écrive : « Du reste, j'ai compris ce soir que les acteurs du Français sont une tombe (l'ensemble) par manque d'amour et de discipline [87] » et déplore à longueur de pages dans son *Journal* la médiocrité des spectacles parisiens. On peut aussi se demander si l'absence de réactions aux exclusions, aux remplacements, notamment de Jacques Copeau par Jean-Louis Vaudoyer – que Jean-Louis Barrault attribue à la manifestation anti-allemande du 11 novembre 1940 lors de la représentation du *Cid* – alors que la *Propaganda* mentionne son exigence à Vichy qui la soutient de le démettre dans les quarante-huit heures parce qu'il aurait déclaré ne pas vouloir travailler avec les Allemands et que son fils avait auparavant mené une violente campagne contre l'Allemagne à la radio, c'est être au-dessus de la mêlée. Si assister, comme le font plus de six cents artistes, aux réceptions de l'ambassade en l'honneur du Schiller Theater de Berlin venu jouer *Cabbale et Amour* en février 1941, ou, après les exécutions d'otages et le début des déportations « raciales », lors de la venue du théâtre de Munich, en avril 1942, n'a aucune portée politique. Quand on connaît l'importance qu'Abetz attachait à la collaboration culturelle pour conquérir les Français à « l'Allemagne nouvelle », on peut en douter. Il est vrai qu'aux yeux de la plupart des dirigeants du Reich, ce n'étaient là que billevesées et que la *Propaganda*, à l'instar du RSHA, se plaignait de la « morosité à la bourse de la culture politique [88] ».

Quoi qu'il en soit, les coupures de courant et de chauffage, les horaires avancés à cause des alertes et du couvre-feu, dans les derniers temps aussi la rareté des moyens de transport ne dissuaderont pas le public d'affluer aux spectacles. *Les Mouches* de Sartre, qui déplaisent aux collaborationnistes mais enthousiasment le Dr Strobel (de l'édition française de *Signal*), *Huis clos, Les Malentendus* de Camus seront les dernières grandes créations de la scène parisienne sous l'Occupation. Rennes applaudit *L'Enlèvement au sérail* de Mozart, Lyon, le *Parsifal* de Wagner, Bordeaux – est-ce une prémonition ? – *Le Crépuscule des dieux* [89]. Si l'on fait abstraction des trois départements totalement germanisés, du Nord-Pas-de-Calais et de la zone interdite, pratiquement isolés du reste de la métropole, les théâtres, music-halls, salles de variétés ont pu, moyennant l'acceptation de l'épuration, poursuivre leur activité sans trop de problèmes, ce qui n'est pas le cas du cinéma.

La colonisation du cinéma français

Enjeu idéologique autant qu'économique, la production cinématographique, soumise à une épuration au moins aussi intensive que la littérature, subit jusqu'au démantèlement du Groupe Film en juillet 1942 une prise de contrôle beaucoup plus forte. Jusqu'à cette période, ce groupe de la *Propaganda* couvre en effet sept services, depuis l'organisation générale de la profession jusqu'à la statistique, en passant par le contrôle de la production et de la distribution, la documentation et la technique, avec à leur tête des experts qualifiés, notamment le Dr Derichsweiler, resté, lui, en poste jusqu'à la fin de l'Occupation. Ses rapports hebdomadaires fournissent des tableaux détaillés des films en circulation, des interdictions prononcées, la proportion des productions française et étrangère. Ils rendent compte aussi de la surveillance des salles de projection dont le maintien est considéré comme « un besoin impératif pour surmonter la détresse physique et psychique de la population [90] ». Facteur de compensation mais aussi d'endoctrinement de masse, le cinéma doit, selon le ministère de la Propagande et les producteurs allemands, devenir un domaine privilégié de la conquête des esprits comme du marché français.

Parallèlement à une épuration intensive, la réquisition des entreprises de production et de distribution tant juives qu'anglo-saxonnes, celle de près de cent salles de projection placées sous l'administration d'hommes sûrs ou acquises par des producteurs du Reich [91], la présence à Paris de filiales de l'UFA (Continental Films), de la TOBIS, de l'Alliance cinématograpique européenne (ACE), des Actualités allemandes *(Deutsche Wochenschauzentrale)* favorisent la mainmise allemande. Toutefois, des obstacles imprévus vont en ralentir la progression. Premier obstacle : dès l'automne 1940, les rapports des commandants de région et de la *Propaganda* signalent des manifestations d'hostilité des spectateurs durant la projection des actualités allemandes [92], au point que le préfet de police Langeron et le directeur de la police Marchand, convoqués à ce sujet, conseillent l'éclairage immédiat de la salle en cas de manifestation, l'évacuation du public, voire la fermeture du ou des cinémas en cas d'incidents prolongés. Le MBF suggère pour sa part à Berlin de réaliser des séquences spécifiques, mieux adaptées au contexte français. Il critique aussi l'intention de la *Reichsfilmkammer* « de vouloir complètement écarter le film français. Il s'ensuit malheureusement, observe le rapporteur, que de très bons producteurs français sont partis à l'étranger, notamment aux États-Unis, au lieu d'avoir été engagés par nous. Il eût été certainement plus juste de laisser la production française travailler avec des acteurs français populaires sous contrôle allemand [93] ». Divergence notable qui s'explique sans doute par la priorité que l'administration militaire accorde au cinéma, adjuvant pour calmer les esprits, sur l'endoctrinement de masse cher au Dr Goebbels.

Tandis que le MBF émet ces critiques, le Groupe Film négocie déjà avec le commissaire du gouvernement Guy de Carmoye la possibilité pour la *Deutsche Wochenschau* de travailler en zone Nord, ainsi qu'une réorganisation de la profession et de la censure cinématographique sur le modèle allemand [94]. En attendant un accord, les directeurs de salles de zone occupée devront insérer les actualités allemandes entre le documentaire et le grand film afin d'éviter que les spectateurs n'arrivent qu'après leur projection. En fait, la pratique sera maintenue même après l'accord avec Vichy.

Si le public n'apprécie pas les actualités allemandes, les films d'outre-Rhin ne susciteront pas non plus l'enthousiasme. Jusqu'en mars-avril 1941, les producteurs allemands ne réussissent à placer que 36 films et 47 documentaires pour l'ensemble de la zone occupée [95]. Il y a certes quelques succès, en particulier *Bel Ami*, version synchronisée d'après le roman de Maupassant, la vie des grands compositeurs et de Michel-Ange. Mais la plupart des films synchronisés se révèlent inadaptés au public français quand ils ne provoquent pas son hilarité. « Il ne faut plus, écrit le Dr Diedrich, chef du Groupe Film, qui se rend régulièrement en observateur dans les salles des Champs-Élysées, que la prononciation défectueuse ou la faiblesse du doublage fasse rire les spectateurs. » Au milieu de ces déconvenues, les rencontres hebdomadaires avec le commissaire à l'Industrie cinématographique Carmoy et Raoul Ploquin (COIC) ont du moins abouti à un premier succès : Vichy accorde un droit d'importation illimité aux films allemands.

Insatiable, la partie allemande envisage presque aussitôt l'extension de ce droit à l'Afrique du Nord. Nouvelle déconvenue : Henri Trachsler, directeur de la Société de distribution cinématographique de l'Afrique du Nord, l'informe que « les trois principales sociétés, Isly Film (Alger), Tunis Film, Maroc Film, appartiennent à M. Tenoudji, Juif autochtone qui les a cédées à un certain M. Loiseau, son homme de paille, que d'autre part les grandes salles de cinéma Trianon et Olympia sont la propriété du Juif Edelstein. Or tous s'opposent en sous-main à la pénétration de la production allemande [96] ».

Troisième obstacle imprévu : à la suite d'un entretien avec Goebbels et le secrétaire d'État Gutterer, les producteurs allemands doivent, pour des raisons d'ordre idéologique [97], renoncer à exporter bon nombre de films déjà réalisés. Interdiction d'exporter *Le Triomphe de la volonté* et *Les Dieux du stade* de Leni Riefensthal parce qu'il ne saurait être question de doubler les paroles du Führer en français. Impossible aussi, quand on parle d'entente germano-française, de présenter aux Français des films nationalistes du genre *Bismarck* ou *Escadrille Lützow*, très populaires dans le Reich. Après maintes hésitations à cause de l'image finale trop positive d'Élisabeth Ire, on se résoudra à synchroniser *Le Cœur d'une reine*, mais la *Propaganda* donne la priorité à *Ohm Krüger*, exaltation de la lutte des Boers contre les Anglais en Afrique du Sud. Accord aussi pour *Le Cœur immortel* à la gloire de l'inventeur allemand de l'horlogerie, « à condition de modifier les passages relatifs à la religion, qui pourraient être mal interprétés par les catholiques ».

Faute de pouvoir exporter suffisamment, les firmes allemandes décident de produire directement en France, y compris en zone Sud où *Le Club des soupirants*, l'un de leurs premiers films tournés dans les studios Marcel-Pagnol à Marseille, est refusé par la censure de Vichy qui invoque « son caractère immoral et une vision défavorable de la société française [98] ». Argument qui rejoint celui que Suzanne Abetz vient d'invoquer contre *La Machine à écrire* de Cocteau. Mais si la femme de l'ambassadeur a quelques droits dans les sphères du MBF, la censure française n'en a aucun. Le *Referat Film* la somme de lever l'interdiction dans un délai de dix jours en déclarant : « Seule la partie allemande peut juger de ce qui est immoral, une intervention du gouvernement français concernant la production d'une entreprise allemande n'est pas tolérable. » L'incident, rapidement réglé à la satisfaction de l'occupant, illustre, une fois de plus, le mythe de la souveraineté de l'État français, même lorsque la zone Sud n'est pas encore occupée. Dans les studios de Billancourt Henri Decoin tourne *Premier Rendez-vous*, coproduction allemande, avec Danielle Darrieux pour vedette aux côtés de Louis Jourdan et Fernand Ledoux. Comme le film doit servir une campagne de promotion du film allemand, la *Propaganda* a invité les experts et les membres du *Referat Film*, réunis le 14 mai 1941 en conférence dans la capitale, à se rendre sur les lieux du tournage. Dix semaines plus tard le Dr Greven peut savourer son triomphe : le Tout-Paris assiste à la première d'une coproduction allemande au Normandie, l'une des plus belles salles parisiennes, qu'il vient d'acquérir. Mais comme les Allemands ne peuvent tout de même pas s'approprier toutes les salles, la *Propaganda* organise entre le 30 mai et le 26 juillet une dizaine de réunions d'information à l'intention de leurs propriétaires ou directeurs dans les différentes régions de la zone occupée [99].

Campagne de promotion sans problème, si ce n'est que le Centre catholique du cinéma et de la radio et son organe exécutif, l'Association catholique des chefs de famille, à Bordeaux continuent de publier une évaluation des films affichée dans les églises [100]. Or les productions allemandes sont généralement cotées 4, ce qui signifie : « malgré de mauvaises parties, inoffensif si mise en garde préalable ». Quoique anodine – « on ne peut décemment pas donner une plus mauvaise note à un film d'origine allemande », remarque le rapporteur –, la critique suscite l'ire de la *Propaganda*. Ordre est donné de confisquer ce type de listes, de les communiquer au Groupe Film, de convoquer sans tarder le directeur du centre. Au cours de l'entrevue, qui a lieu le 17 juillet 1941, le Dr Diedrich menace d'interdire les quelque quatre mille salles de projection des patronages qui échappaient jusque-là au contrôle allemand si le centre n'adopte pas une attitude plus positive. Moins docile que la censure de Vichy, celui-ci fait la sourde oreille. Dans son rapport du 1er août, le Groupe Film s'interroge sur les suites à donner à cette affaire. Faut-il exiger du centre une présentation préalable de ses appréciations ? Prévoir un additif à l'ordonnance du MBF du 9 septembre 1940 sur les autorisations de projections publiques, qui interdirait le contrôle par une organisation privée à l'intention de ses membres ? Étant donné l'importance de l'Église catholique, le MBF peut-il lui enjoindre de cesser toute activité sans heurter un grand nombre de Français ? Ou l'ambassade doit-elle signaler au gouvernement de Vichy que la censure pratiquée par cet organisme catholique est illégale, même aux yeux de la loi française, et manifestement antiallemande ?

Finalement, bien qu'un rapport du 19 septembre 1941 insiste sur l'importance de prouver aux catholiques français que le national-socialisme n'est pas hostile à l'Église en leur montrant les images d'actualité d'un aumônier militaire allemand que le pape vient de nommer évêque, la *Propaganda* opte pour la manière forte. Une semaine plus tard, elle interdit au centre de « doubler » la censure allemande et ordonne à ses antennes régionales de contrôler et d'empêcher ses activités en ce domaine. Peine perdue : les milieux catholiques de zone Sud prennent le relais. Ils adressent aux maires et aux préfets une circulaire pour rappeler que les lois de 1790, 1806, 1864, 1884, 1923, 1928 et 1936 leur font obligation d'interdire les films contraires aux bonnes mœurs et à l'ordre public. Ce rappel semble avoir été entendu : les *Propaganda Staffeln* de Dijon et d'Angers signalent [101] que les maires et les préfets de son secteur ont prononcé des interdictions de films en invoquant la protection de la jeunesse. Sur ce point, le ministère de la Propagande, consulté, préfère céder. Mais le MBF, moins conciliant en l'occurrence, précise aussitôt qu'il se réserve le droit d'intervenir à tout moment dans la production des films s'il y a lieu. Entre-temps, pour mieux s'adapter au marché français, l'UFA a installé une filiale à Rennes et une à Alger, la TOBIS s'est implantée à Nancy et à Nantes.

Quant à l'attitude apparemment plus conciliante de Berlin, elle s'explique par les négociations en cours avec Vichy en vue d'obtenir un alignement de son régime de censure du film sur celui de la zone Nord. Ce sera chose faite le 18 juillet 1942 lorsque la direction générale du cinéma soumet un projet de loi qui prévoit non seulement l'harmonisation de la censure dans le sens voulu par les Allemands mais aussi le transfert de son service de censure à Paris; le 27 août, une lettre du gouvernement informe le MBF de son entrée en vigueur. Dans ces conditions, le Dr Derichsweiler, seul responsable resté à la tête du *Referat Film*, peut d'autant moins poursuivre l'épreuve de force engagée que la majeure partie des prérogatives concenant la *Propaganda* est passée entre-temps à l'ambassade qui prône l'apaisement. « Le service de contrôle du film, écrit-il dans un rapport du 19 septembre 1942, partage l'opinion de l'ambasse qu'un *Kulturkampf* (allusion à la lutte de Bismarck contre le catholicisme) entre le MBF et l'Église catholique nuirait aux intérêts allemands. Il a été suggéré que le Centre catholique du cinéma se limite à l'avenir aux avis positifs et s'engage à ne plus formuler d'appréciations négatives à propos de films, mais aussi de paroles, d'images, d'écrits dans l'ensemble de la France, y compris dans les colonies. Cet engagement est important, parce que le centre pourrait facilement perturber l'harmonisation en cours entre la *Filmprüfstelle* et la censure de Vichy. S'il accepte ce marché *(Handel)*, ses 4 000 patronages équipés d'appareils de projection resteraient autorisés à condition d'inclure, comme les cinémas, un documentaire et les actualités dans leurs programmes. Ce qui ouvrirait à la propagande allemande des perspectives prometteuses, totalement inexploitées jusqu'à présent. »

Le Centre catholique a-t-il accepté ce « marché » ? Les rapports, désormais frappés du sceau « confidentiel », ne le disent pas, mais il est clair que cette affaire, qui a duré pendant plus d'un an, a fourni aux Allemands l'occasion de renforcer leur contrôle du cinéma français. Car, en plus du passage complet de la censure sous leur coupe, ils ont obtenu de Louis Galey – qui a remplacé Guy de Carmoy au commissariat du gouvernement – que les films anglo-américains, tolérés jusque-là en zone Sud, soient interdits à partir du 15 octobre 1942. Ce qui, avec le retrait des films français antérieurs à 1937 et celui de la production à participation juive, crée un vide dans lequel la production allemande n'a plus qu'à s'engouffrer. Atout supplémentaire : les plans de production annuels sont désormais négociés entre le COIC, l'ambassade et la *Propaganda*. Comme il ne reste qu'un dixième des 410 producteurs recensés en France avant la guerre, que le nombre de distributeurs a diminué dans les mêmes proportions, les partenaires allemands ont beau jeu de limiter la production française pour 1942-43 à 92 longs métrages et autant de documentaires : « Ce plan, estime la *Propaganda*, constitue un grand succès (dont elle s'attribue le mérite) parce qu'il a été soumis volontairement par la partie française, qu'il inclut la zone non occupée, ce qui devrait aboutir à une coopération correspondante dans le domaine cinématographique avec l'Allemagne [102] ». Le sens donné à cette coopération est clair : dans la seule région de l'Ouest, 559 des 2 200 films projetés durant le premier trimestre 1942 sont d'origine allemande, un tiers des films programmés en mai dans la banlieue parisienne le sont également. En 1943-44, le plan de production français sera ramené à 59 longs métrages et autant de documentaires.

Réduit à la portion congrue, bradé par Vichy à la censure et aux producteurs allemands, soumis au rationnement de la pellicule et du courant, le cinéma français, et c'est ce qui irrite tant le Dr Goebbels et le RSHA, dépasse qualitativement le modèle allemand sur lequel il été réorganisé. Car, à côté de bluettes du style *Premier Rendez-*

vous, de mélos larmoyants comme *Le Voile bleu* (avec Gaby Morlay en humble gouvernante dévouée jusqu'au sacrifice), Marcel L'Herbier tourne *La Nuit fantastique* dont le scénariste anonyme n'est autre qu'Henri Jeanson, Jacques Becker réalise *Goupi-Mains-Rouges*, Jean Delannoy *Pontcarral*, avec Pierre Blanchar en colonel d'Empire partant avec fanfares et drapeau français à la conquête de l'Algérie. Un jeune réalisateur encore inconnu, Robert Bresson, réalise son premier film, *Les Anges du péché*, Clouzot, *Le Corbeau* pour la Continental : il se demande comment ce récit noir de délation sera accueilli des services allemands bénéficiaires de cette pratique. Edwige Feuillère interprète *La Duchesse de Langeais*, Arletty, Alain Cuny, Fernand Ledoux *Les Visiteurs du soir* de Carné que le diable, Jules Berry, tente vainement de soumettre à sa volonté. On glosera beaucoup sur le sens du film, en particulier sur l'image finale du cœur des amoureux, transformés en statues, qui continue de battre à la grande fureur du diable. Peu importe en fin de compte : par la persistance d'œuvres de qualité qu'attesteront encore la sortie du *Ciel est à vous,* et de *Lumière d'été* de Jean Grémillon, le tournage des admirables *Enfants du Paradis*, d'*Adieu, Léonard* de Pierre Prévert, la fondation de l'Institut des hautes études cinématographique (IDHEC), le cinéma français a fait échouer le dessein de ceux qui rêvaient de l'asphyxier totalement. Comme dans les autres secteurs de la culture, l'occupant et ses auxiliaires français sont parvenus à amputer le patrimoine par l'épuration, la censure, la mainmise sur une partie des centres de production. S'ils ont pu asservir facilement la presse et l'information radiodiffusée, ils n'ont pas réussi à subjuguer la créativité d'un pays trop individualiste dans sa manière de vivre, de penser, de rêver, pour le plier entièrement à une vision imposée du monde.

Même la tentative d'imposer les actualités allemandes n'atteindra pas le résultat escompté [103]. Après son échec initial et les critiques qu'elle avait suscitées de la part du MBF, la *Deutsche Wochenschau* avait décidé de développer son antenne parisienne en s'installant, en juin 1941, dans les bureaux réquisitionnés de la Fox Movietone au 33, avenue des Champs-Élysées. Le premier soin de son nouveau directeur, Heinz Beller, avait été de réunir les représentants de la presse astreints désormais à une projection hebdomadaire : le lundi pour les correspondants étrangers, le vendredi, jour de leur réunion à l'ambassade, pour les journalistes français. Des séances spéciales sont réservées à l'état-major du MBF et à des personnalités françaises, notamment à l'amiral Darlan, Brinon et Laval. En liaison avec la *Propaganda Abteilung*, il se rend aussi auprès des experts des différentes antennes régionales de la *Propaganda* pour les inciter à promouvoir la *Wochenschau* dans la presse locale et à la radio. Néanmoins le public continue à manifester son hostilité. À Rennes, des spectateurs conspuent l'apparition à l'écran de Doriot et de Mussolini. À Quimper et à Lorient, ils se moquent de la publicité en faveur de la Légion des volontaires français (LVF). À Brest, à Hirson, à Melun, des manifestations entraînent la fermeture des salles. Bien que les actualités aient été insérées entre le documentaire et le film, les patrouilles des *Propaganda Staffeln* chargées de la surveillance des salles signalent que bon nombre de spectateurs les évitent en arrivant après l'entracte. Au Mans, des groupes quittent ostensiblement la salle pendant la projection d'images sur la bataille de Russie et reviennent pour le film, ce qui provoque l'interdiction de sortir pendant les actualités. Fréquemment, les directeurs sont sommés de laisser l'éclairage pendant la projection. Toutes ces mesures ne peuvent dissimuler l'évidence : Heinz Beller a échoué, il faut changer d'homme et de méthode.

Concession aux doléances du MBF : on nomme un militaire, le lieutenant von Weyhrauch, dont l'arrivée coïncide avec celle de Louis Galey, qui remplace Carmoy au commissariat du gouvernement pour le Cinéma. Des négociations s'engagent pour constituer une société franco-allemande d'actualités [104]. Celle-ci voit effectivement le jour le 6 mai 1942, avec un conseil d'administration dont la composition diffère quelque peu des propositions de Vichy. Pour la présidence, l'ambassade semble avoir préféré l'ancien député-maire radical-socialiste Henri Clerc, devenu un propagandiste zélé de la Collaboration, à Maurice Seydoux, maître de requête au Conseil d'État. Sont retenus comme membres français du conseil d'administration M. Métayer, de la Société nouvelle des établissements Gaumont, Adrien Remangé, directeur général de Pathé Consortium Cinéma, et le commissaire du gouvernement Louis Galey, de préférence à Raoul Ploquin. Bien que le capital de la société soit français à 60 % répartis entre Pathé et Gaumont, que la nouvelle société s'appelle France-Actualités, la présence au conseil d'administration de trois hommes de confiance de la *Propaganda*, dont le consul général Knothe à la vice-présidence et le lieutenant von Weyhrauch, sans parler de ses membres français acquis à la Collaboration, il est clair que, si la façade est française, le contenu relève totalement des Allemands, et ce pour l'ensemble de la métropole et de l'outremer.

Le public ne s'y trompe, puisque les *Propaganda Staffeln* continuent de signaler des manifestations d'hostilité [105]. À Troyes, la *Feldgendarmerie* arrête une mère de cinq enfants dont le mari est prisonnier, parce qu'elle a crié : « Encore lui ! » à l'apparition d'Hitler sur l'écran, puis : « Bande de vaches ! » à la vue du gouvernement Laval. À Épinal, des spectateurs sont déférés au tribunal militaire après avoir manifesté lors de la projection d'une remise de décorations à la LVF. Manifestations aussi à Bordeaux à la présentation d'un défilé de troupes italiennes. À Saint-Étienne, les autorités décrètent la fermeture de tous les cinémas après que des spectateurs ont craché sur un groupe de soldats allemands. D'une manière générale, observe un rapport de février-mars 1943, le public se montre de plus en plus excédé à la vue des images du front de l'Est et crient : « Assez, les Allemands sont toujours victorieux », ou : « Propagande allemande ! »

À partir de là, on observe dans les rapports des différents groupes de la *Propaganda* un phénomène analogue à celui déjà relevé chez les militaires du MBF : plus la situation se dégrade pour eux, moins ils en parlent. Ainsi, pendant une année, le Dr Derichsweiler, du *Referat Film,* se contentera de mentionner ses activités de censeur, les aspects techniques de la production et de la distribution, de fournir des statistiques. Ce n'est qu'en mars 1944 qu'il évoque dans un rapport intitulé « Observations et préoccupations du moment [106] » les menaces des « terroristes » contre les propriétaires de salles qui projettent des films allemands, l'attentat à la bombe contre un cinéma de Toulouse où on jouait le *Juif Süss,* les tracts condamnant à mort des réalisateurs et des acteurs connus, dont Henri Decoin, Maurice Tourneur, Georges-Henri Clouzot, Pierre Fresnay, Albert Préjean, Carlo Rim, Ginette Leclerc, Fernandel, Aimé Clariond et le compositeur Georges Van Parys, accusés de collusion avec l'occupant. Un second rapport d'avril fait état de la diffusion massive d'un tract émanant de la Section des employeurs patriotes unis de la Résistance, qui traite de « soumis et vendus aux boches » le commissaire du gouvernement Louis Galey, Henri Clerc, président de France-Actualités, les membres de la commission consultative du COIC et quelques autres producteurs de films. Désabusé, il se plaint des réticences de ses interlocuteurs français habituels et des réalisateurs qui ne soumettent plus leurs films à la censure. Attitude qu'il attribue « aux menaces des gaullistes » et à l'annonce qu'ils ont déjà créé un nouveau COIC. Irrité, l'*Oberleutnant* Pinger, dont la signature n'était pas apparue jusque-là, signale avoir mis en garde des directeurs de salle et le COIC à propos du non-respect de l'ordre d'insérer les actualités entre le documentaire et le grand film, mais reconnaît qu'il n'y a plus que les militants du PPF de Doriot pour surveiller efficacement les salles où le public tousse ostensiblement dès qu'apparaissent les actualités allemandes. Un dernier rapport du 22 juillet 1944 [107] ne mentionne pratiquement plus que des films allemands relevant de l'*Aktiv Propaganda,* c'est-à-dire de l'endoctrinement que le consul général Knothe, représentant du Dr Goebbels, s'efforce de coordonner à partir de l'ambassade où il est installé depuis juillet 1942.

CHAPITRE IV

L'instrument de la Collaboration

« À Paris même, les esprits ne nous sont pas défavorables. Certes, la situation alimentaire critique se dresse entre nous et le peuple français. Si nous étions en mesure de fournir des produits alimentaires en quantité suffisante aux territoires occupés, nous pourrions obtenir d'innombrables succès moraux. La propagande dans le domaine culturel reste toujours la plus efficace à l'égard des Français. Aussi vais-je l'intensifier. »

Joseph GOEBBELS, *Journal*, 15 février 1942, tr. fr., Paris, Le Cheval ailé, 1948, p. 71.

« La collaboration, c'est seulement M. Abetz qui en fait, moi pas. La collaboration de Messieurs les Français, je la vois seulement de la façon suivante : qu'ils livrent tout ce qu'ils peuvent jusqu'à ce qu'ils n'en puissent plus; s'ils le font volontairement, je dirais que je collabore; s'ils bouffent tout eux-mêmes, alors ils ne collaborent pas. Il faut que les Français s'en rendent compte. »

Hermann GÖRING, conférence au ministère de l'Air (6 août 1943, citée par Claude Lévy et Dominique Veillon, *Cahiers d'histoire de la guerre*, n° 4, mai 1955, pp. 79-80.

« Reste la France. J'ai écrit il y a vingt ans ce que j'en pensais. La France demeure l'ennemie mortelle du peuple allemand. Sa déliquescence et ses crises de nerfs ont pu parfois nous porter à minimiser l'importance de ses gestes. Fût-elle toujours plus faible, ce qui est dans l'ordre des probabilités, cela ne doit rien changer à notre méfiance (...). Cette guerre, quelle qu'en soit l'issue, aura du moins le mérite de faire passer la France au rang de puissance de cinquième ordre. »

Testament politique d'Hitler, publié en 1959, p. 115.

Séduire et dominer : voies chic et voies choc de la Collaboration

Bien que les maîtres du IIIe Reich n'aient jamais vu dans la Collaboration qu'un moyen d'exploiter au maximum le potentiel économique de la France et d'affaiblir durablement un pays qu'ils considéraient comme un obstacle majeur à leur hégémonie en Europe, qu'ils se soient gaussés ou irrités, selon les cas, de la « politique francophile » de l'ambassade, celle-ci devait tout de même avoir quelque utilité puisque, excepté le rappel passager d'Abetz, de novembre 1942 à décembre 1943, consécutif au débarquement allié en Afrique du Nord, ils ne songèrent pas à y mettre fin. Qui plus est, en dépit des réticences des militaires, des rivalités avec la *Propaganda,* des critiques du RSHA, ses pouvoirs furent étendus à une partie des activités dévolues initialement aux agents de Goebbels, dont les méthodes, aux dires mêmes du MBF et ultérieurement du RSHA, se révélaient inadaptées au contexte français.

Dès l'automne 1940, alors que se multiplient les manifestations contre les actualités allemandes, les commandants militaires de région signalent [1] que les affiches de propagande allemande sont le plus souvent arrachées ou qu'on les accuse d'être aussi mensongères que la presse soumise à l'occupant. « Des maires français, constate le service de renseignements du MBF, ont apposé, à côté d'affiches envoyées par les services de propagande allemands, les lettres d'envoi de celles-ci pour mettre en évidence qu'il s'agit d'affiches d'origine allemande. Cette procédure doit être empêchée et interdite. Les contrevenants français s'exposent à être relevés de leurs fonctions. Des incidents de ce genre doivent être signalés par les services allemands à l'autorité supérieure. La surveillance de l'affichage est souhaitée [2] ».

Pour masquer l'origine allemande de ces affiches, la *Propaganda* recourt alors [3] aux services de l'ancien commandant d'aviation Pierre Costantini, collaborateur de la première heure par anglophobie viscérale, qui proclame : « L'Angleterre ennemie de l'Europe. » Tirée à trente mille exemplaires, l'affiche sera collée par des membres de l'*Aktiv Propaganda,* en civil pour la circonstance. Après ce modeste début, suivent une seconde affiche exaltant l'esprit chevaleresque du Reich lors de la translation des cendres du duc de Reichstadt, tirée cette fois à cinq cent mille exemplaires, un tract expliquant que les rentes françaises montent grâce à la Collaboration et à l'exclusion des Juifs de la Bourse, ainsi que de faux appels communistes et gaullistes pro-allemands et antisémites. Mais, sur les treize services allemands interrogés à propos de ce type de propagande, cinq seulement émettent un avis positif, six le jugent nul ou inopérant, deux se déclarent sans opinion. Se sentant en posture d'accusée, la *Propaganda* tente de se justifier en faisant valoir que, « dans une appréciation globale de la propagande, il ne faut pas oublier qu'un peuple en lutte raciale *(sic)* depuis trois cents ans avec l'Allemagne, dressé depuis 1871 de plus en plus violemment, à l'aide des moyens les plus raffinés, contre l'Allemagne, ne peut être transformé en ami de l'Allemagne et en ennemi de l'Angleterre en l'espace de quatre mois [4] ». Mais les militaires ne sont pas dupes et se féliciteront de l'arrêt, en mars 1941, de la propagande anti-anglaise par affiches, qui n'a donné aucun résultat. D'une manière plus générale, leur conviction est faite dès cette époque que la propagande allemande se heurte au rejet de la majeure partie de la population française. « Il est à noter, rapporte le commandant militaire de la région Sud-Ouest après un entretien avec le préfet d'Angers, que l'opinion publique se referme de plus en plus sur elle-même et se refuse à tous les appels, qu'ils émanent de la radio parisienne qualifiée de vendue ou des nouvelles formations politiques [5]. »

Critiques à l'égard de l'action de la *Propaganda*, les militaires sont convaincus que « l'attitude impeccable de la Wehrmacht, les démonstrations de sa force lors des transferts de troupes représentent la propagande la plus efficace [6] ». Si, comme on l'a vu, la coopération/collaboration avec l'administration française justifie assez largement ce point de vue, il n'en va pas de même dans les rapports avec la population. L'image du bon soldat allemand qui tient une fillette française dans ses bras, distribue la nourriture de la cuisine roulante aux nécessiteux, offre des concerts à la population ou va, comme à Mont-de-Marsan, jusqu'à sauver un Français au péril de sa vie ne résiste pas longtemps aux réalités de l'Occupation. Car, tout en continuant d'affirmer que « le soldat est encore le meilleur élément de la propagande active », le MBF se plaint de plus en plus fréquemment de cas d'indiscipline dommageables au prestige de la Wehrmacht. Comment admettre notamment que « de nombreux militaires de tous grades continuent à faire des achats dans des magasins juifs malgré les interdictions notifiées à plusieurs reprises et le devoir naturel de tout national-socialiste, ce qui ne peut que donner une fausse impression à la population française quant à l'attitude concernant la question juive » ? Comment démontrer l'exemplarité de la Wehrmacht quand le comportement de trop de ses membres contredit la correction proclamée ?

En fait, tout comme les hommes de la *Propaganda*, les militaires, formés à l'obéissance à l'ordre imposé, se montrent efficaces dans ce que Goebbels appelle « la phase négative » – c'est-à-dire l'épuration et le contrôle de la société française –, mais incapables de promouvoir la « phase positive » – c'est-à-dire un ralliement de la population à la collaboration avec l'Allemagne nouvelle, dont elle ne perçoit que l'omniprésence contraignante. Pour le

MBF et la *Propaganda*, la Collaboration ne se conçoit que sous la forme d'une orientation autoritaire, que compense « un défoulement de manière inoffensive ». Expression la plus visible de cette conception : l'installation dans la capitale d'un appareil de services allemands encadrant systématiquement l'ensemble des secteurs de la société française, à laquelle on concède des distractions adaptées à « l'ordre nouveau ». Théâtres, cinémas, music-halls, cabarets, restaurants et cafés, bibliothèques, librairies, musées, « raisonnablement expurgés » – selon l'expression de Jacques Baschet dans *L'Illustration* –, se voient ainsi assigner une double fonction : faire oublier à la population les rigueurs de l'Occupation tout en l'accoutumant à la convivialité avec ses nouveaux maîtres. Ainsi, Édith Piaf, Charles Trenet, suivis de Maurice Chevalier et de Mistinguett, incarnent à nouveau « le gai Paris ». Jacques Tati se produit au Lido tandis qu'Ouvrard, Fréhel et Georgius renouent avec le public populaire. On se presse au Mogador ou aux Bouffes-Parisiens applaudir les dernières opérettes d'Albert Willemetz, on fait la queue devant les cinémas. Dès la mi-juillet 1940, l'Opéra – qu'Hitler qualifiait de « plus beau théâtre du monde » au cours de sa visite éclair de la capitale – inaugure la saison avec *La Damnation de Faust*, en présence d'Otto von Stülpgnagel et d'Otto Abetz, avec un public où le Tout-Paris côtoie les vainqueurs en uniforme. Vedettes incontestées de l'heure : Serge Lifar, dont les ballets sont si appréciés qu'Hitler lui proposera de devenir le maître de la danse de son Europe nouvelle, la cantatrice Germaine Lubin, interprète du répertoire wagnérien, Sacha Guitry, faire-valoir de l'esprit français sur les scènes et dans les réceptions mondaines.

À la mi-octobre 1940, cette conception de « l'ordre nouveau » atteint son apogée avec la rencontre Hitler-Pétain à Montoire, qui officialise l'entrée de l'État français dans l'ère de la Collaboration. Trois mois plus tard, alors que le Führer s'apprête à illustrer l'esprit chevaleresque de « l'Allemagne nouvelle » avec la translation des cendres du duc de Reichstadt, la « révolution de palais » de Vichy et le renvoi de Laval – perçu comme un désaveu, voire une trahison – contraignent le MBF et la *Propaganda* à reconnaître les limites d'une collaboration uniquement fondée sur la soumission à la loi du vainqueur. D'où le rôle croissant, du moins entre 1941 et 1942, des hommes de l'ambassade qui savent par leur expérience antérieure de la France que la conquête des esprits dans un pays d'aussi vieille tradition démocratique et de confrontation des idées exige davantage que l'adaptation à un ordre imposé, qu'elle suppose un patient travail de médiation, une « propagande indirecte » menée avec le concours d'associations, de groupes politiques, de personnalités françaises connues et reconnues. Dans cette perspective, Paris doit devenir le centre des échanges culturels avec l'Allemagne nouvelle en même temps que la base d'un collaborationnisme dynamique, capable de toucher toutes les couches de la population, de créer un courant d'opinion favorable à l'intégration de la France dans le nouvel ordre européen à direction allemande. Courant d'opinion qui, selon l'évolution de la situation, servirait de moyen de pression sur le « régime clérical-réactionnaire » de Vichy pour infléchir son orientation en ce sens ou préparer la voie à un régime plus conforme aux vues allemandes.

Ce n'est certainement pas un effet du hasard si l'ambassade met en œuvre, à partir de janvier 1941, soit quelques semaines après le renvoi de Laval, une stratégie qui se traduit par une double offensive idéologique : développer les manifestations culturelles les plus diverses sous le signe des « échanges franco-allemands », activer les associations et groupes français, simplement tolérés jusque-là, jugés les plus aptes à propager les thèses de la Collaboration. Par une action concertée entre les politiques de l'ambassade et l'Institut allemand du Dr Epting, il s'agit, selon le professeur Grimm, expert de longue date des affaires internationales au service d'Hitler et de Ribbentrop, de « gagner les Français à la collaboration dans l'Europe nouvelle malgré les diverses mesures de sécurité que nous devons prendre et malgré le fait que la France doive rétrograder de sa position prédominante depuis le XVIIe siècle au rôle de puissance de second ordre [7] ».

Après quelques mois passés à nouer ou renouer les contacts avec les personnalités françaises qu'il connaissait, pour la plupart, par ses activités d'avocat international et de vice-président de la Société germano-française *(Deutsch-französische Gesellschaft)* avant la guerre, Grimm a acquis la conviction que la France ne dispose pas d'un chef capable de conduire avec ruse et cynisme un peuple qui a perdu la foi en lui-même – allusion à la stratégie hitlérienne au lendemain de la défaite allemande de 1918 – à l'intégration dans le nouvel ordre européen. En conséquence, l'Allemagne doit recourir à un traitement sévère, sans dureté inutile toutefois et en y mettant les formes. Opinion qui rejoint celle que Pierre-Étienne Flandin avait émise lors de leur rencontre le 16 juillet 1940. L'ancien ministre des Affaires étrangères de la IIIe République, qui a retrouvé entre-temps le même poste au sein du gouvernement de l'amiral Darlan, avait en effet estimé que le moment était propice à une entente, à condition que l'Occupation ne se prolonge pas et que dans toutes les mesures qu'ils seraient amenés à prendre, les Allemands laissent au moins aux Français l'illusion de vivre en liberté.

Contrairement aux militaires des différentes régions occupées avec lesquels il avait pu s'entretenir à l'occasion de conférences faites à leur intention, Grimm ne pense pas que l'attitude négative de la majeure partie de la population doive conduire à abandonner tout espoir de collaboration. L'erreur serait, selon lui, de tirer des conclusions hâtives à partir d'impressions superficielles, d'oublier que la politique d'entente du IIIe Reich dans les années trente – qu'Hitler appelait son « disque pacifiste [8] » – n'a porté réellement ses fruits que durant la première partie d'une guerre dans laquelle les Français se sont engagés sans conviction. C'est pourquoi la conquête des esprits doit se situer dans la perspective de la paix future et du nouvel ordre européen. Et puisque, selon Pierre Laval, avec lequel il s'est entretenu le 8 mars 1941, la population n'est pas prête à une collaboration de sentiment, il faut lui faire valoir son intérêt. Sans dévier des instructions qu'Hitler lui a données en août 1940, la stratégie que l'ambassade entend appliquer en France ne diffère de celle des autres services allemands que par la tactique, qui consiste à estomper son intransigeance en suscitant l'illusion d'un partenariat profitable aux deux parties. Différence perceptible en premier lieu dans la politique culturelle de l'Institut allemand.

La collaboration culturelle sous le signe de « l'Europe nouvelle »

Tout en participant aux mesures d'épuration, le Dr Epting ne se contente pas, comme la *Propaganda*, de lancer quelques opérations de promotion. Son ambition est d'attirer les Français, notamment les élites intellectuelles et artistiques, à participer aux diverses activités d'échanges franco-allemands auxquelles ils étaient habitués avant la guerre.

Ainsi, au lieu de fustiger les directeurs de théâtre qui invoquent l'insuffisance des traductions et des moyens pour monter des pièces allemandes, juge-t-il plus efficace de créer une commission franco-allemande de traductions, de faire venir des metteurs en scène, des interprètes allemands travaillant avec leurs collègues français. Au lieu de réclamer à cor et à cri la destitution de Louis Hautecœur, secrétaire général des Beaux-Arts, et de Jacques Rouché, directeur de la Réunion des théâtres lyriques, entend-il les associer à des opérations de prestige qu'ils pourront difficilement refuser, quitte à leur laisser par ailleurs quelques libertés. Peu importe que Jacques Rouché tienne à rendre hommage aux maîtres de la musique française en faisant créer *Le Roi d'Ys* de Lalo, en commémorant le centenaire de la naissance de Massenet ou en remontant *L'Étranger*, opéra oublié de Vincent d'Indy. L'essentiel est qu'il accepte de recevoir par ailleurs la Staatskapelle de Berlin et son nouveau chef Herbert von

Karajan pour une représentation de *Tristan et Yseult* suivie d'une brillante réception à l'ambassade ; que Wagner, compositeur préféré du Führer, soit célébré dignement à l'occasion du centenaire du *Vaisseau fantôme*, composé à Meudon, où l'on inaugure à cette occasion une exposition de documents du maître prêtés par le Reich, en présence de la belle-fille du compositeur ; que des metteurs en scène, décorateurs, interprètes viennent d'outre-Rhin pour des représentations de *Fidelio* de Beethoven, de *Palestrina* de Pfitzner, de *La Chauve-Souris* de Johann Strauss. Quoi de plus naturel que de reprendre le cycle des échanges culturels par la musique, expression par excellence de la culture allemande, dont on veut faire oublier qu'elle n'est plus que le faire-valoir d'un régime qui brûle les livres, pille et détruit les œuvres d'art, exclut tous ceux qui ne sont pas conformes à ses critères idéologiques ?

Dans le cadre de cette politique culturelle, les meilleurs orchestres de Berlin, Leipzig, Munich se produisent en France occupée sous la baguette de Wolfgang Abendroth, Eugen Jochum, Clemens Kraus, Hans Knappertbusch, Wilhelm Mengelberg. L'Institut allemand organise régulièrement des concerts de prestigieux solistes français et allemands. En 1941, à l'occasion du cent-cinquantième anniversaire de la naissance de Mozart – dont, comme l'observent Gilles et Jean-Robert Ragache, « les dirigeants nazis ont dû oublier pour un temps qu'il était franc-maçon [9] » –, l'Institut organise à Paris une semaine de concerts du Kammerorchester de Berlin sous la conduite de Hans von Benda. L'événement fournit aussi l'occasion d'inviter Louis Hautecœur et Jacques Rouché à se rendre, en compagnie des compositeurs Marcel Delannoy, Arthur Honegger, Gustave Samazeuilh, Florent Schmitt et de Paul Delange, directeur de la revue *Comœdia* (qui était déjà avant-guerre diffuseur de la production culturelle allemande), aux festivités organisées à Vienne sous le signe de « l'Europe nouvelle ».

Cette invitation n'est que la première d'une série qui, en 1941 et 1942, conduit outre-Rhin les délégations d'artistes et d'intellectuels français. Après les musiciens, les peintres et les sculpteurs Despiau, Derain, Dunoyer de Segonzac, Friesz, Oudot, Legueult, Van Dongen, Vlaminck acceptent d'aller admirer « l'art nouveau » et les œuvres monumentales réalisées grâce au mécénat des maîtres du IIIe Reich. Parmi les artistes pressentis, seuls Braque et Matisse ont décliné l'invitation. À leur retour, Despiau, Vlaminck, Van Dongen se répandent en déclarations enthousiastes; Derain et Segonzac préfèrent garder le silence, mais participeront l'année suivante aux réceptions offertes dans le cadre de la grande exposition à l'Orangerie des œuvres d'Arno Breker, l'élève de Maillol et leur ancien compagnon de Montparnasse, devenu le sculpteur favori d'Hitler.

Pour comprendre à quel point ces rencontres entre créateurs français et allemands, liés parfois de longue date, servent les visées du IIIe Reich, on peut se reporter au *Journal* de Jean Cocteau, en particulier à l'évocation de son déjeuner en tête à tête avec Arno Breker; le poète qui se dit « inactuel » s'attendrit au récit des bontés du Führer pour Breker, que ce dernier appelle toujours « le chef ». Sans réagir lorsque son ami lui explique que la France joue sa dernière carte politique, qu'« elle ne se retrouvera jamais en face d'un homme aussi sensible », mais que, pour la question juive, « aucune exception n'est possible. C'est un duel à mort. Il me semble comprendre, ajoute simplement Cocteau, que Breker est venu se rendre compte et pour rendre compte à son chef. Il m'avoue qu'il ne serait pas resté sans cela [10] ». On reprochera à Cocteau son « Salut à Breker » publié en capitales en première page de *Comœdia* du 23 mai 1942. Texte anodin en soi, mais qui implique de la part de son auteur une distinction entre l'artiste et « l'ami du chef », sans percevoir que les deux se confondent au service d'une volonté de puissance, synonyme de barbarie.

Au cours d'un entretien avec Robert Brasillach publié dans *Je suis partout* d'octobre 1941, Epting justifie sa politique culturelle : « On parle beaucoup de la collaboration économique, qui a son prix, on parle beaucoup moins de la collaboration intellectuelle, qui n'est pas moins précieuse. » Déclaration faite peu avant le départ d'une délégation d'écrivains français à laquelle participent Abel Bonnard, Robert Brasillach, Drieu La Rochelle, Jacques Chardonne, André Fraigneau, Marcel Jouhandeau, invités au premier congrès des écrivains de « l'Europe nouvelle ». Ces voyages à Weimar bénéficient d'une grande publicité médiatique tout en laissant dans l'ombre les aspects qui risqueraient de choquer l'opinion française. Ainsi, dans le cas de la délégation des écrivains français [11] qu'accompagne le lieutenant Heller, expert littéraire de la *Propaganda*, celle-ci se garde-t-elle de mentionner que le congrès, réuni dans le haut lieu de Goethe et de Schiller, se déroule dans le cadre de la Semaine du livre de guerre allemand. Que le programme du voyage des représentants de la culture française comporte une halte préalable à Strasbourg où les reçoit le gauleiter Wagner, chargé d'en extirper jusqu'au dernier vestige dans l'Alsace reconquise. L'expérience ne dissuadera pas Jacques Chardonne de proposer la création de l'Union des écrivains européens sous la présidence de Hans Carossa et de reprendre, l'année suivante, la route de Weimar pour un deuxième congrès.

Bien que la délégation des écrivains français soit plus marquée politiquement que celle des artistes qui participent à ce type d'échanges, que des hommes comme Marcel Arland, Paul Morand, Henry de Montherlant – pourtant engagés dans la coopération culturelle avec les services allemands – aient décliné son invitation, la *Propaganda* lui accorde une importance particulière en raison du « rôle que les écrivains ont joué de tous temps dans la vie politique et diplomatique de la France [12] ». Dans le florilège des comptes rendus signés par Abel Bonnard dans *L'Émancipation nationale*, organe doriotiste de zone Sud, par Marcel Jouhandeau dans la *NRF*, la palme revient à Brasillach, exaltant, dans *Je suis partout* du 8 novembre 1941, sa vision « de la cité de Goethe au nouvel axe de Berlin », et à André Fraigneau, intitulant en toute simplicité sa contribution du même jour à *Comœdia* « Le voyage des écrivains français : Iphigénie à Weimar ». Le premier numéro (janvier 1942) de la revue allemande *Signal* consacre une page entière aux « Lettres françaises accueillies dans le Reich. » Auteur du bilan de ce voyage, le lieutenant Heller retient surtout le rôle discret mais efficace de Jacques Chardonne, « partisan le plus ardent de la collaboration franco-allemande », ce dont témoignait déjà son livre *Voir la figure,* qui, après avoir proposé la création de l'Union des écrivains européens sous égide allemande, a pu s'entretenir à son retour avec le maréchal Pétain et les membres du gouvernement présents à Vichy. S'il lui revient à ce titre de diriger la délégation des écrivains français au deuxième congrès de Weimar à l'automne de 1942, la participation escomptée de grands noms de la littérature française fait défaut. Seuls Georges Blond et André Thérive ont accepté de se joindre aux participants de la première délégation que Jouhandeau, devenu prudent, a préféré abandonner. Pierre Benoit, Paul Morand, Montherlant se sont récusés. Le recours aux médiateurs littéraires se solde en fin de compte par un échec.

Entre-temps, il est vrai, la stratégie de la domination par la séduction a enregistré son plus grand succès médiatique : le voyage outre-Rhin d'une délégation du cinéma que Pierre Renoir et André Luguet ont préparé avec le Groupe Film de la *Propaganda* à l'occasion de la projection à Berlin de *Premier Rendez-vous.* Prévu du 18 au 31 mars 1942, le voyage a lieu à l'invitation du professeur Carl Froehlich, président de la *Reichsfilmkammer,* dont le MBF lui-même avait critiqué le projet d'étouffer la production française. Démarche pourtant nullement contradictoire puisque les artistes français qui font partie de la délégation travaillent tous pour des producteurs allemands. Comparé aux précédents, ce voyage constitue, par son programme et par sa couverture médiatique, un véritable apogée. D'après les huit pages de compte rendu de la *Propaganda* [13], associée dans cette opération à l'*Auswärtiges Amt,* rien n'a été laissé au hasard. Publicité préalable : l'invitation officielle est communiquée lors d'un dîner offert chez Maxim's. Le 17 mars, veille du départ, nouveau dîner, offert au Ritz par le major Schmidtke, chef de la *Propaganda Abteilung,* en présence du Dr Werner Best, chef de la section administrative du MBF, du conseiller au tribunal militaire du Reich Lueben, du consul général Knothe, délégué du Dr Goebbels auprès de l'ambassade, des directeurs de la Continental Films, de TOBIS, de l'ACE. Le lendemain, Junie Astor, Danielle Darrieux, Suzy Delair, Albert Préjean, René Dary, Viviane Romance, le scénariste André Legrand, Pierre Heuzé, journaliste à *Ciné-Mondial,* sont entourés en gare de l'Est par une imposante délégation allemande sous les flashes des photographes de presse et les caméras des actualités allemandes.

À chaque étape du périple Berlin-Vienne-Munich, tout est prévu pour éblouir les invités français : accueil dans les meilleurs hôtels des métropoles du cinéma allemand, réception au Club de la presse étrangère à Berlin, chez Magda et Joseph Goebbels, dans les salons de la chancellerie d'Autriche, devenue la résidence du *Reichsstatthalter* Baldur von Schirach, à la Maison des artistes de Munich. Côté professionnel, visite des studios de l'UFA à Babelsberg, près de Potsdam, où Harry Baur tourne *La Symphonie fantastique,* évocation romancée de la vie de Berlioz dont le scénariste n'est autre qu'André Legrand, membre de la délégation. À Vienne, la Wiener Film Gesellschaft offre, après la projection d'opérettes filmées qui ont la faveur du public français, un déjeuner à l'hôtel Imperial avec les réalisateurs Gustav Ucicky, Gerhard Menzel, les vedettes Maria Holst, Paul Hörbiger, Siegfried Breuer. Rituel analogue à la maison de production Bavaria où les artistes français déjeunent en compagnie du réalisateur Georg Wilhelm Pabst, de l'écrivain Ernst von Salomon, du producteur Hans Schweikart, des acteurs Hans Moser et Irene von Meyendorff. Entre les réceptions et les rencontres professionnelles, quelques sorties touristiques : au château de Sans-Souci à Potsdam, aux thermes romains et à la maison de Beethoven dans les environs de Vienne, à la station de sports d'hiver de Garmisch-Partenkirchen en Bavière. Des soirées de gala : projection de *Premier Rendez-vous* à Berlin, représentation de *Salomé* sous la baguette du compositeur en personne à l'Opéra de Vienne où la délégation a droit à la loge du Führer, soirées à l'Opéra et au Künstlerhaus de Munich, alternent avec des intermèdes plus directement politiques. La délégation offre un spectacle de variétés aux ouvriers français requis d'une usine de la banlieue berlinoise, rencontre des prisonniers de guerre dans la banlieue de Munich mais a droit aussi, dans « la ville du Parti », à la visite guidée de la « Maison brune » et des bâtiments officiels du Führer. Il va de soi que chaque étape du voyage donne lieu aussi à des discours exaltant la collaboration germano-française dans le cadre de l'Europe nouvelle, avec remise de cadeaux aux invités. Lors du déjeuner d'adieu à Munich en présence des autorités et des responsables nazis du film et du théâtre, Albert Préjean exprime « l'extraordinaire impression qu'emportent les membres de la délégation et assure ses hôtes qu'après cette expérience ils seront, à leur retour à Paris, les meilleurs propagandistes de la nouvelle Allemagne ». Journalistes, reporters de radio, photographes de presse et des actualités sont déjà convoqués à cet effet sur la terrasse de l'immeuble de la *Propaganda*, avenue des Champs-Élysées. Succès indéniable donc, à propos duquel Pascal Ory observe, non sans raison, qu'il « laisse dans l'opinion un souvenir plus marquant que le dernier ouvrage de Déat ou le prochain discours de Doriot [14] ». Mais succès sans lendemain.

Une seconde délégation de gens du spectacle, encore plus prestigieuse, est pourtant déjà en préparation. Sur les vingt et un artistes pressentis, quatre – Madeleine Renaud, Jean-Louis Barrault, Yvonne Printemps, Pierre Fresnay – se sont déclarés indisponibles. Restent néanmoins les réalisateurs Henri Decoin, Marcel L'Herbier, Abel Gance, les vedettes de la scène et de l'écran Louise Carletti, Edwige Feuillère, Renée Saint-Cyr, Gaby Morlay, Henri Garat, André Luguet, Roger Duchesne, Jean Tissier et sa femme, qui ont indiqué des dates possibles entre juillet et septembre 1942; s'y ajoutent Geneviève et Sacha Guitry, invités personnels de Goebbels. Le voyage projeté semble avoir été annulé, sans doute à la suite de l'irritation et de la gêne qu'a suscitées dans le Reich la découverte des origines juives d'Harry Baur [15], acteur fêté à Berlin où il a tourné plusieurs films, participé aux réceptions mondaines et été reçu par Hitler en personne; l'outrage lui vaut d'être arrêté. Par crainte du scandale. Harry Baur sera relâché à condition de rembourser le coût des films tournés avec lui en Allemagne. À Paris, le *SS Sturmbannführer* Tiemann et le Dr Diedrich, chef du Groupe Film, se montrent encore plus circonspects en décidant de ne retirer que progressivement ses films des écrans français afin de ne pas attirer l'attention. Conséquence immédiate : Geneviève et Sacha Guitry ont la surprise de recevoir la visite du Dr Diedrich, venu les prier de fournir avant leur voyage outre-Rhin les preuves de leur ascendance « aryenne ». Désormais, toute personne invitée dans le Reich sera soumise à ce contrôle préalable. Par la suite, hormis la délégation française au congrès des écrivains européens à Weimar en octobre 1942, ce type d'échanges se limitera à l'envoi d'Allemands en France et à l'invitation de personnalités françaises à titre individuel. L'ouverture du deuxième front contre l'URSS, la réduction consécutive des effectifs de la *Propaganda* en France, vraisemblablement aussi des considérations de sécurité militaire, laissent le champ libre à l'ambassade et à l'Institut allemand, partisans d'une « conquête des esprits » fondée sur une action culturelle et politique en profondeur.

La diffusion de la langue et de la culture allemandes : un enjeu politique

Fort de son expérience de directeur des échanges universitaires franco-allemands avant la guerre, disposant d'une équipe, dont une vingtaine d'enseignants et de lecteurs [16] ayant pour la plupart travaillé antérieurement en France, le Dr Epting a entrepris, entre décembre 1940 et juillet 1941, l'implantation de filiales de l'Institut allemand dans les principaux centres du territoire occupé. Bordeaux, Poitiers, Nantes, Angers, Tours, Orléans, Dijon, Besançon sont ainsi dotés d'instituts dont les cours d'allemand attirent, essentiellement pour des raisons d'ordre professionnel, des Français de tous âges et de toutes conditions. Premier à reprendre les cours de langue, l'Institut de la rue Saint-Dominique et son annexe de la rue Jean-Goujon à Paris reçoivent 5 000 inscriptions en l'espace d'une semaine; en mars 1941, le nombre des inscrits atteint les 6 000, Bordeaux suit avec 1 200 inscriptions, Nantes en compte 600. Dans le Sud-Ouest, le succès est tel qu'il faut ouvrir des annexes à Arcachon, Biarritz et La Rochelle; Besançon, de son côté, signale près de 400 inscriptions. Au sein du MBF, cette activité suscite des divergences [17]. Le groupe *Schule und Kultur* y est favorable, estimant que « la diffusion de notre langue à l'étranger est l'un des moyens les plus importants de notre politique culturelle, parce que la connaissance de la langue crée la passerelle clef à toute influence des esprits ». La section politique de l'état-major de commandement objecte que, « pour des raisons précises, il n'y a pas intérêt à développer la connaissance de l'allemand dans la population française ». Opinion que ne partagent pas certains administrateurs militaires de région, qui constatent avec satisfaction qu'à partir des cours de langue les instituts suscitent l'intérêt d'un public allant bien au-delà du milieu restreint des collaborationnistes pour les divers aspects de la pensée et des réalisations allemandes.

Dans un rapport de mars 1941, le commandant militaire de la région bordelaise [18] se félicite qu'une conférence du professeur Grimm et un concert de musique liturgique des petits chanteurs de la cathédrale de Regensburg aient connu une affluence sans précédent, au point qu'il a fallu refuser l'accès à des personnalités munies d'invitations spéciales. Autre aspect positif aux yeux de l'administration militaire : « malgré la persistance çà et là de manifestations anti-allemandes d'élèves et d'enseignants [19] », la fréquentation des cours de l'Institut se double d'un accroissement du nombre d'élèves des enseignements secondaire et supérieur choisissant l'allemand comme première langue. De sorte que le ministère de l'Éducation a dû créer un deuxième poste d'inspecteur général, qui n'existait auparavant que pour l'anglais.

Les autorités françaises, qui n'avaient pas accordé jusqu'alors une attention particulière aux activités de l'Institut allemand, commencent à se poser quelques questions à propos de l'ouverture d'une filiale à Besançon, c'est-à-dire en zone limitrophe des régions interdites ou annexées [20]. Après avoir annoncé son ouverture le 26 mai 1941, la presse locale publie, durant la première semaine de juin, des avis répétés concernant l'inscription aux cours de langue, puis accorde une large place aux festivités inaugurales. La première réaction à l'événement émane du préfet du Doubs, qui se contente de signaler le 16 août au délégué du ministère de l'Intérieur à Paris qu'il a participé à l'inauguration d'une exposition de tableaux et de livres organisée au musée de la ville à la demande des autorités d'occupation. Inauguration à l'occasion de laquelle le recteur d'académie a rappelé les liens du passé entre artistes et écrivains allemands et français, et souhaité leur développement à l'avenir dans un cadre européen. Trois jours plus tard, les Renseignements généraux adressent audit préfet un rapport détaillé sur les activités du nouvel institut. Les cours de langue, estiment-ils, correspondent à des motivations professionnelles plutôt qu'à un quelconque attrait idéologique. Ce qui paraît plus inquiétant, c'est la conférence inaugurale en français, le 21 juin au théâtre municipal, sur « les relations franco-allemandes hier et aujourd'hui », prononcée par le professeur Grimm qui avait déjà abordé ce thème en 1936 – selon l'intéressé c'était en 1938 – lors de la rencontre entre anciens combattants de Besançon et de Fribourg-en-Brisgau. Cette conférence a été suivie, le 19 juillet, d'un concert Mozart par l'orchestre philharmonique de Mulhouse, ville soumise à l'administration civile allemande. Ajouté au fait que l'institut dépend officiellement de l'académie de Munich mais travaille sous le contrôle de l'ambassade, que tous les directeurs d'instituts allemands ont été récemment réunis outre-Rhin pour recevoir une formation et des directives, ce type d'activités, conclut le commissaire spécial, doit inciter à la vigilance. L'affaire n'en reste pas là : le 13 septembre 1941, le général Huntziger, chef de la délégation française à la Commission d'armistice, demande à l'amiral Darlan, vice-président du Conseil, l'ouverture d'une enquête à propos de l'exposition réalisée à la demande des autorités allemandes et de son inauguration avec le concours du préfet et du recteur d'académie. Il semble tout ignorer du rapport des Renseignements généraux. « Manifestation inopportune, écrit-il, en raison des circonstances actuelles et du fait qu'elle s'est déroulée en zone interdite à Besançon, capitale d'une province française rattachée autrefois au Saint-Empire et sur laquelle le pangermanisme actuel affirme à l'occasion des visées annexionnistes. » L'appel des Renseignements généraux à la vigilance, la demande d'enquête (dont on ne sait si elle a été suivie d'effet) ne pèsent guère face à la dynamique de la « propagande indirecte » mise en œuvre par l'ambassade sous le couvert d'activités culturelles.

Car les rapports allemands ne cachent pas que lesdites activités ne sont évaluées qu'à l'aune de leur impact idéologique sur le public français. Ainsi, consulté par l'*Auswärtiges Amt* et le ministre de l'Éducation du Reich au sujet de la création d'instituts scientifiques allemands à Paris [21], notamment des projets d'un Institut historique du professeur Mayer de l'université de Marburg et du professeur Stange d'un Institut d'histoire de l'art, le Dr Epting répond, au nom de l'ambassade, que ces initiatives paraissent prématurées pendant la guerre, qu'elles supposent un investissement inutilement coûteux et qu'il suffit de soutenir quelques chercheurs allemands à titre individuel. Invoquer le coût de ces projets alors que les fonds provenant de l'État français au titre des frais d'occupation sont largement mis à contribution quand il s'agit d'investir les médias et de financer des opérations de propagande est évidemment spécieux. De même que l'argument de leur caractère prématuré alors que les entreprises du Reich – parmi lesquelles les maisons d'édition et les productions de films – sont officiellement encouragées à s'implanter en France. En réalité, et c'est ce qui ressort de l'argumentation d'Epting, l'ambassade ne souhaite pas l'intervention directe d'institutions universitaires allemandes en France, car elles échapperaient à son contrôle et à l'orientation qu'elle entend donner à la collaboration culturelle.

En ce sens, l'apprentissage de l'allemand n'est pas simplement un moyen de communication, de mieux connaître un pays, ses habitants, sa culture. Si, comme le pensent les Renseignements généraux, il correspond chez les intéressés à des motivations d'ordre professionnel, il représente aux yeux de l'ambassade un enjeu politique, un instrument d'une « propagande indirecte » infiniment plus efficace que l'*Aktiv Propaganda*. Car cet apprentissage exprime à la fois une adaptation au nouvel ordre européen préconisé par l'Allemagne et le moyen de supplanter celui de l'anglais en France. Objectif déjà atteint à l'automne 1942 lorsque, non content d'enregistrer le succès des cours de l'Institut allemand, le MBF – qui avait signalé, en avril 1941, leur progression dans les enseignements secondaire et supérieur – constate avec satisfaction [22] « une inversion du rapport entre l'anglais et l'allemand première langue ». Ce qui, avec l'interdiction des publications et des films anglo-saxons, contribue, selon les instructions d'Hitler à Abetz en août 1940, à soustraire la France à l'influence des grandes démocraties occidentales afin de la rendre plus perméable à l'emprise allemande.

Un nouveau pas sera franchi en 1943 avec le dessein de former une partie des futures élites françaises dans le Reich à la faveur de la loi française du 16 février instituant le Service du travail obligatoire (STO) pour les jeunes gens nés entre 1920 et 1922. Bien que les étudiants bénéficient d'un sursis jusqu'au 1er septembre, 4 200 d'entre eux sont déjà envoyés dans le Reich treize jours plus tard, chiffre fourni par les Allemands [23] qui le jugent notoirement insuffisant puisqu'il ne représente qu'un tiers des étudiants recensés de la classe 1942. C'est pourquoi, tout en envisageant des mesures de rétorsion, ils proposent que, sur les deux années de service obligatoire, la deuxième puisse être partagée entre le travail et la reprise des études dans une institution allemande. Proposition qui paraît vouloir atténuer les rigueurs d'un éloignement prolongé mais leur offre en même temps deux avantages : celui de pourvoir au remplacement de cadres allemands mobilisés et celui de préparer la formation de jeunes cadres français dans l'esprit de la collaboration avec l'Allemagne.

Ce double objectif ressort clairement de la correspondance entre l'*Auswärtiges Amt* et l'ambassade [24] au sujet de l'extension des bourses Humboldt à une vingtaine d'agrégatifs d'allemand astreints au STO. Après avoir évoqué l'intérêt de cet apport pour compenser le manque de personnel dans les universités du Reich, le *Deutsches Studienwerk für Ausländer* remarque qu' « il faut chercher par ce moyen à exercer une influence sur la nouvelle génération de germanistes français et, partant, sur la conception future de l'enseignement de l'allemand dans les lycées et les universités français en donnant à un certain nombre de jeunes germanistes français, soigneusement choisis, l'occasion de poursuivre leurs études dans des universités allemandes ». Une commission, sous la responsabilité de l'inspecteur d'académie Frank Forget et de l'inspecteur général Maurice Roy, qui assure la liaison entre le ministère de l'Éducation et le MBF, est chargée de sélectionner les candidats dont le conseiller Achenbach transmet les noms à Berlin, assortis dans certains cas de ceux des universités d'affectation. À la suite de la décision prise en fin d'année 1943, sans doute pour des raisons de sécurité, d'arrêter l'envoi d'étudiants français dans le Reich, l'opération *Sondereinsatz* se limite, dans le cas de germanistes, à l'envoi de 9 candidats volontaires comme lecteurs dans des universités allemandes [25]. Elle illustre néanmoins la « propagande indirecte » de l'*Auswärtiges Amt* et de son ambassade parisienne. Propagande qui combine contrainte et séduction pour accoutumer les Français à la perspective de l'hégémonie allemande en Europe.

Préparer « l'ordre nouveau » en France

Presque depuis le début de l'Occupation, l'ambassade mais aussi le Dr Best et l'antenne de la SIPO-SD avaient estimé nécessaire de susciter un contrepoids politique, voire une alternative laïque et républicaine autoritaire au régime « clérical-réactionnaire » de Vichy. La « révolution de palais » et le renvoi de Laval en décembre 1940, ressentis comme une trahison de la politique de Montoire, les avaient convaincus qu'il était urgent d'agir. Dès le 7 janvier 1941, Abetz avait convoqué à l'ambassade les représentants des services concernés afin de décider quelles formations sociopolitiques simplement tolérées, voire bridées jusqu'alors en zone Nord, pouvaient être activées en vue d'obtenir le rappel de Laval au pouvoir et le renforcement de son autorité dans le pays [26]. Assistaient à cette réunion, outre Abetz et ses conseillers : le général de brigade Hanesse, le capitaine Leo, l'OKVR Kiesl du MBF, le *SS Sturmbannführer* Schilling pour la SIPO-SD, le major Schmidtke, les *Sonderführer* von Grote et Faber de la *Propaganda* ainsi que le Dr Ihlefeld, journaliste proche de Goebbels. Dans son exposé liminaire, Abetz proposa de procéder à l'évaluation des groupes et formations existant en zone Nord en les classant en quatre catégories : associations d'anciens combattants, organisations professionnelles, mouvements de jeunesse et ce qu'il appela « les petits groupes fascistes ».

Fortes d'environ 1,5 million de membres en zone Nord, les associations d'anciens combattants, dont Abetz a largement exploité le pacifisme dans les années trente, en particulier pour la constitution de France-Allemagne, se révèlent « difficilement utilisables dans la conjoncture présente ». Après le refus du MBF de les intégrer à la Légion des anciens combattants créée sous l'égide du vainqueur de Verdun – mais interdite en zone Nord – on peut s'attendre au mieux de leur part à une pression morale sur leurs camarades présents dans l'entourage du chef de l'État. Néanmoins, expliquera quelques semaines plus tard le Dr Grosse, chargé des questions sociales à l'ambassade, lorsqu'il demandera au MBF le rétablissement du Syndicat national des instituteurs (SNI), auquel Vichy entend substituer une organisation corporative à sa dévotion, « l'ambassade a politiquement le plus grand intérêt à ce que soit reconnue par nous une organisation officiellement interdite par Vichy, comme ce fut déjà le cas pour les associations d'anciens combattants [27] ». Dans le cas du SNI, souligne Grosse, l'autorisation serait doublement bénéfique : elle favoriserait l'action d'un syndicat anticlérical qui s'était de surcroît clairement opposé à la guerre contre l'Allemagne et impressionnerait favorablement le corps enseignant, influent dans une grande partie de la population française.

Si la réactivation du SNI, objet de tractations complexes, qui se heurtera, on l'a vu, à une opposition obstinée de Vichy, n'est pas évoquée lors de la réunion du 7 janvier, celle d'une partie du mouvement syndical, avec environ un demi-million d'adhérents en zone Nord, y tient une place de choix. D'autant plus que l'ambassade a déjà établi des rapports permanents avec certains de ses responsables, tels Pierre Vigne, ancien secrétaire des Fédérations française et internationale des mineurs, Marcel Roy, secrétaire de la Fédération des métaux, Georges Dumoulin, secrétaire de la Fédération des mineurs du Nord, Gaston Tessier, secrétaire général de la Confédération française des travailleurs chrétiens (CFTC), Raymond Froideval, des Coopératives de production, qui a été le chef de cabinet du ministre du travail dans le gouvernement Laval. Des contacts sont aussi amorcés avec son successeur à ce poste, le président de l'Union des syndicats parisiens Albert Perrod, malgré la méfiance qu'inspire le gouvernement de Pierre-Étienne Flandin, jugé trop nationaliste. Une coopération étroite existe également depuis décembre 1940 avec les milieux syndicalistes regroupés autour de *L'Atelier,* « hebdomadaire du travail français », de l'ancien député néo-socialiste Gabriel Lafaye et du journaliste René Mesnard.

Une semaine après la décision d'autoriser ces différentes formations syndicales, le Dr Grosse informe [28] déjà le ministre Jonathan Schmidt, chef de l'administration du MBF, qu'il a reçu la visite du président de l'Union des syndicats de la région parisienne, accompagné de Marcel Roy, secrétaire général de la Fédération des métaux, et de Roger Paul, secrétaire général de la Fédération des travailleurs du textile, venus se plaindre de la situation de leurs mandants et de l'impossibilité de se faire entendre du MBF qui ne traite qu'avec les chefs d'entreprise. En conséquence, il est convenu avec ses interlocuteurs d'instaurer des relations suivies avec l'ambassade, d'envisager des interventions régulières à Radio-Paris des organisations syndicales agréées sur les questions de politique sociale. Par ailleurs, le Dr Grosse demande au MBF d'autoriser les différentes fédérations à reprendre la publication de leurs bulletins d'information destinés aux adhérents ainsi que la réactivation des sections syndicales de jeunes pour endiguer l'influence de la Jeunesse ouvrière chrétienne (JOC). Apparemment contradictoire, la décision d'autoriser également la Confédération française des travailleurs chrétiens (CFTC) – moyennant, il est vrai, un engagement de s'en tenir strictement aux questions économiques – répond, comme le souligne une note de la SIPO-SD [29], au souci, rencontré en maintes circonstances, de rassurer les milieux catholiques.

Ce qui est clair, c'est qu'en réactivant une partie du mouvement syndical en zone Nord, les services allemands attendent de lui une orientation favorable à la Collaboration. « Il importe, souligne la section politique du MBF dans une note du 29 janvier 1941, de procéder avec habileté en ce qui concerne le mouvement ouvrier, privé de ses chefs depuis l'effondrement du système démocratique parlementaire. Étant donné que le gouvernement de Vichy s'est, selon une opinion largement répandue, lié au patronat, le danger existe de voir les ouvriers passer massivement dans le camp communiste. En autorisant avec discernement des formations professionnelles ouvrières, on peut entraver ce mouvement et obtenir simultanément que les travailleurs se retrouvent sur une plate-forme correspondant aux intérêts allemands dans la construction d'une Europe nouvelle [30]. »

La première grande réunion syndicale autorisée en zone Nord, qui a lieu le 26 février 1941, salle Lancry à Paris, sous l'égide de *L'Atelier,* avec la participation de Georges Dumoulin, André Delmas (SNI), Raymond Froideval, Gaston Guirand, secrétaire de l'Union des syndicats ouvriers de la Seine, Marcel Roy, Pierre Vigne et un représentant de l'Industrie de l'habillement, répond à cette attente [31]. De l'avis de l'informateur du MBF, on y a certes surtout entendu parler de lutte de classes, de solidarité internationale des travailleurs. Trop, renchérit son homologue de la SIPO-SD, par rapport à la collaboration franco-allemande, une partie des 2 000 participants, « parmi lesquels peu de femmes », allant jusqu'à crier : « Mais seulement avec les travailleurs. » Certains orateurs ont préconisé la neutralité des syndicats dans le conflit germano-britannique, l'un d'entre eux a même émis l'opinion que la collaboration pouvait aussi se concevoir avec une Allemagne vaincue, comme ce fut le cas entre syndicats français et allemands en 1919. Néanmoins, les deux observateurs allemands s'accordent à trouver positive la motion finalement adoptée demandant l'arrêt de la politique réactionnaire de Vichy qui néglige sérieusement le monde du travail, la libération des ouvriers encore détenus pour pacifisme depuis 1939-40, l'application immédiate d'une politique de rapprochement franco-allemand et de coopération européenne.

Des divergences se manifestent cependant au sein du MBF sur le sens de l'autorisation accordée aux organisations syndicales en zone Nord. Par une lettre du 13 mars 1941, le Dr Ernst tient à préciser qu'il n'a admis la reprise de leurs activités qu'à condition qu'elles soient limitées aux questions économiques et autorisé seulement à titre exceptionnel la réunion de la salle Lancry, « pour permettre à Monsieur l'Ambassadeur de nourrir sa conception de la Collaboration. Si, poursuit-il, le rapport (SIPO-SD du 22 février 1941) est exact, je dois constater à regret que les organisateurs de la réunion ne se sont pas tenus à ce qui était convenu et ne l'ont pas dirigée en ce sens. Si l'ambassade ne peut garantir à l'avenir une direction conforme de telles manifestations, je serais obligé à regret de les interdire dans l'intérêt du maintien de l'autorité du MBF [32] ».

Nullement impressionnée par l'avertissement, l'ambassade se contente d'informer verbalement le MBF [33] qu'il est prévu de constituer une « commission des syndicats autorisés en zone Nord » jusqu'à la publication de la « Charte de l'organisation professionnelle » en préparation à Vichy. Le 1er avril 1941, le commandant du Grand Paris transmet au MBF une note du préfet de police de Paris concernant l'activité des syndicats en le priant d'inciter l'ambassade à leur rappeler que le MBF ne peut en aucun cas tolérer des discussions d'ordre politique dans les assemblées syndicales. Passant outre, l'ambassade suscite le 17 avril la création d'un Centre syndicaliste de propagande (CSP) sous la direction de Gabriel Lafaye et René Mesnard, responsables de *L'Atelier*, des anciens secrétaires adjoints de la CGT Aimé Rey et Georges Dumoulin, de Pierre Vigne, de la Fédération des mineurs, et de Georges Albertini, qui assure la liaison avec les collaborationnistes du Rassemblement national populaire (RNP). En prélude à cette création, six syndicalistes, dont René Mesnard, Georges Dumoulin et Roger Paul, ont été invités dans le Reich. Incontestablement, l'ambassade marque des points lorsque, après l'adoption à Vichy, en octobre 1941, de la Charte du travail qui consacre le principe du syndicat unique à chaque échelon et pour chaque branche professionnelle, la conférence des syndicats autorisés, réunie les 14 et 15 novembre 1941 à Paris, la rejette au nom de leurs traditions d'indépendance et de pluralisme. L'opposition à la politique de Vichy ne s'arrête pas là : le deuxième point de l'ordre du jour de la conférence porte sur « la construction européenne du socialisme » *(sic)*. D'après le communiqué de l'agence allemande DNB [34], « la conférence a exprimé son hostilité au libéralisme et au communisme. Elle exige l'instauration d'un socialisme nouveau dans une Europe nouvelle. Sa résolution demande la participation des travailleurs à une révolution nationale et sociale en France, la lutte contre les trusts, l'exclusion du capitalisme international, l'introduction d'une économie dirigée par l'État assurant notamment le contrôle des prix avec le concours de tous les éléments de la production. Un salut particulier a été adressé aux travailleurs français en Allemagne, considérés comme les représentants permanents du rapprochement franco-allemand et de la construction du socialisme européen. Le congrès a tenu à remercier le Front allemand du travail, qui s'efforce à rendre le séjour des travailleurs français aussi agréable que possible » *(sic)*.

En plus des organisations déjà reconnues, l'ambassade cherche à obtenir du MBF l'officialisation d'autres groupements socio-professionnels disposés à travailler sous contrôle allemand [35]. Sont ainsi autorisés au cours de l'année 1941 la Fédération des travailleurs de l'État de France et des colonies, l'Union des associations des ouvriers et ouvrières retraités de l'État, la Fédération nationale d'industrie, la Fédération de la petite industrie, le Syndicat national des médecins français, électrologistes et radiologistes, la Fédération française des retraités des chemins de fer français et coloniaux, la Chambre syndicale nationale des voyageurs, représentants et placiers du commerce, de l'industrie et de la production, la Fédération nationale des vieux de France, le Groupement corporatif de la presse périodique régionale. Bien que sceptique au départ sur le rôle de la paysannerie, qu'elle estime trop faiblement organisée, l'ambassade s'est également résolue à faire autoriser la Fédération française des travailleurs de l'agriculture d'André Parsal, ancien député communiste proche de Doriot, et soutiendra après le retour de Laval au pouvoir la tenue d'une conférence nationale et paysanne à la Mutualité en avril 1942, de même que, l'année suivante, la première réunion à Paris du Conseil national agricole sous la présidence du ministre du Ravitaillement, Max Bonnafous.

D'emblée, les services allemands s'étaient accordés sur le refus de toute organisation communiste ou proche du communisme. D'où le maintien de la dissolution de la CGT que Vichy a décrétée le 12 novembre 1940, la réquisition de ses locaux, comme des archives transférées dès le début de l'Occupation, malgré l'existence du pacte germano-soviétique, au Front allemand du travail (DAF). Pour le reste, la manière dont l'ambassade conçoit la réactivation des associations et mouvements syndicaux est loin de faire l'unanimité au sein du MBF. Pendant que celui-ci rappelle à plusieurs reprises son opposition à toute activité politique de leur part, le Dr Best – qui partage les vues d'Abetz – notifie le 21 juillet 1941 [36] aux *Feld-* et *Kreiskommandanturen* qu'elles ne doivent pas interdire les activités des unions locales et départementales dans leur secteur. Autre symptôme de cette divergence, la Fédération nationale des groupements corporatifs de Jules Teulade, créée en août 1940 à l'initiative de Doriot, ne recevra l'aval officiel du MBF qu'en octobre 1941 [37], soit sept mois après le dépôt de sa demande et cinq mois après l'avis favorable de l'ambassade alors que la réunion de janvier 1941 avait déjà admis le principe de sa reconnaissance pour compenser en quelque sorte le refus d'officialiser le Parti populaire français (PPF) de Doriot.

Durant les premiers mois de 1942, l'ambassade poursuivra son dessein en suscitant la création d'un organisme syndical de coordination avec les pouvoirs publics et un Comité d'information ouvrière et sociale (CIOS) sous la présidence de Gabriel Lafaye que Laval recevra officiellement le 16 juin. Comité dont le rôle consistera surtout à faire de la propagande en faveur de la Relève puis du STO. Ce que représente effectivement cette mouvance du « nouveau socialisme dans l'Europe nouvelle », le professeur Grimm aura l'occasion de s'en rendre compte lorsqu'il décidera en août 1942 de faire pour la première fois – et aussi la dernière – une conférence dans une entreprise. Sceptique quant aux chances de rallier les milieux populaires « montés » par les communistes et la propagande anglaise, il veut du moins, en informateur consciencieux de Ribbentrop et d'Hitler, confronter ses impressions à la réalité. L'accueil des 4 000 employés de la Société d'optique et de mécanique (SOM) est résumé en ces termes : « Pas d'applaudissements – atmosphère comme à l'église *(sic)*. » Son explication : les ouvriers se sentent étrangers à l'Allemagne parce que « sous influence des communistes qui les terrorisent tout simplement [38] ». Explication plutôt sommaire, révélatrice de l'isolement du courant syndical favorable à la Collaboration, réduit à n'être qu'un élément secondaire du collaborationnisme.

Cette évolution diffère sensiblement de ce qu'avait imaginé Abetz en convoquant la réunion du 7 janvier 1941. S'il s'agissait alors de réactiver des associations socio-professionnelles et de groupements politiques favorables à l'instauration d'un régime républicain autoritaire sous l'égide de Laval, la prépondérance devait, dans son esprit, revenir aux formations socio-professionnelles. En effet, suivant l'orientation qu'il avait définie dans son mémorandum de juillet 1940 à Hitler et les instructions qu'il en avait reçues au début du mois suivant, il fallait à tout prix prévenir la formation d'un front unique des Français, empêcher par conséquent l'émergence d'un parti unique ou d'un mouvement de masse de type fasciste. De ce point de vue, il était donc parfaitement logique d'accorder la priorité à des organisations syndicales moins dangereuses parce que portées davantage aux intérêts corporatifs. Logique aussi de n'autoriser que de « petits groupes fascistes » facilement contrôlables.

Figuraient ainsi parmi les groupes proposés à l'autorisation du MBF : les Gardes françaises proches de Doriot, Jeune Front et le Parti national collectiviste de Pierre Clémenti, jugé « brouillon mais prêt à l'action », aux effectifs évalués entre 500 et 1 000 militants. Les « francistes » de Marcel Bucard, peu nombreux, suivis par

Abetz en personne, et le Mouvement social révolutionnaire (MSR), avec 1 385 membres inscrits, de l'ancien chef de la Cagoule, Eugène Deloncle, suivi par le *Sonderführer* Faber, ne devaient être que tolérés à cause de leur « attitude peu claire » envers Laval bien que Deloncle fût jugé « personnellement convenable » et travaillât déjà avec les services de police allemands. Aucune objection en revanche à l'action du Feu, dont le « grand maître », l'ancien député du Calvados Maurice Delaunay [39], « bon orateur avec quelques bonnes idées qui nous suit fanatiquement et fidèlement, pourrait – parce que confus – être utilisé éventuellement en province » – la « francophilie » d'Abetz se confondrait-elle avec un certain parisianisme ? Pas d'objection non plus à l'autorisation de la Ligue française d'épuration, d'entraide sociale et de coopération européenne de Pierre Costantini, « qui n'a pas encore beaucoup d'adeptes mais mène une propagande efficace contre l'Angleterre, les Juifs et les francs-maçons » – efficacité que le MBF, on l'a vu, mettra en doute deux mois plus tard. Le Front franc, de Jean Boissel, sera également utilisé à condition, souligne le MBF, « de donner quelque cohérence à son programme et de ne pas s'user en luttes intestines ». En revanche, « la plus grande prudence » est provisoirement recommandée à l'égard du PPF de Doriot, « opportuniste lié à Vichy pour le moment ». Évalué à 30 000 hommes dont 4 000 activistes, il sera seulement toléré, et sa « surveillance particulière » *(besondere Betreuung)* confiée au *SS Sturmbannführer* Schilling. Seront par ailleurs interdits le Parti national-socialiste français de Christian Message – arrêté le 9 janvier et déféré devant un tribunal militaire allemand pour usage prohibé de l'appellation « national-socialiste » et action provocatrice – ainsi que H. G. Rubino, chef de son groupe de jeunes, Garde noire [40]. Interdits aussi les mouvements nationalistes comme le Parti social français du colonel de La Roque et l'Action française. Sont à tolérer en revanche les Amis du Maréchal.

Est-ce pour freiner l'influence de Doriot ou parce qu'il

juge excessive la prudence dont il a fait preuve envers les formations politiques collaborationnistes ? Toujours est-il que deux semaines après la réunion du 7 janvier, Abetz, encouragé par Laval, en vient à soutenir leur regroupement au sein du Rassemblement national populaire [41] sous la présidence de Marcel Déat, agrégé de philosophie, ancien député et ministre néo-socialiste, directeur de *L'Œuvre*, représentant des petite et moyenne bourgeoisies de gauche anticommunistes, qui lui paraît plus fiable que l'ancien cadre du PCF et bouillant tribun populaire Jacques Doriot. C'est donc sans le concours de ce dernier que le RNP, conçu lors d'une réunion le 24 janvier 1941, est officiellement créé une semaine plus tard. À sa tête, un directoire de cinq membres où siègent, outre Déat, Eugène Deloncle, l'ancien administrateur des colonies Pierre Van Ormelingen, dit Vanor, et le journaliste Jean Fontenoy au titre du MSR, Jean Goy, un ancien de France-Allemagne, président de l'Union nationale des anciens combattants (UNAC). La présidence de Déat ne suffit pourtant pas à rassurer ses amis syndicalistes et les parlementaires proches de Laval. D'abord favorables à l'entreprise, ceux-ci l'abandonnent à cause de la présence des cagoulards du MSR comme du ralliement de formations aussi marquées à droite que le groupe Collaboration d'Alphonse de Châteaubriant ou Volonté française, créée et interdite sous le Front populaire et reconstituée depuis septembre 1940 avec l'accord tacite du MBF [42]. On peut, il est vrai, s'interroger sur la pertinence d'une distinction entre droite et gauche au sein de la Collaboration. Dans l'esprit de ses protagonistes, elle constitue pourtant une réalité indéniable.

Communiqué le 26 février 1941 par une note du Dr Best, le programme du RNP, élaboré au cours de fréquentes rencontres de Déat avec les conseillers de l'ambassade [43], de préférence dans les grands restaurants de la capitale, préconise une Révolution nationale, économique et sociale en politique intérieure, la collaboration germano-française, une nouvelle configuration politique, économique, spirituelle de l'Europe, la défense de l'empire français, la coopération européenne pour le développement de l'Afrique et son exploitation. Concernant la surveillance du RNP, le Dr Best « demande qu'elle soit assurée discrètement, de manière adéquate, que l'on ne fasse intervenir la police française qu'en ce qui concerne les formalités prescrites par la législation ». Il faut croire que celle-ci ignore ces dispositions, car, lorsque les hommes de Deloncle en uniforme – dont certains éléments ont été fournis par les services allemands – « réquisitionnent » des locaux juifs pour y installer leur siège et leurs permanences parisiennes, la préfecture de police dépêche sur les lieux des forces de l'ordre qui procèdent à 37 arrestations. Peu après, le préfet de police reçoit un appel de la Délégation générale du gouvernement dans les territoires occupés (DGTO) l'informant que « la prise de possession (des locaux) était régulière parce que dûment autorisée par la DGTO en accord avec les autorités d'occupation [44] ». Il ne reste qu'à relâcher les anciens cagoulards devenus les troupes de choc du RNP, sans doute avec les excuses de la préfecture de police. Les hommes de Deloncle avaient-ils aussi l'intention de perpétrer, fin avril 1941, des attentats contre des membres du gouvernement de Vichy, comme l'affirment dans ce même rapport les Renseignements généraux qui ont avisé le préfet afin d'empêcher leur passage en zone Sud ? Étant donné leurs liens avec les services de police allemands, la chose n'est pas improbable.

Ce qui est sûr, c'est que les débuts du RNP, contrairement à ce qu'écrit Marcel Déat dans ses *Mémoires politiques* [45], n'ont rien d'un succès de masse, que le chiffre de 200 000 adhérents qu'avancent ses responsables à l'époque est, selon les dires du MBF, « très excessif ». Son activité durant les quatre premiers mois se serait limitée [46] à la propagande par affiches, l'implantation de permanences à Paris et au Mans, deux réunions publiques dans la capitale et à Rouen. Le préfet d'Angers le considère comme un mouvement parisien sans enracinement en province. L'administration militaire du Sud-Est note qu'il a le plus grand mal à trouver des responsables crédibles pour se structurer. Opinion analogue du commandement de la région bordelaise où la propagande adverse suggère habilement que ces mouvements sont « payés par les Allemands ». « Le rejet, note-t-il, touche aussi le Centre syndicaliste de propagande » de Gabriel Lafaye qui cherche, avec le soutien du maire Adrien Marquet, à gagner les syndicats mais « passe pour une personnalité foncièrement antipathique et un affairiste de la politique » Certains administrateurs militaires n'hésitent pas à écrire que « le sectarisme de la Collaboration a des effets négatifs sur l'état d'esprit de la population et, en conséquence, sur sa volonté à exécuter les ordres allemands [47] ».

Conscients des difficultés du RNP, auxquelles s'ajoutent les premières dissensions internes, les mouvements frappés de suspicion par le MBF en profitent, afin d'obtenir son aval, pour se manifester et pour prouver leur représentativité. Pour parvenir à ses fins, Doriot organise le 4 mars 1941, à la salle des Horticulteurs, un congrès de la section parisienne du PPF auquel il convie le MBF et le commandant du Grand Paris [48]. Deux semaines plus tard, il leur envoie le programme et des invitations pour le congrès national de son parti à Paris, qu'il a pris soin de fixer les 24 et 25 mai, c'est-à-dire trois semaines avant celui du RNP prévu le 14 juin dans la même ville. Le MBF, qui a vraisemblablement envoyé un observateur, se contente de noter ces manifestations publiques, mais ne les interdit pas. À Bordeaux, son administration se montre encore plus ouverte aux mouvements tolérés, voire interdits jusqu'alors [49]. Selon elle, le PPF parvient à attirer des auditeurs – 500 participants à une réunion publique –, mais peu de jeunes malgré la création des « jeunes loups de Doriot » pour les huit-quatorze ans à Bordeaux et à La Rochelle. Mais, il lui paraît aussi nécessaire de tolérer un bureau du PSF du colonel de La Roque, à condition qu'il se cantonne à l'action sociale et « la vigilance patriotique contre le communisme ». Elle suit aussi avec intérêt l'initiative d'Olivier Reige, chef de cabinet du préfet, proche de l'équipe de *Je suis partout*, qui s'efforce d'unir les groupes et les personnalités de droite favorables à la Collaboration. Après enquête et changement d'appellation, ce groupe des Amis du Maréchal, devenu Rénovation nationale-section provinciale d'Aquitaine, elle intervient auprès des services de l'hôtel Majestic en faveur de son officialisation, en soulignant « qu'un tel groupe a plus de chances d'être suivi par de larges secteurs de la population que les groupes collaborationnistes soutenus par les services allemands, – dont le RNP – qui n'ont guère réussi à prendre pied dans la région ». En réponse, le MBF observe que des groupes d'Amis du Maréchal existent aussi dans d'autres régions de zone occupée, qu'ils sont tolérés « en attendant la décision après examen d'une éventuelle autorisation officielle ».

En l'occurrence, l'attitude du MBF dénote un revirement sensible. Après s'être montré constamment réticent, au nom du maintien de l'ordre et de la sécurité, à autoriser l'activité politique d'associations et de formations françaises en zone occupée – sa section politique se montrant, il est vrai, plus partagée en la matière –, l'OKVR Hufnagel en vient à déclarer, dans une note du 26 juin 1941, « qu'il paraît souhaitable, du point de vue des intérêts allemands, que les différents groupes et groupuscules jouent les uns contre les autres [50] ». Déclaration qui reprend presque textuellement les instructions d'Hitler à Abetz d'août 1940. Est-ce à dire que le MBF s'aligne sur l'ambassade ? L'auteur de la note admet qu'en règle générale les mesures à prendre doivent l'être en accord avec celle-ci en précisant toutefois que, « dans certains cas, la décision pourra être prise sans ou contre l'avis de l'ambassade. En particulier, quand un groupe coopère bien avec les autorités d'occupation, il convient, pour des raisons tactiques, de le stimuler, au moins officieusement ». Les « raisons tactiques » expliquent aussi bien la tolérance d'un bureau du PSF à Bordeaux ou celle des Amis du Maréchal, que l'insistance de l'Abwehr en faveur d'une officialisation du PPF de Doriot qui, selon un rapport adressé au service de propagande du haut commandement (OKW) à Berlin [51], a accepté de mener avec elle un travail « d'intérêt commun » en zone non occupée et en Afrique du Nord. Travail assorti d'un plan de financement allemand de 500 000 francs par mois.

Dès mars 1941, le général Weygand, délégué général du gouvernement en Afrique française, avait, dans une missive confidentielle, attiré l'attention du chef de l'État sur la recrudescence des activités allemandes de propagande et de renseignements en AFN en les qualifiant de « danger mortel » à « combattre par tous les moyens ». De cette lettre ainsi que des rapports du 2ᵉ Bureau [52] et de documents annexes, il ressort que ces activités se développent à trois niveaux : en direction des colons qu'intéresse la perspective de relations économiques avec le Reich ; en direction des formations politiques : les sections du PPF sont chargées de la recherche de renseignements militaires et d'informations sur l'état d'esprit des populations tandis que le PCF clandestin est encouragé à l'action subversive contre l'administration coloniale ; en direction aussi des milieux nationalistes arabes appelés à se joindre à l'Allemagne et à « faire payer à la France tout le mal qu'elle vous a fait en un siècle de colonisation et de tyrannie ». L'« action islamique allemande » ne s'arrête pas là. Outre le recrutement d'agents français et indigènes sur place et à Paris où certains restaurants et bars nord-africains leur servent de relais, les services allemands ouvrent à Berlin et à Munich des centres de formation de prisonniers de guerre maghrébins envoyés ensuite comme « évadés » ou « rapatriés » travailler pour eux avec un salaire mensuel de 10 000 à 30 000 francs en France ou dans leur pays d'origine. Des centres de sélection de ces prisonniers sont installés à Dijon et Orléans. Pour opérer un tri préalable on a nommé à la direction de huit camps de prisonniers indigènes de zone occupée des officiers allemands arabophones dont le 2ᵉ Bureau fournit la liste. En prévision de leur utilisation sur les théâtres d'opérations outre-mer, Berlin a également créé une École de police coloniale destinée aux prisonniers de guerre originaires d'Afrique noire.

Lorsque la délégation française auprès de la commission d'armistice proteste contre ces violations de la souveraineté française, ses interlocuteurs allemands se récrient. Pour dissiper toute équivoque *(sic)*, l'antenne de l'Office de politique coloniale auprès du MBF (*Diensstelle des Kolonialpolitischen Amtes beim MBF*) ira jusqu'à proposer [53] à Marcel Griaule, sous-directeur du musée de l'Homme, d'élaborer avec son collègue Bernatzic, professeur d'ethnographie à l'université de Vienne, un projet de condominium franco-allemand sur le continent africain. Mission que celui-ci confiera à l'un de ses assistants et au professeur Labouret de l'École coloniale. C'est que, tout en poursuivant leur intervention directe dans l'empire français, les autorités allemandes ont décidé, depuis mai 1941, de ménager le gouvernement de l'amiral Darlan. Du moins en apparence.

En effet, sur l'insistance d'une part des militaires qui veulent un soutien logistique de la France pour améliorer la situation militaire critique en Méditerranée avant l'ouverture du second front à l'Est, de l'autre d'Abetz qui fait valoir le désir de Darlan de renouer les relations au sommet pratiquement gelées depuis décembre 1940, Hitler avait finalement donné son accord, le 26 avril 1941, à l'ouverture de pourparlers dans le cadre de l'ambassade à Paris. Compte tenu des gages de bonne volonté donnés par l'amiral Darlan, qui avait notamment remplacé les membres du gouvernement récusés par l'Allemagne en nommant des hommes comme Carcopino et Benoist-Méchin connus pour leur attachement à la Collaboration, Hitler avait aussi accepté de recevoir Darlan, accompagné de Benoist-Méchin, son sous-secrétaire d'État aux Relations franco-allemandes, le 11 mai à Berchtesgaden.

L'historien Eberhard Jäckel a relaté en détail [54] ce que furent ces mois de marchandages à rebondissements multiples entre des ministres français, Darlan en tête, prêts à risquer la cobelligérance aux côtés du Reich en échange de compensations économiques et politiques, et leurs interlocuteurs, décidés à obtenir un maximum de concessions en échange de promesses dont ils savaient pertinemment qu'Hitler était encore moins enclin à les satisfaire qu'au lendemain de Montoire. On en retiendra que, du côté allemand, militaires et politiques utilisent désormais l'illusion de la Collaboration au gré de la conjoncture. Ainsi, après avoir procédé, en riposte au renvoi de Laval, à la réactivation des groupes collaborationnistes hostiles pour la plupart au nouveau gouvernement de Vichy, en viennent-ils, quatre mois plus tard, à l'agréer afin d'obtenir un soutien logistique en Syrie, des bases de ravitaillement françaises pour l'*Afrika Korps* et l'éloignement des fonctionnaires d'outre-mer – à commencer par le général Weygand – jugés insuffisamment fiables. Qui plus est, dans la note déjà mentionnée du 26 juin 1941, l'OKVR Hufnagel recommande aux différents échelons de l'administration militaire « de ne pas accorder le soutien officiel du MBF à des groupes ou des partis ouvertement hostiles à l'actuel gouvernement ». Par son ambiguïté, la formulation rappelle les instructions transmises antérieurement à propos des relations des services allemands avec le mouvement autonomiste breton. Dans les deux cas, il ne reste aux formations visées qu'à se conformer au rôle que leur assignent leurs protecteurs au gré des circonstances et des besoins. L'attaque de l'Union soviétique va leur fournir l'occasion rêvée de se distinguer au service de la croisade antibolchevique.

SOUS LA BANNIÈRE DE LA CROISADE CONTRE LE « JUDÉO-BOLCHEVISME »

Le 22 juin 1941, passé la première surprise à l'annonce de l'attaque allemande contre l'URSS, les groupes collaborationnistes ne tardent pas à comprendre qu'elle leur offre une chance inespérée d'échapper à la marginalisation. Apprenant la nouvelle alors qu'il préside un congrès du PPF à Lyon, Doriot exulte et propose presque aussitôt d'envoyer au chef de l'État un message le priant d'autoriser la création d'une légion de volontaires français engagés aux côtés de la Wehrmacht. Pris de court, le RNP lance dès le lendemain à Paris une Légion de l'Europe unie[55] que l'OKVR Hufnagel interdit jusqu'à nouvel ordre cinq jours plus tard. Deux raisons ont motivé cette interdiction : l'absence de concertation préalable avec les autorités allemandes, le refus de voir leurs adeptes s'arroger la libre disposition de la référence à l'Europe. Refus clairement notifié aux responsables de tous les groupes concernés au cours de la réunion du 6 juillet dans le bureau d'Abetz[56].

En l'espace de quelques jours, les événements se sont précipités sans que l'on sache comment s'est opérée la symbiose entre le RNP et le PPF de Doriot. Tout porte à croire que l'ambassadeur a incité Déat à se réconcilier avec son rival, tout comme il l'avait poussé à accueillir Deloncle au directoire du RNP. De même que la notoriété de l'ancien cagoulard et ses relations dans la haute bourgeoisie avaient prévalu sur les réticences des anciens du Front populaire, de même la vindicte contre l'ancien chef communiste « vendu à Vichy » devait s'effacer devant celui qui venait de prouver qu'il était l'homme de la situation en étant le premier à demander au chef de l'État d'autoriser la formation de la Légion des volontaires français contre le bolchevisme (LVF), le premier aussi à prêcher l'exemple en annonçant le 28 juin à Marseille sa décision de s'engager. Le 4 juillet, Deloncle informe le MBF que Vichy ne voit pas d'objection à la constitution de la LVF, ce que confirme par téléphone le secrétaire général de la présidence du Conseil. Le 5, Abetz est reçu à Berlin par Hitler qui en accepte le principe et l'appellation qu'a suggérée Doriot. Dès son retour, le 6 juillet, l'ambassadeur réunit Déat, Doriot, Bucard et Costantini pour la mise au point des modalités pratiques. Le général Hassler est désigné comme chef militaire, le capitaine de réserve Julius Westrick, grand mutilé de la Première Guerre mondiale, qui travaillle avec Abetz depuis 1935, suivra l'affaire pour l'ambassade.

Au MBF, la méfiance prévaut. La première réunion publique[57], que le comité central de la LVF présidé par Deloncle a prévue le jour même à Paris, ne sera autorisée que dix jours plus tard, pour le 18 juillet, mais « sans drapeau tricolore, sans *Marseillaise*, sans uniformes pour le service d'ordre ». Pas moins de trois observateurs militaires, priés de se vêtir en civil, seront dépêchés sur les lieux. Leurs rapports divergent sensiblement. L'envoyé du commandant du Grand Paris souligne la bonne organisation, l'assistance nombreuse, évaluée à 15 000 personnes dont beaucoup des milieux populaires, les faibles applaudissements au discours antisémite et antimaçonnique de Jean Boissel, la forte résonance des discours de Costantini, Déat, mais surtout de Doriot, vedette incontestée de la soirée. Ses partisans en uniforme scandent : « Doriot au pouvoir, les Juifs au poteau », entraînant le public à chanter *La Marseillaise* dont il critique l'interdiction, de même que celle du port de l'uniforme jugée inopportune et la présence à l'entrée de voitures de la *Propaganda Staffel* diffusant des marches militaires allemandes. Son homologue du MBF note, lui, que « la classe ouvrière semble peu représentée », mais il se dit frappé par « le grand nombre de personnes du sexe féminin » particulièrement sensibles à l'humour et à « l'appel au sentiment » de Doriot. L'envoyé de la *Propaganda* enfin critique pour commencer la mauvaise organisation technique, notamment la sonorisation insuffisante, parle de 6 000 à 8 000 participants de tous les milieux en remarquant lui aussi le nombre élevé de femmes qu'il évalue à 20 % de l'assistance – un quatrième informateur anonyme l'évalue à 30 % – et conclut : « Bonne manifestation pour l'union des mouvements collaborationnistes, mais peu efficace pour la formation de la Légion. »

Jugement rapidement confirmé. Abetz, se fondant sur les assurances des collaborationnistes, avait avancé le chiffre de 30 000 volontaires ; à Berlin, les autorités, aussi peu enthousiastes que les militaires, répondent qu'elles n'en accepteront pas plus de 10 000 à 15 000 [58]. Le nombre réel sera nettement inférieur. Sur les 8 000 à 9 000 candidats qui se présentent entre juillet et octobre 1941 dans les bureaux de recrutement des zones Nord et Sud – objets d'attentats périodiques de la part de résistants –,

3 650 seulement seront retenus, dont certains seront encore renvoyés du camp d'instruction de Demba (Pologne) pour incapacité militaire, alcoolisme, maladie vénérienne, escroquerie et même « mauvais esprit ». De plus, après avoir admis la constitution de la LVF, qui ne dépassera jamais 6 000 hommes, l'amiral Darlan informe la DGTO [59], à la suite d'une demande allemande, que le gouvernement français ne saurait aller au-delà, c'est-à-dire aider matériellement à son recrutement et à son entretien que « si le gouvernement et le haut commandement allemands lui faisaient savoir au préalable leur désir de voir la France représentée ». Attitude que le MBF qualifie de « distanciation » (*Distanzierung*).

L'hostilité quasi générale de la population lors du départ de Versailles du premier contingent de volontaires – marqué par l'attentat de Paul Colette, proche du PSF, contre Laval et Déat –, les informations qui parviennent de Demba sur la déconvenue des volontaires français encadrés par des officiers allemands, humiliés de devoir porter l'uniforme de la Wehrmacht frappé seulement d'un écusson tricolore au bras gauche, de se voir interdire la cantine, le foyer, le cinéma réservés aux militaires allemands incitent à la prudence. « Les Allemands, écrit au chef de l'État l'adjudant retraité André Caral, engagé volontaire en septembre et revenu écœuré un mois plus tard du camp de Demba, voudraient une étroite collaboration franco-allemande pour mieux nous exploiter par la suite peut-être [60]. » Des chefs collaborationnistes si enthousiastes à prêcher l'engagement, seuls Pierre Clementi et Doriot (ce dernier parti avec son grade de sergent-chef, promu lieutenant en octobre 1941, ce qui vaut au PPF de recevoir l'aval officiel tant attendu du MBF) participent effectivement au combat. Déat estime avoir suffisamment payé de sa personne comme cible d'un attentat et Deloncle finira par rejoindre une section de la *Propaganda*, Fontenoy et Vanor sont récusés par les services allemands, l'un parce que toxicomane, l'autre parce que « plaisantin ».

Décidé à ne pas laisser la vedette au PPF qui a organisé

le 26 octobre, salle Wagram, un grand meeting d'hommage à Doriot avec la participation de Costantini et de nombreux représentants des anciens combattants, Deloncle presse le gouvernement, qui donne un accord tacite, à soutenir davantage la LVF [61]. En janvier 1942, celui-ci accorde la gratuité des transports aux volontaires jusqu'au centre de regroupement à Versailles, la fourniture de ravitaillement et de vêtements chauds « à titre humanitaire », mais leur refuse le bénéfice des dispositions légales applicables aux Français mobilisés comme le demande l'ambassade. Un long rapport des Renseignements généraux, daté du 12 janvier, fait état de la création d'un Sous-comité d'action antibolchevique auquel participent des personnalités des zones Nord et Sud. Parmi celles-ci, le cardinal Baudrillart, Abel Bonnard et Abel Hermant, tous deux de l'Académie française, Auguste Lumière et Georges Claude, de l'Institut, Alphonse de Châteaubriant, président du groupe Collaboration, les généraux Kiefer et Blanc, le colonel Tessier, président de la Légion française des combattants de la Drôme, l'ancien bâtonnier de Lyon, le maire de Villeurbanne, le Dr Paul Thiroloix, médecin des hôpitaux, les journalistes Jean Luchaire, Horace de Carbuccia (*Gringoire*), Maurice-Ivan Sicard, rédacteur en chef de *L'Émancipation nationale*, le président de l'Entraide d'hiver, le président du Syndicat général des installateurs électriciens français. Sans effet sur le recrutement de la LVF, toujours aussi faible et d'aussi mauvaise qualité, cette convergence des forces anticommunistes fournit un appoint non négligeable à l'action de la propagande allemande. Bien que les mouvements collaborationnistes aient formé en octobre un Conseil politique des partis, les dissensions internes du RNP, qui se soldent par le départ du MSR de Deloncle et le ralliement de la Ligue de Costantini à Doriot, le PPF et ceux qui gravitent dans son sillage d'une part, le groupe Collaboration de l'autre sont devenus les auxiliaires privilégiés des services allemands parce que bien implantés tous deux sur l'ensemble du territoire, avec l'avantage pour l'un de disposer d'activistes aguerris et bien organisés, pour l'autre de notables propres à rassurer les milieux bourgeois épris de respectabilité.

Premières réalisations communes de choc : les grandes expositions *Le Juif et la France* et *Le Bolchevisme contre l'Europe*, ouvertes respectivement le 5 septembre 1941 et le 1er mars 1942 à Paris, puis envoyées dans plusieurs grandes villes de province. La première, officiellement organisée par l'Institut d'études des questions juives[62] et à laquelle participent les militants du PPF qui assurent aussi le service d'ordre, est en réalité pour l'essentiel l'œuvre du *SS Sturmbannführer* Carl Theo Zeitschel, expert aux questions juives de l'ambassade, et du *SS Obersturmführer* Dannecker, représentant d'Eichmann à Paris, pourvoyeurs de la documentation et des fonds – 200 000 francs – nécessaires à sa réalisation. L'afflux des curieux – 18 000 visiteurs du 5 au 9 septembre –, déjà perceptible en octobre 1940 lors de l'exposition antimaçonnique *Les Forces occultes*, que Bernard Faÿ avait conçue pour la *Propaganda*, ne dure pas. Pour attirer les visiteurs, on invite alors, avec l'appui du ministère de l'Éducation, les établissements scolaires, on distribue des cartes de tickets de pain, fort appréciés en cette période de pénurie, ou des faux dollars frappés de l'étoile juive et de la mention : « Ce dollar a payé la guerre juive. » En fin d'année, un arbre de Noël et un goûter accueillent les enfants venus avec leurs parents. En complément de l'exposition, le public est convié à la projection de films tels que *Le Juif Süss, Le Péril juif, Les Corrupteurs,* le professeur Montandon prononce une conférence sur « L'étudiant français et la science ethnique » aux sociétés savantes tandis que les militants collaborationnistes diffusent des brochures antisémites comme *Le Judaïsme en France ou La Ploutocratie et la juiverie anglo-saxonne,* destinées à préparer l'opinion à la guerre avec les États-Unis. Expression musclée de cette campagne : les attentats à la bombe perpétrés en octobre 1941 par des militants du PPF – le matériel est fourni par la SIPO-SD – contre sept synagogues parisiennes, l'occupation de celle d'Amiens, l'explosion d'une bombe dans celle de Vichy.

La fureur antisémite que le parti de Doriot manifeste dès cette époque [63] en rendant hommage publiquement aux Allemands – « qui les premiers ont su se débarrasser des Juifs » – prélude à son implication zélée dans la chasse aux Juifs de l'été 1942 lorsque ses militants en uniforme participeront notamment à la rafle du Vel' d'Hiv et se livreront à une profanation obscène de la grande synagogue de la rue de la Victoire à Paris.

C'est aussi au PPF que la *Propaganda* confie, en janvier 1942, le soin d'orchestrer en zone occupée une grande campagne contre le « judéo-bolchévisme [64] » à raison de vingt-cinq réunions mensuelles « de grande envergure » pendant un trimestre, parallèlement à l'exposition *Le Bolchevisme contre l'Europe*, à l'organisation de laquelle il est étroitement associé. Les faibles résultats de sa propre campagne de l'automne 1941 [65] – malgré la diffusion de 3 millions de tracts, 10 000 affiches et affichettes, 77 bandes annonces pour 77 copies de films antibolcheviques projetés dans 57 villes de zone Nord, puis dans la plupart des villes de zone Sud à partir de novembre 1941 –, la volonté nouvelle du MBF de voir les mouvements collaborationnistes sortir de leur parisianisme et sa conviction, elle aussi nouvelle, que le PPF est le plus apte à se faire entendre « parce que né directement de la lutte anticommuniste et perçu comme un parti français dans la population » motivent cette décision [66].

C'est une véritable apothéose pour Doriot, fêté en héros – il vient d'être décoré de la Croix de fer de 2e classe à son retour du front – par le Tout-Paris de la Collaboration en janvier 1942, reçu à Vichy par Pétain et Darlan qui continuent à subventionner son parti. Le premier meeting du 1er février au Vel' d'Hiv – le PPF annonce 30 000 participants, la police 13 000 – a fait l'objet d'une préparation intensive : 800 000 tracts diffusés, 7 500 affiches placardées, voitures publicitaires prêtées par la *Propaganda* sillonnant les rues de la capitale, distribution d'invitations accompagnées d'une brochure de l'abbé Guinchard (préfacée par le cardinal Baudrillart) le dimanche devant les églises. Un mois plus tard – convergence quasi parfaite de la collaboration d'État et du collaborationnisme –, intervient l'inauguration de l'exposition *Le Bolchevisme contre l'Europe* en présence des autorités politiques et militaires allemandes, du ministre de l'Information Paul Marion, du délégué général du gouvernement dans les territoires occupés Brinon, de l'amiral Bard, préfet de police de la Seine, de Paul Chack, ancien chef du service historique de l'état-major de la marine, président du Comité d'action antibolchevique (CAA), organisateur officiel de l'exposition, des responsables du RNP et du PPF sans Doriot (parti le 27 février rejoindre son unité de la LVF). Absence de courte durée puisqu'il revient « en mission » à Paris le 21 mars afin de préparer sa tournée de conférences prévue par la *Propaganda* et ne pas laisser le champ libre aux mouvements, alliés mais néanmoins rivaux, qui ont déjà organisé entre-temps des réunions à Nantes, Reims, Nevers et même en zone interdite du Nord-Pas-de-Calais [67]. Ce qu'il ne sait pas encore, c'est que sa collaboration, désormais plus qu'agréée, souhaitée par le MBF, ne convient absolument pas aux chefs de la Wehrmacht qui entendent réorganiser les unités de la LVF en les dépolitisant.

Après avoir limogé le 14 mars le colonel Labonne, expédié à Paris avec la Croix de fer s'occuper du recrutement, renvoyé 4 officiers et 111 hommes de troupe, qui ont refusé de signer l'engagement de ne plus faire de politique, le commandement allemand semble avoir informé Abetz, le 19 mars [68], qu'il oppose son veto au retour de Doriot sur le front de l'Est où il se rendra cependant en 1943 et sera même décoré de la Croix de fer de 1re classe.

La tournée qu'il entreprend du 4 avril au 8 mai 1942 suivant l'itinéraire soumis au MBF [69] – avec des arrêts à Troyes, Nancy, Reims, Lille, Amiens, Rouen, Angers, Rennes, Nantes, Bordeaux, Bayonne, La Rochelle, Poitiers, Orléans, Bourges, Dijon – connaît des fortunes diverses. Le total de 56 500 auditeurs qu'annonce *Le Cri du peuple* est certainement surévalué même s'il est plausible qu'à Rouen et Bordeaux, mais surtout à Lille et Nancy, pratiquement coupées du reste de la France, la venue de « l'homme du Maréchal » – qui sait alors qu'il est aussi l'homme des Allemands, y compris de la SIPO-SD ? – attire chaque fois de nombreux auditeurs. Mais, à Lille et à Nancy, les uns conspuent les militants du PPF tandis que d'autres saluent l'arrivée de Doriot en chantant *La Marseillaise.* À Angers, des contre-manifestants crient : « À mort, Doriot! Doriot au poteau! » Au théâtre de Rennes, une grenade lancée sur la scène explose dans la fosse d'orchestre en blessant une femme. Sur sa lancée, le chef du PPF aurait voulu poursuivre la tournée en zone Sud, ce que le gouvernement de Laval, revenu au pouvoir depuis le 18 avril, refuse par crainte de paraître soutenir les ultras de la Collaboration.

L'alternative est déjà prête avec le groupe Collaboration [70], qui bénéficie d'une image plus respectable grâce à un comité d'honneur où figurent les académiciens, les membres de l'Institut et des personnalités également présents dans le sous-comité d'action antibolchevique. Grâce aussi à une diversification des centres d'intérêt que couvrent ses cinq sections, littéraire, artistique, scientifique, juridique, économique et sociale, auxquelles s'ajoutent, à la fin de l'année 1941, les Jeunes de l'Europe nouvelle que dirige Jacques Schweizer, avocat à la cour, militant avant-guerre des Jeunesses patriotes. Troisième atout du groupe Collaboration : sa bonne implantation dans les deux zones depuis son officialisation par l'amiral Darlan à la fin de décembre 1941. En 1943, il comptera 63 sous-comités locaux dont 29 en zone Nord, 33 en zone Sud et même 1 à Berlin. Entre janvier et juin 1941, Grimm fera ainsi sous son égide une quinzaine de conférences dans les principales villes de zone Nord [71] avec l'appui logistique des instituts allemands, des *Feldkommandanturen,* parfois aussi, mais plus discrètement, des *Propaganda Staffeln.* À chaque étape, selon un rituel bien au point, la conférence est précédée d'une réception en présence des autorités françaises et allemandes, suivie d'un dîner offert aux notables et aux représentants de la presse. À Orléans, où sa venue, en octobre 1941, est assombrie par l'annonce des attentats de Nantes et Bordeaux contre des militaires allemands, le *Feldkommandant,* assisté du général d'aviation Muggentaler, n'en offre pas moins une brillante réception à laquelle assistent le préfet de région, deux préfets, l'évêque, le maire et de nombreux notables. Présenté en sa qualité de spécialiste de droit international et de vice-président de la *Deutsch-französiche Gesellschaft* – qui plaidait déjà pour le rapprochement franco-allemand au lendemain de la Première Guerre mondiale et joua un rôle de médiateur à partir de l'occupation française de la Ruhr jusqu'en 1939 –, le professeur Grimm, qui maîtrise parfaitement le français, sait s'adapter à son public essentiellement bourgeois. « On constate, note à son propos le chef de l'administration militaire à Bordeaux, que seuls ont du succès les orateurs allemands qui possèdent une réelle connaissance de l'âme française et savent atteindre indirectement les objectifs de la propagande en choisissant habilement leurs arguments. »

Dans ses rapports à Berlin, Grimm fait aussi part de ses observations sur le terrain. Il constate notamment le décalage entre le succès de ses conférences et le mauvais climat général, suggère, pour pallier le rejet de la radio et de la presse, toutes deux sous contrôle allemand, la formation d'un service d'orateurs *(Rednerdienst)* français accompagnés de voiture de projection ou d'expositions réalisées conjointement par des Français et les services allemands, mais qui devraient tenir davantage compte de l'esprit frondeur des Français et mettre en lumière, comme le conseille Laval (avec lequel il s'est longuement entretenu en mars 1941), les avantages matériels que peut apporter aux paysans, aux viticulteurs, aux artisans, aux industriels le développement de la collaboration franco-allemande.

C'est dans cet esprit, avec en l'occurrence le seul concours du groupe Collaboration et de son délégué en zone Sud, Alfred Lange, mais aussi avec l'appui de Paul Marion, ministre de l'Information et de la Propagande de Laval, revenu au pouvoir depuis avril 1942, qu'il entreprend, du 4 au 16 juin 1942, une première grande tournée de conférences en zone Sud. Tournée qui le conduit successsivement à Lyon, Avignon, Cannes, Marseille, Alès, Nîmes, Narbonne, Perpignan, Carcassonne. Après l'intervention du chef de l'État, il reporte de cinq jours sa venue à Vichy, prévue le 17 juin, jour anniversaire de la demande française d'armistice.

Comparé à ses tournées en zone Nord, ce périple présente des différences sensibles. Première surprise à Lyon : l'absence de personnalités qu'il a connues à l'époque du Comité France-Allemagne. Autre différence : la plupart des préfets, excepté celui de Nîmes, se montrent certes courtois mais réservés, et d'aucuns se sont carrément abstenus de toute participation, contrairement aux maires des villes visitées, aux présidents des chambres de commerce de Marseille et d'Alès, au recteur de l'académie de Toulouse, qui le reçoit même à son domicile – geste que ne manquera pas de rappeler pour sa défense le secrétaire d'État à l'Éducation nationale lorsque la SIPO-SD le fera arrêter en 1944 [72]. Presque partout, le public bourgeois qui lui est familier est nettement supplanté par les militants collaborationnistes : doriotistes du PPF, particulièrement nombreux à Marseille et Montpellier, francistes de Bucard, ce qui confère un caractère nettement plus activiste aux réunions. Dans toutes les salles où il prend la parole, la scène est décorée d'un grand portrait de Pétain ou, comme à Nîmes et à Toulouse, d'une photographie agrandie de la rencontre Hitler-Pétain à Montoire. À l'issue des réunions, on lui remet parfois une corbeille de fleurs piquée de drapeaux tricolores et à croix gammée. Ce qui le surprend aussi, c'est le très grand prestige dont le maréchal Pétain continue à jouir en zone Sud. « Beaucoup, observe-t-il, lui vouent une admiration quasi mystique, très supérieure à celle dont Hindenburg jouissait en Allemagne, même si les milieux favorables à la Collaboration doutent de sa volonté politique en ce sens. »

Bien qu'il ne s'agisse que d'évaluations du conférencier qui a naturellement intérêt à gonfler le nombre de ses auditeurs, les indications chiffrées qu'il donne pour chacune de ses réunions – ce qu'il n'avait que rarement fait pour la zone Nord – fournissent quelques données sur l'importance du courant collaborationniste dans les différents centres visités de zone Sud. Importance qui ne correspond pas nécessairement à celle des villes parcourues. Ainsi, il y aurait eu respectivement 2 500 participants à Lyon et Marseille, c'est-à-dire pas plus qu'à Toulouse et Montpellier où l'on a sonorisé une salle annexe pour en accueillir 3 000. Affluence record, semble-t-il, dans les villes moyennes. Si l'on excepte le cas de Carcassonne, où la réception par le maréchal Pétain – dont cependant la presse, qui rend compte par ailleurs de la tournée, ne souffle mot – a néanmoins pu inciter au déplacement une partie des 2 000 auditeurs, il en mentionne autant à Perpignan, 3 500 à Cannes où le maire, souligne-t-il, est un doriotiste militant, 5 à 6 000 au foyer municipal et sur la grande place sonorisée de Nîmes. Apogée de la tournée : les 1 800 invités, ministres, diplomates, hauts fonctionnaires civils et militaires, qui se pressent pour l'entendre au Casino de Vichy – 1 500 personnes auraient été refusées faute de place – et le dîner qu'offre Laval en son honneur. Abstraction faite de cet accueil et de celui qu'il a reçu de la part des chambres de commerce de Marseille et d'Alès, le bilan de sa « propagande indirecte » ne le satisfait guère. Les activistes de la Collaboration, qui ont moins souvent qu'en zone Nord l'occasion d'entendre un porte-parole officieux de l'Allemagne nouvelle, se sont massivement mobilisés, alors que les officiels et les notables qu'il comptait essentiellement toucher ne se sont guère manifestés. Phénomène qui tient sans doute au fait qu'ils se sentent moins directement dépendants de l'occupant, mais qui tient aussi, estime-t-il, au désenchantement de ceux qui attendaient de la politique de collaboration des compensations tangibles de la part du Reich. À commencer par le chef de l'État.

Manifestement désireux de s'informer directement auprès d'un homme qui jouit de la confiance d'Hitler et de Ribbentrop, le Maréchal l'a invité à le rencontrer en tête-à-tête avant sa conférence. Selon le résumé [73] que

Grimm adresse à l'*Auswärtiges Amt*, Pétain, après les préliminaires d'usage, se serait enquis aussitôt des perspectives de paix future pour la France. N'obtenant pas de réponse précise à ce sujet, le chef de l'État se serait lancé dans une diatribe contre la brutalité de Churchill, mais aurait déclaré ne pas éprouver pareille aversion pour les Américains. Surpris, Grimm « tente de lui faire comprendre qu'ils sont encore plus bellicistes, que la guerre, celle du judaïsme, émane de New York, que Roosevelt est entre les mains des Juifs », en expliquant qu'après l'assassinat du secrétaire d'ambassade vom Rath à Paris en novembre 1938 (Grimm avait été l'avocat de la partie civile), on avait découvert « un document prouvant que les Juifs américains y avaient joué un rôle essentiel » (*sic*). « " Ce que vous dites là est entièrement nouveau pour moi ", aurait répondu le Maréchal, qui semblait songeur, mais encore relativement alerte en cette heure avancée de l'après-midi bien qu'il parle lentement et me prie d'en faire autant. »

Deuxième question abordée : les prisonniers de guerre français, que le chef de l'État souhaiterait voir libérer rapidement. Grimm affirme avoir répondu que l'Allemagne avait déjà fait preuve d'une grande compréhension comparée à ce qu'avait été le sort des prisonniers allemands entre 1918 et 1920, et que, de plus, une évasion comme celle du général Giraud n'incitait pas à la compréhension.

Dernier point évoqué : le nouvel ordre européen. Pétain souhaite le maintien des anciens États, si possible sous une forme inchangée. « J'ai répondu que le Führer trouverait une voie sage et heureuse pour cette construction. » On aura noté la situation pour le moins étrange du chef de l'État français débattant des affaires de la France avec un agent officieux du IIIe Reich.

De cet entretien de trois quarts d'heure comme de son périple en zone Sud, le professeur Grimm retire la conviction qu'il faut désormais s'appuyer davantage sur les mouvements collaborationnistes. De retour à Paris le 20 septembre 1942, après une tournée de conférences aux

Pays-Bas, il estime que la répression en réponse aux attentats anti-allemands a provoqué un tournant important dans l'opinion publique et créé une situation de crise infiniment plus grave que les précédentes [74]; elle « pourrait nous inciter à réexaminer sérieusement notre attitude envers la France ». Le sentiment que Laval n'a pas réussi à accréditer la politique de collaboration, que le Maréchal cherche à « finasser » conforte son opinion – émise au cours de la réunion des sociétés germano-françaises à laquelle il participe du 21 au 24 septembre au Cercle européen aux côtés d'Abetz et de ses conseillers – que Doriot reste le seul recours possible. Recours qui inquiète cependant l'ambassade parce qu'elle y voit un danger certain de division. S'il est clair, comme le montre l'analyse des groupes et mouvements collaborationnistes réalisée entre juin et juillet 1942 par la SIPO-SD [75], que le PPF, crédité de 68 000 membres en zone Nord, de 80 000 en zone Sud, apparaît comme le seul parti cohérent face au RNP de Déat en pleine déconfiture, il est non moins clair que Doriot aspire à un pouvoir sans partage. La preuve : son parti va jusqu'à demander à la *Propaganda* [76] un contingent de papier pour imprimer des papillons « Pétain-Doriot », ce que celle-ci, qui vient de débloquer 745 000 francs pour couvrir sa campagne antibolchevique du printemps 1942, refuse catégoriquement.

Entre août et novembre, l'ambassade multiplie les réunions dans l'espoir d'arriver à une solution de conciliation qui intégrerait Doriot et son parti dans un Front révolutionnaire national (FRN) sans lui en laisser la direction [77]. Un premier entretien à ce sujet a lieu le 14 août entre Achenbach et Victoire Barthélemy, secrétaire général du PPF, qui promet de transmettre sa teneur à Doriot, mais s'enquiert aussi de l'attitude du MBF en cas de refus. Le 26 août, au cours d'une réunion à laquelle Achenbach a convié Brinon, Doriot et ses adjoints, Barthélemy et Jean Fossati, Brinon prend nettement le parti de Doriot. Il fait valoir que la tension entre Laval et celui-ci est due aux rumeurs propagées par certains services, notamment ceux de la police française, qui ont informé le chef du gouvernement que le chef du PPF voulait s'emparer du pouvoir. D'après lui, Laval est isolé parce qu'il repousse ses collaborateurs les plus loyaux et se prépare à organiser à son profit une nouvelle « révolution de palais ». De son côté, Fossati reproche aux ministres Benoist-Méchin, Le Roy Ladurie de jouer double jeu en affichant leur sympathie pour Doriot tout en prévenant Laval contre lui. Achenbach souligne la nécessité d'une entente de tous les mouvements collaborationnistes. Doriot en convient, mais déclare qu'on ne peut lui demander de s'asseoir à une même table avec Bucard et Déat qui n'ont ni les moyens ni la vocation de réaliser une révolution nationale et ne cessent, de surcroît, de diffuser mensonges et calomnies sur le PPF et son chef. Brinon le soutient : « Vous avez raison. Le PPF est le seul creuset des forces révolutionnaires. Il faut lui donner la possibilité de participer au gouvernement Laval. » Achenbach revient à la charge pour une solution de conciliation : Laval devrait s'appuyer davantage sur le PPF de Doriot et le RNP de Déat. Quant à ce que devrait être la nature du gouvernement français, Doriot estime, en réponse à une question d'Achenbach, que le problème ne se posera pas tant que durera la guerre, que les seuls objectifs, dans l'immédiat, sont de la gagner et de combattre sans merci les adversaires de la collaboration franco-allemande.

L'union sacrée qui a prévalu l'année précédente pour la croisade antibolchevique est pourtant loin d'être reconstituée. Dès le lendemain de l'entretien à l'ambassade, Doriot rencontre l'amiral Platon, ministre des Colonies, venu l'assurer de son soutien et le presser d'accéder au pouvoir pour agir efficacement contre les Juifs et les francs-maçons afin que la France n'arrive pas trop tard dans la construction de la nouvelle Europe. Plus que jamais décidé à resouder l'union des partisans de la Collaboration, Achenbach organise le 31 août dans son appartement une rencontre privée entre Laval et Doriot, à laquelle participe également Brinon. Dialogue de sourds : Doriot déclare vouloir s'appuyer sur Brinon, l'amiral Platon et le ministre Max Bonnafous qui le soutiennent et jouissent de la confiance du Maréchal. Prétexte ou divergence de fond avec Laval ? Au cours d'une nouvelle réunion à l'ambassade le lendemain, Doriot demande à Laval pourquoi il n'a pas résolu radicalement la question juive en imposant le port de l'étoile en zone Sud, et en livrant tous les Juifs à la déportation. Réponse : une grande partie de l'opinion publique ne comprendrait pas des mesures draconiennes et ne les approuverait pas. Il se déclare néanmoins prêt à mettre 10 000 Juifs apatrides de zone non occupée à la disposition des autorités allemandes; 4 000 ont déjà été envoyés. Mais il ne peut être question, compte tenu de l'opinion publique, d'introduire en zone Sud le port de l'étoile juive que les autorités allemandes ont imposé depuis le 29 mai en zone occupée.

Toute cette agitation suscite une vive réaction de Berlin : le 21 septembre, Ribbentrop informe Abetz [78] que le Führer demande que soit mis fin aux rumeurs qui circulent jusque dans les services allemands, selon lesquelles Doriot remplacerait prochainement Laval. De son côté, Laval réagit en éliminant du gouvernement Benoist-Méchin, devenu le porte-parole de Doriot à Vichy. Le chef du PPF n'abandonne pas la partie pour autant. Se refusant à rejoindre le Front national révolutionnaire en cours de constitution, il multiplie les réunions de propagande antisémite dans la capitale jusqu'à ce qu'elles soient interrompues le 4 octobre, après un attentat à la bombe qui fait 1 mort et 27 blessés [79], prépare un grand « congrès du pouvoir » prévu du 21 au 24 octobre, puis reporté du 4 au 8 novembre. Car, contrairement à ce qui s'est passé lors des premiers congrès, il n'entend pas, cette fois, devancer celui du RNP, fixé du 29 octobre au 1er décembre, mais déterminer sa stratégie en fonction de l'attitude qu'adopteront ses rivaux. Excédé, Achenbach a convoqué le 8 octobre Jean Fossati pour lui signifier que le PPF devait rejoindre sur-le-champ le Front révolutionnaire national afin de témoigner publiquement sa solidarité avec la politique de Laval. Fossati ayant répondu que Doriot ne pouvait faire ce pas pour des raisons de principes, Achenbach frappe du poing sur la table en déclarant qu'en ce cas il signe son propre arrêt de mort, que l'ambassade se verra contrainte de dissoudre le PPF [80]. Dès le lendemain, la SIPO-SD, qui n'entend pas se priver de ses services, informe l'ambassade qu'il n'en est pas question. Fort de cette protection, Doriot va alors se livrer, devant les quelque trois mille délégués du congrès réunis début novembre au Gaumont-Palace (la plus grande salle de cinéma de la capitale), à l'éloge d'Hitler, « homme de génie », déclare vouloir créer un parti fasciste, attaque avec une rare violence les Juifs et les « ennemis de la France ». À l'annonce du débarquement anglo-américain en Afrique du Nord le 8 novembre, il fait défiler, malgré l'interdiction gouvernementale, des milliers de ses partisans dans le quartier des Champs-Élysées, chantant l'hymne du PPF et de *La Marseillaise*, hurlant : « Laval, démission! Doriot au pouvoir! Vive Pétain! Guerre aux Anglais! » Le lendemain, il fait adopter aux 2 000 militants réunis salle Wagram un message à Laval demandant une déclaration de guerre immédiate du gouvernement aux Anglais et aux Américains, la conclusion d'un pacte avec les États européens concernés pour la défense et la reconquête de l'Afrique, l'adhésion au pacte anti-Komintern.

Agitation dérisoire au regard de l'ordre donné par Hitler d'appliquer immédiatement le plan Anton d'occupation de la zone Sud, préparé depuis décembre 1940 en cas de dissidence de l'empire français. De plus, le 19 novembre (c'est-à-dire le jour où Abetz reçoit l'ordre de Ribbentrop de cesser toute activité concernant les rapports politiques franco-allemands, assorti d'un rappel pour consultation, qui durera un an), instruction est donnée de ne permettre à aucune institution française d'utiliser un service allemand contre un autre [81]. Dans le contexte critique du débarquement allié en Afrique du Nord et de l'occupation de la zone Sud, Berlin ne peut tolérer le moindre motif de tension supplémentaire. Aussi les appuis dont les groupes collaborationnistes avaient bénéficié auparavant sont-ils suspendus jusqu'à nouvel ordre. Le RNP de Déat comme le PPF de Doriot voient leurs comptes rendus de réunion censurés. Selon les directives d'Hitler, il n'est pas question de remplacer Laval par Doriot à la tête du gouvernement français, ni de soutenir les forces politiques, en particulier le PPF, qui le combattent. L'interdiction de ce parti ne se révèle pas nécessaire – concession à la SIPO-SD qui l'utilise : il suffit pour le moment de lui retirer le « soutien financier allemand [82] ». Une fois de plus, les partisans français les plus zélés du Reich apprennent à leurs dépens qu'ils doivent s'en tenir au rôle que ce dernier leur assigne en fonction de ses intérêts et des besoins du moment.

Les ultimes avatars de la Collaboration : otages ou mercenaires du Reich

Alors que l'année précédente avait commencé sous les meilleurs auspices, les mouvements collaborationnistes abordent 1943 dans un climat de crise. À commencer par le PPF de Doriot; privé de moyens d'expression et de financement – avec 6 millions de francs de dettes –, lâché par nombre d'adhérents déçus, persistant à refuser l'alliance avec le Front national révolutionnaire que lui offre Henri Barbé, son ancien camarade du PCF qui en est devenu le secrétaire général, Doriot ne voit plus qu'une issue : demander à repartir sur le front de l'Est jusqu'à ce que se présente l'occasion d'un retour en force. Geste calculé : c'est le 2 février 1943, au soir de la capitulation allemande de Stalingrad, qu'il formule une demande qui ne sera satisfaite que six semaines plus tard. Toutefois, à la veille de son départ, fixé au 25 mars, il prend soin d'assurer ses arrières. Au cours d'une grande réunion publique d'« adieux au peuple de Paris », salué par le chef de la Milice Joseph Darnand, il conjure ses neuf lieutenants de sauvegarder l'indépendance du parti, puis adresse à Hitler une lettre dans laquelle il exalte la lutte « doublement féconde » à l'Est puisque, « tout en sauvant la civilisation humaine, elle mêle pour la même cause sacrée, sur le champ de bataille, le sang allemand et le sang français qui ont coulé si souvent en vain par la faute de criminels insensés[83] ». Tout porte à croire qu'Hitler n'a pas dû apprécier outre mesure cette évocation lyrique de la fraternité d'armes franco-allemande... Mais l'idée que le chef du PPF reste l'ultime recours d'un pouvoir autoritaire en France n'en demeure pas moins présente aussi bien à la SIPO-SD qu'à la *Propaganda* et parmi les conseillers de l'ambassade.

Au nombre de ces derniers, le professeur Grimm, qui a repris en février 1943 ses tournées de conférences sous l'égide de l'Institut allemand et du groupe Collaboration, principalement dans l'Ouest et le Sud-Ouest, ne manque pas une occasion de glisser, dans ses rapports à l'*Auswärtiges Amt*, des remarques insidieuses sur le gouvernement Laval, assorties d'allusions favorables au PPF. Familier de la diplomatie du IIIe Reich, il se garde de contredire ouvertement les instructions d'Hitler et de Ribbentrop. Bien qu'il admette « la nécessité de soutenir loyalement le gouvernement Laval pour ne pas précipiter le pays dans des troubles intérieurs[84] », l'absence de détente malgré la suppression de la ligne de démarcation, l'ingratitude de ceux qui n'ont cessé de la réclamer et demandent maintenant la libération des prisonniers, l'incapacité du pouvoir à juguler le mécontentement que suscitent la loi sur le STO, la dissolution de ce qui restait de l'armée française après l'armistice, l'évacuation du Vieux Port de Marseille, l'impréparation de celle des populations des côtes de la Méditerranée aboutissent à un constat de faiblesse : « Le gouvernement Laval n'est fort que par la présence de nos troupes, il n'a pas de forces derrière lui. » En mars, après avoir assisté au meeting d'adieu du chef du PPF à la Mutualité, il fait part de son « excellente impression ». « Doriot, très prudent, n'a pas attaqué le gouvernement[85] », mais il ajoute aussitôt que « la situation est plus sérieuse qu'il n'y paraît, il faut s'attendre à de nouvelles surprises ». Au cours d'un entretien avec Laval pour le convaincre « de la nécessité d'agir plus énergiquement dans la conduite de la politique gouvernementale », pour lui dire aussi la crainte allemande qu'il ne se mette pas à dos les éléments activistes du PPF – on ne sait s'il a été chargé de cette intervention ou s'il en a pris l'initiative –, Laval se serait montré très sceptique, « parce que Doriot veut absolument accéder au gouvernement et qu'il doit s'en protéger ». Présent à l'entretien, Brinon aurait paru plus favorable à des mesures énergiques. Conclusion du professeur Grimm : « Il faut voir dans les prochains temps si la méthode d'agir " en douce " (en français dans l'original) est la bonne. » À le lire, on peut se demander s'il ne souhaite pas, à défaut de Doriot, voir Brinon, qui en est proche mais garde des apparences plus modérées, prendre la place de Laval.

À partir d'avril 1943, ses rapports fourmillent de contradictions, reflet sans doute de la diversité des interlocuteurs qu'il rencontre au cours de ses périples. Après un séjour en Vendée, il observe que « la méthode prudente du gouvernement Laval n'est pas sans effet », « qu'il est en progrès malgré beaucoup d'ennemis ». Quatre semaines plus tard, il insiste à nouveau sur la colère des collaborationnistes contre l'« apathie » de Laval et de Pétain et fait un éloge appuyé du groupe Collaboration qu'il crédite de 200 000 membres (*sic*). Attitude encore plus surprenante : le long compte rendu qu'il donne de son entretien avec Eugène Frot [86]. Selon l'ancien parlementaire néo-socialiste qu'il connaissait et appréciait depuis longtemps, les Allemands étaient mieux informés sur la France avant la guerre que depuis l'Occupation, ils ne se rendaient pas compte que le mythe de Pétain était dépassé, qu'après l'Occupation le pays retournerait au régime parlementaire et au syndicalisme de 1939, que des hommes comme L.-O. Frossard, P.-E. Flandin, Édouard Herriot, Georges Mandel, Paul Reynaud joueraient de nouveau un rôle de premier plan. En conséquence, les Allemands auraient intérêt à les ménager alors que Laval serait relégué au second plan. Tout se passe comme si, en l'absence de nouvelles directives de Berlin, absorbé par l'évolution de la situation militaire, et en l'absence d'Abetz, l'informateur principal de l'*Auswärtiges Amt* cherchait une solution de rechange à un gouvernement contesté de toutes parts, ce que Grimm appelait désormais fréquemment « la liquidation du système de Vichy ».

En juin-juillet 1943 [87], la situation lui paraît « explosive »; il a le sentiment de « danser sur un volcan ». Ses interlocuteurs français – un nouveau périple l'a mené dans le sud de la France en incluant cette fois la zone d'occupation italienne encore évitée l'année précédente – parlent de « minuit moins cinq ». En marge du congrès à Paris du RNP, devenu, depuis mai 1942, un parti de type fasciste doté d'une milice, Grimm a « un entretien approfondi » avec Déat qui a pris ses distances avec Laval et suggère un remaniement gouvernemental avec, aux côtés de quelques ministres de Vichy comme Cathala et Abel Bonnard, des hommes du PPF, du RNP, du francisme, mais aussi Anatole de Monzie, Georges Bonnet et Brinon « qui apporteraient le soutien d'une fraction importante de l'opinion ». L'Allemagne, estime Grimm, doit désormais se demander si elle a intérêt au maintien d'un gouvernement Laval, incontestablement utile à la mise en œuvre du STO et à l'accroissement du potentiel de guerre allemand, mais difficilement supportable dans une France redevenue un lieu de combat, ou si elle doit soutenir la tentative de retour à un régime républicain porté par des hommes animés d'une volonté de collaboration avec l'Allemagne plus fiables en cas de débarquement allié, que celle de Laval.

À la suite de cet entretien, Déat remettra à l'ambassade un « plan de redressement national français » de seize pages [88], proposant que l'on force Laval à former immédiatement un gouvernement qui comprendrait un tiers de parlementaires, un tiers de partisans de la Révolution nationale, un tiers de personnalités reconnues. Ce gouvernement devrait, pour asseoir son autorité dans le pays, recevoir l'investiture de la Chambre des députés et du Sénat, convoqués à cet effet après exclusion préalable de leurs présidents, Édouard Herriot et Jules Jeanneney, et des parlementaires juifs – l'exclusion des francs-maçons n'est pas évoquée. Ce nouveau gouvernement devrait ensuite conclure avec l'Allemagne un pacte pour la normalisation des rapports entre les deux pays, la question de l'Alsace-Lorraine serait différée jusqu'à la conclusion d'un traité de paix. Moyennant la reconnaissance de la souveraineté de la France, celle-ci s'engagerait à reconquérir son empire colonial et mettrait son économie à la disposition de l'Europe nouvelle. L'intégration et la défense du nouvel ordre européen lui conféreraient le droit de disposer d'une défense aérienne, d'une marine fiable et d'une petite armée de terre qui compenseraient notamment le retrait des troupes italiennes consécutif à la démission de Mussolini. Du côté de l'ambassade, le ministre Rudoph Schleier, très critique à l'égard de la passivité de Laval, approuve ce plan. Les militaires et la SIPO-SD se demandent s'il est encore réalisable alors que bon nombre de collaborateurs, exposés désormais aux menaces permanentes de mort et aux attentats – Déat lui-même a été visé pour la seconde fois en mars 1943 –, ne songent plus qu'à se mettre à l'abri, voire à retourner leur veste tandis que le dernier carré ne voit d'autre issue que la lutte armée.

À ce propos, les services allemands en viennent, durant le second semestre 1943, à s'interroger sur « le traitement de la Collaboration ». Tous sont d'accord pour le financement des groupes et partis collaborationnistes, et même le PPF, auquel Hitler a ordonné de couper les vivres en novembre 1942, se voit doté par l'ambassade, en août 1943, d'un budget mensuel de 1,5 million de francs [89]. Sans compter les sommes versées au titre des grandes campagnes de propagande et de l'organisation des milices, la rétribution par l'Abwehr et le *Sicherheitsdienst* des agents et activités de renseignements de leur ressort. Les divergences portent sur la nature et l'ampleur de la protection qu'il convient de leur accorder. Dans le seul département de la Vienne, cinq collaborateurs ont été abattus entre le 11 avril et le 11 juin 1943 [90]. Le 24 juillet, le comité Collaboration du Calvados s'adresse à la *Feldkommandantur* de Caen pour demander l'installation de stocks d'armes pour former des groupes de combat armés, envisager la défense des membres les plus menacés et de leurs familles [91]. Six jours plus tard, la SIPO-SD exprime l'opinion qu'il n'est en tout cas « ni nécessaire ni opportun de prévoir des représailles lors d'attentats contre des collaborateurs. Il faut respecter la différence entre des Français, fussent-ils favorables à l'Allemagne, et des Allemands du Reich ou de souche *(Volksdeutsche)* [92] ». Cette distinction établie, elle ne voit aucune objection à leur délivrer des autorisations de port d'arme pour se protéger si les services du SD accordent leur visa. Le 10 août, le commandement militaire du Nord-Ouest informe le MBF qu'il a donné pour instruction à la *Feldkommandantur* d'adopter une attitude réservée à l'égard du comité Collaboration, à la fois « pour des raisons politiques et compte tenu de sa composition hétérogène. Pas d'objection, poursuit-il, à un soutien occasionnel, sans que cela soit trop visible, et à rester en contact avec le SD, éventuellement aussi avec la *Propaganda Staffel,* pour l'appréciation de ses différents membres [93] ».

En raison de divergences persistantes entre la SIPO-SD et les administrations militaires régionales, directement sollicitées par les collaborateurs, une réunion des représentants des divers services concernés est convoquée pour le 29 septembre à 10 heures à l'hôtel Majestic [94]. Y participent le conseiller d'ambassade Theilen, les lieutenants-colonels Reile et von Eschwege, de l'*Abwehr*, les majors Leo et Volkmar Frentzel, de la section politique de l'état-major de commandement, le *Sonderführer* Ewers, de la *Propaganda,* les conseillers d'administration militaires Bargatzky, von Teuchert et Tobias, le *SS Standartenführer* Bickler et le *SS Obersturmführer* Dr Kuntze, du SD. Ils concluent à la nécessité « d'abandonner la réserve observée jusqu'alors », étant donné « le changement fondamental de situation et les actes de terrorisme quotidiens, et pour ne pas les (les collaborateurs) discréditer auprès de la population ». Si « la loi de la raison » commande de protéger les adeptes fidèles de la Collaboration et de mobiliser dans le pays toutes les forces utiles, soit pour la transmission d'informations, soit pour le combat en cas de situation grave, il n'est pas question d'accorder sans contrôle cette protection à tous les membres des groupes collaborationnistes, qui « comptent dans leurs rangs beaucoup d'éléments incertains ». En conséquence, il est prévu : 1) de former une milice; 2) d'armer, sous le contrôle du SD, les personnes les plus menacées; 3) d'aménager des lieux de refuge pour les collaborateurs et leurs familles en cas de troubles graves ou de débarquement.

Bien qu'un rapport de l'administration militaire du Nord-Est pour la période de juillet à septembre 1943 ait énoncé en détail les mesures d'intimidation et les menaces auxquelles sont exposés les partisans de la Collaboration, bien que le professeur Grimm ait insisté, après sa deuxième tournée de conférences en zone Sud durant la seconde moitié d'octobre, sur la nécessité de les aider [95], le général Heinrich von Stülpnagel ne transmettra les décisions arrêtées le 29 septembre que par circulaire du 8 décembre 1943 [96]. De plus, à comparer ces instructions avec les décisions initiales, on constate une interprétation nettement restrictive. La réunion de septembre a certes précisé « que la protection allemande ne serait accordée qu'à des éléments fiables sous contrôle du SD », mais la circulaire de décembre ajoute qu'il ne peut s'agir que d'un petit nombre de personnes « éprouvées » *(bewährt)* dont l'armement doit être décidé par la SIPO qui fournira les armes « en nombre limité ». En conséquence, l'autorité militaire ne devra lui proposer qu'un nombre limité de bénéficiaires. Autre restriction par rapport aux décisions initiales : les adeptes de la Collaboration devront assurer eux-mêmes la protection de leurs familles, les autorités allemandes devant seulement « tenir compte, selon les possibilités, de leur désir d'obtenir des lieux de refuge en cas d'actions militaires ou de troubles ». La protection allemande ne sera accordée qu'« en cas de projets d'attentats terroristes contre des personnalités connues pour leurs sympathies pro-allemandes ». L'idée d'utiliser les partisans de la Collaboration est également réduite aussi bien dans les missions (transmission de renseignements, recrutement de conducteurs de véhicules motorisés) que dans le choix de ceux-ci puisqu'il ne devra concerner « que des personnes sélectionnées individuellement ».

La méfiance allemande – y compris celle de l'ambassade dont Abetz a repris la direction à la mi-novembre 1943 – va jusqu'à refuser aux partisans de Doriot le retour de leur chef malgré une lettre à Himmler soulignant que sa présence est indispensable pour « recréer en France une atmosphère moins hostile aux troupes allemandes [97] ».

Imperturbablement, le professeur Grimm poursuit ses tournées de conférences [98] sous l'égide du groupe Collaboration, auquel s'associe dans certaines localités la Milice de Darnand. En novembre, son rapport ne signale pas moins de dix attentats dont un contre Brinon, les autres contre des responsables du groupe Collaboration, des permanences du PPF et même contre la salle Molière à Lyon où doit se dérouler sa réunion. En décembre, Vichy interdit les réunions prévues à Guéret, Limoges, Brive, Périgueux à cause de la proximité des maquis. Pour la première fois, le professeur Grimm admet que sa méthode « en douce » a échoué, déplore la faiblesse de la Milice – qui compte certes 30 000 hommes, mais dont 2 000 seulement sont réellement préparés au combat faute du soutien financier de Vichy, faute aussi d'armement et d'entraînement. Situation qu'il impute à « l'abdication allemande ». S'il parvient encore, selon ses indications, à réunir 1 500 personnes à Paris, 700 à Angers, la participation au Mans, à Rennes et Saint-Brieuc ne dépasse pas 300 en moyenne. Il persiste néanmoins à penser qu'il est possible de réaliser un front unitaire des organisations françaises « contre le bolchevisme et le terrorisme ».

C'est d'ailleurs dans cet esprit qu'Abetz a entrepris dès son retour à Paris des consultations avec Laval, Brinon et Déat en vue d'un remaniement du gouvernement dans lequel entreraient notamment Déat, Henriot et un ou deux proches de Doriot. En tournée dans la zone Sud en janvier et avril 1944 [99], Grimm attribue à l'arrivée au gouvernement de Darnand et Henriot en janvier 1944, suivie de celle de Déat en mars, l'amélioration du climat général, tout en insistant sur la nécessité de soutenir « à tout prix » *(unter allen Umständen)* Déat, « malgré une certaine rudesse et parfois un manque de diplomatie », contre Laval qui entend limiter ses prérogatives. Car Laval, note-t-il en français dans son rapport d'avril à Berlin, « joue comptant avec les Allemands et à terme avec les Anglo-Américains ». Le MBF souligne lui aussi le rôle positif [100] des trois nouveaux ministres au sein du gouvernement.

Quant au chef de l'État, dont Grimm a vécu la visite à Paris et qui le reçoit à nouveau le 1er mai à Vichy [101] – cette fois en présence du ministre plénipotentiaire von Renthe-Fink que Berlin a commis à sa surveillance permanente –, l'informateur de Ribbentrop estime que « l'idéologie liée au nom de Pétain comme représentant de la France semble tout de même encore très forte », mais que, soumis à la mauvaise influence de son entourage, il n'a plus rien d'un chef, qu'il adapte son attitude à ce qu'il croit être populaire. Pas un mot, dans ces rapports, des exactions et du climat de terreur que le dernier carré du collaborationnisme et de la Milice fait régner là où il le peut encore. Ce n'est qu'après l'attentat mortel contre Henriot le 28 juin 1944 qu'il évoquera pour la première fois « un climat de guerre civile [102] », l'hostilité de la population envers Laval et Darnand, traités de « vendus », et l'appel radiodiffusé de Pétain à la neutralité des Français dans les combats engagés depuis le débarquement allié du 6 juin en Normandie. Cet appel a été retenu par la censure en zone Nord, mais publié par la presse qui commence à se dégager de son contrôle. L'appel à la mobilisation de la Milice de Darnand – auquel Doriot, autorisé depuis février 1944 à revenir dans la capitale, refuse de se joindre parce qu'il voit en Darnand un obstacle à son arrivée au pouvoir – recueille aussi peu d'échos que la *Déclaration commune sur la situation politique* signée des ministres Déat, Bichelonne, Brinon, Bonnard et d'une trentaine d'ultras de la Collaboration (dont Doriot, l'amiral Platon et Jean Luchaire) qui sera remise à Vichy le 9 juillet 1944.

Car, si les Allemands les rejoignent sur le constat de désagrégation de l'État français, ils ne leur accordent pas le moindre crédit pour prendre les rênes du pouvoir. À tel point qu'Abetz va jusqu'à interdire la réunion que Doriot a prévue le 2 juillet, salle Wagram, en l'honneur du huitième anniversaire de la fondation du PPF. « Le maintien de l'ordre, écrit le professeur Grimm dans son ultime rapport du 24 juillet 1944, ne pourra être assuré que par nos troupes [103]. » Pendant que le maréchal Pétain cherche d'ultimes moyens pour échapper au transfert de son gouvernement à l'est et donne pouvoir, le 22 juillet, à l'amiral Auphan de le représenter auprès du haut commandement allié « à l'effet de trouver au problème politique, au moment de la libération du territoire, une solution de nature à empêcher la guerre civile et à réconcilier tous les Français de bonne foi [104] », Laval se rend encore, dans les premiers jours d'août, auprès d'Abetz, en vue d'obtenir la libération d'Édouard Herriot en résidence forcée près de Nancy et la convocation de l'Assemblée nationale à Versailles afin que celle-ci soit en place lors de l'entrée des troupes alliées dans Paris. Consulté par téléphone, Ribbentrop donne son accord. La course éperdue qui s'engage du 13 au 16 août pour doter le pays d'un régime de transition se heurte à l'opposition aussi bien de la Résistance intérieure qu'à celle de la SIPO-SD, maîtresse du terrain depuis l'échec, le 2 juillet, du complot des généraux contre Hitler.

Au soir du 17 août, tandis que les troupes d'occupation évacuent le sol français aussi rapidement qu'elles l'ont conquis, les Allemands distribuent pour la dernière fois leurs rôles à ceux qui ont cru, pendant quatre ans, à la réalité de la Collaboration. Au chef de l'État et à son gouvernement, le repli forcé dans le Reich où ils devront former un contre-pouvoir sous contrôle allemand. Aux chefs et militants ultras, l'engagement comme mercenaires du IIIe Reich qui les utilisera jusqu'à son effondrement dans la lutte contre leur propre peuple.

CHAPITRE V

Entre la swastika et la francisque : bilan d'une mise au pas

« *On pouvait penser – tel avait été l'éclat des dernières manifestations électorales – qu'il y avait en France, en 1936, trente-huit millions de républicains. Que sont-ils devenus ?* »

Jean GUÉHENNO, *Journal des années noires*, 25 juillet 1942, Paris, 1947.

« *Il vaut bien mieux que des mesures aussi impopulaires soient prises par un gouvernement français plutôt que d'être obligés nous-mêmes de procéder par voie d'ordonnance d'un gauleiter ou d'une dictature militaire. Dans ce cas, nous aurions à coup sûr 100 % de la population contre nous.* »

Friedrich GRIMM, *Frankreichberichte*, 27 juillet 1943, Fonds Grimm, Archives fédérales de Coblence.

Les convergences paradoxales

Qualifiées d'« années noires », les années qui couvrent la période 1940-44 ne furent pas seulement celles de l'occupation allemande. Elles furent aussi celles de la revanche des forces antirépublicaines, xénophobes et antisémites, de l'instauration d'un « ordre nouveau », le produit de l'interaction des nationalismes allemand et français que leurs différences et leurs divergences n'empêchèrent pas de converger dans la volonté d'extirper jusqu'aux derniers vestiges de la démocratie en France. Convergences, comme le soulignaient Friedrich Grimm en 1943 et le major von Teuchert, dernier responsable de l'administration du MBF dans son bilan de 1945, sans lesquelles l'Allemagne n'aurait pas pu assurer aussi aisément, avec des effectifs n'ayant jamais excédé quarante mille hommes, la soumission d'un pays de quarante-cinq millions d'habitants.

Or, dans l'esprit d'Hitler, cette soumission seule importait. Dès le début de l'Occupation, il apparaît clairement que l'Allemagne victorieuse n'entend pas traiter d'égale à égale avec la France comme avant la guerre ni même – ce qu'imaginent et ne cesseront de demander les hommes de Vichy – lui accorder un statut d'associée [1]. Apparemment plus souple que son maître, Otto Abetz note dans un mémoire du 30 juillet 1940 qui lui est destiné : « Les degrés de dureté de notre attitude doivent varier selon le partenaire et le but visé. Une partie des personnalités et des mouvements politiques doit être maintenue dans l'espoir, c'est-à-dire l'illusion, d'une possibilité d'entente avec l'Allemagne. Une attitude uniforme de rejet provoquerait immédiatement un front unique et indivisible de tous les Français [2]. » Soulignant « le danger du chauvinisme », le futur ambassadeur d'Hitler se déclare convaincu que les Français, « courageux de nature » – malgré leur absence de combativité en 1939-40, due en grande partie, selon lui, à l'effet démobilisateur de la propagande allemande –, peuvent être tentés de constituer un mouvement à l'image des corps francs allemands au lendemain de la défaite de 1918. Mouvement qui « bénéficierait du soutien du clergé, de l'armée et du Comité des forges, mais serait entravé tout naturellement par le mouvement ouvrier révolutionnaire au sein duquel le Parti communiste dispose de la meilleure organisation, qu'il s'efforce de garder intacte en simulant une attitude amicale envers l'occupant ». Constatons au passage que si cet expert chevronné des affaires françaises ne sous-estime ni le poids ni l'habileté tactique des communistes français de l'époque, il se montre incapable de dépasser un imaginaire social figé, de concevoir un cas de figure différent, en l'occurrence l'alliance de toutes les forces françaises résolues à bouter l'ennemi hors du territoire national, alliance qui se réalisera dans la Résistance. Partisan du soutien « dans une certaine mesure » – c'est-à-dire aussi longtemps qu'ils serviront les intérêts de l'Allemagne – à Laval et aux membres anglophobes du gouvernement, il conçoit l'instauration d'un régime autoritaire corporatiste appuyé sur un mouvement laïc et républicain sans Juifs ni francs-maçons. À l'instar des responsables de la SIPO et du SD, Abetz souhaite en finir, le moment venu, avec ce qu'il appelle le « régime clérical-réactionnaire », et son adjoint, Epting, « la gérontocratie » de Vichy. Son mémoire du 30 juillet 1940 préconise un protectorat durable du Reich sur l'ensemble de la France, assorti d'une « éradication impitoyable » *(rücksichtslos ausgerottet)* de ses élites intellectuelles et politiques.

À cet effet, une loi devrait prévoir l'expulsion du pays, après confiscation de leurs biens, dévolus aux victimes du conflit, de tous les éléments bellicistes ou fauteurs de guerre. Seraient désignés comme tels, « selon les besoins », tout parlementaire, franc-maçon, Juif, membre du clergé, sur la foi des résolutions et déclarations de leurs associations respectives en faveur de la guerre et de sa poursuite. Excepté quelques rejetons de souche paysanne, la plupart des bourgeois restants, épuisés par une tradition de vie trop facile, privés, comme au temps de l'inflation allemande, de leur base économique, ne seraient plus en mesure d'accéder à des postes de direction. Quant à la masse des paysans, artisans et ouvriers, il suffirait de leur assurer des conditions favorables dans l'industrie de luxe – autre cliché persistant de l'imaginaire allemand – pour les convaincre des avantages matériels que leur apporterait une intégration dans l'espace vital militaire et politique allemand.

Pour être admise, la conception du Reich devrait passer par l'idée européenne, fortement enraciné dans l'esprit du peuple français. Car – argument que l'on trouve aussi à maintes reprises dans les rapports de Friedrich Grimm, autre expert de Ribbentrop pour les affaires françaises, « tout comme le pacifisme, usurpé par l'Allemagne national-socialiste, a provoqué l'affaiblissement moral de la France sans nuire à l'esprit combatif de l'Allemagne, l'idée européenne pourrait être usurpée par le Reich sans porter atteinte à la volonté d'hégémonie continentale que le national-socialisme a ancrée dans le peuple allemand ».

Tout en tolérant, du moins jusqu'à l'automne 1942, le double jeu de son ambassadeur (lequel s'en prévaudra largement devant le tribunal militaire français appelé à le juger en juillet 1949), Hitler se refuse dès le départ à la moindre concession qui pourrait hypothéquer en quoi que ce soit son dessein d'affaiblir durablement la France. S'il accepte les avances françaises lorsqu'elles servent ses intérêts, il ne s'engage à aucun moment dans la voie d'une véritable collaboration souhaitée par Vichy. Pas même à Montoire, où Pétain et Laval croient toucher au but d'une entente effective. Encore moins en mai 1941, lors de la négociation des « protocoles de Paris », bien que

Darlan soit prêt à aller jusqu'à une cobelligérance franco-allemande contre l'Angleterre moyennant les concessions souhaitées. L'incertitude que le Führer laisse volontairement planer durant quatre ans quant au statut futur de la France gêne, on le perçoit nettement à travers les rapports de situation, l'administration militaire allemande, confrontée, à mesure que le temps passe, à l'hostilité croissante de la majeure partie d'une population excédée par la dégradation de ses conditions de vie, les contraintes et le mesures draconiennes découlant de l'Occupation. Avec pour corollaire le discrédit de l'appareil français d'État dont les représentants se voient reprocher de ne pas défendre ses intérêts – sans que ces reproches atteignent cependant sérieusement le prestige du Maréchal. Inconvénients mineurs, aux yeux d'Hitler, tant que la sécurité de la Wehrmacht n'est pas menacée, que Vichy maintient un concours qui dépasse largement les exigences de l'armistice dans l'espoir d'obtenir en retour des compensations substantielles telles que le rapatriement des prisonniers, la suppression de la ligne de démarcation, la garantie par un règlement de paix ou, à défaut, des assurances précises de l'intégrité du territoire.

Dans ces conditions, malgré les menaces proférées à maintes reprises, Hitler a tout intérêt à entretenir la fiction d'un État français légitime, avec à sa tête un chef respecté, plutôt que d'imposer un gauleiter ou des ultras de la Collaboration, utilisables certes comme instruments de pression, mais trop ouvertement liés à l'occupant et, de ce fait, trop impopulaires pour assurer le maintien de l'ordre et le bon fonctionnement des pouvoirs publics. À court terme, ces deux facteurs priment toute autre considération. Engagé dans une guerre de conquêtes coûteuses en matériel et en hommes, il ne peut s'offrir le luxe d'en dégager davantage pour mater un pays appelé à lui servir de base opérationnelle et de centre d'approvisionnement. Une fois la victoire acquise, le régime de Vichy ou celui de ses successeurs n'aura d'autre choix, compte tenu de sa faiblesse, que de s'intégrer dans une Europe sous hégémonie allemande. Car, contrairement à la thèse du moindre mal accréditée par les hommes de Vichy, Hitler n'a jamais eu l'intention de favoriser le développement d'un grand mouvement fasciste en France, *a fortiori* d'un Parti national-socialiste, appellation dont il fait d'ailleurs interdire expressément l'usage. Puisqu'il entendait empêcher définitivement « l'ennemie mortelle de l'Allemagne » de retrouver son rôle de grande puissance, pourquoi lui aurait-il fourni le moyen de rivaliser avec elle dans la domination de l'Europe ? En réalité, son objectif, déjà énoncé dans ses instructions du 3 août 1940 à Abetz, tient en trois mots : diviser pour dominer.

Apparemment incohérente et mal acceptée des militaires qui souhaitaient une occupation totale du pays, sa décision de démanteler le territoire français en ne laissant subsister qu'une zone Sud non occupée, sorte d'État croupion qu'il se réservait d'envahir en cas de menace ennemie – d'où l'élaboration, à l'automne 1940, du plan Attila mis en œuvre deux ans plus tard –, correspondait pleinement à cet objectif. Ajoutée aux divisions traditionnelles de la société française, cette mesure, non prévue par la convention d'armistice qui n'indiquait en annexe que le tracé de la ligne de démarcation, introduisait un facteur nouveau de désagrégation avec des statuts différents selon les régions : annexion *de facto* au Reich des trois départements d'Alsace-Lorraine, administration militaire allemande de la Belgique dans le Nord-Pas-de-Calais, zone interdite de l'Est, zones d'occupation allemande et italienne, zone dite libre. Situation aggravée par les entraves à la liberté de circulation et de communication maintenues jusqu'à l'invasion de la zone Sud en novembre 1942, presque intégralement jusqu'à la fin de l'Occupation dans les régions interdites et totalement dans l'Alsace-Lorraine annexée.

L'homme qui avait déclaré faire don de sa personne à la France pour la sauver du chaos « dans l'honneur et la dignité » pouvait-il accepter ce dépassement manifeste des droits reconnus à l'occupant par la convention d'armistice ? N'avait-il aucun moyen de les faire respecter ?

En soi, excepté l'article 19 par lequel le gouvernement

français acceptait de livrer à la demande du Reich des déserteurs et « asilés politiques » allemands (article déshonorant dont il s'efforcera de minimiser la portée [3]), l'accord conclu n'avait rien d'un diktat. Hitler s'était certes assuré des gages importants : il gardait en otages jusqu'à la conclusion d'un traité de paix plus d'1,5 million de prisonniers de guerre détenus en Allemagne. La France était tenue de désarmer l'ensemble de ses forces, à l'exception de 100 000 hommes indispensables au maintien de l'ordre intérieur. Elle s'engageait à livrer ses installations et ses stocks militaires en territoire occupé ou à les placer sous contrôle allemand ou italien dans les régions non occupées; à ne pas entreprendre ou à tolérer de la part de ses ressortissants d'actions hostiles contre le Reich; à faciliter par tous les moyens l'exercice des droits de la puissance occupante avec le concours de l'administration française qui devait se conformer aux réglementations des autorités militaires allemandes et coopérer avec ces dernières « de manière correcte ». Malgré cette clause ambiguë, qui se révéla lourde de conséquences, les autorités françaises conservaient encore des atouts non négligeables pour négocier une interprétation non extensive de la convention d'armistice ou, à défaut, une base de repli. En effet, par crainte de voir la flotte française, demeurée intacte, aller renforcer celle de l'Angleterre, Hitler avait renoncé à présenter aux dirigeants français des exigences trop draconiennes qui risquaient, pensait-il, de les inciter à gagner l'Afrique du Nord, à partir de laquelle ils pourraient renouer leur alliance avec la Grande-Bretagne et permettre à celle-ci de disposer des importantes ressources de l'empire français. C'est pourquoi, moyennant une neutralisation de la majeure partie de la flotte de guerre, l'empire, les forces navales, aériennes et terrestres estimées indispensables à sa défense restaient entre les mains du gouvernement de Vichy. Toutefois, la convention stipulait que le gouvernement allemand pouvait la dénoncer à tout moment si le gouvernement français ne respectait pas ses obligations.

Une infime minorité d'hommes et de femmes, résolus à

ne pas baisser les bras, étaient persuadés que l'armistice n'était qu'une trêve, une ruse du vainqueur de Verdun afin de préparer le pays, bouleversé par la défaite, à une reprise ultérieure des combats. Quelques irréductibles avaient sans attendre gagné l'Afrique du Nord, les États-Unis ou l'Angleterre avec l'intention de rassembler des énergies et les moyens de poursuivre la lutte. Devenu *a posteriori* le symbole du sursaut national, l'appel du général de Gaulle, lancé le 18 juin depuis Londres, resta ignoré de la plupart des Français abasourdis par l'ampleur du désastre. Au dire du Général [4], il ne fut rejoint que par 7 000 volontaires jusqu'à la fin de juillet 1940. Leur nombre atteignit 35 000 à la fin de l'année, sans dépasser ce chiffre avant novembre 1942.

Mal remise de l'hécatombe de la Première Guerre mondiale, traumatisée par les crises des années trente, la majorité de la population s'était, malgré la victoire électorale des forces du Front populaire, refusée à envisager un conflit avec l'Allemagne hitlérienne : de la mise à mort de la République espagnole en 1936-39 à l'annexion de l'Autriche et aux accords de Munich livrant à Hitler l'allié tchécoslovaque en passant par la remilitarisation de la Rhénanie en 1936, son état d'esprit n'avait pas changé. Elle s'était, à son corps défendant, engagée en 1939 dans une guerre dont elle n'avait pas compris l'enjeu idéologique.

L'éminent historien Marc Bloch, cofondateur des *Annales*, résistant de la première heure, arrêté par la SIPO-SD et mort en 1944 des suites des tortures subies, constatait déjà dans son *Procès-verbal de 1940* [5], rédigé pour les générations d'un avenir de liberté qu'il ne pensait plus connaître : « Ce n'est pas seulement sur le terrain militaire que notre défaite a eu ses causes intellectuelles. (...) Notre régime de gouvernement se fondait sur la participation des masses. Or ce peuple auquel on remettait ainsi ses propres destinées et qui n'était pas, je crois, incapable en lui-même de choisir les voies droites, qu'avons-nous fait pour lui fournir ce minimum de renseignements nets et sûrs sans lesquels aucune conduite rationnelle n'est possible ? Rien en vérité ! Telle fut certainement la grande faiblesse de notre système prétendument démocratique, tel le pire crime de nos démocrates. »

Les partis du Front populaire et les syndicats ouvriers avaient braqué leurs regards sur « les profits du présent » et un pacifisme incapable de distinguer « entre le meurtre et la légitime défense ». Une bourgeoisie « aigrie », se refusant à comprendre « l'élan des masses vers un monde plus juste », inclinait à considérer la régime politique « corrompu jusqu'aux moelles » et le peuple « dégénéré ». Les élites intellectuelles qui avaient « une langue, une plume, un cerveau » ne s'en étaient, à de rares exceptions près, pas servies pour éveiller les consciences à la gravité de la situation. Quant aux chefs militaires, enfermés derrière « un mur d'ignorance et d'erreur, s'ils ont estimé très tôt naturel d'être battus », certains cherchaient avant tout dans un coup d'État « le moyen de masquer leur faute ». D'autres n'acceptèrent le désastre que la rage au cœur. « Ils l'ont accepté, cependant, trop tôt, parce qu'ils lui trouvaient ces atroces consolations : écraser, sous les ruines de la France, un régime honni, plier les genoux devant le châtiment que le destin avaient envoyé à une nation coupable. »

Ce diagnostic sans complaisance, établi entre juillet et septembre 1940 par un historien républicain, combattant titulaire de quatre citations et de la Croix de guerre en 1914-18, mobilisé à sa demande en 1939 comme officier d'état-major d'où il a pu observer les étapes de l'effondrement et analyser ses causes, éclaire le désarroi quasi général d'un peuple soulagé de trouver un sauveur qui lui promet de rétablir la paix et l'ordre. Il explique aussi pourquoi le maréchal Pétain n'a jamais envisagé l'armistice comme une trêve provisoire, au point de demander d'emblée – fait que nieront les membres de son cabinet mais qu'attestent les documents allemands – les conditions de paix à ceux qu'il considérait comme les vainqueurs d'une guerre définitivement perdue. D'où, d'un côté, sa quête incessante d'un accord de collaboration avec l'Allemagne, de l'autre, l'instauration d'un « ordre nouveau », conforme à sa conception autoritaire du redressement moral de la nation entraînée à sa perte par un régime décadent et que dominaient, selon lui, les forces cosmopolites de la finance, des politiciens sans foi ni loi, des enseignants moins éducateurs que corrupteurs de la jeunesse.

Rien, dans la convention d'armistice, n'obligeait la France à changer de régime politique. Le gouvernement formé en juin 1940 et les institutions existantes auraient pu se contenter d'assurer, dans la mesure des moyens qui leur étaient laissés par l'occupant, le fonctionnement des services relevant de leur compétence. C'est donc délibérément que le parlement de Front populaire élu en 1936 – sans les communistes exclus depuis 1939 – accorde, par 569 voix contre 80, les pleins pouvoirs – sauf celui de déclarer la guerre – au maréchal Pétain. Joseph Barthélemy, garde des Sceaux de 1941 à 1943, affirmait alors qu'il ne s'agissait que d'un « régime de guerre [6] ». En réalité, la décision de substituer à la République un État avec à sa tête un chef omnipotent, d'abandonner au seul exécutif le soin de rédiger une nouvelle constitution s'inspirait d'un double objectif : rendre le régime plus acceptable au partenaire allemand, en finir une fois pour toutes avec ce que Pierre Pucheu appelait « la démocrassouille [7] ».

Muni des pleins pouvoirs, assuré de l'appui massif de l'opinion, des grands corps de l'État, de la hiérarchie ecclésiastique, d'hommes politiques et notables favorables à divers titres au rétablissement d'un « État fort », Pétain s'empresse de fonder son régime sur le principe hiérarchique. Cette version française du *Führerprinzip* allemand, conforme à la tradition monarchique et militaire, mais nullement requise par la convention d'armistice et pas davantage par l'administration du MBF, va grandement faciliter la tâche de cette dernière.

PRINCIPE HIÉRARCHIQUE ET DÉSAGRÉGATION NATIONALE

En substituant aux multiples instances élues des fonctionnaires nommés à tous les niveaux de l'administration,

Vichy offre en effet au MBF la possibilité de réaliser au moindre coût le quadrillage du territoire occupé en calquant ses structures sur celles des principales administrations françaises. Essentiellement sur celles du corps préfectoral dont les pouvoirs exorbitants, renforcés encore en avril 1941 avec la création des préfets de région, lui permettent de faire passer et d'exécuter ses exigences par un canal d'autant plus facile à contrôler qu'il dispose du fichier nominatif de son personnel soigneusement tenu à jour. En principe, il est vrai, l'administration française ne relève, même en territoire occupé – hormis les trois départements d'Alsace-Lorraine soumis directement dès le 7 août 1940 à l'administration civile du Reich – que de l'autorité du chef de l'État et de son gouvernement. En pratique, empêché de se réinstaller à Paris comme le prévoyait la convention d'armistice, considérablement gêné dans son action par les multiples entraves à la liberté de circulation et de communication inter-zones, le gouvernement ne peut que protester par l'intermédiaire de la commission germano-française d'armistice [8] et de son délégué dans les territoires occupés contre les violations permanentes de l'accord conclu. Trois semaines après son entrée en vigueur, un constat s'impose : si Vichy le respecte « strictement à la lettre » – au dire même des autorités allemandes [9], celles-ci le violent allègrement sans se soucier le moins du monde des protestations françaises. Dans ces conditions, l'alternative est simple. Ou bien l'État français se résigne à l'emprise allemande sur le territoire occupé, dégage nettement sa responsabilité par une interprétation la plus restrictive possible de la coopération administrative « correcte » à laquelle il s'est engagé et se contente d'exercer sa pleine souveraineté sur la zone non occupée. Ou bien le chef de l'État dénonce publiquement la fiction de l'autonomie de son gouvernement – ce qu'il ne fera que partiellement à l'occasion de son allocution du Nouvel An 1942 et à l'automne 1943, lors de la grève passagère de ses fonctions. En optant pour une troisième voie, celle d'harmoniser la législation française avec les directives de l'occupant, voire de les devancer ou de les dépasser, comme dans les cas de l'épuration générale de la fonction publique, de l'exclusion des Juifs et des francs-maçons, sa politique censée préserver l'unité nationale aggrave la désagrégation.

L'argument du bouclier invoqué *a posteriori* par Pétain et ses fidèles ne résiste pas à l'analyse des faits. Aux constatations de l'historien Robert Paxton montrant que, comparée à d'autres pays occidentaux entièrement occupés, la population de la France a été plus durement et plus inégalement traitée, que son économie a subi des ponctions beaucoup plus lourdes, il faut ajouter que la politique de collaboration prônée par Vichy n'a pas apporté le moindre allègement à la stratégie allemande de désintégration territoriale, sociale et culturelle du pays. L'occupant renonce de son propre chef à soutenir sérieusement les mouvements séparatistes, notamment en Bretagne, parce qu'il ne tient pas à provoquer des troubles semblables à ceux qu'a connus de leur fait l'Allemagne des années vingt, et qu'il se rend compte que ces groupuscules, sans implantation suffisante dans la population, peuvent tout au plus lui servir de moyen de pression sur Vichy. Mais il ne renonce ni au maintien de la division territoriale, ni à la germanisation radicale de l'Alsace-Lorraine et ne libère qu'une infime proportion de prisonniers moyennant leur relève par des travailleurs français au service de l'effort de guerre du Reich. Il n'apporte aucune amélioration sensible à la liberté de circulation et de communication, fût-ce en faveur des ministres, des hauts dignitaires de l'État et de l'Église. Même les cardinaux et évêques de zone Sud – à l'exception de Mgr Gerlier, primat des Gaules – se voient refuser l'autorisation d'assister aux assemblées épiscopales à Paris. En fait de sauvegarde de l'unité nationale, Vichy n'obtient même pas la levée de l'interdiction du drapeau tricolore et de *La Marseillaise* dans les territoires occupés. Quant à la « Révolution nationale », à ses associations, à ses organismes corporatifs et à son ordre moral, les nombreux exemples relevés prouvent à l'évidence que les autorités allemandes s'en moquent éperdument, qu'elles n'en tiennent compte que lorsque ceux-ci servent leurs intérêts. On ne peut même pas porter au crédit de Vichy l'absence d'extension du port obligatoire de l'étoile juive à la zone Sud, compensée par l'apposition de la mention « Juifs » sur les papiers d'identité nationale. Ni la proportion de Juifs – environ 30 % du total – livrés à la déportation, proportion sensiblement inférieure à celle d'autres pays occupés d'Europe occidentale.

En ce domaine davantage que dans tous les autres, la connivence avec l'occupant a singulièrement aggravé la situation et anesthésié la conscience de la majeure partie des Français. D'abord en les privant, là où c'était encore possible, de tout relais démocratique pour les éclairer sur la réalité de la situation et renforcer les indispensables solidarités qui ne se manifesteront que deux ans plus tard. En attisant au contraire dès le début, par ses discours et ses actes, les antagonismes, la xénophobie et l'antisémitisme, en légitimant, pour maintenir une souveraineté illusoire sur l'ensemble du territoire, la politique antijuive de l'occupant, ce qui – tous les documents allemands le prouvent – facilitait grandement son acceptation, Vichy s'engageait de son propre chef dans une escalade de la Collaboration poursuivie sans discontinuer, en dépit de la crise consécutive à la « révolution de palais » de décembre 1940. Car la stratégie de l'État français, visant, durant les trois premiers mois, à donner des gages afin d'obtenir d'Hitler sa reconnaissance en tant qu'interlocuteur valable, puis, à partir de Montoire, un traité de paix et de coopération avec le Reich, est non seulement reprise mais accentuée sous le gouvernement Darlan. C'est sous l'autorité de celui-ci que s'accélère la « déjudaïsation » de la vie publique avec l'adoption, en juin 1941, d'un second statut des Juifs, la création, en mars de la même année, du commissariat général aux Questions juives (CGQJ) rattaché directement à la vice-présidence du Conseil. C'est aussi sous son autorité que les polices françaises procèdent aux arrestations de Juifs étrangers et apatrides du 14 mai et du 20 au 23 août 1941, puis à celles des notables juifs français du 12 décembre, internés dans les camps de Pithiviers, Beaune-la-Rolande et Drancy ouverts en août 1941 et dépendant, comme ceux de zone Sud, du ministère de l'Intérieur. C'est encore sous son autorité qu'intervient, le 29 décembre 1941, la création de l'Union générale des israélites des Frances (UGIF), version française du *Judenrat* que l'*Obersturmführer* SS Dannecker se proposait d'instaurer en territoire occupé, étape préalable aux déportations qui commenceront en zone Nord trois mois plus tard [10].

En proclamant, quelques jours après l'entrevue de Montoire avec Hitler : « C'est dans l'honneur et pour maintenir l'unité française (...) que j'entre aujourd'hui dans la voix de la Collaboration », Pétain a engagé le pays dans l'engrenage des concessions et des compromissions sans avoir obtenu du chancelier la moindre garantie quant aux améliorations substantielles qu'il fait miroiter aux yeux de la population – ce qui ne pouvait qu'entretenir ses illusions et ses divisions.

Car, passé le premier choc de la défaite, plus les conditions d'existence se détériorent, plus le fossé se creuse entre habitants de zone Sud qui ne subissent qu'indirectement, jusqu'en novembre 1942, l'omniprésence impérieuse de l'occupant, et ceux qui y sont confrontés quotidiennement. Le fossé se creuse aussi entre l'administration française, les groupes d'intérêt et les personnes qui, par conviction, soumission à l'autorité ou opportunisme, coopèrent ou collaborent avec l'occupant et ceux qui en pâtissent. Variables selon les régions, les milieux, la conjoncture, ces grandes fractures de la cohésion nationale se délitent encore sous le poids des préjugés et de rivalités anciennes nourris par la propagande officielle, les équivoques du moindre mal, les réflexes d'adaptation et de survie. Quoique difficilement mesurables en l'absence de liberté de réunion et d'expression, les réaction de l'opinion apparaissent, à travers les rapports de situation et la censure postale tant allemande que française [11], aussi changeantes que contradictoires. Oscillant entre un sentiment anti-allemand et l'espoir sans cesse déçu d'un retour prochain à la normale, l'attachement à la personne du Maréchal et la critique acerbe de son gouvernement, cet état d'esprit témoigne de la confusion idéologique créée par la politique de Vichy. Confusion qui entrave le « réveil de la conscience nationale » que redoutent les observateurs du MBF même si la « versatilité » des Français les déconcerte.

Formés par une longue tradition au respect de « l'autorité établie » (*Obrigkeit*) comme à la discipline individuelle et collective – sans parler des années d'endoctrinement national-socialiste –, obsédés par le « réveil de la conscience nationale » de leur propre peuple lors de l'occupation française de la Rhénanie dans les années vingt, leur méfiance viscérale se traduit par une vigilance tatillonne, une mise au pas systématique en zone Nord de tous les rouages de la société afin de briser dans l'œuf toute velléité d'opposition. Mise au pas d'autant plus efficace, du moins dans sa phase d'épuration, que les différents services allemands recourent à tous les moyens : mesures d'autorité, d'intimidation, utilisation des conflits d'intérêts, de la corruption, des antagonismes et des ambitions personnelles, sans oublier le concours des administrations et organismes de Vichy qui jouent le jeu truqué de la coopération.

S'ajoutant à l'obligation prévue par la convention d'armistice de « faciliter par tous les moyens » l'exercice des droits de la puissance occupante, l'engagement volontaire de l'État français dans la politique de collaboration réduit en effet la marge de ses représentants ou adeptes à des piètres combats d'arrière-garde. Généralement impressionnés par la fermeté apparente ou réelle de leurs interlocuteurs, rarement conscients du prix que ceux-ci attachent à leurs services, ils s'enlisent dans la procédure – les Français aiment « finasser » – en croyant préserver l'essentiel alors que leurs concessions retardent tout au plus certaines échéances – quand elles n'ouvrent pas la voie à de nouvelles exigences de l'occupant.

On ne citera que deux exemples. Si les Allemands ne peuvent, faute d'assentiment français, étendre le *numerus clausus* décrété par Vichy pour les élèves juifs des enseignements supérieurs à tous les niveaux d'enseignement – mesure réalisée « à titre expérimental » par le général Weygand en Algérie –, s'ils parviennent à ce qu'Himmler renonce au recensement des Alsaciens-Lorrains de zone Sud en vue de leur transfert dans le Reich, ces questions seront résolues dans le premier cas par la déportation, dans le second par l'obtention en échange d'un accord de coopération renforcée des polices allemande et française.

Pratiquement toujours gagnants à ce jeu, avec parfois des épisodes ubuesques comme la visite du ministre de l'Éducation, Jérôme Carcopino, distingué spécialiste d'histoire romaine et membre de l'Académie française, à l'ambassade où il tente de convaincre l'adjoint d'Abetz des vertus de sa réforme réactionnaire de l'enseignement, réforme inadaptée en l'occurrence aux objectifs « révolutionnaires » de la « politique culturelle » du Reich, les Allemands ne peuvent pourtant pas se passer d'intermédiaires français. La plupart d'entre eux ignorent non seulement la langue, mais aussi, obstacle de taille, le mode de vie et de pensée de la population, qu'ils ne connaissent ou imaginent qu'à travers des réminiscences scolaires ou livresques, des épisodes vécus de la Première Guerre et de la défaite allemande, des clichés et des stéréotypes. Leurs ordonnances, leurs directives, la législation de Vichy et une bureaucratie méticuleuse leur permettent de contrôler jusqu'aux moindres recoins de la vie publique sans leur ouvrir pour autant les esprits et les cœurs d'un peuple réputé frondeur, apparemment dompté.

Effectivement, les premières mesures contre les étrangers, les Juifs, les francs-maçons, les « responsables de la décadence » ne suscitent guère de réactions de part et d'autre de la ligne de démarcation [12]. En les présentant comme une action de salubrité nationale, le régime de Vichy et les médias aux ordres de l'occupant réveillent les vieux démons d'avant-guerre dans une opinion en quête de boucs émissaires. L'Église catholique, pilier et caution morale du nouveau régime, garde encore le silence. Bien que les Allemands s'irritent du manque de « sens racial » des Français – constat maintes fois énoncé de part et d'autre du Rhin depuis le XIXe siècle [13] –, l'harmonisation inter-zones se fait sans difficulté majeure grâce à la législation de Vichy mise en œuvre par l'administration, les syndicats professionnels, les organismes corporatifs reconnus ou instaurés par le gouvernement. À noter que, sur les 183 textes législatifs antijuifs, 162 émanent des autorités françaises contre 21 des autorités allemandes. La différence ne se situe qu'au niveau des dérogations consenties par les premières en faveur des Juifs français, anciens combattants ou ayant rendu des services reconnus au pays. Dérogations contre lesquelles les Allemands interviennent avec plus ou moins de vigueur selon les cas. Mais, jusqu'en 1942, les seuls litiges sérieux avec leurs homologues français ont trait à la dévolution des biens juifs « aryanisés ». De même que les protestations françaises, fort rares dans les cas de discrimination et d'exclusion de personnes, s'élèvent – y compris dans le secteur de la culture et des médias – lorsque des intérêts économiques sont en jeu. Sans aller jusqu'à souscrire à l'assertion provocante de Gide notant dans son *Journal* le 9 juillet 1940 – la date a son importance : « Si la domination allemande devait nous assurer l'abondance, neuf Français sur dix l'accepteraient, dont trois ou quatre avec le sourire », force est de constater que, dans un contexte non pas d'abondance mais de pénurie, les intérêts matériels ont joué un rôle souvent sous-estimé dans les péripéties de la mise au pas.

Les premiers signes de ce que les rapports allemands qualifient d'« éveil de la conscience nationale » n'apparaissent qu'à la fin de l'année 1940. En fait, les manifestations d'étudiants parisiens et dijonnais à l'occasion du 11 novembre, qui provoquent la fermeture provisoire des établissements d'enseignement supérieur dans ces deux villes, ne surprennent pas outre mesure les services du MBF. Considérées d'emblée comme des foyers potentiels de révolte, la jeunesse en général, les universités en particulier font l'objet d'une surveillance rigoureuse. Suivant les recommandations de l'Abwehr, la plupart des mouvements de jeunesse, y compris – à quelques dérogations près – ceux du Maréchal créés en zone Sud, sont interdits en zone Nord, leurs dirigeants et leurs locaux étroitement surveillés. Des informateurs bénévoles ou appointés infiltrés dans ce secteur où l'occupant a rapidement acquis la conviction qu'il ne peut pas compter sur un corps enseignant trop imprégné de traditions libérales en dépit de sa déjudaïsation. Même si Abetz s'efforce, sans grand succès, de récupérer des universitaires de gauche comme contrepoids à l'influence du courant clérical et conservateur favorisé par Vichy, la véritable surprise, c'est l'émoi que provoque dans l'opinion l'arrivée en zone Sud de quelque 100 000 Alsaciens-Lorrains expulsés du jour au lendemain de leur région en cours de germanisation.

Paradoxalement, ces Allemands qui ne cessent de se référer dans leurs analyses, leurs décisions, leurs actions au contentieux passé entre leur pays et la France – contentieux qu'ils font remonter jusqu'à la guerre de Trente Ans – semblent avoir oublié que la mémoire collective n'est pas à sens unique. Qu'il ne suffit pas d'en effacer, comme ils le font depuis leur arrivée, tous les symboles visibles, au point de neutraliser les associations d'anciens combattants dont le pacifisme les a si bien servis avant la guerre, d'interdire l'hymne national, le drapeau tricolore, les défilés, la célébration du 14 juillet et, évidemment, celle du 11 novembre. Il leur faut même renoncer au culte de Jeanne d'Arc, sur lequel ils comptaient initialement pour attiser l'anglophobie des Français lorsqu'il s'aperçoivent que l'Église fait de la Pucelle le symbole de la libération du sol national et que, comble de malchance, elle est originaire de cette Lorraine qu'ils viennent d'annexer. Or, et c'est là l'une des failles majeures de la politique française de collaboration, le régime ne peut se passer de la corde sensible du patriotisme pour conforter son assise et la thèse du redressement national. Évidemment dans un sens conforme à son idéologie : à l'esprit de la Révolution française il substitue celui de la « Révolution nationale ». Le 1er Mai des luttes ouvrières devient la fête du Travail et de son patron saint

Joseph. Le culte de Jeanne d'Arc [14], symbole de l'héroïsme de la France d'Ancien Régime, permet aussi de substituer au souvenir de l'Entente cordiale l'image de la perfide Albion dont Jeanne a été jadis la victime, comme en 1940 les soldats de Dunkerque ou les quelque 1 300 marins tués lors de l'attaque anglaise de la flotte à Mers el-Kébir. Arme à double tranchant : cette interprétation de l'Histoire justifie la lutte contre les ennemis d'une France chrétienne conservatrice, attachée aux valeurs de la terre et des morts, à l'esprit de sacrifice, en même temps qu'elle renforce l'autorité du chef de l'État censé les incarner. Mais elle ravive aussi des sentiments peu propices à la collaboration franco-allemande. À commencer par l'attachement à cette Alsace-Lorraine, perdue et tant exaltée entre 1870 et 1918, que l'administration français a appelée depuis lors « départements recouvrés de l'Est ».

Intervenant deux semaines après l'annonce par Pétain des perspectives bénéfiques qu'ouvrait à la France la nouvelle politique de collaboration inaugurée à Montoire, l'arrivée de ces familles de paysans, de ces prêtres, de ces religieuses chassés de leurs foyers, de leurs églises, de leurs couvents en vertu d'une germanisation radicale dont les Allemands ont formellement interdit toute divulgation, a agi sur l'opinion comme un électrochoc. Régime autoritaire, Vichy a beau interdire tout mouvement organisé d'opposition, bâillonner la liberté de réunion et d'expression, il ne peut, sous peine de s'isoler dangereusement, ignorer les sentiments de la population, que les préfets, informés par les Renseignements généraux, recueillent aussi soigneusement que les services du MBF.

Déjà fort impopulaire auparavant, Laval, que la population accuse de servir ses propres intérêts et ceux de l'occupant plutôt que ceux du pays, fait les frais de la première grande crise qui, sans atteindre la personne du chef de l'État, révèle les limites du pari de la Collaboration. D'autant plus que le triumvirat Darlan-Flandin-Weygand, appelé à remplacer le vice-président du Conseil démis, est aussitôt récusé par les Allemands qui crient à la

« trahison » et que Darlan, finalement toléré par eux, rassure les milieux conservateurs français mais ne parviendra pas, en dépit de sa surenchère sur la politique de son prédécesseur, à fléchir la méfiance et l'intransigeance d'Hitler. L'événement, quelle que soit la part des luttes de clans dans cette révolution de palais, révèle, dès la fin de l'année 1940, que, à défaut d'une opposition organisée, il est des sentiments que la peur et le conformisme ne peuvent totalement étouffer.

Les limites de l'alternative collaborationniste et de l'emprise culturelle allemande

Cette crise, que Vichy s'efforce de présenter comme une affaire purement intérieure, incite les autorités allemandes à durcir leur attitude. Après avoir obtenu le remplacement du général de La Laurencie, jugé insuffisamment fiable, à la Délégation générale aux territoires occupés par son adjoint Brinon avec lequel il a travaillé en 1935 à la constitution du Comité France-Allemagne, Abetz s'emploie à réactiver les associations et groupes politiques de zone Nord, susceptibles de peser sur l'orientation de Vichy et au besoin d'offrir une alternative pour former un gouvernement plus résolument acquis aux thèses du IIIe Reich. La réunion du 7 janvier 1941, convoquée à cet effet à l'ambassade, révèle déjà que cette entreprise ne va pas de soi. Outre les réticences des militaires qui redoutent les effets de l'activisme politique sur le maintien de l'ordre et de la sécurité, le refus d'Hitler de susciter la création d'un grand parti fasciste français, l'impossibilité d'utiliser les associations d'anciens combattants contre le pouvoir du vainqueur de Verdun, il y a la difficulté de coordonner l'action de groupes collaborationnistes souvent rivaux. Et surtout, ce qui relève d'une véritable gageure, la question de savoir comment provoquer un revirement de l'opinion en faveur d'une politique de collaboration dont elle ne perçoit que les inconvénients.

Que huit à neuf millions de Français aient accepté, par réalisme économique, de travailler sous une forme ou une autre pour les Allemands [15] – quitte à fermer les yeux sur le sort des victimes de leurs discriminations et de leurs spoliations –, que beaucoup s'adaptent aux circonstances en apprenant l'allemand et en le faisant apprendre, plutôt que l'anglais, à leurs enfants, qu'ils cherchent à oublier les misères et les compromissions de la vie quotidienne en profitant de toutes les occasions de se divertir ne signifie pas pour autant qu'ils se rallient à la cause des « Boches » – le phénomène nazi ne semble avoir été perçu que par une minorité durant les premières années de l'Occupation. Assurément, la vie publique en zone occupée est dominée par l'omniprésence allemande, avec ses drapeaux, ses panneaux, ses officines de propagande, les médias qu'elle contrôle directement ou par des intermédiaires français, les différents groupes collaborationnistes entretenus avec les millions des frais d'occupation. En butte aux restrictions de plus en plus draconiennes, à la séparation des familles, aux difficultés de circulation et de communication, le gros de la population semble de plus en plus apathique. Les lois de la survie génèrent le repli frileux, le règne de l'égoïsme et de la débrouille – du « système D ». Phénomène dont la littérature et le cinéma d'après 1945 ont montré les aspects négatifs : délation pratiquée plus ou moins dans tous les milieux par esprit de vengeance, de lucre, pour acquérir un logement ou un magasin convoité, éliminer un concurrent, obtenir, en guise de récompense, la libération d'un prisonnier de guerre parent ou ami. À l'échelle des valeurs de l'Occupation, cet aspect, qui fait le bonheur des inquisiteurs allemands et de leurs auxiliaires français, inquiète souvent, mais choque rarement. Ce qui gêne prodigieusement les hommes de la *Propaganda* en revanche, c'est l'individualisme des Français, exacerbé par les circonstances et qui ne se prête guère à leur matraquage idéologique. Malgré les menaces de sanctions, on écoute la BBC ou Radio-Moscou, on pratique le bouche à oreille plutôt que les informations diffusées par les médias sous contrôle, on suit l'évolution des opérations militaires en s'accrochant à l'espoir d'une défaite allemande ou, du moins, d'un rétablissement de la paix qui mettrait fin à l'Occupation.

L'invasion de l'URSS, en juin 1941, renforce pour un temps l'audience des mouvements collaborationnistes. En particulier celle du Parti populaire français de Jacques Doriot, qui disposait déjà avant la guerre d'une organisation structurée et d'une certaine assise populaire, et du groupe Collaboration, plus éclectique, parvenu à une bonne implantation dans les deux zones grâce au soutien de personnalités déjà présentes pour la plupart dans l'ancien Comité France-Allemagne dont il se proclame l'héritier spirituel. Pourtant, la croisade antibolchevique ne donne pas les résultats escomptés. Si Berlin n'accueille qu'avec réticence la création, à l'instigation des collaborationnistes parisiens, de la Légion des volontaires français contre le bolchevisme (LVF), et ne retiendra, après une sélection sévère, que la moitié des quelque 8 000 recrues contraintes d'endosser l'uniforme de la Wehrmacht et de prêter serment de fidélité au Führer (ce qui refroidit passablement les ardeurs françaises jusqu'au sein du gouvernement qui tentera, sans grand succès, de lancer une Légion tricolore), les services allemands ne cachent pas leur déception devant l'attitude réservée des milieux catholiques. Persuadés que l'Église de France serait aussi unanime à soutenir la croisade contre le bolchevisme que la hiérarchie catholique et protestante du Reich – où même les responsables de l'Église confessante l'approuvent ouvertement [16] –, ils constatent que le discours de l'Allemagne, championne de l'Occident chrétien, ne convainc pas la majorité des prélats français qui n'oublient ni ce que *La Croix* d'avant-guerre appelait déjà son « nouveau *Kulturkampf* [17] » ni la déchristianisation forcée de l'Alsace-Lorraine annexée, ni l'interdiction des mouvements de jeunesse catholiques en zone occupée.

Dans la mesure où les partis d'opposition sont interdits, et les mouvements de résistance intérieure encore embryonnaires, l'Église catholique fait figure, depuis l'affaire des Alsaciens-Lorrains expulsés, d'obstacle principal à l'extension de l'influence allemande. Considérée comme le principal foyer du nationalisme français, elle conserve, malgré l'interdiction de ses mouvements de jeunesse en zone Nord, un réseau d'institutions, de publications, de maisons d'édition et de diffusion d'autant plus difficile à contrer qu'elle se cantonne – à de rares exceptions près – dans un légalisme prudent. De plus, son poids dans les sphères gouvernementales, les grands corps de l'État, les milieux tant bourgeois que populaires de la France profonde commande de la ménager.

Quant au projet d'Abetz et de la SIPO-SD de lui opposer un grand mouvement laïc et républicain sans Juifs ni francs-maçons, acquis à leur conception de l'entente germano-française, le faible impact du mouvement syndical créé avec leur soutien montre à quel point il relève de l'utopie. À lire les rapports empreints d'une rage impuissante, non dénuée de fascination, de la *Propaganda* sur la *Gründlichkeit* – terme quasiment intraduisible impliquant profondeur et tenacité – avec laquelle les milieux catholiques confortent leur influence, à suivre les démêlés des services allemands avec le Centre catholique du cinéma et de la radio qui refuse obstinément, malgré les menaces, de se plier à leurs injonctions, on mesure à quel point leur crainte de susciter un *Kulturkampf* en France laissait à l'Église une marge d'action dont, on le sait, elle ne se servit que tardivement pour secourir les persécutés [18].

Bien que, dans ce contexte, la référence des Allemands au *Kulturkampf* ne vise que la lutte de Bismarck contre le catholicisme politique sous le IIe Reich, l'objectif de « briser l'impérialisme culturel français » s'inscrivait dans la lutte plus générale engagée dès l'avènement d'Hitler au pouvoir contre toute forme de culture jugée contraire aux critères du national-socialisme. Mais autant ce qu'ils appellent la « phase négative », consistant à censurer, interdire, saisir les œuvres d'art, les publications, les médias indésirables, peut être menée sans difficulté majeure avec l'aide des syndicats professionnels et des organismes corporatifs reconnus ou instaurés par Vichy, autant la « phase positive », destinée à conditionner les esprits selon les méthodes du Dr Goebbels, rencontre des obstacles imprévus.

Abstraction faite de l'information qui, malgré la diversité des titres et de la présentation, est, quelques chroniques habituelles exceptées, presque entièrement nourrie par le canal des agences de presse du Reich et de leurs sous-traitants français – les rares tentatives de non-conformisme sont aussitôt sanctionnées –, la priorité du maintien de l'ordre exige ce que les militaires du MBF appellent « des espaces de défoulement ».

Le fait est que l'audition de la radio, la lecture, la fréquentation des spectacles et des expositions atteignent en zone occupée, privée des fêtes, des défilés et des grandes manifestations publiques de la zone Sud, des proportions très supérieures à celles de l'avant-guerre. La vie publique y est dominée par l'omniprésence allemande et celle de ses auxiliaires français. Par le biais de l'ambassade, de la *Propaganda,* de la SIPO-SD ou d'intermédiaires français, des grands groupes de presse, des maisons d'édition, de production et de diffusion de films, des salles de cinéma, de théâtre et de variété « aryanisées » sont aux mains de l'occupant sans que celui-ci parvienne à modifier notablement les habitudes et les goûts d'un public formé par une longue tradition pluraliste.

Confrontée à la concurrence des émissions de Vichy et à la verve férocement sarcastique des Français de la BBC, Radio-Paris doit, pour faire passer son message politique, faire des concessions afin de capter les auditeurs. Ainsi, les plages de variétés françaises, de musique classique, voire « décadente » – de compositeurs juifs et américains – alternent avec des reportages qui se veulent apolitiques, des feuilletons, une chronique gastronomique, les causeries et interviews de personnalités françaises du monde des arts, des lettres et des sciences. Concessions encore plus évidentes au théâtre, à propos duquel la *Propaganda* note, non sans amertume, que, hormis le répertoire classique, les opéras et la musique des grands compositeurs allemands, les scènes françaises produisent moins de spectacles d'outre-Rhin qu'avant la guerre. Et le succès des manifestations de prestige organisées par l'ambassade et l'institut du Dr Epting ne peuvent contrebalancer celui, persistant, des soirées très prisées de la Comédie-Française, des pièces de Sacha Guitry, d'Anouilh, de Giraudoux, du théâtre de boulevard et du music-hall, alors que les pièces inspirées de « l'ordre nouveau » – dont la *Propaganda* reconnaît elle-même la médiocrité – ne font pas recette. Comparée à l'ordre moral de Vichy, la vie culturelle parisienne garde un pouvoir d'attraction qui explique que tant d'artistes y soient restés ou y reviennent. Quitte à accepter l'exclusion d'amis ou de collègues, les exigences de la censure et la fréquentation de l'occupant.

Situation plus complexe dans le domaine littéraire où les éditeurs lancent des collections conformes à l'idéologie dominante tout en diffusant les ouvrages qui échappent à la vigilance de la *Propaganda*, tandis que les lecteurs essaient d'acquérir au marché noir ou de chercher dans les bibliothèques ce qu'ils ne peuvent trouver en librairie. Jusqu'en janvier 1942, des ouvrages relevant de la tradition pluraliste d'avant-guerre paraissent encore – quoique avec des tirages limités – à côté d'un flux de publications de plumitifs au service de l'occupant ou de Vichy. Flux d'où émergent cependant une douzaine d'écrivains de renom acquis à la Collaboration, à laquelle ils paient aussi leur tribut dans la presse et la radio aux ordres et par leur participation – moindre il est vrai que celle des artistes – aux voyages dans le Reich. Certains, comme Brasillach et Rebatet, auteur des *Décombres*, l'un des plus grands succès à scandale de l'époque malgré son interdiction en zone Sud, vont jusqu'à livrer nommément leurs compatriotes à la vindicte de l'occupant. D'autres, plus éclectiques, s'en tiennent à la collaboration mondaine, pratiquent le double jeu en fréquentant aussi bien les « esprits cultivés » du MBF et de l'ambassade que leurs relations du bord opposé, dont le témoignage sera souvent utile quelques années plus tard.

Dire, comme le prétendront *a posteriori* Abetz, Epting, le *Sonderführer* Heller et certains éditeurs français, que la production littéraire a pu être sauvegardée grâce à leur action ne correspond cependant pas à la réalité. Car, entre 1941 et 1944, cette production n'atteint que 60 % de la seule année 1938. Sans parler des 2 550 000 ouvrages envoyés au pilon, dont le papier, vendu au poids, payait les dîners fins offerts en ces temps de disette à ceux qui jouissaient de leur protection. Plus subtils que les hommes de la *Propaganda,* ces experts allemands de la culture française, qui avaient tous séjourné en France avant la guerre comme lecteurs, représentants ou responsables d'institutions d'échanges franco-allemands, s'employaient seulement, pour accomplir plus facilement leur mission, à sauvegarder une façade culturelle tout en ménageant leurs arrières par la même occasion. Mais on peut imaginer ce qui serait advenu des Sartre, Beauvoir, Camus, Bataille, Leiris et autres encore publiés en zone Nord en 1943, ou d'écrivains comme Aveline, Aragon, Eluard, Mauriac, Elsa Triolet et Vercors, diffusés, à partir de 1942, sous des pseudonymes par de nouveaux éditeurs de zone Sud, si les maîtres du IIIe Reich l'avaient emporté.

Paradoxalement, l'échec le plus cuisant de la *Propaganda* est celui du cinéma, instrument privilégié du Dr Goebbels qui a projeté d'asphyxier la production française pour lui substituer celle du Reich. Car, bien que les grandes firmes allemandes comme la Tobis et UFA, déjà fortement implantées en France avant la guerre, auxquelles viennent s'ajouter l'Alliance cinématographique européenne (ACE), société française à capitaux allemands, et les Actualités mondiales, filiale de la *Deutsche Wochenschau,* réussissent à faire main basse sur les filiales anglo-américaines à Paris et sur les sociétés de production, de diffusion et les salles de cinéma « aryanisées », qu'elles bénéficient d'un droit d'importation illimité pour l'ensemble du territoire français, accordé par le Comité d'organisation des industries cinématographiques (COIC), les films allemands ne font pas recette. Pour combler le vide créé par les saisies massives de stocks français et la déjudaïsation radicale de l'écran, il y a certes les opérettes viennoises, toujours populaires, les documentaires, quelques films de prestige : adaptations du *Bel-Ami* de Maupassant, vies de grands musiciens et d'inventeurs et – succès de curiosité ou impact de l'antisémitisme ? – *Le Juif Süss*, de Veit Harlan. Mais la plupart des longs métrages se révèlent impropres à la commercialisation en France; soit que leur mauvaise synchronisation ou leur mièvrerie provoquent l'hilarité du public, soit que leur nationalisme ou leur antichristianisme trop prononcés aillent à l'encontre de l'image que l'Allemagne veut donner d'elle aux Français. Dans ces conditions, les producteurs allemands n'ont d'autre choix que d'engager des cinéastes, des scénaristes, des acteurs français dont les réalisations, même limitées par la censure à des sujets apparemment anodins, réduites progressivement par suite du contingentement de la pellicule et des conditions de plus en plus difficiles de tournage, supplantent, par la qualité de la réalisation et de l'interprétation, celles de la machine à images ultra-perfectionnée du grand maître de la *Propaganda*.

Échec encore plus cuisant des actualités. Les Allemands ont beau, selon les conseils des services de police française, les projeter en salle éclairée, interdire aux spectateurs de sortir pendant la projection ou d'arriver après l'entracte, se résoudre à en adapter le contenu et à leur donner l'apparence d'une coproduction franco-allemande avec la création de France-Actualités, le rejet persiste. Entre 1942 et 1944, son ampleur les contraindra à fermer certaines salles ou à faire appel au service d'ordre des mouvements collaborationnistes.

Bien qu'il sous-estime l'ampleur de l'épuration culturelle menée en France, l'Office central de sécurité du Reich (RSHA) estime, dans son bilan de la « politique culturelle allemande en France » en novembre 1943, que le « traitement des Français » a échoué. Échec qu'il impute aux divergences des services allemands, au manque de subtilité de la *Propaganda,* à l'absence d'impact de la collaboration culturelle, à l'attitude des universitaires français jugés « irrécupérables » à 80 %. Sur ce point, les experts du RSHA se bornent à quelques exemples du manque d'ardeur collaboratrice dans l'enseignement. Mais les dossiers du MBF sont plus explicites. Il en ressort que, hormis le cas de l'Alsace-Lorraine, entièrement germanisée, et celui des zones interdites ou du Nord-Pas-de-Calais, où l'administration allemande cherche à réduire l'école française à la portion congrue, la politisation dans un sens favorable à la Collaboration telle que l'entend Berlin ne correspond pas à l'orientation autoritaire conservatrice des cinq ministres successifs de l'Éducation de Vichy. La soumission aux volontés de l'occupant existe certes pour le contrôle et l'épuration du corps enseignant et des manuels scolaires ou les nominations, comme dans le reste de l'administration, de fonctionnaires d'autorité. Encore que, on l'a vu, les autorités de Vichy refusent de confier des responsabilités à des enseignants de gauche proposés par l'ambassade ou de céder – sans doute à cause de son caractère symbolique – sur la suppression de l'université française de Strasbourg repliée à Clermont-Ferrand, que les hommes d'Himmler se chargeront d'éradiquer à leur manière après l'occupation de la zone Sud.

Conscients de ce que représente ce qu'ils appellent les « points d'ancrage » culturels dans la vassalisation de la France, les experts du RSHA estiment que la rééducation des Français à la pensée allemande sera un travail de longue haleine qui devra tenir compte de leur structure mentale, du « caractère très formaliste de la sensibilité française en matière de droit et d'ordre ». L'expansion jusqu'en 1944 du trust éditorial Hibbelen, la mainmise sur la majeure partie des médias, l'acquisition complète ou partielle de maisons d'édition – malgré un échec spectaculaire dans le cas d'Hachette –, la formation de cadres français dans les institutions du Reich, amorcée à la faveur du service obligatoire du travail (STO) imposé en 1943 sans tenir compte du sursis initialement accordé aux étudiants prouvent que, loin de renoncer à la conquête des esprits, la politique culturelle du Reich vise à renforcer les positions acquises et à poser des jalons pour l'avenir.

À court terme, ce que les experts du RSHA ne peuvent évidemment admettre, c'est que la volonté d'une majorité de Français de se cantonner dans l'attentisme plutôt que d'adhérer à l'idée d'une participation à « l'Europe nouvelle » sous égide allemande ne tient pas seulement à des causes formelles. Encore que celles-ci ne soient pas négligeables, le ralliement de la population soumise à un régime prolongé d'occupation de plus en plus éprouvant aurait supposé à tout le moins des concessions substantielles et la perspective proche d'une paix honorable que Vichy réclamait en vain depuis l'armistice. Or, depuis le deuxième semestre 1941, après l'échec du grand dessein de Darlan de remplacer l'accord d'armistice par un traité de paix et de coopération avec l'Allemagne et le déclenchement, consécutif à l'invasion de l'URSS, des attentats communistes contre des installations et des membres de la Wehrmacht auxquels celle-ci répond par des exécutions massives d'otages, l'intransigeance persistante d'Hitler a réduit à néant le pari de Pétain de convaincre l'opinion de la justesse de sa politique de collaboration. À cette époque, la résistance intérieure n'est encore qu'à l'état embryonnaire; le tournant militaire ne s'esquissera qu'en novembre 1942 avec le débarquement allié en Afrique du Nord et le début de la bataille de Stalingrad. Pourtant, l'allocution du 12 août 1941 où le chef de l'État déclare sentir « se lever un vent mauvais », voir l'autorité de son gouvernement discutée, les ordres mal exécutés, un véritable malaise atteindre le peuple français, de même que la demande insistante du MBF à Hitler de faire un geste significatif à l'égard de la France et de substituer aux exécutions d'otages la déportation de communistes et de Juifs – moins dommageable à la dégradation de l'opinion publique – marquent un tournant politique décisif.

Précédant de douze jours la loi punissant de mort les « menées antinationales » et la création de cours martiales en zone Sud, de la Section spéciale à Paris, dont les jugements ne seront pas moins arbitraires et expéditifs que ceux de l'occupant, cette allocution signifie que le changement d'équipe gouvernementale après la crise de décembre 1940 n'a abouti, faute de résultats tangibles, qu'à une impasse. « L'opinion, note à ce propos l'homme du sérail que fut le ministre des Finances de Vichy, Yves Bouthillier, si chaleureuse au début, enthousiaste même, devint ombrageuse, susceptible, méfiante, enfin peu à peu hostile. Le divorce se fit lentement à partir du milieu de 1941, imperceptible d'abord comme une fêlure, puis, à partir de 1942, de plus en plus brutal et évident [19]. » Les efforts du chef de l'État en personne pour relancer la négociation au sommet se soldent par un fiasco. Lors de son entrevue, du 1er décembre, avec Göring qui refuse sèchement de prendre en considération ses propositions d'ouvrir l'empire à l'Axe moyennant le rétablissement total de la souveraineté française sur l'ensemble du territoire, il ne peut que constater avec amertume : « J'ai compris que la collaboration véritable impliquait de traiter d'égal à égal. S'il y a en haut un vainqueur et en bas un vaincu, il n'y a plus de collaboration, il y a ce que vous appelez un *Diktat* et ce que nous appelons la loi du plus fort [20]. » Göring a-t-il effectivement rétorqué : « Mais, Monsieur le Maréchal, je croyais que vous aviez été vaincu [21] » ? Quoi qu'il en soit, Pétain aura mis quinze mois pour comprendre ce qui était une évidence pour Hitler et son entourage. Ce qui l'était aussi dès août 1940 pour les rapporteurs du MBF raillant cette bourgeoisie qui ne mesurait pas les conséquences de la défaite et s'imaginait que la France pouvait encore traiter d'égale à égale avec l'Allemagne.

Guerre civile ou conflit supranational ?

Sans perspective susceptible de rallier l'opinion à sa stratégie, sans autre alternative politique que le rappel, quatre mois plus tard, de Laval, Vichy ne peut désormais, pour maintenir son autorité, que contraindre, faute de convaincre. Évolution analogue du côté allemand, où le MBF reconnaît ne pas avoir réussi à empêcher « la forte décomposition intérieure du pays », son « mauvais état d'esprit » et reproche aussi bien à Vichy qu'à Berlin « l'absence de ligne claire » quant à l'avenir de la France. Tandis que Vichy glisse vers un régime policier, le retrait du général Otto von Stülpagnel, remplacé par son cousin Heinrich à la tête du MBF, va entraîner le transfert des pouvoirs de maintien de l'ordre à la SIPO-SD sous l'autorité du général SS Karl Albrecht Oberg, nommé chef supérieur de SS et de la police dans le secteur du MBF (HSSPF) [22]. Âgé de quarante-cinq ans, ce fils de médecin devenu marchand de tabac est un personnage plutôt terne qui ne doit son ascension fulgurante qu'à sa qualité « d'ancien combattant du Parti » – il a rejoint la NSDAP en 1931 et la SS l'année suivante –, à sa fidélité inconditionnelle à Himmler et à Heydrich dont il est un proche collaborateur depuis 1933.

Pour la subtilité, l'intelligence politique, l'expérience qui lui font défaut, il peut compter sur ses deux jeunes adjoints, l'ancien chef de la section des affaires juives du SD, Herbert Hagen, vingt-huit ans, arrivé en juillet 1940 à Bordeaux d'où il a commencé à implanter et à diriger les dix antennes régionales de la SIPO-SD en territoire occupé, auxquelles s'ajouteront cinq *Kommandos* après l'invasion de la zone Sud. Appelé à Paris en mai 1942 à la tête de la section VI, spécialisée dans le renseignement sur l'activité du gouvernement français et des partis politiques, il accompagnera Oberg comme interprète et conseiller dans tous les entretiens importants. Quant à son collègue et aîné de quatre ans, Helmut Knochen, promu au rang de colonel SS avec le titre de « commandant de la SIPO-SD dans le secteur du MBF » (*Befehlshaber der Sicherheitspolizei und des SD. im Bereich des Militärbefehlshaber in Frankreich*), il peut savourer son triomphe sur les militaires qui ont obtenu d'Hitler, au début de la campagne de France, d'assurer seuls, sans le concours de la SIPO-SD, tous les pouvoirs du maintien de l'ordre. Décision sans précédent dans la pratique habituelle des pays et territoires occupés, qui avait obligé ledit Knochen à s'infiltrer avec un détachement d'une vingtaine d'hommes camouflés en membres de la police secrète de campagne (GFP) dans les convois militaires avec lesquels il était entré dans Paris le 14 juin 1940. Composée essentiellement de très jeunes agents du SD, tous formés, comme lui, à l'analyse des milieux étrangers, en particulier des rouages de la société française sur lesquels la police politique du Reich avait accumulé depuis 1935 une importante documentation, l'équipe s'était, dès le lendemain matin, mise au travail. Son premier soin : récupérer les dossiers des réfugiés antinazis, des Juifs et des personnalités hostiles au IIIe Reich à la préfecture de Police, connue depuis 1935 du *SS Standartenführer* Werner Boemelburg, seul élément chevronné de la Gestapo dans ce groupe, sélectionné pour ses relations d'avant-guerre avec les services français dans le cadre d'Interpol. C'est d'ailleurs à ce titre qu'il se mettra sans tarder à la recherche du jeune Herschel Grynszpan [23], qui avait abattu en novembre 1938 le secrétaire de l'ambassade allemande vom Rath à Paris après « l'expulsion » de près de 13 000 Juifs polonais du Reich et sera l'une des premières victimes livrées par Vichy à la Gestapo en vertu de l'article 19 de la convention d'armistice. Présenté au MBF qui s'inquiète de cet empiétement sur ses prérogatives – bien qu'il ait déjà à la tête de son propre service administratif le général SS Werner Best, théoricien de la police politique allemande et ancien collaborateur de Heydrich – comme une simple mission de recherche sur les ennemis du Reich, le *Kommando* Knochen réussit à se faire intégrer à ce titre. À partir de ses bureaux du 57, boulevard Lannes, puis du 72, avenue Foch où il restera jusqu'en août 1944, il va entreprendre méthodiquement la reconquête des pouvoirs qu'Himmler et Heydrich estiment indûment attribués aux militaires.

Les débuts seront laborieux. Mais ce fils d'un instituteur capitaine de réserve grièvement blessé à Verdun en 1914-18, entré à l'âge de seize ans dans la section jeune des Casques d'acier, membre dès 1933 de la SA, n'a rien du personnage caricatural des gestapistes allemands ou français omniprésents dans les films d'après-guerre. S'il ne correspond pas exactement au type du grand éphèbe blond qu'est son chef Heydrich, il en a l'allure élancée de sportif accompli, le côté charmeur et bon vivant, la culture – il a soutenu en 1935 une thèse de littérature anglaise sur George Colman –, la froide intelligence et un sens exceptionnel de la décision et de l'organisation. Entré en 1937, après avoir travaillé l'année précédente à la couverture des Jeux olympiques pour l'agence officielle de presse DNB, au service de presse de Heydrich que dirige l'un de ses anciens professeurs d'université, sa première mission importante à la veille de la guerre – la capture de deux officiers de renseignement britanniques aux Pays-Bas (opération de Venlo) – lui permet d'administrer la preuve de ses compétences. Elle lui vaut la Croix de fer de 1re classe, la promotion en l'espace de deux ans au grade de commandant SS et cette seconde mission délicate qui consiste à établir une « tête de pont » de la SIPO-SD à Paris. Peu lui importe que la méfiance des militaires le cantonne au départ aux tâches obscures (perquisitions et saisies opérées sous les ordres de la GFP, recherche de renseignements) qui relèvent officiellement de l'Abwehr.

Grâce à l'arrivée de renforts du SD et du général SS Thomas, nommé à l'automne 1940 « délégué du chef de la SIPO-SD pour la Belgique et la France », il commence à nouer des contacts avec les mouvements collaborationnistes parisiens et le Milieu, vivier d'informateurs et d'agents dans lequel puise déjà l'Abwehr. C'est en vain que le MBF demandera son rappel après l'attentat contre sept synagogues de la capitale, perpétré en octobre 1941 par les cagoulards de Deloncle avec le concours de son service. Collusion qui coïncide avec l'activation par l'Abwehr du droit commun Henri Chamberlin, *alias* Lafont, auquel Boemelburg fait accorder la nationalité allemande et le grade de capitaine SS pour le soustraire à la justice française, et qui préfigure l'entrée en scène des « gestapistes français » – évalués à près de 30 000 sous l'autorité de 2 200 agents du RSHA durant la dernière période de l'Occupation –, dont « la bande Bonny-Lafont » de la rue Lauriston n'est que l'exemple le plus tristement célèbre. Cette collusion révèle aussi l'amorce d'une nouvelle politique sécuritaire avec la constitution de polices parallèles directement recrutées par l'Abwehr et la SIPO-SD ou intégrées dans le système répressif français.

À l'instar de toutes ses réformes institutionnelles, l'État français devance [24], là aussi, les mesures de l'occupant, même s'il doit au préalable solliciter son agrément. C'est l'amiral Darlan en personne, second responsable de l'État, assumant, en plus de ses charges de chef du gouvernement, le cumul pour un temps des Affaires étrangères, de la Marine, de l'Information et du secrétariat d'État à l'Intérieur jusqu'à la nomination de Pierre Pucheu en août 1941, qui demande, dès mars 1941, aux préfets une « mise en fiches » des Français inaptes au « redressement national », en particulier des membres des partis et associations interdits, des fonctionnaires et agents des collectivités publiques, des cadres et des notables. Le *SS Hauptsturmführer* Theodor Dannecker, représentant direct d'Eichmann en zone Nord, avait, quant à lui, déjà installé en janvier 1941 deux de ses agents à la préfecture de police de Paris où ils exploitaient, avec l'aide d'une demi-douzaine d'inspecteurs français, les fichiers et les archives. Le recensement obligatoire des Juifs, déjà réalisé sur ordre des Allemands en zone Nord depuis septembre 1940, sera étendu par Vichy à la zone Sud en juin 1941. Mais la réorganisation des polices françaises commence déjà avec la loi du 23 avril promulguée au nom du chef de l'État. Elle sera suivie jusqu'en 1944 de treize autres textes législatifs, non compris ceux portant sur la gendarmerie nationale, qui relève traditionnellement de l'autorité militaire et subordonnée par décret du 24 juin 1942 aux ordres directs du chef du gouvernement. Non compris aussi la création de corps nouveaux tels que les groupes mobiles, la garde et les polices spéciales – dont la Milice de Joseph Darnand. À noter que ce renforcement de l'appareil central coïncide avec la création du corps des préfets de région, responsables de l'ensemble du dispositif sécuritaire dans leur secteur. Et ce n'est sans doute pas un effet du hasard si un préfet, René Bousquet, accédera au poste de secrétaire général de la police en avril 1942, environ trois semaines après le décret d'Hitler transférant les pouvoirs de maintien de l'ordre à la SIPO-SD.

Si la réorganisation des polices françaises au printemps 1941 relève encore de la logique autoritaire du régime, il n'en est plus de même après les premiers attentats communistes d'août 1941 contre des installations et des membres de la Wehrmacht. La même volonté de voir reconnue la souveraineté de l'État français sur l'ensemble du territoire, qui le conduit à reprendre à son compte les exigences de l'occupant, parfois même à les devancer, l'entraîne à partir d'août 1941, face au « vent mauvais » que Pétain déclare sentir se lever dans le pays, dans un conflit qualifié de « lutte contre les menées antinationales », alors qu'il s'agit en réalité de la reprise sur le sol français, dans un contexte et des formes différents, d'une guerre suspendue depuis l'armistice de 1940. Car – et c'est là l'un des aspects décisifs du tournant politique de cette époque – lorsque Pierre Pucheu soumet le 20 août le projet de création, avec effet rétroactif, d'une cour spéciale de répression à l'agrément du MBF, il ne s'agit pas seulement de prévenir les exécutions d'otages annoncées. Sa démarche signifie bel et bien que le gouvernement fait sienne la conception allemande exprimée dans l'article 10, alinéa 3, de la convention d'armistice, selon laquelle il « interdira aux ressortissants français de combattre contre l'Allemagne au service d'États avec lesquels l'Allemagne se trouve encore en guerre ». Elle veut dire qu'il outrepasse même ce texte, stipulant que « les ressortissants français qui ne se conformeraient pas à cette prescription seraient traités par les troupes allemandes en francs-tireurs », lorsqu'il fait guillotiner un mois plus tard, à la prison de la Santé, les trois premiers condamnés à mort de cette nouvelle procédure d'exception – ce qui n'empêche nullement la sortie, le 30 septembre, de l'ordonnance du MBF, dite « Code des otages. »

Autres signes patents du tournant qui s'opère : le 14 mai 1941, la police parisienne exécute, sur ordre de

Dannecker, la première grande rafle de Juifs étrangers ou apatrides transférés dans les camps de Baune-la-Rolande et Pithiviers qui deviendront, avec Drancy, les centres de tri de la déportation au printemps suivant. À noter que l'administration et la garde des camps de zone Nord relèvent du secrétariat d'État à l'Intérieur, comme celles des camps de zone Sud où sont internés les « suspects » – politiques, Tziganes et près de 40 000 Juifs étrangers ou apatrides – mais que, à la différence de ces derniers, le sort des internés du territoire occupé relève d'ores et déjà de la seule décision des autorités allemandes. C'est aussi sur ordre, cette fois de la *Feldgendarmerie*, que le directeur de la police municipale de Paris lance « l'opération spéciale du 28 août », qui mobilise 912 policiers – dont 700 gardiens en tenue affectés à la neutralisation des quartiers investis et aux perquisitions, 100 inspecteurs de la PJ, 100 autres des renseignements généraux et 12 gardiens chargés de l'interprétariat et de la liaison avec les officiers de la *Feldgendarmerie* chargés de superviser l'opération « antiterroriste ». Paris est la première cible de cette nouvelle forme de collaboration germano-française. Mais la chasse aux Juifs et aux résistants est ouverte sur l'ensemble du territoire.

Pour faire face à ces nouvelles missions, Pierre Pucheu crée le 19 octobre trois « polices spéciales » autonomes recrutées parmi les membres actifs des mouvements collaborationnistes, surtout du PPF de Doriot : le service des sociétés secrètes (SSS), chargé de recueillir les renseignements sur la franc-maçonnerie dont les associations ont été dissoutes, les membres exclus de la fonction publique et plus de 14 000 dignitaires – dont les noms sont publiés au *Journal officiel* – désignés à la répression. Le service de police anticommuniste (SPAC) dispose quant à lui de brigades spéciales de tortionnaires – celle du commissaire David arrêtera à elle seule 2 071 personnes entre 1941 et 1944, sur lesquelles 495 seront livrées à la SIPO-SD et 128 seront fusillées. La police aux questions juives (PQJ) seconde quant à elle le commissariat aux Questions juives, rattaché depuis septembre au secrétariat d'État à l'Intérieur puis, à partir de janvier 1942, au secrétariat général de la Police. Ce qui indique clairement la radicalisation de la politique antijuive, soulignée aussi par le remplacement du commissaire général Xavier Vallat, jugé trop mou, par Louis Darquier, dit de Pellepoix.

Toutes ces mesures – hormis la dernière – affectent l'ensemble du territoire avant l'occupation de la zone Sud et interviennent encore sous le gouvernement Darlan. À l'époque, la solution officielle de la « question juive » – malgré les premières déportations du Reich et les massacres perpétrés à l'Est – était encore celle de la contrainte à l'émigration confiée par Vichy – les Allemands en faisaient autant dans toute l'Europe occidentale occupée – à la HICEM, organisation internationale d'émigration juive fondée à Paris en 1927, qui réussit – malgré la fermeture, à partir de l'automne 1941, de la plupart des pays d'accueil, l'extension de la guerre dans l'Atlantique et l'entrée dans le conflit des États-Unis, principal bailleur de fonds des opérations de sauvetage – à faire émigrer de France 24 000 personnes jusqu'à sa dissolution en 1943.

À la veille de quitter la direction du gouvernement, l'amiral Darlan informait les Affaires étrangères de sa décision de transférer en Algérie « un nombre important d'israélites étrangers » se trouvant en zone Sud [25]. Était-ce, de la part d'un homme peu suspect de philosémitisme, dix-huit jours après le départ de Drancy du premier convoi de déportés, un souci de mettre à l'abri la catégorie de Juifs qu'il croyait la plus exposée aux coups des Allemands avant de gagner lui-même Alger ? Toujours est-il que cette solution, qui ne fut pas reprise par Laval, aurait épargné à l'État français les sinistres négociations menées par René Bousquet et son délégué en zone Nord, Jean Leguay, avec Oberg et Knochen. Négociations qui aboutirent à l'accord du 2 juillet 1942, confirmé le 4 juillet par Laval, par lequel l'État français imagine, une fois encore, affirmer sa souveraineté contre une vague promesse allemande d'épargner les israélites français – promesse démentie presque aussitôt puisque 6 500 d'entre eux seront arrêtés dès la fin de juillet. Le chef du gouvernement s'engage à faire arrêter par ses forces de police 20 000 Juifs étrangers ou apatrides de la région parisienne et à en livrer 10 000 autres de la zone dite libre. Pendant les onze semaines écoulées entre juillet et septembre 1942, le concours massif de Vichy, de sa police et de son administration a déjà permis la déportation de 33 000 Juifs, incluant jusqu'aux enfants de moins de seize ans – solution que les Allemands n'envisageaient qu'ultérieurement pour la France. Or le télex que Dannecker envoie le 4 juillet à Eichmann est libellé comme suit : « Le président Laval a proposé que, lors de l'évacuation des familles juives de la zone non occupée, les enfants de moins de seize ans soient emmenés eux aussi ; quant aux enfants juifs qui resteraient en zone occupée, la question ne l'intéresse pas. »

Faut-il parler de collaboration ou de complicité de meurtre ? Car, si la décision de la « Solution finale » incombe aux maîtres du IIIe Reich, peut-on croire les responsables de Vichy [26] lorsqu'ils affirment avoir pensé livrer de la main-d'œuvre pour les territoires de l'Est ? Somme toute – hormis les femmes mariées, les vieillards et les moins de seize ans –, une sorte de travail obligatoire (STO) pour le Reich que Laval instaurera par les décrets de septembre 1942 et février 1943. S'agissant de l'État et non de simples individus, Vichy disposait de multiples canaux d'informations. À commencer par ses services d'écoute des radios étrangères. Or, dès le 24 août, Radio-Moscou avait diffusé un appel des Juifs soviétiques faisant état de communautés juives entièrement exterminées. En juin 1942, la BBC mentionne des rapports transmis pas l'intermédiaire du gouvernement polonais à Londres sur les premières évacuations massives des ghettos vers les camps de la mort. Le 1er juillet 1942, Jean Marin évoque à la BBC, dans une mission de la France libre, le massacre de 700 000 Juifs polonais. Le 8 juillet 1943, sur les mêmes ondes, Paul Bouchon explicite le projet d'« extermination systématique accomplie de sang-froid » d'un peuple entier « condamné à disparaître complètement de la surface de la terre ». Par ailleurs, le ministère de l'Intérieur connaissait, grâce à ses polices, l'essentiel de la production clandestine de la Résistance distribuée en métropole.

En admettant que ces informations n'aient été, aux yeux de Vichy, que de la propagande de guerre, l'argument ne vaut pas pour les rapports de ses ambassadeurs en poste à l'étranger. Or, le 17 août 1942, l'ambassadeur à Bucarest signale que les déportations de ce pays se font dans des conditions telles que « peu peuvent y survivre ». Le 16 septembre 1942, l'ambassadeur à Washington rapporte une déclaration du secrétaire d'État Cordell Hull selon laquelle la politique française à l'égard des Juifs « consiste à les remettre entre les mains d'ennemis qui ont annoncé et en grande partie exécuté leur intention de maltraiter, d'enchaîner et éventuellement d'exterminer ces malheureux dans des conditions d'extrême cruauté ». Les diplomates étrangers accrédités à Vichy étaient nombreux, et l'on connaît notamment les interventions du chargé d'affaires américain H. Pinkney Tuck et du ministre de Suisse Walter Stucki [27] auprès de Laval au sujet des déportations et du sort des enfants juifs. Sans minimiser la responsabilité de Laval – qui déclarait, lors du Conseil des ministres du 10 juillet 1942, avoir « obtenu, contrairement aux propositions allemandes, que les enfants, y compris ceux de moins de seize ans, soient autorisés à accompagner leurs parents » –, il faut dire qu'à la question de savoir si les États-Unis voulaient accueillir les Juifs étrangers, Tuck aurait répondu : « Nous avons cinq millions de Juifs. C'est suffisant. » Informé par ses soins, Cordell Hull fit savoir le 28 septembre 1942 qu'il offrait 1 000 visas tout de suite pour les enfants et 5 000 ultérieurement. À deux semaines de l'invasion de la zone Sud, il semble que, faute de visa pour sortir de France, seuls 350 de ces enfants aient pu émigrer clandestinement. Quant au ministre de Suisse, il est aisé d'imaginer sa réponse quand on sait les réticences du gouvernement helvétique à accueillir des réfugiés juifs durant cette période [28].

Restent les Églises, protestante et surtout catholique, celle-ci étant l'un des piliers essentiels de l'État français.

Les lettres pastorales concentrent leurs critiques sur les rafles et les conditions dans lesquelles elles s'opèrent. Mais les allusions au sort qui attend les victimes sont suffisamment nettes et les entretiens du pasteur Boegner, président de la Fédération protestante de France, et du cardinal Gerlier, primat des Gaules – avertis à la mi-août 1942 par le rabbin Kaplan des massacres en cours –, avec Pétain, Laval et Brinon sont encore plus directs. En outre, le président du Consistoire central israélite, Jacques Helbronner, qui connaissait Pétain depuis l'époque où il avait été le chef de cabinet de Paul Painlevé et continuait à être reçu à l'hôtel du Parc, lui adressa deux lettres officielles le 25 août 1942 et le 12 mai 1943. Si ces appels de détresse restèrent sans réponse, la réaction de l'opinion, pourtant peu portée auparavant à réagir aux mesures antijuives, prit une ampleur qui n'égala que celle qui suivit l'instauration du STO. On la doit pour une large part aux protestations des hiérarchies protestante et catholique. Très minoritaire dans le pays, mais plus sensibilisée aux persécutions par sa propre histoire, l'Église réformée s'était déjà émue lors de la promulgation du premier statut des Juifs en octobre 1940. En mars 1941, elle avait exprimé sa solidarité au grand rabbin de France, Isaïe Schwartz. Dès juin 1942, ses responsables élèvent à nouveau la voix. En septembre, son Comité national demande que soit lu en chaire dans toutes les paroisses un appel à secourir les victimes juives en détresse.

Du côté catholique, l'assemblée des archevêques et cardinaux de zone Nord – réunie à Paris quand se déclenche la grande rafle du Vel' d'Hiv des 16 et 17 juillet 1942 – rédigea une lettre de protestation non diffusée mais que le cardinal Suhard porta au Maréchal. Quoique à peine moins feutrée, la réaction du cardinal Gerlier eut davantage d'échos bien qu'il résidât en zone Sud. Non seulement elle émanait du primat des Gaules, mais d'un familier du chef de l'État. On connaît les émouvantes lettres pastorales de Mgrs Saliège (Toulouse) et Théas (Montauban). Le fait que, tout en proclamant leur loyalisme envers l'État, la plupart des évêques de zone Sud aient condamné les rafles dans des lettres pastorales ou incité les institutions diocésaines à aider les Juifs a grandement contribué au réveil des consciences. L'attitude des Églises et le renversement de l'opinion délégitimèrent la politique antijuive et obligèrent Vichy à freiner son concours. Cela ralentit sérieusement le rythme des déportations et explique la survie de près des trois quarts des 300 000 Juifs de France. Si l'émotion provoquée à l'automne 1940 par l'arrivée des Alsaciens-Lorrains expulsés avait attisé l'hostilité envers les « Boches » et le premier gouvernement Laval, celle-ci atteignit son paroxysme deux ans plus tard devant la brutalité des rafles de Juifs opérées par les polices françaises, la radicalisation de la répression, suivie de l'occupation de la zone Sud et de l'instauration du STO. Plutôt que la conscience politique, c'est cette réaction affective et morale qui fit alors comprendre à une grande partie de la population que la souveraineté de l'État français n'était qu'un leurre. Le débarquement allié en Afrique du Nord, les ralliements à la France libre dans le contexte des premiers grands revers militaires du Reich, le développement de la Résistance intérieure et la mise en place des réseaux NAP et SUPERNAP (noyautage des administrations publiques) affirment la perspective d'une défaite allemande et acculent le régime de Vichy à la défensive.

Dès le 20 septembre 1942, après un entretien en tête à tête avec le chef de l'État et une tournée de conférences en zone Sud, le professeur Grimm rapportait à Berlin que le tournant important de l'opinion créait « une situation de crise, infiniment plus grave que les précédentes », qui pourrait inciter le Reich à réexaminer sérieusement son attitude envers la France en faisant appel à Doriot et aux mouvements collaborationnistes pour redresser la barre. Opinion également émise à la même époque au Cercle européen à Paris, en présence d'Abetz qui redoutait cependant de confier le pouvoir à un mouvement aussi divisé. D'autant plus qu'Hitler n'appréciait guère le chef du PPF et ses exaltations lyriques à la fraternité d'armes franco-allemande. En l'absence de directives de Berlin et de son ambassadeur à Paris (rappelé depuis décembre 1942 pour près d'un an), les collaborationnistes, soutenus par la SIPO-SD, à laquelle ils fournirent, comme aux polices françaises, agents de renseignements et supplétifs, multiplièrent les réunions publiques et échafaudèrent, croyant leur heure venue, des projets de « gouvernement de salut public ».

Pourtant, Vichy n'a pas renoncé à garder les rênes du pouvoir : doté des pleins pouvoirs par Pétain, Laval multiplie les offres de normalisation des relations franco-allemandes par une alliance de coopération pour la reconquête de l'empire et la lutte contre le bolchevisme moyennant la reconnaissance de la pleine souveraineté française. Par deux fois en 1943, Pétain, qui ne pardonne pas à Laval son échec à défendre l'empire et à maintenir l'ordre public, tentera vainement de reprendre lui-même la direction des affaires. Pour renforcer le maintien de l'ordre, il entérine en janvier 1943 la création en zone Sud de la Milice [29], issue du Service d'ordre légionnaire (SOL). Radicalisation significative : à partir d'une grande organisation de 1,5 million d'anciens combattants des deux guerres, appelée à soutenir l'œuvre du Maréchal et dont le président, François Valentin, appellera à la résistance en août 1943, on est passé, en l'espace d'un an, au SOL, service d'ordre musclé de 30 000 hommes, puis à une formation paramilitaire fasciste avec un effectif de 10 000 hommes qui atteindra les 30 000 après sa jonction avec les groupes de combat collaborationnistes de zone Nord.

Autre changement décisif, le rôle croissant de Darnand qui prône depuis 1942 la « collaboration armée » et a patronné en novembre la mise sur pied de la Phalange africaine, assermentée à Pétain mais aussi à Hitler, qui lutte contre les Alliés en Tunisie au sein d'une division d'infanterie allemande. Mais si l'alignement en politique extérieure souhaité par Pétain est une réalité, la restauration de la pleine souveraineté française ne l'est pas. Pour armer les forces supplémentaires jugées indispensables au maintien de l'ordre, l'État français doit obtenir l'agrément des Allemands qui n'acceptent de le donner que sous leur contrôle.

Ainsi, lorsque le chef de l'État rencontre en juillet 1943 le maréchal von Runstedt au sujet de la constitution d'un corps de bataille français pour lutter contre les maquis aux côtés des forces allemandes, il se heurte au refus de ce dernier de lui accorder un équipement lourd et n'obtient que l'octroi d'un armement limité.

Mêmes réticences des militaires allemands quant à l'armement des activistes de la Collaboration soutenus par la *Propaganda* et la SIPO-SD. Ces divergences, on l'a vu, seront tranchées lors de la réunion d'arbitrage du 29 septembre 1943 à l'hôtel Majestic, qui décide « d'abandonner la réserve observée jusqu'alors (par le MBF), compte tenu de l'évolution de la situation et pour ne pas les discréditer auprès de la population ». La « loi de la raison » commande de les mobiliser, mais avec discernement, et non sans contrôle. En conséquence, la milice armée ne sera formée que d'un petit nombre d'éléments dûment sélectionnés et subordonnés au contrôle du SD. Contraint de s'incliner, le commandement militaire, qui n'a accepté les volontaires de la LVF qu'à condition de les intégrer dans la Wehrmacht – mesure également adoptée pour la Phalange africaine en Tunisie – et exigé et obtenu d'Hitler la naturalisation allemande des Alsaciens-Lorrains avant leur enrôlement forcé, attendra plus de deux mois avant de notifier à ses services une interprétation restrictive de cette décision.

Entre-temps, la Wehrmacht, qui a déjà dû capituler devant la SIPO-SD lors de la crise des otages, avait au moins eu la satisfaction de voir reconnu par les plus hautes autorités du Reich le rôle primordial de sa présence en territoire français. Dans une missive personnelle adressée le 23 novembre 1943 par Ribbentrop à Pétain – qui a entamé le 14 novembre une « grève de ses fonctions » après le veto allemand à son projet constitutionnel de rétablir l'Assemblée nationale appelée à élire son successeur –, le chef de la diplomatie allemande déclare sans ambages : « Aujourd'hui, le seul et unique garant du maintien du calme et de l'ordre public à l'intérieur de la France et par là aussi du peuple français et de son régime contre le chaos bolchevique, c'est la Wehrmacht. Elle a assuré cette tâche par le passé sous le signe de la collaboration franco-allemande. À l'avenir, son attitude dépendra de celle de la France. En tout cas, je vous prie de prendre acte de ce que l'Allemagne saura sauvegarder ses intérêts dans toutes les circonstances d'une façon ou d'une autre. Je ne puis supposer que vous, Monsieur le Maréchal, vous refuserez de reconnaître les nécessités qui s'ensuivent. Si cependant vous vous jugiez hors d'état de donner suite aux demandes allemandes (...) ou si le rejet par nous de votre projet de loi dirigé contre les intérêts allemands vous décidait à vous considérer, après comme avant, empêché d'exercer vos fonctions, je tiens à vous faire savoir, au nom du Führer, qu'il vous laisse entièrement libre d'en tirer les conclusions qui vous paraîtront utiles. »

Était-ce pour Pétain l'ultime occasion de se dégager d'une collaboration qu'il avait lui-même déjà qualifiée de *diktat* deux ans auparavant, avant de sombrer dans l'ultime déshonneur de légitimer un régime milicien fasciste subordonné au Reich ? Toujours est-il qu'il va accepter toutes les conditions allemandes qu'Abetz, renvoyé d'urgence quelques jours plus tôt à son poste à Paris, vient lui transmettre le 4 décembre après avoir préalablement demandé à Oberg de faire boucler Vichy par la SS.

Cette fois, les masques tombent. Puisque le chef de l'État accepte de rester à son poste, il sera surveillé jour et nuit par l'ambassadeur Cecil von Renthe-Fink, nommé « délégué spécial diplomatique » et logé avec des adjoints de la SIPO-SD à l'hôtel du Parc. Il devra en outre accepter le contrôle préalable par les Allemands de toutes les lois promulguées sur le territoire français – extension à la zone Sud du régime pratiqué en zone Nord. Accepter aussi l'entrée de Déat au gouvernement, le remplacement du préfet René Bousquet au secrétariat général de la Police par Joseph Darnand, devenu l'homme lige de la SIPO-SD.

Le Maréchal a vingt-quatre jours pour donner sa réponse. Le 28 décembre, lorsque Abetz et Renthe-Fink viennent le voir, l'entrevue est orageuse : il se cabre. Le lendemain, il capitule. Trois jours plus tard, les exigences allemandes sont remplies : Henriot, dont les Allemands apprécient l'impact au point de l'appeler le « Goebbels français », devient secrétaire d'État à l'Information ; Déat, qui n'a cessé de fustiger la mollesse de Vichy entrera au gouvernement, de même que Darnand, nommé secrétaire d'État au Maintien de l'ordre, avec « autorité sur l'ensemble des forces de police ». Mais, avant de prêter serment – comme tous les fonctionnaires d'autorité – au chef de l'État, Darnand s'est rendu en Allemagne, à l'école de cadres de la *Waffen SS*, où il a fait acte d'allégeance, par l'adhésion symbolique à la SS avec le grade de *Sturmbannführer* (commandant) et prêté serment à Hitler. Il n'est pas le seul.

Depuis juillet 1943, Laval a signé, à la demande du général Bridoux, un décret autorisant les Français à s'engager dans des unités allemandes « pour combattre le bolchevisme hors du territoire dans les formations constituées par le gouvernement allemand ». Sur les quatre hommes qui succèdent à Darnand à la tête de la Milice lorsque celui-ci entre au gouvernement, trois appartiennent à la *Waffen SS*. Dans la pratique, les miliciens dépendent directement du haut commandement allemand de leur région, la 2e section de la Milice (renseignement) travaille directement avec le SD. La manière dont elle conçoit sa tâche de maintien de l'ordre se passe de commentaires : chasse aux « traîtres » et châtiment après jugement sommaire de tribunaux dont les juges improvisés sont choisis par Darnand – qui instaurera encore en juin 1944 des « tribunaux de maintien de l'ordre » pour lutter contre la « défaillance » des fonctionnaires –, assassinats d'adversaires politiques de toute origine, dont celui de Maurice Sarraut, de *La Dépêche de Toulouse*, le 2 décembre 1943, de l'ancien président de la Ligue des droits de l'homme, Victor Basch et de sa femme le 12 janvier 1944, des anciens ministres Jean Zay et Georges Mandel en juin et juillet 1944. Sans parler de nombreuses autres exactions contre lesquelles Vichy ne protestera, vainement d'ailleurs, qu'en avril 1944 ; le chef de l'État ne les désapprouvera que le 5 août. Quant à la lutte contre la Résistance, elle est d'abord l'affaire de l'occupant, même si la Milice et les polices de Vichy y concourent activement – on évalue à un chiffre situé entre 120 000 et 140 000 le nombre des déportés jusqu'à l'été 1944 – et que les hommes tués au combat contre les maquis seront cités à « l'ordre de la Nation ».

D'ailleurs, lorsque, en janvier 1944, Darnand relancera auprès d'Oberg la demande faite par Bousquet en mars 1943 de doter ses forces d'armement lourd en y ajoutant celle d'en augmenter les effectifs, il se heurtera à un refus identique à celui opposé l'été précédent par le maréchal von Runstedt. Le commandement militaire, qui n'a jamais admis la formation d'unités françaises autonomes, n'entend pas déroger à ce principe alors que, depuis le dernier trimestre 1943, sa préoccupation prioritaire est d'obtenir, dans la perspective d'une prochaine « invasion » alliée, l'exécution de ses directives par l'administration française qu'il juge exposée à « un front uni de la population » et « aux menaces terroristes de plus en plus souvent mises à exécution (...) sans pouvoir s'appuyer sur un gouvernement enraciné dans la population ». On a vu les divergences qui opposent en la matière les militaires à la SIPO-SD désireuse de nommer aux postes clefs des hommes choisis par ses soins pour endiguer la déstabilisation qui gagne le pays après le débarquement – surtout en zone Sud où, en dépit d'un déploiement rapide de leurs forces après l'invasion de novembre 1942, les Allemands n'ont pas eu le temps de réaliser une mise au pas aussi radicale qu'en zone Nord. Si, en vertu des accords conclus entre Bousquet, Laval et Oberg au printemps 1942 pour la zone Nord et en novembre 1943 pour la zone Sud, il appartient aux polices de Vichy d'assurer le maintien de l'ordre intérieur, les autorités allemandes conservent la direction exclusive de la lutte contre ceux qu'elles considèrent comme « ennemis du Reich ». C'est dans cet esprit que le maréchal von Runstedt examine, dès 1943, avec le chef de l'État les consignes à donner à la population pour maintenir le calme en cas de débarquement allié. C'est dans cet esprit que Pétain appellera la population à rester neutre le 6 juin 1944.

En résidence surveillée depuis la fin de décembre 1943, le chef de l'État sera transféré le 20 août 1944 par ses « anges gardiens » à Sigmaringen [30], dans un château des Hohenzollern où le rejoindront, avec les convois militaires allemands en reflux, les membres du gouvernement et le dernier carré des ultras de la Collaboration. Si Pétain reprit la grève de ses fonctions, suivi cette fois par Laval, il ne démissionna pas. La « délégation gouvernementale » bénéficiant d'un privilège d'exterritorialité qu'Hitler et Ribbentrop chargèrent Brinon de mettre en place le 1er octobre n'obtint pas son aval. Elle n'en restait pas moins le dernier avatar d'une politique engagée en juin 1940 jusqu'à la soumission totale de l'automne 1943, attitude qu'Hitler attendait de la France dans son nouvel ordre européen. C'est au nom de cet ordre que combattront encore les 7 600 Français dispersés dans diverses unités allemandes et qui seront progressivement réunis dans la même unité « française » : en novembre 1944 dans la brigade, puis, en février 1945, dans la 33e division de *Waffen SS* (Charlemagne) sous « inspection » d'un *Brigadeführer* allemand. 5 000 d'entre eux, qui avaient tous prêté serment de fidélité au Führer, furent encore engagés dans les combats contre l'Armée rouge en Poméranie tandis qu'un petit nombre se battront encore, après le suicide d'Hitler, jusque dans les caves et les égouts de la capitale du Reich en ruine. Engagement qu'évoque encore non sans émotion, près d'un demi-siècle plus tard, leur camarade de combat Franz Schönhuber [31], président du principal parti de l'extrême droite allemande et vice-président du groupe des droites européennes que préside Jean-Marie Le Pen au Parlement de Strasbourg.

Cet engagement à lui seul, comme la politique de collaboration officialisée à Montoire, illustre ce que j'ai appelé les « convergences paradoxales » de deux nationalismes. Paradoxales parce que l'analyse de la mise au pas montre, dès le début de l'Occupation, la volonté d'Hitler d'affaiblir durablement la France, mais aussi celle de Pétain de construire un « ordre nouveau » autoritaire spécifique. Avec une centralisation renforcée de l'appareil d'État, fondée sur la version française du principe hiérarchique, la conception maurrassienne de « la France aux Français » – impliquant l'exclusion des « métèques », des « bolcheviks », de tous ceux qui refusent de renier leur idéal de démocratie républicaine –, et, non sans contradiction par rapport à la doctrine de Maurras, l'exclusion de tous les Juifs – à quelques dérogations près – de la vie publique ; celle des femmes en revanche y correspond pleinement. Convergences paradoxales aussi, parce que l'obtention du droit d'étendre cette « révolution nationale » à l'ensemble du pays supposait un accord avec Hitler, qui venait de l'écraser et en occupait les deux tiers. D'où le pari de la Collaboration, c'est-à-dire la conclusion rapide de la paix avec le rétablissement de la pleine souveraineté de l'État français moyennant son intégration dans l'Europe nouvelle sous hégémonie allemande.

On ne peut donc affirmer que les doctrines de Vichy ont été, selon la thèse accréditée après la Libération, « apportées sur les tanks des envahisseurs ». Mais il est indéniable, comme l'observe Robert Paxton, que la présence de l'occupant « donne sa forme à la Révolution nationale même s'il n'en impose pas le contenu ». Il est non moins indéniable que la majorité des parlementaires républicains qui ont voté les pleins pouvoirs au chef de l'État français accordaient leur confiance au vainqueur de Verdun pour en finir avec la politique de laxisme et d'irresponsabilité qui avait, selon eux, conduit le pays à la défaite et risquait de l'entraîner dans le chaos. Sentiment partagé à l'époque par l'écrasante majorité de la population qui n'avait pas plus qu'eux compris, en dépit de tous les événements survenus durant les années trente, qu'on ne pouvait pas négocier avec une Allemagne qui ne reconnaissait que la loi du plus fort. De sorte que l'incapacité, déjà manifeste avant la guerre, à anticiper les conséquences permit, du moins jusqu'en 1943, de renforcer les structures de l'État sans restaurer pour autant sa pleine souveraineté et, encore moins, l'unité de la nation. Peut-on pour autant parler de guerre civile, à l'instar du conflit qui opposa au XIXe siècle le nord et le sud des États-Unis ou, entre 1936 et 1939, les défenseurs de la République espagnole aux forces franquistes ?

Si la France est l'une des plus vieilles nations (au sens moderne du terme), d'Europe, son peuple a toujours été divisé, ne fût-ce, sans remonter trop loin dans le temps, qu'à partir de la Révolution de 1789 et de la Ire République de 1792. Divisions marquées par une guerre à la fois européenne et civile sous la Révolution, plus tard par un climat de haine qui atteignit son paroxysme avec l'affaire Dreyfus, puis de 1934 à 1937. Parler de guerre civile dans la France des années 1940-44 revient à faire abstraction de l'état de décomposition sociale du pays au moment de la défaite et du ralliement massif de la population à celui qui incarnait le salut, fût-ce au prix d'une négociation avec l'Allemagne victorieuse. Chez un grand nombre de Français, surtout dans les régions occupées, l'admiration des vainqueurs céda rapidement à la vieille antipathie pour les « Boches » dont on craignait trop la force pour se révolter ouvertement. L'hostilité s'étendit bientôt à l'appareil d'État accusé de complaisance, voire de connivence avec l'occupant oppresseur, sans toutefois entamer la confiance profonde, quasi viscérale, vouée au chef de l'État. La plupart considéraient, voire approuvaient, comme un mal ou une expiation nécessaire la dure discipline de son « ordre nouveau », sans percevoir du moins jusqu'au dernier semestre de 1941 que, dans certains cas, la mise au pas vichyste devançait celle de l'occupant mais que, le plus souvent, elle s'adaptait à la sienne. La liberté d'expression et d'opinion étant muselée, les communications interzones demeurant presque aussi difficiles qu'avec l'étranger, les seuls repères idéologiques restaient la parole du Maréchal, l'écoute clandestine des radios étrangères et le bouche à oreille.

Les premières réactions notables sur le territoire français n'apparaissent qu'à l'automne 1940 : premier numéro de *Libération-Nord*, expression d'une région de vieilles traditions de luttes, mais aussi d'un sentiment d'isolement sous un régime d'occupation particulièrement draconien, manifestations d'étudiants à Paris et Dijon, indignation en zone Sud devant le traitement des Alsaciens-Lorrains. On notera que les mouvements d'opinion les plus importants qui jalonnent cette période de l'automne 1940 jusqu'aux derniers mois avant la Libération révèlent une lente progression quantitative et qualitative de la prise de conscience, liée à l'évolution de la situation tant intérieure qu'extérieure et à la radicalisation de la mise au pas. Ce que les observateurs du MBF comme ceux de Vichy qualifient très tôt d'« attentisme » n'est pas un phénomène statique et moins encore homogène. Si le sentiment d'hostilité envers l'occupant apparaît, selon les rapports allemands, dès l'automne 1940, leur appréciation de l'évolution des esprits concorde avec celle des observateurs français qu'analyse Pierre Laborie, lequel situe le passage du repli et de l'indifférence au « premier recul de la confusion [32] » au printemps 1941. Il note : « au-delà des fonctions de refuge et d'opportunisme », un début de « distanciation » caractérisée par « une hostilité viscérale à la Collaboration, largement majoritaire » et « un puissant maréchalisme de sentiment ». L'amorce de ce décrochage aux causes multiples – extension de la guerre, détérioration sensible de la situation économique et sociale du pays, radicalisation de la mise au pas tant allemande que française – développe la sympathie pour le camp allié et la Résistance, mais reste largement au stade des bonnes intentions. La peur et la lassitude l'emportent jusqu'aux chocs de l'automne 1942 qui suscitent un début de prise de conscience et l'émergence de solidarités actives avec les victimes de la persécution et la Résistance.

Sans minimiser son rôle, nous savons aujourd'hui que, si celle-ci incarne l'image d'une France résolue à poursuivre le combat sous toutes ses formes, la proportion des hommes et des femmes qui s'y engagèrent ou la soutinrent au péril de leur vie fut sensiblement équivalente à celle des hommes – et dans une moindre mesure des femmes, alors marginalisées dans la vie publique – qui participèrent activement ou soutinrent la politique de collaboration et d'intégration de la France dans une Europe sous hégémonie allemande. Même s'il y eut, durant les derniers mois, un climat de guerre civile, voire de règlements de comptes, parler d'une guerre franco-française ne correspond pas à la réalité d'un pays occupé, trop affaibli par ses divisions antérieures, par le traumatisme de la défaite et par la mise au pas qui s'ensuivit pour ne pas en redouter les conséquences. L'euphorie de la Libération ne doit pas faire oublier que la majorité des Français prit tardivement conscience de la dimension de la lutte engagée contre l'Allemagne hitlérienne et ses auxiliaires. Combat qui ne put se poursuivre que grâce à la résolution de Churchill et du peuple britannique accueillant et soutenant les forces démocratiques de l'Europe – dont celle de la Résistance française – que rejoignirent dès le début de nombreux étrangers, y compris des Allemands et des Autrichiens antinazis, qui payèrent un lourd tribut à leur idéal de démocratie et de liberté, incarné à leurs yeux par le pays de la Déclaration des droits de l'homme. Affrontement qui prit une dimension planétaire à partir de l'engagement de l'URSS et des États-Unis jusqu'au reflux de l'envahisseur nazi et l'effondrement du IIIe Reich.

Longtemps refoulée par le mythe résistancialiste et la geste gaullienne, la perception de ce que furent les quatre années de l'Occupation ne peut être réduite au seul « syndrome de Vichy [33] » ni à ce moment singulier des rapports germano-français à propos desquels subsistent encore bien des zones d'ombre dont j'ai tenté d'éclairer ici un aspect. Les pessimistes n'y verront sans doute que l'abaissement d'un peuple, les optimistes sa capacité à limiter les effets de la mise au pas du pays. Le temps n'est-il pas venu de comprendre que, par-delà les antagonismes traditionnels, cette période de l'histoire de France est indissociable de celle de l'Europe et du monde ? Qu'elle illustre les incertitudes et la fragilité de la démocratie quand ses principes fondamentaux ne sont pas enracinés dans la conscience individuelle et collective d'un peuple ?

NOTES

Chapitre premier

1. Eberhard JÄCKEL, *La France dans l'Europe d'Hitler*, trad. fr., Paris, Fayard, 1968, pp. 93-94.
2. Franz HALDER, *Kriegstagebuch 1939-1942*, 3 vol., Stuttgart, 1962-1964; Jean-Baptiste DUROSELLE, *L'Abîme, 1939-1945*, Paris, Imprimerie nationale, 1982; Étienne DEJONGHE, « Un mouvement séparatiste dans le Nord et le Pas-de-Calais sous l'Occupation, le Vlaamsch Verbond von Frankrijk », *Revue d'Histoire moderne et contemporaine*, janvier-février 1970.
3. Lothar KETTENACKER, *Nationalsozialistische Volkstumspolitik im Elsass*, Stuttgart, DVA, 1973, trad. fr. (partielle) dans *Saisons d'Alsace*, n°s 65 et 68; Dieter WOLFANGER, *Die nationalsozialistische Politik in Lothringen, 1940-1945*, dissertation, Saarbrücken, 1977.
4. *Lagebericht MBF, Juli-September 1943,* BA-MA 36574/1, p. 11.
5. Serge KLARSFELD, *Vichy-Auschwitz,* 2 vol., Paris, Fayard, 1985-1986.
6. Note du 20 mai 1940 cité dans Hans-Adolf JACOBSEN, *Dokumente zum Westfeldzug, 1940*, Göttingen, 1960, p. 53.
7. Henry PICKER, *Tischgespräche im Führerhauptquartier, 1941-1942*, Stuttgart, 1963, p. 296.
8. Rapport final de la section administrative du MBF – désormais *Rapport Teuchert* –, AJ 40/536.
9. Hans UMBREIT, *Der Militärbefehlshaber in Frankreich, 1940-1944*, Boppard am Rhein, 1968.
10. Ernst JÜNGER, *Journal de guerre et d'occupation, 1939-1948*, Paris, Julliard, 1965.
11. Nachlass Best, *Erinnerungen aus dem besetzten Frankreich BA*, Coblence; Jean FRÉVILLE, *Archives secrètes de la Bretagne, 1940-1944*, Rennes, éd. Ouest-France, 1985, pp. 20-25.
12. Dossiers F 7/13.434 et 14.715; Otto ABETZ, *Das offene Problem. Ein Rückblick auf zwei Jahrzehnte deutscher Frankreichpolitik*, Cologne, 1951.
13. *Les Cahiers de la Ligue des droits de l'homme*, Paris, 20 mai 1933.
14. *Cf.* Raymond ARON, *Le Spectateur engagé*, Paris, 1981, p. 64.

15. Entretien Robert Minder-Lionel Richard, France-Culture, janvier 1980; cf. aussi Rita THALMANN, « Du cercle de Sohlberg au comité France-Allemagne », *Les Relations franco-allemandes dans les années trente,* colloque DAAD-IHTP-CNRS, Paris, décembre 1990, t. I, pp. 103-122.
16. Rita THALMANN, « L'immigration allemande et l'opinion publique en France de 1933 à 1936 », *La France et l'Allemagne, 1932-1936*, Paris, CNRS, 1980, pp. 149-172; « L'émigration allemande et l'opinion française », *Deutschland-Frankreich. 1936-1939*, Munich-Zurich, Artemis, 1982, pp. 47-70.
17. Friedrich GRIMM, *Mit offenem Visier. Aus dem Lebenserinnerungen eines deutschen Rechtsanwalts*, bearb. von Hermann Schild, St-Leoni, 1961.
18. Karl EPTING, *Generation der Mitte*, Bonn, 1953.
19. Les *Frankreichberichte* – BA – *Nachlass Grimm* comprennent les 42 rapports de la période 1934-1938 et 47, rapports suivis d'une « Réflexion d'ensemble » rédigée le 16.1.1945 pour la période de l'Occupation.
20. AJ 40/539.
21. Circulaire du Dr BEST, *Verwaltungsstab Abt. Verw.*, 19 août 1940, AJ 40/539.
22. *Erinnerungen aus dem besetzten Frankreich* BA – *Nachl. Best,* 1 (5).
23. Eberhard JÄCKEL, *op. cit.*, pp. 127-129.
24. *Rapport Teucheurt,* 25.3.1945, AJ 40/536.
25. Pierre MILZA, *Fascisme français. Passé et présent*, Paris, Flammarion, 1987, p. 236.
26. *Cf.* notamment les lois et décrets du 17.7.1940 sur l'épuration et le renouvellement de la fonction publique; des 13.8, 19.8, 3.10. 1940 et 2.6.1941 excluant les femmes, les Juifs, les naturalisés de la fonction publique; du 13.8.1940, des 27.2. et 11.8.1941 portant dissolution des « sociétés secrètes », éviction des francs-maçons de la fonction publique et publication des principaux dignitaires au *JO* des 3.10.1940 et 2.6.1941.
27. *Lagebericht MBF* I 4 B 5, octobre 1940, AJ 40/444.
28. KVR Mahnke, « Anordnungen an die französischen Verwaltungsbehörden », MBF III, octobre 1940, AJ 40/538.
29. *Lagebericht MBF* I 4 B 5, octobre 1940, AJ 40/444.
30. *Lagebericht FK* Angers et Dijon, octobre-novembre 1940, AJ 40/446 et AJ 40/447.
31. *Lagebericht MBF* I, novembre 1940, Paris, 3.12.1940, AJ 40/443.
32. *Lagebericht MBF* III, Paris, 31.1.1941, AJ 40/443.
33. Circulaire 25.3 et ordonnance 26.4.1941, réponse chef Bezirksverw. IB 240, mai 1941, à MBF Paris et circulaire rectificative 11.6.1941, AJ 40/539.
34. Rapports *Militärbezirk* C, Dijon, 20.5.1941 et FK 722, St-Lô, 30.5.1941, AJ 40/539.
35. Rapport voyage d'inspection (Ardennes, Meuse, Meurthe-et-

Moselle, Vosges, Haute-Marne) KVA, chef Dr Storz-KVR Mahnke, MBF *Verwaltungsstab*, 17.4.1941, AJ 40/539.

36. Notamment l'historien militaire Hans UMBREIT, *op. cit.*, mais aussi Andreas HILLGRUBER spécialiste de la politique allemande à l'Est, sans parler de l'abondante historiographie apologétique des années 1950-1970 en RFA.
37. Général FORNEL DE LA LAURENCIE – DGTO – à chef de l'État, F 60/396 et 397.
38. F 60/396.
39. Réunions hebdomadaires DGTO - F 60/397.
40. *Die Bretagne als Eckpfeiler der deutschen Wacht am Atlankik*, AJ 40/547. Extraits traduits *in* Henri FRÉVILLE, *op. cit.*, pp. 29-31.
41. MBF *Kommandostab* IC – *Bretonenfrage – Geheim*, 12.12.1940, F 7/15 144.
42. Note confidentielle de Brinon du 16.6.1941 au MBF, mentionnée dans le rapport du conseiller commercial Lehrer V *in* 126, et note KVR Storz, Paris, 3.7.1941, AJ 40/539.
43. *Lagebericht* MBF 20.3 – 10.5.1940, AJ 40/446.
44. *Lagebericht* MBF SW – Angers 20.9.1941, AJ 40/446.
45. *Lagebericht Militarverw. Bezirk B*, Angers, 16.9.1941, AJ 40/446 et MBF I 4 B 16, Paris, octobre-novembre 1941, AJ 40/443.
46. *Lagebericht Chef Militärverw. Bezirk* C, Dijon, 10.3.1942, AJ 40/447, *Militärverw. Bezirk* B, Angers, 10.3.1942, AJ 40/446 et MBF I 4 B 18, Paris, février-mars 1942, AJ 40/444.
47. Rapport Beumelburg MBF *Kommandostab*, 26.2.1942; note Best, *Verwaltungsstab Verw. Abt.*, 27.2.1942, *Verwaltungsstab Verw. Abt.*, 21.4.1942, AJ 40/539.
48. *Lagebericht* MBF III, Dijon, 2.10.1942.
49. *Friedrich Grimm Frankreich Berichte* – annexe au rapport sur tournée de conférences du 4-17.6, 1.7.1942, BA *Nachlass Grimm Vorl.* 6..
50. *Lagebericht* MBF I 4 B 20, Paris, 9.11.1942, AJ 40/444, MBF III, octobre-décembre 1942, Dijon, 6.1.1943, AJ 40/447 et MBF I 4 B 21 Paris, 27.1.1943, AJ 40/444.
51. *Friedrich Grimm Frankreichberichte*, 3.3 et 3.4.1943, BA *Nachlass Grimm Vorl.* 6.
52. MBF *Abt. Verw.* 1/1/133/474-43 *(geheim)* Paris, 14.4.1943, AJ 40/967.
53. Eugène SCHAEFFER, *L'Alsace et la Lorraine (1940-1941), leur occupation en droit et en fait*, Paris 1953, pp. 122 et suiv.
54. Doc. Nuremberg PS 1470 et TM I, vol. XXXVIII, pp. 330 et suiv.
55. Marie-Joseph BOPP, « L'enrôlement de force des Alsaciens dans la Wehrmacht et la SS », *Revue d'histoire de la Deuxième guerre mondiale*, 1955, n° 20, pp. 33 et suiv.
56. *MBF Abt. Verw.*, 1/1/133/690-43 *(geheim)*, Paris, 10.6.1943, AJ 40/967.
57. Note sur le différend MBF/SIPO-SD *(geheim)*, 24.8.1943, compor-

tant une analyse du *Lagebericht Befehlshaber SIPO u. SD* du 17.8 et la prise de position du MBF du 22.8, AJ 40/539.
58. *Lagebericht* MBF I 4 B 24, juillet-septembre, Paris, 6.11.1943, AJ 40/444.
59. Les rapports du MBF de mai 1942 à avril 1944, AJ 40/444, rendent abondamment compte des mouvements préfectoraux.
60. Listes des fonctionnaires et personnalités à nommer ou à révoquer proposées au MBF entre le 26.7.1943 et le 27.5.1944, AJ 40/541.
61. *Lagebericht* MBF I 4 B 25, décembre 1943, Paris, 27.1.1944, AJ 40/444.
62. *MBF an Befehshaber Bezirk NW-SW-NO-Komm. Gross Paris,* 14.4.1944, AJ 40/967.
63. *Befehshaber der SIPO u. des SD im Bereich des MBF an Herrn General der Infanterie [Heinrich] von Stülpnagel,* 27.5.1944, AJ 40/541.
64. *MBF Abw. Verw. Dr Seefeldner,* 1.6, 17.6, 20.6.1944, AJ 40/541.
65. MBF *Lagebericht,* juin 1944, Paris, 13.7.1944, AJ 40/444.
66. MBF *Lagebericht,* juin 1944, Paris, 13.7.1944, AJ 40/444.

Chapitre II

1. *Lagebericht* MBF, juillet-septembre 1940, Dijon, 23.9.1940, AJ 40/447.
2. *Lagebericht* MBF I 4 B 1, août 1940, AJ 40/444.
3. *Lagebericht Chef Militärverw. Bez. S-W Fr.,* août 1940, Angers, 23.9.1940, AJ 40/446.
4. *Lagebericht* MBF I 4 B 3, septembre 1940, Paris, 2.10.1940, AJ 40/444.
5. *Verordnungen über Vereinigungen, Versammlungen, Abzeichen und Beflaggung,* 28.8.1940 *in Vo Bl.* n° 7, 16.9.1940, p. 76.
6. *Lagebericht* MBF octobre 1940, Dijon, 23.10.1940, AJ 40/447.
7. *Lagebericht* MBF I 4 B 5, octobre 1940, Paris, 1.11.1940, AJ 40/444.
8. *Lagebericht* MBF *Bezirkschef* B – S-W Fr., novembre 1940, Angers, 21.11.1940, AJ 40/446; MBF III, Dijon, 22.11.1940, AJ 40/447; *Chef Militärverw. Bez. Bordeaux,* 22.11.1940, AJ 40/448.
9. *Lagebericht* MBF I 4 B 7, novembre 1940, Paris, 3.12.1940, AJ 40/443.
10. Rita Thalmann « Antisemitismus », *in* Jacques Leenhard, Robert Picht (éd.), *Esprit-Geist,* Munich-Zurich, Piper, 1989, pp. 117-123 en version française, *Au jardin des malentendus,* Actes-Sud, 1990, pp. 110-114.
11. *Lagebericht* MBF III, décembre 1940, Dijon, 19.12.1940, AJ 40/447.
12. *Lagebericht* MBF III, février 1941, Paris, 7.3.1941, AJ 40/443.
13. *Lagebericht* MBF I 4 B 12, avril-mai 1941, Paris, 3.5.1941, AJ 40/443.

14. *Lagebericht* MBF III, juillet-septembre 1941, Dijon, 20.9.1941, AJ 40/447.
15. *Lagebericht* MBF I 4 B 15, août-septembre 1941, Paris, 30.9.1941, AJ 40/443.
16. Jacques ADLER, *Face à la persécution, les organisations juives à Paris de 1940 à 1944*, Paris, Calmann-Lévy, 1985, pp. 72-156 et documents annexes sur l'UGIF, pp. 275-302.
17. *Lagebericht* MBF III *Chef Militärverw. Bez. C,* janvier-mars 1942, AJ 40/447.
18. *Lagebericht* MBF I 4 B 5, Paris, 1.11.1940, AJ 40/444; *Chef Militärverw. Bez. B. S-W Fr.*, 21.11.1940, AJ 40/446; MBF-OBFK (v) 670, Lille, 20.11.1940, AJ 40/448.
19. *Lagebericht* MBF I 4 B 7, Paris, 3.12.1940, AJ 40/443.
20. *Lagebericht* MBF III, Dijon, 19.12.1940 et 15.1.1941, AJ 40/447.
21. *Lagebericht* MBF III, décembre 1940-janvier 1941, Paris, 31.1.1941, AJ 40/443.
22. Correspondance Heinrich von Stülpnagel à OKH, 24.4.1941 et *Chef Reichskanzlei* à *Reichsministerieum des Innern,* 3.6.1941, BA – R 43 II 1339, Werner BEST, « Frankreichs Schicksal im Jahre 2000 », *Reich, Volksordnug, Lebensraum*, vol. 1, pp. 307 et suiv. Et BA-Nachlass Best.
23. Lothar KETTENACKER, *op. cit.*, pp. 259-261 : *De l'Université aux camps de concentration. Témoignages strasbourgeois*, Paris, Publications de la faculté des lettres de l'université de Strasbourg, 1947 (comporte en annexe la liste des étudiants et professeurs ayant péri dans les camps). Rapport du préfet de Clermont-Ferrand dans *La Vie des Français sous l'Occupation, 1940-1944,* Stanford, Institut Hoover, 3 vol., Paris, 1957, t. I., p. 463.
24. *Lagebericht* MBF I 4 B 12, avril-mai 1941, Paris, 31.5.1941, AJ 40/443.
25. MBF, note OKVR Hufnagel, 29.6.1941, AJ 40/551.
26. *Lagebericht* MBF III, décembre 1940-janvier 1941, Paris, 31.1.1941, AJ 40/443.
27. *Friedrich Grimm Frankreich Bericht,* 28.4.1941, *BA-Nachlass Grimm Vorl., 5.*
28. *Militäverw. Fr.,* message radio, 12.8.1940, AJ 40/890.
29. *Lagebericht* MBF III, juillet-septembre 1940, Dijon, 24.9.1940, AJ 40/447 *Chef Militärverw. Bez.* B 23.10 et 21.11.1940, AJ 40/446; BMF III, novembre 1940, Bordeaux, 22.11.1940, AJ 40/448.
30. *Tätigkeitsbericht Prop. Abt. Fr. Staffel N-W,* 4.11.1940, AJ 40/1001.
31. *Lagebericht MBF III Chef Militärverw. Bez. B S-W Fr.,* 23.10.1940, AJ 40/446; MBF III *Lagebericht,* novembre 1940, Dijon, 22.11.1940, AJ 40/447.
32. MBF à *Chef der Militärverw. Bez.* A-B-C + Bordeaux, 9.4.1941, AJ 40/876.
33. *Lagebericht MBF III Chef des Militärverw. Bez. B S-W Fr.,* 21.11.1940; MBF I 4 B 7, Paris, 3.12.1940, AJ 40/443; *Lagebericht* MBF III, février 1941, Paris, 7.3.1941, AJ 40/443.

34. *Tätigkeitsbericht Prop. Abt. Staffel Angers,* 6.3.-19.3.1941, AJ 40/443.
35. *Lagebericht* MBF I 4 B 12, avril-mai, Paris, 31.5.1941, AJ 40/443.
36. *Lagebericht* MBF III, juin-juillet 1941, Dijon, 21.7.1941, AJ 40/447.
37. *Lagebericht* MBF I, 4 B 14 juin-juillet 1941, Paris, 31.7.1941, AJ 40/443.
38. *Lagebericht* MBF III, juillet-septembre 1941, Dijon, 20.9.1941, AJ 40/447.
39. *Bericht SS Obersturmführer* Knochen à *Kommandant Gross Paris,* 31.7.1941, AJ 40/875.
40. *Gegnerische weltanschauliche Einflüsse, Polizeidienststelle Frankreich-Befehlshaber der SIPO und des SD für Frankreich,* 10.11.1941, BA – R 70 Frankreich/2.
41. *Stimmungsbericht Prop. Staffel Paris, 15.11.1941, AJ 40/873.*
42. *Lagebericht* MBF *Chef Militärverw.* A, Saint-Germain-en-Laye, 20.11.1941 Z St. A Potsdam F 15333.
43. Karl Epting, « Wo steht die französische Jugend ? (1936) », *Frankreich im Widerspruch*, Hambourg, Hanseatische Verlagsantalt, 1943, pp. 9-36.
44. Wilfred D. Hall, *Les Jeunes et la politique de Vichy*, Paris, Syros, 1968.
45. *OBH - Chef Militärverw, in Frankreich Kommandostab Abt.* IC, Paris, 6.10.1940, BA-MA, RW 49/110.
46. *MBF Kommandostab Abt.* IC (1e Paris), 18.11.1940, BA-MA, RW 49/110.
47. MBF Dr Ernst, Paris, 21.2.1942, AJ 40/876; MBF SIPO-SD, Paris 3.9.1942; Gaston Tyrand à *Bannführer* Schmidt – ambassade d'Allemagne, Paris, 6.12.1942, F 7, 15.146.
48. *Abwehrleitstelle Frankreich* à MBF *Kommandostab* IC Paris – *Geheim* – 29.7.1941, BA-MA, RW 49/110.
49. *SIPO u. SD* à *MBF Verwaltungstab Paris,* 8.8.1941 et 10.2.1942, F 7 15.146.
50. *Briefprüfstelle* Bordeaux à *Abwehrleistelle* Paris – *Geheim* – 5.3.1942, BA-MA, RW 49/110.
51. Rapport Hennequin. Police municipale, 26.5.1942, AJ 40/872.
52. Lettre ouverte d'étudiants de l'université de Paris et des grandes écoles au Maréchal, chef de l'État, BA-MA, RW 49/110.
53. Note VI B 3 Paris, 11.8.1942, F 7/15.146.
54. Liste Abwehr, 10.7.1942, BA-MA RW 49/110.
55. *MBF SIPO u. SD an SIPO u. SD Aussenkommando Angoulême,* Poitiers, 5.8.1942, F 7/15.146.
56. *MBF SIPO u. SD Paris, 11.8.1942, F 7/15.146.*
57. *MBF-SIPO u. SD Uberwachung der Jugendorganisationen und Jugendlager,* Paris, 3.9.1942, F 7/15.146.
58. Syndicat des chefs d'établissement d'enseignement libre, Neuilly, 16.9.1940, AJ 40/557.
59. *Lagebericht* MBF I 4 B 5, octobre 1940, AJ 40/444.

60. *MBF Verwalt. Abt. (V kult) KVR Dr Dahnke* à DGTO, Paris, octobre 1940, AJ 40/565, Entretiens Dr Tobler-Karl Epting (Institut für Besetzungsfragen), 22.9.1956, BA, B 120/358, fol.1.
61. *Verordnung über des Verbot französisches Schulbücher,* 30.8.1940, VOBiF, pp.79-80.
62. *Lagebericht* MBF I 4 B 7, novembre 1940, AJ 40/443 : *Tätigkeitsbericht Prop. Abt. Schrifttum,* Paris, 14.10.1940, AJ 40/1001.
63. Dossiers AJ 40/559 et AJ 40/1005 : F 7/13.369 et 13.778 : F 60/427; Pascal Fouché, *L'Édition française sous l'Occupation, 1940-1944,* Bibliothèque de littérature française contemporaine de l'université Paris VII, 1987, t. III, pp. 40-44.
64. *Der Beauftragte des Chefs der SIPO u. SD à Militärverw. (V Kult),* Paris, 18.10.1940, AJ 40/566.
65. *Lagebericht* MBF 4 B 5, octobre 1940, AJ 40/444.
66. *MBF Verwalt. Abt. (V kult) KVR Dr Dahnke,* Paris, 31.10.1940, AJ 40/556.
67. *MBF Bezirkschef C* à *MBF Verwalt. Abt. (V Kult)* Dijon, 20.11.1940, AJ 40/567; *MBF Beiakte zu V kult 421 : Demonstration am 11. November 1940,* Paris, AJ 40/565; général La Laurencie – DGTO à secrétaire général présidence du Conseil et Direction des services de l'Armistice : *Liste d'établissements à fermer selon instruction de M. le général Best à DGTO,* Paris, 17.11.1940, F 60/427.
68. *Deutsche Botschaft* – Abetz – à MBF *General* Otto von Stülpnagel, Paris, 6.12.1940, AJ 40/565; MBF Abt. Verw. (V Kult), Paris, 13.12.1940, AJ 40/567 et 9.1.1941, AJ 40/565.
69. MBF- Institut de France, Paris, 15.4.1941, AJ 40/566.
70. Commissariat général à l'Éducation générale et aux Sports, Paris, 11.3.1941, AJ 40/557 et *MBF Abt. Verw. (V Kult) KVR* Dr Dahnke, Paris, 3 et 7.5.1941, AJ 40/557.
71. *Lagebericht* MBF III, mars 1941, AJ 40/443.
72. *Lagebericht* MBF III, décembre 1940-janvier 1941, Paris, 31.1.1941, AJ 40/443 : *MBF Abt. Verw (V Kult),* 27.5.1941, AJ 40/556.
73. *MBF Abt. Verw. (V Kult 421),* Paris, 1-13.5.1941, et enquête SIPO u. SD, Paris, 3.7.1941, AJ 40/556.
74. *MBF Chef Militärverw. Bez. Bordeaux,* 14.5.1941, AJ 40/557; *MBF Abt. Verw (V Kult 464)* KVR Dr Dahnke, Paris, 29.5.1941, AJ 40/567; *Chef Militärverw. Bez.* A Saint-Germain-en-Laye, 9.7.1941, à *MBF (V Kult 464)*; AJ 40/567.
75. *Lagebericht* MBF I 4 B 12, avril-mai 1941, Paris, 31.5.1941, AJ 40/443 : *MBF III Bezirschef B,* Angers, 21.2.1941, AJ 40/448 : MBF III, mai-juin 1941, Lille, 17.6.1941, AJ 40/448.
76. Notes de l'inspecteur général Roy – entretien Carcopino-Achenbach à l'ambassade d'Allemagne du 5.6.1941, F 60/427.
77. *MBF Abt. Verw. (V Kult 401/402) KVR* Dr Dahnke, 14.6.1941, AJ 40/556.
78. *MBF Abt. Verw. (V Kult 401),* AJ 40/564.

79. *MBF Abt. Verw. (V Kult)* Dr Dahnke, Paris, 31.10.1940, AJ 40/564 : *Prop Abt. Gr. Kultur-Theater* s.d. AJ 40/1001.
80. *MBF Kommandostab leit. Feldpolizeidirektor,* Paris, 22.5.1941, AJ 40/557; *Chef Militärverw. Bez. MBF III Bordeaux,* 16.7.1941, AJ 40/448. *Kommandant Gross Paris Verw. Stab (V Kult 467),* Paris, 5.7.1941 et *Deutsche Botschaft an MBF (V Kult 467),* 29.10.1941, AJ 40/567; *Bericht V Mann Pierre Gruppe* GFP 550, 10.7.1941, AJ 40/558.
81. Note ambassadeur de Brinon-DGTO à M. Verrier, représentant du ministère de l'Éducation nationale à Paris, 23.6.1941, F 60/427; *Lagebericht* MBF I 4 B 14, juin-juillet 1941, Paris, 31.7.1941, AJ 40/443.
82. MBF *(V Kult 401/413),* Paris, 14.7.1941 et 5.1.1942, AJ 40/564.
83. MBF *(V Kult 413)* OKVR Dr Reiprich, Paris, 17.7.1941, AJ 4/564.
84. *Bericht SIPO-SD Fr.,* novembre 1941, BA-R 70/*Frankreich* 2; Karl EPTING, « Die französische Schulreform 1941 », *Frankreich im Widerspruch, op. cit.*, pp. 120-125; *Lagebericht* MBF I 4 B 16, octobre-novembre 1941, Paris, 31.11.1941, AJ 40/443.
85. *Kreiskommandantur* à Monsieur le Préfet pour transmission à Messieurs les Maires, Belfort, 8.8.1941, AJ 40/443.
86. *MBF Verw. Abt. (V Kult 463/421) Besuch des französischen Unterrichtsminister beim Herrn Oberfehlshaber am 10.9.1941,* Paris, septembre 1941, AJ 40/565.
87. MBF *(V Kult 413)* KVR Dr Dahnke, Paris, 30.10.1941, AJ 40/564; Yves-Claude AOUATE, « Les mesures d'exclusion antijuives dans l'enseignement public en Algérie, 1940-1943 », *Pardès*, Paris, août 1988, pp. 109-128.
88. MBF *(V Kult 468),* Paris, 1.11.1941, AJ 40/556.
89. Secrétariat d'État à la Marine à secrétaire général de la vice-présidence du Conseil, « secret et personnel », 12.11.1941 et lettre de Jérôme Carcopino à l'amiral Darlan, 5.12.1941, F 60/427.
90. *Lagebericht* MBF I 4 B 17, décembre 1941-janvier 1942, AJ 40/443.
91. *Lagebericht* MBF I 4 B 18, février-mars 1942, Paris, 31.3.1942, AJ 40/444.
92. *Lagebericht* MBF III, *Chef Militärverw. Bez C,* janvier-mars 1942, AJ 40/447; MBF I 4 B 19, avril-mai 1942, AJ 40/444.
93. Dossier École Corvisart, 6.1-27.1.1942, AJ 40/558 : MBF *(V Kult 401/413)* OKVR Rilke : notes sur réunions ambassade 13.1 et 18.2.1942 et suites 18.5.1942, AJ 40/564 : Instructions d'Hitler à Abetz : note Luther à Rademacher, 15.8.1940 AA-PA Inland II g. Projets conservateurs sur le statut futur des Juifs : Rita THALMANN, *Protestantisme et nationalisme en Allemagne de 1900 à 1945*, Paris, Klincksieck, 1976, pp. 440-447 et Christoph DIPPER « Der Widerstand und die Juden », *Der Widerstand gegen den Nationalsozialismus*, Munich-Zurich, Piper, 1985, pp. 598-616.
94. Rapport sur les professeurs juifs de la faculté de médecine remis par M. le professeur Montandon le 15.3.1942, AJ 40/564.

95. A. MEYER, « Les germanistes français et l'Allemagne », *Deutschland-Frankreich*, n° 1, 1942.
96. Dossiers AJ 40/443 et 444 : AJ 40/556 et 565.
97. *Lagebericht* MBF I 4 B 19, avril-mai 1942, Paris, 31.5.1942, AJ 40/444.
98. *Lagebeurteilung* MBF IV Neuilly-sur-Seine, 3.8.1942, AJ 40/444.
99. *Lagebericht* MBF I 4 B 20, juin-septembre 1942, AJ 40/444.
100. MBF – note OB – major Leo, 10.1942 – *Befehl* Heinrich von Stülpnagel, 15.8.1942, AJ 40/551.
101. *Lagebericht* MBF IV, novembre 1942 – *Kommandant von Gross Paris,* 28.11.1942, AJ 40/897; MBF I 4 B 21, octobre-décembre, Paris, 27.1.1943, AJ 40/444.
102. *Lagebericht* MBF IV *Kreiskommandantur* 8 96 O.U., 28.1.1943 : MBF IV-FK 757 Neuilly, 1.4.1943, AJ 40/897; MBF I 4 B 22 et 4 B 23, Paris, 22.4 et 21.7.1943, AJ 40/444; *Militär Verw. Befehlshaber* S-W Fr., octobre-décembre 1943, AJ 40/446; MBF I 4 B 25, octobre-décembre 1943, AJ 40/444.
103. *Lagebericht* MBF I 4 B 26, janvier-mars 1944, Paris, 28.4.1944, AJ 40/444.

Chapitre III

1. Rapports Chef der *Sicherheitspolizei* und des SD Berlin, 18.10.1943 et 1.11.1943, BA-R 58/649.
2. AJ 40/1001; BA-MA RW 35/215; Élisabeth DUNAN, « La Propaganda Abteilung en France », *Revue d'histoire de la Deuxième Guerre mondiale,* n° 4, Paris, octobre 1951, pp. 19-32; R.G. NOBÉCOURT, *Les Secrets de la Propagande allemande en France occupée,* Paris, 1962; Hasso von WEDEL, *Die Propagandatruppen der deutschen Wehrmacht,* Neckargemünd, 1962; Hans UMBREIT, *Der Militärbefehlshaber in Frankreich. 1940-1944,* Boppard am Rhein, 1968, pp. 150 et suiv.
3. AJ 40/1001 – 1008 – 1009; Hermann EICH, *Wege der französischen Presse,* Prop. Abt. Fr. Paris, 1943; Jacques POLONSKI, *La Presse, la propagande et l'opinion publique sous l'Occupation,* Paris, CDJC, 1946; Marie IMHOFF, *Die Presse Frankreichs zur Zeit der deutschen Besatzung 1940-1944,* diss. phil., université de Vienne, 1950; Michèle COTTA, *Les Idéologies de la collaboration à travers la presse, 1940-1944,* thèse de doctorat, Paris, ENSP, 1962.
4. Note MBF-Humm du 22.12.1942 à de Brinon, F 60/408.
5. AJ 40/556, 1001 et 1005; Gérard LOISEAUX, *La Littérature de la défaite et de la collaboration,* Publications de la Sorbonne, 1984; Pascal FOUCHÉ, *L'Édition française sous l'Occupation, 1940-1944,* t. III et IV, Bibliothèque de la littérature française contemporaine de l'université Paris-VII, 1987.
6. Rapport GFP Gr. 540 Abt. II, 31.7.1940 et *Chef Militärverw. in Fr.,* Paris, 6.8.1940, AJ 40/869.

7. Oscar Reile, *Treff Lutetia Paris. Der Kampf der Geheimdienste im westlichen Operationsgebiet, in England und Nordafrika*, Munich, 1973.
8. *OBH-Chef Militärverw. i. Fr. an Bezirkschef A-B-C und Paris*, 6.9.1940, AJ 40/879.
9. Hildegard Brenner, *Die Kunstpolitik des Nationalsozialismus*, Hambourg, 1963; Hervé Le Boterf, *La Vie parisienne sous l'Occupation*, t. II, France-Empire, 1974-1975.
10. Publié d'abord en allemand, puis en français sous le titre *Un Allemand à Paris*, Paris, Le Seuil, 1981, les Mémoires de Gerhard Heller présentent, comme la plupart des ouvrages de ce genre, une vision plus flatteuse que véridique de la « collaboration culturelle » sous l'Occupation.
11. Rapports GFP Gr. 550 des 21.8, 31.8, 23.9 et 10.11.1940, AJ 40/869.
12. L'ensemble des listes d'interdiction Bernhard et Otto, ainsi que les annexes, sont reproduites dans les ouvrages cités de Bernard Loiseaux et Pascal Fouché.
13. Pascal Fouché, *op. cit.*, t. III, pp. 21-31 et t. IV, chap. « L'épuration », pp. 153-257.
14. *L'Emprise allemande sur la pensée française*, Paris, Imprimerie nationale, 1947.
15. Jean Galtier-Boissière, *Mon journal pendant l'Occupation*, Paris, La Jeune Parque, 1947.
16. *Prop. Abt. Gruppe Kultur-Theater,* fin 1940, AJ 40/1001 (7).
17. *Prop. Abt. Gruppe Kultur-Theater,* AJ 40/1002.
18. Ordonnance sur l'autorisation de films en projection publique du 9.9.1940, VOBiF n° 7 du 16.9.1940.
19. BA-MA RW 35/223 – listes publiées en annexe.
20. *Bericht Reichsbeauftragter* Pr Alfred Greven, 31.7.1941, *in Tätigkeitsbericht Prop. Abt. Ref. Film,* 29.8.1941, BA-MA RW 35/223.
21. *Tätigkeitsbericht MBF Filmprüfstelle,* 12.9.1941, BA-MA RW 35/223.
22. *Tätigkeitsberiche MBF Filmprüfstelle,* 25.3.1944, AJ 40/1001.
23. Simone Signoret, *La nostalgie n'est plus ce qu'elle était*, Paris, Le Seuil, 1976, pp. 59-62.
24. Lettre des producteurs et distributeurs de films au COIC du 30.3.1942 et note *Prop. Abt. Gr. Film,* BA-MA RW 35/225.
25. *Correspondance DPF-Filmprüfstelle,* Paris, 16.4 et 31.7.1941, AJ 40/1005 (2).
26. Ordonnance des 21.5.1941 et du 28.4.1942, VOBiF, pp. 264-266 et pp. 370-373.
27. Ordre OKW du 6.5.1941 et *Tätigkeitsbericht Prop. Abt. Ref. Film,* BA-MA RW 35/221.
28. *Bereinigung des Filmmarktes, Prop. Abt. Ref. Film,* BA-MA RW 35/221.
29. *Tätigkeitsbericht Prop. Abt. Ref. Film,* 26.6.1942, BA-MA RW 35/226.

30. *Prop. Abt. Ref. Film BA-MA RW* 35/227 et AJ 40/1001.
31. Rapport confidentiel général Fornel de la Laurencie – DGTO à chef de l'État, 5.10.1940, F 60/397.
32. *Gruppe Presse der Prop. St. Paris,* AJ 40/1001 et 1008 ; « Les ultras de la Collaboration : Inter-France », *Les Cahiers de la Résistance,* n° 2, Paris, SNEP, s.d., Pierre-Marie DIOUDONNAT, *L'Argent nazi à la conquête de la presse française,* Paris, Éd. Piollec, 1981.
33. *Tätigkeitsbericht Prop. Abt. Fr.,* 7-13.10.1940, AJ 40/1001. Et rapports La Laurencie-DGTO des 16-17.10 et 4.11.1940, F 60/396.
34. *Lagebericht* 1940, MBF III, Dijon, 22.11.1940, AJ 40/447 ; *Tätigkeitsbericht Prop. Abt.* MBF, 23.12.1940-2.1.1941, AJ 40/1001.
35. *Fernschreiben Deutsche Botschaft Paris an WA Wiesbaden,* 14.8.1941, AJ 40/1198.
36. *Tätigkeitsbericht Prop. Abt. Fr.,* 28.10-3.11.1940, AJ 40/1001 ; Michèle COTTA, *La Collaboration, 1940-1944,* Paris, A. Colin, 1964, p. 314.
37. Missive de Louis Leroux, rédacteur en chef de *L'Express de l'Est,* à Dominique Sordet, Épinal, 17.3.1941, mentionnée dans *Les Cahiers de la Résistance, op. cit.*, p. 32.
38. *Lagebericht* MBF III, Dijon, 19.12.1940, AJ 40/447 ; *Lagebericht* MBF III, Bordeaux, 14.5.1941, AJ 40/448 ; *OU an Prop. Abt. Belgien Gr. Presse,* 5.9.1941, AJ 40/1013.
39. *Prop. St. N.O.* 1941 – AJ 40/1009.
40. Note du 28.7.1942, AJ 40/1009.
41. 3. *Pressetagung*-Haus Lido Champs Élysées, 5.9.1941, AJ 40/1009.
42. *Prop. Abt. Ref. Presse,* AJ 40/1009.
43. *Notiz für Herrn Leutnant Weber,* 22.9.1941, AJ 40/1009.
44. Groupement corporatif de la presse quotidienne de Paris à Dr Klecker, *Prop. St. Paris,* 22.1.1942, AJ 40/1009 (6).
45. Institut d'étude des questions juives à M. le Docteur Klecker, Paris, 30.1.1942, AJ 40/1009 (6).
46. Correspondance *Prop. Abt.* Paris, 26.5.1942, *Prop. St. S.W.* (Angers), 14.7.1942, *der Beauftragte des MBF für Pressepapier an Prop. St. S.W.,* Paris, 28.7.1942, AJ 40/1013.
47. Corporation nationale de la presse française (z.o.) à Dr Klecker, *Prop. St. Paris,* 4.7.1942, AJ 40/1013.
48. BA-MA RW 35/221 et Marie-Pierre DIOUDONNAT, *op. cit.*
49. Dossier *Actu,* mai-juillet 1942, AJ 40/1012 (7) et compte rendu du 1er anniversaire, *Ciné Mondial,* 4.6.1943.
50. Pascal ORY, *Les Collaborateurs, 1940-1945,* Paris, Le Seuil, 1976, p. 65.
51. Entretien Tobler-Möhring du 26.8.1955 à Munich – Institut für besetzte Gebiete, BA-B 120/358 fol. 1.
52. AJ 40/606 et Pascal FOUCHÉ, *op.cit.*, t. III, pp. 58-61 et 206-215, et t. IV, pp. 180-184.
53. Hélène ECK (dir.), *La Guerre des ondes,* Paris-Lausanne-Bruxelles-Montréal, 1985.

54. Friedrich GRIMM, *Frankreichberichte,* 30.10.1940 et 18.9.1941 – BA – Nachlass Grimm Vorl. 5.
55. Extraits des rapports « Pressedienst Dr Friedrich », AJ 40/1015.
56. *Bericht Radio Paris Abt. Zeitgeschehen,* 15.8.1940-23.5.1941, BA-MA RW 35/217.
57. Friedrich GRIMM, *Frankreichberichte, 7.4.1944, BA Nachlass Grimm Vorl. 7; Lagebericht* MBF 1 4 B 27, janvier-mars 1944, AJ 40/446.
58. Dr Haitinger – *Dienststelle Lyon an Dr. Struwe Zweigstelle Deutsche Botschaft* Vichy, 3.7.1944, AJ 40/967.
59. AJ 40/1001; Pascal FOUCHÉ, *op. cit.*, pp. 108-153.
60. *Tätigkeitsbericht Prop. Abt. Gr. Schrifttum,* avril 1941, BA-MA RW 41 v2221.
61. *Prop. Abt. Gr. Schrifttum, Gesamtliste des foedernswerten Schrifttums bis 31.12.1942,* CDJC, DLIV-60 publiée *in* Gérard LOISEAUX, *op. cit.*, pp. 519-524.
62. *Tätigkeitsbericht Prop. Abt. Gr. Schrifttum,* 7-14.6.1941 et rapport Lecorgne, août 1941, AJ 40/1006.
63. *Lagebericht Prop. Abt. Gr. Schrifttum,* 31.5.1941, AJ 40/1005; Gérard LOISEAUX, *op. cit.*, pp. 131-141 et 425-428.
64. *Tätigkeitsbericht Prop. Abt. Gr. Schrifttum,* 14.6-21.6. 1941, AJ 40/1005.
65. *Der Beauftragte der SIPO und des SD für Belgien und Holland an MBF,* Paris, 15.4.1941, AJ 40/566.
66. *Kurzbericht Prop. St. Abt. Fr.,* 18-24.1.1942, AJ 40/1001; Pascal FOUCHÉ, *op. cit.*, t. III, p. 226.
67. *Tätigkeitsbericht Prop. Abt. Gr. Schrifttum,* 7-14.6.1941, AJ 40/1005; *Prop. Abt.* Radio-Paris, 12.6.1941, BA-MA RW 35/226; sur Giraudoux, *cf.* Jean COCTEAU, *Journal, 1942-1945*, Paris, Gallimard, 1989, p. 328.
68. *Tätigkeitsbericht Prop. Abt. Gr. Schrifttum,* 12.7-19.7. 1941, AJ 40/1005.
69. *Tätigkeitsbericht Prop. Abt. Gr. Schrifttum,* 14.6-21.6. 1941, AJ 40/1005.
70. *Tätigkeitsbericht Prop. Abt. Gr. Schrifttum,* 19.4.1941, BA-MA RW 41 v221.
71. *Tätigkeitsbericht Prop. Abt. Gr. Schrifttum,* 12.7-19.7. 1941, AJ 40/1005.
72. *Kurzbericht Heller,* 10.4.1942, *in* Pascal FOUCHÉ, *op. cit.*, t. IV, p. 14.
73. Pascal FOUCHÉ, *op. cit.*, t. III, p. 156.
74. Gérard LOISEAUX, *op. cit.*, pp. 283-284.
75. Karl EPTING, « Louis-Ferdinand Céline », *Frankreich im Widerspruch, op. cit*, pp. 47-63. Dans son *Journal* (p. 32), Jean COCTEAU note le 12 mars 1942 : « Le docteur Epting de l'Institut allemand est ensorcelé par Céline. Jünger me raconte qu'il a écrit une étude *(sic)* pour dire que la littérature française est morte depuis Rabelais et se retrouve en Céline. »

76. Gérard Loiseaux, *op. cit.*, pp. 470-483.
77. Meldung, 6.12.1943, AJ 40/1006.
78. *Monatsbericht Prop. Abt. Gr. Schrifttum*, juin 1944, AJ 40/1005 (7).
79. *Der Chef der SIPO und des SD Berlin-Geheim!*, 25.10.1943, BA-MA R 58/189.
80. *Lagebericht Prop. St. Paris*, 29.1.1942, AJ 40/1001.
81. Il y a contradiction sur sa nouvelle appellation. Selon une note de la *Prop. Abt. Gr. Kultur-Theater* du 26.7.1941, AJ 40/1001, il serait devenu le « *Théâtre des deux rives* », d'après celle de la *Prop. St. Paris* du 29.1.1942, AJ 40/1001 « *Théâtre de la Ville* », d'après Gilles et Robert Ragache, *La Vie quotidienne des écrivains et des artistes sous l'Occupation, 1940-1944*, Paris, Hachette, p. 195, il serait devenu le Théâtre de la Cité.
82. *Prop. St. Paris,* 11.5.1942, AJ 40/1001; Rita Thalmann, « L'immigration allemande et l'opinion publique en France de 1933 à 1936 », *La France et l'Allemagne, 1932-1936*, Paris, CNRS, 1980, p. 170.
83. *Tätigkeitsbericht Prop. Abt. Gr. Kultur-Theater,* 11.5.1942; Rita Thalmann et Emmanuel Feinermann, *La Nuit de Cristal*, Paris, Laffont, 1972, pp. 45-87.
84. Considéré jusqu'alors comme « demi-Juif », Moritz Lehmann bénéficiait d'une autorisation professionnelle dont la *Propaganda* demande le retrait. *Prop. Abt. Gr. Kultur-Theater,* Paris, 22.8.1941, AJ 40/1001.
85. *Prop. Abt. Gr. Kultur-Theater,* AJ 40/1002. Le *Journal* de Cocteau, ne commençant qu'en mars 1942, ne mentionne pas ces interdictions antérieures.
86. *Prop. Abt. Gr. Kultur-Theater,* 27.2.1942, AJ 40/1001; dossier de livraison aux Allemands en vertu de l'art. 19 de la convention d'armistice, AJ 41/500 et 501; Rita Thalmann et Emmanuel Feinermann, *op. cit.*, pp. 84-87.
87. Jean Cocteau, *Journal, 1942-1945*, p. 85.
88. *Prop. Abt. Gr. Kultur-Theater,* 30.12.1942, AJ 40/1001.
89. *Prop. Abt. Gr. Kultur-Theater,* 31.3.1944, AJ 40/1001.
90. *Tätigkeitsbericht Prop. Abt. Ref. Film,* septembre 1941, BA-MA RW 35/223.
91. *Tätigkeitsbericht Prop. Abt. Ref. Film,* 19.3 et 10.4.1941, BA-MA RW 35/220.
92. *Lagebericht* MBF des 28.9, 2.10, 10.10, 11-10, 23.10, 29.10, 22.11.1940, AJ 40/444, 446, 448 et 890; note *Chef Militärverw.*, Paris, 8.10.1940, AJ 40/879 (entrevue MBF-Langeron-Marchand).
93. *Lagebericht* MBF I 4B4, Paris, 1.11.1940, AJ 40/444.
94. *Tätigkeitsbericht Prop. Abt. Ref. Film,* 3.11.1940, AJ 40/1001.
95. *Tätigkeitsbericht Prop. Abt. Ref. Film,* mars-avril 1941, BA-MA RW 35/220.
96. Rapport Trachsler, 28.5.1941, BA-MA RW 35/221.
97. *Tätigkeitsbericht Prop. Abt. Ref. Film,* 28.5, 12.6 et 28.6.1941, BA-MA RW 35/223.

98. Avis du chef du service Cinéma et Propagande, Vichy, 28.4.1941 et réponse *Referatsleiter Prop. Abt. Ref. Film*, BA-MA RW 35/221.
99. *Tätigkeitsbericht Prop. Abt. Ref. Film*, BA-MA RW 35/221-222.
100. *Tätigkeitsbericht Prop. Abt. Ref. Film*, 17.7, 1.8, 15.8, 19.9, 26.9.1941, BA-MA RW 35/222.
101. *Tätigkeitsbericht Prop. St. Dijon*, 6.6.1942, *Prop. Abt. Ref. Film*, 13.6.1942, 13.9.1942, BA-MA RW 35/226-227.
102. *Tätigkeitsbericht Prop. Abt. Ref. Film*, 13.6.1942, BA-MA RW 35/226; sur plans de production films, BA-MA RW 35/227.
103. *Tätigkeitsbericht Prop. Abt. Ref. Film*, 25.7, 15.8, 19.9, 26.9.1941, BA-MA RW 35/222.
104. Société franco-allemande d'actualités, BA-MA RW 35/223.
105. *Tätigkeitsbericht Prop. St.* Dijon et Angers, 6.6.1942; *Lagebericht Prop. Abt.*, 6.2 et 6.3.1943, BA-MA RW 35/226-227.
106. *Tätigkeitsbericht Prop. Abt. Filmprüfstelle*, 10.3 et 29.4.1944.
107. *Tätigkeitsbericht Prop. Abt. Filmprüfstelle*, 22.7.1944.

Chapitre IV

1. *Lagebericht MBF Bezirkschef S.W. Fr. Angers*, 23.10.1940, AJ 40/446.
2. *Chef Militärverw. Abt. Ic*, Paris, 16.10.1940, AJ 40/890.
3. *Tätigkeitsbericht Prop. Abt. Fr.*, 13.10, 4.11, 23.12.1940, AJ 40/1001.
4. *Tätigkeitsbericht Prop. Abt. Fr.*, 23.12.1940, AJ 40/1001.
5. *Lagebericht Bezirkschef S.W. Fr. Angers*, 21.3.1941, AJ 40/446.
6. *Lagebericht MBF Paris*, 31.1, 7.3, 5.4.1941, AJ 40/443.
7. *Frankreichbericht*, 18.3.1941, BA – *Nachlass Grimm*, Vorl. 5.
8. Wolfgang Wette, « La propagande nazie et la combativité allemande jusqu'en 1936 », *La France et l'Allemagne, 1932-1936, op. cit.*, pp. 233-254.
9. Gilles et Jean-Robert Ragache, *op. cit.*, p. 157.
10. Jean Cocteau, *op. cit.*, p. 138.
11. Représentant du ministère des Affaires étrangères auprès de la commission d'armistice à secrétaire d'État à la Guerre-Vichy, Wiesbaden, 22.10.1941, F 60/408; Gérard Loiseaux, *op. cit*, pp. 102-104.
12. *Lagebericht Prop. St. Paris*, 13.12.1941, AJ 40/873.
13. Rapport sur le voyage de la délégation française du cinéma en Allemagne du 18 au 31.3.1942, BA-MA RW 35/225.
14. Pascal Ory, *op. cit.*, p. 62.
15. Jean Galtier-Boissière, *op. cit.*, mentionné à la date du 9.4.1942; *Tätigkeitsbericht Prop. Abt. Ref. Film*, 9.5 et 13.6.1942, BA-MA RW 35/226.
16. Dr Funke (Institut allemand) à Dr Best, Paris, 10.5.1941 (liste de directeurs et de lecteurs de l'Institut à dispenser du service militaire), AJ 40/564.

17. *Kommandostab Abt. Ic III* à *Verw. Stab. Gr. Schule und Kultur,* 31.1.1941, AJ 40/564.
18. *Lagebericht Chef Militärverw. MBF III Bordeaux,* 20.3.1941, AJ 40/448.
19. *Lagebericht « Schule und Kultur » MBF III,* Paris, 5.4.1941, AJ 40/443.
20. Rapport préfet du Doubs, 16.8.1941, rapport commissaire spécial Lelièvre, 19.8.1941, F 60/408.
21. *Errichtung deutscher wissenschaftlicher Institute in Paris,* 12.3-21.4.1941, AJ 40/564.
22. *Lagebericht* MBF III FK 20, Paris, 5.11. 1941, AJ 40/443.
23. *Lagebericht* MBF I 4 B 24, Paris, 6.11.1943, AJ 40/444.
24. Correspondance *AA Kult. Pol. U* et ambassade Paris, AJ 40/556.
25. *Lagebericht* MBF I 4 B 25, Paris, 27.1.1944, AJ 40/444.
26. P.V. Réunion *Deutsche Botschaft,* Paris, 7.1.1941, AJ 40/444.
27. *Deutsche Botschaft.* Dr Grosse *an MBF-OKVR* Dr Eckelmann, 28.2.1941, AJ 40/551.
28. *Deutsche Botschaft.* Dr Grosse *an MBF Staatsminister* Schmidt, 14.1.1941, AJ 40/551.
29. *Beauftragter Chef der SIPO und SD an MBF Major Crome,* 8.3.1941, AJ 40/551.
30. *MBF Verw. Gr. 2v Pol.,* 29.1.1941, AJ 40/551.
31. Rapports *MBF Verw. Gr. Polizei* – OKVR Dr Langsdorff, 4.2.1941 et SIPO-SD *SS Obersturmführer* Dr Schilling, 22.2.1941, AJ 40/551.
32. *MBF v Pol. 256/01 – OKVR Dr Ernst an Deutsche Botschaft,* 13.3.1941, AJ/551.
33. Note *MBF Verw.,* 31.3.1941 et *Kommandant* von Gross Paris, 1.4.1941, AJ 40/551.
34. Extrait dépêche DNB transmise par le service de presse de l'ambassade à *MBF v Pol.* 256/06 le 17.1.1941, AJ 40/551.
35. Correspondance AJ 40/551 et 552.
36. *MBF Verwaltungsstab Abt. Verw.* Dr W. Best, Paris, 28.7.1941, AJ 40/551.
37. *MBF v Pol.* 256/06, 16.10.1941, AJ 40/551.
38. *Frankreichbericht,* Berlin, 14.8.1942, *BA-Nachlass Grimm,* Vorl. 6.
39. Maurice Delaunay s'était adressé dès le 6 octobre 1940, dans une lettre à en-tête « République française-Chambre des Députés », au général commandant des troupes d'occupation pour affirmer son adhésion au national-socialisme dès l'avant-guerre et protester contre l'autorisation des associations d'anciens combattants « qui ont trahi la véritable cause française en poussant à la guerre ». « La France, concluait-il, doit devenir national-socialiste de cœur et d'esprit. C'est facile et désirable », AJ 40/890.
40. *MBF Kommandostab I c an Verwaltung Gr. v Pol.,* 13.1.1941; OKVR Dr Ernst, 17.1.1941, AJ 40/551.
41. *MBF Prop. Abt.* AJ 40/1008 et synthèse allemande du programme RNP signée Dr Best (copie) F 7-15.145.

42. *Kommando von Gross Paris* an *MBF Abt. I c,* 4.10.1940, AJ 40/876.
43. *Cf.* notamment le *Journal de guerre* de DÉAT daté du 28.1.1941, cité par Raymond TOURNOUX, *Le Royaume d'Otto,* Paris, Flammarion, 1982, p. 100.
44. Délégation Sûreté nationale à Paris, Direction des RG-Secret – 27.3.1941, F7/15.273 (1).
45. Marcel DÉAT, *Mémoires politiques,* Paris, Denoël, 1989, p. 596.
46. *Lagebericht Bezirkschef S.W. Fr. Angers,* 21.3.1941, AJ 40/446; *Chef Militärverw. Bordeaux,* 14.5.1941, AJ 40/448; *Lagebericht* MBF III Dijon, 16.5.1941, AJ 40/447.
47. *Lagebericht* MBF III FK 20, Paris, 5.4.1941, AJ 40/443.
48. *MBF Verwaltungstab Gr. v Pol. 421 an Kommandant Gross Paris,* 21.3. et 22.5.1941, AJ 40/876.
49. *Lagebericht Chef Militärverw. Bez Bordeaux,* 14.5.1941, AJ 40/448; note *Chef Militärverw Bordeaux* et projets statuts Association des amis du Maréchal, 28.4.1941, correspondance pour changement d'appellation et autorisation avec *MBF Verw. v Pol.* 256/01 du 2.7.1941, AJ 40/551.
50. *MBF Verw. v Pol.* 256/01 - OKVR Hufnagel, 26.6.1941, 2.7.1941, AJ 40/551.
51. *Abwehrleitstelle Paris – von Veltheim an OKW Abt. W Pr.,* 10.5.1941, cité par Philippe BURRIN, *La Dérive fasciste,* Paris, Le Seuil, 1986, p. 429 et 498, note 32.
52. Général Weygand, délégué général du gouvernement en Afrique française à Maréchal de France, chef de l'État français – Confidentiel – Alger, 3.3.1941; notes EMA – 2e Bureau, 9.8. et 6.10.1941 – Secret et Très secret et divers documents; lettre général Hunzinger à amiral Darlan, vice-président du Conseil, Paris, 25.6.1941, F 60/408.
53. Ambassadeur de France-DGTO à amiral Darlan, vice-président du Conseil, Paris, 31.10.1941 – F 60/417.
54. Eberhard JÄCKEL, *op. cit.,* pp. 226-258 et 284-309. *Cf.* aussi Jacques BENOIST-MÉCHIN, *À l'épreuve du temps,* Paris, Julliard, 1989, pp. 155-156 et 170-184.
55. *MBF Verw. v Pol.* 256/12 – OKVR Hufnagel, 28.6.1941, AJ 40/552.
56. Sur les débuts de la LVF : AJ 40/552; sur son évolution, Jacques DELARUE, *Crimes et trafics sous l'Occupation,* chap. « Ce que fut la LVF », Paris, Fayard, 1968; Jean-Paul BRUNET, *Jacques Doriot,* Paris, Balland, 1986, pp. 353-374.
57. *MBF Verw. v Pol.* 256/12, Paris, 16.7.1941; rapports *Kommandant von Gross Paris Abt. Pol.,* 19.7.1941; *MBF Prop. Abt* – Stöhr, 19.7.1941; *MBF Sonderführer* von Loehr, 21.7.1941 et anonyme (non daté), AJ 40/552.
58. MBF – note sur renvoi de volontaires LVF, 22.10.1941, AJ 40/875.
59. Lettre amiral Darlan, vice-président du Conseil, à ambassadeur de France – DGTO – 21.8.1941, F 60/235; *Lagebericht* MBF I 4 B 15, Paris, 30.9.1941, AJ 40/443.

60. Lettre de l'adjudant retraité André Carral, père de sept enfants, à Monsieur le Maréchal de France, Mézenville, 25.11.1941, F 60/235.
61. Vice-président du Conseil, Vichy, 31.12.1941; note Secret-Vichy, 11.2.1942 et rapport Renseignements généraux sur la LVF, 12.1.1942, F 60/235.
62. Joseph BILLIG, *L'Institut d'études des questions juives, officine française des autorités nazies en France,* Paris, CDJC, 1974; Jean-Paul BRUNET, *op. cit.*, pp. 339-349.
63. Marc KNOBEL, *Doriot, le PPF et les Juifs,* mémoire de DEA de l'IEP, Paris, 1983-1984.
64. MBF Gr. AP IV – *Ewers an Sonderführer Vogt,* 23.1.1942, AJ 40/1008; *Kurzbericht* Ewers, 31.1-7.2.1942, AJ 40/1001.
65. *Lagebericht MBF Prop. Abt.,* 12.9, 26.9, 10.10.1941, BA-MA RW 35/223.
66. *Lagebericht* MBF I 4 B 17, Paris, 31.1.1942, AJ 40/443.
67. *Lagebericht Chef Militärverw. Bez.* C MBF III, janvier-mars 1942, AJ 40/447; rapport RG, 21.1.1942, F 7/15.273 (1).
68. Démarche mentionnée sans référence par Henri AMOUROUX dans *Les Beaux Jours des collabos,* pp. 265 et 374.
69. PPF – chef Jacques Doriot – Délégation nationale à *MBF Prop. Abt.,*hôtel Majestic, 23.3.1942, AJ 40/1008; rapport du 1.5.1942 des archives de la préfecture de police, B/a 339, mentionné par J.-P. BRUNET, *op. cit.*, pp. 384-386 et 540, note 21, qui ajoute une conférence à Épinal (sans mention de date) et une à Saint-Denis le 15 mai.
70. AJ 40/551; Pascal ORY, *op. cit.*, pp. 62-64.
71. *Frankreichberichte* 18.1, 21.1, 18.3, 1.7, 6.11, 15.12.1941 et 18.2, 27.3.1942, *BA-Nachlass* Grimm, Vorl. 5 et 6.
72. Cabinet du secrétaire d'État à l'Éducation nationale et à la Jeunesse, Paris, 29.6.1944, AJ 40/558.
73. Note sur l'entrevue du 22.6.1942 avec le maréchal Pétain, annexe n° 2 au *Frankreichbericht* du 1.7.1942, *BA-Nachlass* Grimm, Vorl. 6.
74. *Frankreichbericht,* 3.10.1942, *BA-Nachlass* Grimm, Vorl. 6.
75. Rapport SIPO-SD au *RSHA Amt IV* (copie), F 7/15.145.
76. MBF-AP II – *Sonderführer* Ewers à Jeunesses populaires françaises, 10.8.1942, AJ 40/1008.
77. Notes et rapports *Sonderführer* Ewers AP-Majestic, 14.8, 30.8, 3.9, 19.10, 19 et 20.11.1942, AJ 40/1008.
78. Ribbentrop à Abetz, 21.9.1942, *Büro des St. S. Frankreich/9,* n° 1158, mentionné par Philippe BURRIN, *op. cit.*, p. 435, note 61.
79. Archives préfecture de police B/339, mentionné par J.-P. BRUNET, *op. cit.*, p. 347.
80. La note manuscrite AP II – Dr Bofinger au Kommandeur MBF, 8.10.1942 – mentionne aussi le refus de la SIPO-SD (*SS Sturmbannführer* Dr Kuntze) d'interdire le PPF, AJ 40/1008.

81. Télégramme Ribbentrop à Abetz, 19.11.1942, AN, W 350, bordereau 1310, pièce 19, mentionné par J.-P. BRUNET, *op. cit.*, p. 541, note 47.
82. Note s.d. *Pol. II Richtlinien Frankreich, Kartei Frankreich* 18, mentionné par Philippe BURRIN, *op. cit.*, p. 438, note 72.
83. Lettre de Doriot à Hitler, 23.3.1943, citée par Dieter WOLF, *Doriot. Du communisme à la collaboration,* Paris, Fayard, 1969, pp. 476-477.
84. *Frankreichbericht,* 3.3.1943, *BA-Nachlass Grimm,* Vorl. 7.
85. *Frankreichbericht,* 3.4.1943, *BA-Nachlass Grimm,* Vorl. 7.
86. *Frankreichbericht,* 4.6.1943, *BA-Nachlass Grimm,* Vorl. 7.
87. *Frankreichbericht,* 27.7.1943, *BA-Nachlass Grimm,* Vorl. 7.
88. *Frankreichbericht,* 9.9.1943, *BA-Nachlass Grimm,* Vorl. 7. Copie du plan dans Procédure Marcel Déat, Haute Cour de justice, 3 W III/145.
89. *Stellungnahme zu dem aufgestellten Budget des PPF, Deutsche Botschaft,* Paris, 16.8.1943, AJ 40/1008; « Archives de Berlin » W 3/351, bordereau 1564, pièces 28-33.
90. *FK 677 Poitiers an Befehlshaber S.W. Fr.,* 18.6.1943, AJ 40/551.
91. Président comité Collaboration du Calvados à FK 723 Caen, 24.7.1943, AJ 40/551.
92. *Befehlshaber SIPO-SD im Bereich des MBF,* 30.7.1943, AJ 40/551.
93. *Befehlshaber N.W.-Fr. Verw. II a an MBF Chef Militärverw.,* Paris, St-Germain, 10.8.1943, AJ 40/551.
94. *MBF II v Pol. D 17,* 22.9.1943 – *Geheim; MBF Abt. Verw. an Befehlshaber SIPO-SD, Deutsche Botschaft, Prop. Abt.,* 25.9.1943; note réunion 29.9.1943 sur « Traitement des adeptes de la Collaboration », AJ 40/551.
95. *Lagebericht Befehlshaber Bez. N.O.-Fr.,* 17-30.9.1943, Dijon, 8.10.1943, AJ 40/447; *Frankreichbericht,* 26.10.1943, *BA-Nachlass Grimm,* Vorl. 7.
96. *MBF Abt. Verw. an Befehlshaber Bez. N.W., SW, NO, Gross Paris, Chefs Militärverw. FK,* Paris, 8.12.1943 – *Geheim* – AJ 40/967.
97. Mentionné par Dieter WOLF, *op. cit.*, pp. 478-479.
98. *Frankreichbericht,* 3.11. et 30.12.1943, BA-*Nachlass Grimm,* Vorl. 7.
99. *Frankreichbericht,* Berlin, 22.2. et Paris, 7.4.1944 – *Nachlass Grimm,* Vorl. 7.
100. *Lagebericht* MBF I 4 B 26, Paris, 28.4.1944, AJ 40/444.
101. *Frankreichbericht,* 17.5.1944, BA-*Nachlass Grimm,* Vorl. 8.
102. *Abschlussbericht,* 6.7.1944, BA-*Nachlass Grimm,* Vorl. 8.
103. *Stimmungsbericht,* Paris, 24.7.1944, BA-*Nachlass Grimm,* Vorl. 8.
104. Robert ARON, *Histoire de Vichy,* t. II, Paris, Fayard, 1954, éd. Livre de poche, 1966, p. 409.

Chapitre V

1. Robert PAXTON mentionne, dans *La France de Vichy, 1940-1944,* Paris, Le Seuil, 1973, « Points Histoire », 1974, les multiples démarches des émissaires de Vichy dès le 7 juillet 1940.
2. Otto ABETZ, « Politische Arbeit in Frankreich », Salzbourg, 30.7.1940, copie – CDJC, LXXI-28. Ce document infirme, comme beaucoup d'autres de sa période d'ambassadeur à Paris, les déclarations et écrits postérieurs à 1945.
3. Vice-président du Conseil, ministre secrétaire d'État aux Affaires étrangères à M. le Général d'armée ministre secrétaire d'État à la Guerre (direction des Services de l'armistice), Vichy, 28 novembre 1940, AJ 41/500 P.G.E. 330. Cette lettre à en-tête de la présidence de la République *(sic)* rappelle que le gouvernement français avait demandé la suppression de l'article 19 et ne l'avait admis que sur la déclaration du général Keitel, que le gouvernement allemand se bornerait à demander la livraison des incitateurs à la guerre. Que cette disposition « doit être interprétée en tenant compte de l'honneur militaire et du principe de la bonne foi plutôt qu'en s'attachant à la lettre du texte ». Qu'elle ne peut par ailleurs être entièrement détachée de l'article 228 du traité de Versailles prévoyant la remise des responsables de la guerre, exigence à laquelle les Alliés avaient finalement renoncé.
4. Charles DE GAULLE, *Mémoires,* I, *L'Appel,* Paris, Plon, 1973, p. 100.
5. Marc BLOCH, *L'Étrange Défaite,* 1re éd., posthume, mouvement Franc-Tireur, 1946, 3e éd., Paris, Gallimard, 1990, coll. « Folio/Histoire » avec une préface de Stanley HOFFMANN.
6. Joseph BARTHÉLEMY, *Ministre de la Justice, Vichy, 1941-1943,* Mémoires publiés par Jean BARTHÉLEMY et Arnaud TESSIER, éd. Pygmalion-Gérard-Watelet, 1989.
7. Général SCHMITT, *Toute la vérité sur le procès Pucheu,* Paris, 1963, p. 166.
8. Délégation française auprès de la commission d'armistice, recueil de documents publiés par le gouvernement français, Paris, 1947, 5 vol.
9. Observation de la commission allemande du 10.7.1940, doc. mentionné par Robert PAXTON, *op. cit.,* p. 67, note 19.
10. Serge KLARSFELD, *Vichy-Auschwitz,* Paris, Fayard, 2 vol., 1983 et 1985, t. I, pp. 108-110, 112-126, 139-152.
11. *Cf.* notamment Pierre LABORIE, *L'Opinion française sous Vichy,* Paris, Le Seuil, 1990; Denis PESCHANSKI, « Que savait Vichy », « Que savaient les Français », *in* Stéphane COURTOIS, Adam RAYSKI *et al.*, *Qui savait quoi. L'extermination des Juifs,* Paris, La Découverte, 1987, pp. 53-92.

12. Robert PAXTON et Michaël MARRUS, *Vichy et les Juifs,* Paris, Calmann-Lévy, 1981, pp. 171-191.
13. Rita THALMANN, « Antisémitisme », *in* Jacques LEENHARDT-Robert PICHT (éd.), *op. cit.,* Actes Sud, 1990, pp. 110-114.
14. Gerd KRUMMEICH, « The Cult of Joan of Arc under the Vichy Regime », dans Gerhard HIRSCHFELD et Patrick MARSH (éd.), *Collaboration in France,* Oxford-New York-Munich, 1989, pp. 92-102.
15. David PRYCE-JONES, « Paris during German Occupation », *in* Gerhard HIRSCHFELD et Patrick MARSCH (éd), *op. cit.,* p. 19.
16. Rita THALMANN, *Protestantisme et nationalisme en Allemagne, 1900-1945,* Paris, Klincksieck, 1976, pp. 282-283.
17. Alain FLEURY, *« La Croix » et l'Allemagne, 1930-1940,* Paris, Le Cerf, 1986, pp. 143-158 et 250-303.
18. Sur l'attitude des églises et des milieux catholiques et protestants jusqu'en 1942, *cf.* Robert PAXTON et Michaël MARRUS, *op. cit.,* pp. 185-195.
19. Yves BOUTHILLIER, *Le Drame de Vichy,* Paris, Plon, 1950, 2 vol., t. II, p. 7.
20 Cité par Jean-Pierre AZÉMA, *De Munich à la libération. 1938-1944,* Paris, Le Seuil, 1979, p. 118.
21. Robert PAXTON, *op. cit.,* p. 128, note 165.
21. Sur l'organisation et le rôle de la SIPO-SD en France, *cf.* Jacques DELARUE, *Histoire de la Gestapo,* Paris, Fayard, 1962, pp. 258-317, 371-421 et 444-446. Du même auteur, *Trafics et crimes sous l'Occupation,* Paris, Fayard, 1968.
23. Rita THALMANN et Emmanuel FEINERMANN, « *La Nuit de Cristal* », *9-10 novembre 1938,* Paris, Laffont, 1972, chap. II : « Le prétexte », pp. 45-87.
24. Henri LONGUECHAUD, *Conformément à l'ordre de nos chefs. Le drame des forces de l'ordre sous l'Occupation, 1940-1944,* Paris, Plon, 1985 et Jacques DELARUE, « La police et l'administration », *in* Georges WELLERS, André KASPI et Serge KLARSFELD (dir.), *La France et la question juive,* Paris, éd. Sylvie Messinger, 1981, pp. 57-77.
25. Doc. MAEC 140 mentionné par Serge KLARSFELD, *op. cit.,* t. I, p. 49. Serge Klarsfeld donne l'analyse la plus complète de la déportation des Juifs de France.
26. Denis PESCHANSKI, « Que savait Vichy », *in* Stéphane COURTOIS, Adam RAYSKI *et al., op. cit.,* pp. 53-66.
27. Raymond TOURNOUX, *Le Royaume d'Otto. 1939-1944,* Paris, Flammarion, 1982, pp. 175 et 186-187. Le fonds W. Stucki, qui fut ministre de Suisse à Vichy jusqu'en 1944, se trouve aux Archives fédérales de Berne.
28. *Cf.* Alfred HÄSSLER, *Die Schweiz und die Flüchtlinge 1933-1945,* Zurich, Ex Libris Verl., rééd. 1981 ; Béatrice PHILIPPE, « La Suisse, terre d'asile ? », *Les Juifs pendant la Seconde Guerre mondiale, Yod – Revue des langues O.,* Paris, 1954, n° 19, pp. 97-125.

29. Jacques Delperrié de Bayac, *La Milice, 1918-1945,* Paris, Fayard, 1969.
30. Henri Rousso, *Un château en Allemagne. La France de Pétain en exil, 1944-1945,* Ramsay, 1980, rééd. sous le titre *Pétain et la fin de la collaboration,* Bruxelles, éd. Complexe, 1984.
31. Franz Schönhuber, *Ich war dabei,* Munich, 1989, pp. 112-132.
32. Pierre Laborie, *op. cit.,* pp. 244-245.
33. Henri Rousso, *Le Syndrome de Vichy de 1944 à nos jours,* 2e éd., revue et mise à jour, Paris, Le Seuil, coll. « Points Histoire », 1990.

SOURCES ET ORIENTATION BIBLIOGRAPHIQUE

L'essentiel de mon étude étant fondé sur les archives, il m'a semblé utile d'en indiquer les contenus et de ne retenir, sur la masse des publications pour cette période, qu'un choix d'ouvrages et de travaux consultés; certains sont aussi indiqués en notes. Pour les auteurs étrangers traduits, l'édition originale est indiquée entre parenthèses.

I. Sources d'archives

Archives de France (nationales)

Série AJ 40 (Commandement militaire en France-MBF – hôtel Majestic)

AJ 40 334	Contrôle administration française
339 et 429	État d'esprit – Propagande
443-444	
446-447-448	Rapports Feldkommandanturen
449	Organigramme-Section générale MBF
467 à 535	Dossiers du personnel MBF
536	Section administrative (von Teuchert)
538	Geheime Feldpolizei
539	Rapport Grimm à MBF (Speidel) 21.6.1940
540-541-545	DGTO (1re période). Fonctionnaires français
546	Directives régionales
544-547	Bretagne
548	Question juive
549 à 557	Partis politiques français
558-565-566-567	Généralités – Censure des livres scolaires
559-560	Étudiants – Action française
564	Instituts allemands en France
565-566	Rapports SD sur Académie Française
569	Service des bibliothèques
606	Livres

	869-870-871	Correspondance Geheime Feldpolizei et Abwehr
AJ 40	872-873-875	Correspondance services de police allemand et français
	876-877	Kommandostab
	879 à 881	Rapports adm. MBF – Notes et entretiens Rapports avec la police parisienne
	889-890	Surveillance manifestations
	896	Personnel français employé par MBF
	897	FK Neuilly
	939	Collaboration avec SS
	965	Zone Sud (1943-1944)
	967	Surveillance administration française
	1001-1002	Prop. Abt. Théâtre-Film
	1005-1006-1007	Prop. Abt. Schrifttum
	1008 à 1016	Prop. Abt. Presse-Radio-Tracts
	1197-1198 à 1200	Commission d'armistice (Correspondance)
	1202	Réunions franco-allemandes (1940-1941)
	1206	Création commandement SS en France (ordonnance 9.3.1942)
	1209	Correspondance Abwehr (zone Sud)
	1215	Voyage Abetz à Vichy, décembre 1940

Série AJ 41 (Direction des services d'armistice)

AJ 41	18	Rapports DGTO, juillet 1940-mai 1941
	45	Questions politiques traitées à la Commission d'armistice
	334-343 et 359	C.r. secrétaires généraux et synthèse rapports des préfets, 1942-1944
	429	Désarmement population et propagande, 1942-1944
	430	Accord Bousquet-Oberg sur le maintien de l'ordre
	500-501-509	Extradition de ressortissants allemands
	619-620	Contrôle de la police, Police allemande, 1943-1944
	1577-1594	Ouvrages de propagande

Série F 7 (Renseignements généraux)

F 7	14.610	Bulletin hebdomadaire RG et notes préfets, Paris, septembre 1942-novembre 1943.
	14.895	Police judiciaire
	14.897 et 14.903	Partis politiques autorisés (extraits)
	14.963	Divers (extraits papiers saisis)
	15.144 à 15.146	S.D. Bretagne et politique culturelle
	15.148 à 15.150	Notes biographiques, S.D. Papiers saisis et listes d'incarcération

15.151-15.152	GFP et *Feldkommandanturen* (pillage des œuvres d'art)
15.153	Assemblée générale-Société parisienne d'édition.
15.273 (1)	Directions des R.G. – Secret – Paris, rapport du 27.3.1941
15.280-15.281-15.282	Partis sous l'Occupation (extraits)
15.291	Milieux religieux (extraits)
15.307	Propagande allemande
15.342	Mémoires de guerre de Déat
15.344	Les loups de France (Jeunesse doriotiste)
15.588	Rapport R.G. Partis et groupements politiques (98 p.)

Série F 60 (DGTO-Hôtel Matignon)

F 60 235	Groupements et partis politiques. LVF
396-397	DGTO
400 à 405	Direction des services d'armistice
408	Occupation allemande en France
417	Notes d'études sur les futures négociations de paix avec l'Allemagne
427	Entretien Carcopino-Achenbach, 5-6-1941
490-491	Israélites sous le gouvernement de Vichy
1009-1023-1024	Question juive-cabinet DGTO
1473	DGTO Brinon (interventions individuelles)
1481-1482-1486 1491-1498	Cabinet Brinon
1554-1555	Délégation Éducation nationale DGTO
1570 à 1624	Dossiers d'interventions pour personnes arrêtées par les Allemands
1625	Article 19 § 2 de la convention d'armistice (extraditions de « dissidents » réclamés par le Reich)
1681	Cadre des relations franco-allemandes
1685	Alsace-Lorraine
1686	*Propaganda Staffel*
1689-1690	Opinion publique en zone occupée

Série W III (dites Archives de Berlin)

Série 3 W III (Haute Cour de justice)

Bundesarchiv Koblenz (BA)

Série B 120 (Institut sur les questions des territoires occupés)

B 120 257	Pillage artistique en France-bilan d'après-guerre
356	MBF Versailles-septembre 1940
358 et 567	Enquête auprès d'acteurs de l'Occupation, vol. I A (dont Abetz-Achenbach-Epting)
Vorl. 226/602	France du Nord
603	Alsace-Lorraine
617	Werner Best-MBF contrôle de l'administration
619	Hemmen-armistice germano-français

Série NS 19 (SS-RSHA)

NS 19 1504-1505	Divergences Berger-Oberg concernant la politique des organisations françaises
1569	Utilisation Darnand-Doriot dans le travail SS en France, décembre 1944
1864	Exposé Doriot à Ribbentrop par Bürckel, août 1944
1927 à 1929	Rapports sur le climat politique en France, de novembre 1942 à janvier 1943
2159	Traitement des Juifs, des républicains espagnols, des gaullistes, des Anglais et des Américains en France
2278	Rapports du Dr Franz Reuter sur la situation politique en France, juin 1941-septembre 1942
2290	Surveillance Pétain à cause d'un projet de fuite en Suisse, décembre 1942
2532	Projet d'arrestation de personnalités françaises dont E. Herriot, décembre 1942.
2542 à 2544	Rapports Knochen à RSHA, novembre 1942
3181	Projet Laval sur commando de protection policière à Paris, s.d.
3249	Rapport sur transfert Daladier en Allemagne, février 1943
3754	Fragment rapport Knochen sur hostilité envers Laval en France
3785	Demande de proposition pour la nomination d'un général français de division SS
3841	Rapport Sievers sur la zone Sud, juillet-décembre 1942

Série R 58 (Cat. RSHA, vol. 22 : Effets de la propagande ennemie en France, novembre 1942)

R 58 152 à 165	Rapports de situation Alsace-Lorraine
649	Rapport de situation générale en France, 1943
in 190	Évolution des rapports culturels germano-français, novembre 1943

in 194 Effets du début de l'invasion (*sic*) sur la population de France occupée et de Belgique, juin 1944

Série R 70 Frankreich (RSHA) : Mémoire sur les influences idéologiques hostiles au Reich en France, 1941. Cat. RSHA, vol. 23, t. 3, 1941-44. Entretien C. Th. Zeitschel (ambassade) et W. Best (MBF) concernant la création d'un Office central des Juifs, 5-4-1941

Fonds Werner Best (*Nachlass Best :* 14 dossiers, la plupart sur l'organisation générale de la police politique du Reich et l'occupation du Danemark)

Vol. 3 : sur le MBF
Vol. 10 : ses rencontres avec Hitler
Vol. 11 : souvenirs de France occupée

Fonds Friedrich Grimm (Nl. Grimm)

Frankreich Berichte Vorl. 1 à 7, contient 87 rapports sur la France, dont :
42 pour la période 1934-1939
45 pour la période 1940-1945

Bundesarchiv – Militärchiv Freiburg/Breisgau (BA-MA)

Série R W 5 (Abwehr)

R W 5/192-193 Rapport sur la France, vol. 7, 1941-42; vol. 8, 1942
580 France, 9-12-1937-2-8-1938

Série R W 35 (Propaganda)

RW 35 85 et 88	Mouvement « Bretagne libre », agents Abwehr, 1943-1944
108	Contrôle communications France-Suisse, 1942-1944
110	Vie associative, 1940-1943
112	Milice française
215	Divers
216	Directives
217 à 227	Groupes *Propaganda* Radio-Film, 1941-1943
238	Situation politique en France, décembre 1940-décembre 1941
RH 20-6/999	Rapport *Kommandostab* 1c, février 1942. Opinion et sécurité intérieure France

Centre de documentation juive contemporaine, Paris (CDOJC)

Documents consultés d'après les inventaires détaillés de :

Lucien Steinberg, *Les Autorités allemandes en France occupée,* Paris, CDJC, 1966, vol. 2.

Joseph BILLIG, *Le Commissariat général aux Questions juives*, Paris, CDJC, 1955-1960, 3 vol.
–, *L'Institut d'études des questions juives, officine française des autorités nazies en France*, Paris, CDJC, 1974, n° 3.

Zentral Staatsarchiv Potsdam (Z.St.A)

F. 15.333 Rapport Adm. militaire A, St-Germain-en-Laye.

L'unification des archives allemandes permettra sans doute d'avoir accès aux dossiers et fichiers de l'ex-RDA non consultables jusqu'à présent.

II. Recueils et documentation

BELLANGER (Claude), MICHEL (Henri) et LEVY (Claude), *Histoire générale de la Presse*, Paris, PUF, t. III, 1974, t. IV, 1975.
Documents on German Foreign Policy, 1918-1945, séries D (1937-1945), Londres-Washington, 1949-1964, t. X et XII.
Hoover Institution, *La Vie de la France sous l'Occupation (1940-1944)*, Paris, Plon, 1957 (recueil de témoignages dont celui de René Bousquet).
KASPI (André), avec la coll. de Ralph Schor et de Nicole Piétri), *La Deuxième Guerre mondiale (chronologie commentée)*, Paris, Perrin, 1990.
La Délégation française auprès de la Commission d'armistice, recueil de documents publiés par le gouvernement français, Paris, 1947-1959, 5 vol.
Les Juifs sous l'Occupation, recueil de textes officiels français et allemands, 1940-1944, Paris, CDJC, 1945, rééd. les Fils et Filles de déportés juifs de France, Paris, 1982.
Recueil méthodique des ordonnances et autres textes réglementaires des autorités d'occupation, Paris, Éd. du tableau fiscal et juridique, 1940.
SERRE (Charles), *Rapport sur les événements survenus en France entre 1939 et 1945*, documents recueillis par la Commission d'enquête parlementaire, Paris, Imprimerie de l'Assemblée nationale, PUF, 1947, 9 vol.
Tribunal militaire international de Nuremberg (TMI), Nuremberg, 1947 et 1950.

III. Publications sur la période antérieure à l'Occupation

Pour comprendre la perception allemande de la France, tout comme la perception française de l'Allemagne, il convient de lire d'abord *Mein Kampf* d'HITLER (Munich, 1927), *Mon combat*, Nouvelles Éditions latines, Paris, 1934, rééd. 1984 avec un avertissement au lecteur et le *Journal* de GOEBBELS (éd. posthume), Zurich, 1949. Également Friedrich GRIMM, *Hitler et la France*, Paris, Plon, 1938, recueil d'entretiens avec des personnalités françaises, avec une préface du ministre VON RIBBENTROP. Grimm, outre le fonds d'archives mentionné, a publié ses Mémoires : *Mit offenem Visier. Aus den Lebenserinnerungen eines deutschen Rechtsanwalts*, Leoni am Starnberg, 1961. De Karl EPTING, ancien responsable du DAAD à Paris puis directeur de l'Institut allemand sous l'Occupation, *Frankreich im Widerspruch*, Hambourg, 1943 (recueil d'essais sur la vie politique et culturelle française de 1936 à 1942). D'Otto ABETZ, expert pour la France de Ribbentrop puis ambassadeur à Paris sous l'Occupation, *Histoire d'une politique franco-allemande, 1930-1950,* Paris, Stock, 1953, un plaidoyer *pro domo.* Sur les craintes et les méfiances des partenaires d'échanges franco-allemands de l'époque il est intéressant de comparer les ouvrages de Friedrich SIEBURG, *Dieu est-il français?*, Paris, Grasset, 1930 (éd. all. 1929) et de Pierre VIÉNOT, *Incertitudes allemandes, la crise de la civilisation bourgeoise en Allemagne*, Paris, 1931 (publication conjointe en version allemande). À compléter par le numéro sur « Les arrière-plans idéologiques des relations franco-allemandes entre les deux guerres » l'*Allemagne d'aujourd'hui*, nouvelle série, n° 105, Paris, juillet-septembre 1988. Des membres du Comité France-Allemagne, on peut lire Henri LICHTENBERGER (germaniste à la Sorbonne), *L'Allemagne nouvelle,* Paris, Flammarion, 1936; Jules ROMAINS, *Le Couple France-Allemagne*, Paris, Flammarion, 1934; Fernand DE BRINON, *France-Allemagne, 1918-1934*, Paris, Grasset, 1934 et ses *Mémoires*, Paris, LLC, 1949, rédigés avant son exécution, publication posthume établie par sa fidèle secrétaire Simone Mittre. Ainsi que les Mémoires de Bertrand DE JOUVENEL, *Un voyageur dans le siècle. 1903-1945*, Paris, Laffont, 1980. De la prose des écrivains fascistes et/ou racistes d'avant-guerre, on retiendra les écrits de DRIEU LA ROCHELLE, d'Alphonse DE CHÂTEAUBRIANT, *La Gerbe des forces*, Paris, Grasset, 1937, les deux ouvrages de Louis-Ferdinand CÉLINE (considéré par l'occupant comme un des rares Français à avoir le « sens de la race »), *Bagatelle pour un massacre*, Paris, Denoël, 1937 et *L'École des cadavres*, Paris, Denoël, 1938. À l'opposé, constamment cité par les Allemands comme un exemple du chauvinisme français : Jacques BAINVILLE, *L'Allemagne*, Paris, Plon, 1939.

Études rétrospectives sur cette période

Jean-Baptiste DUROSELLE, *La Décadence. 1932-1939*, Paris, Le Seuil, coll. « Points Histoire », 1983. On consultera aussi la publication de quatre colloques d'historiens : René RÉMOND, Jeanine BOURDIN (éd.), *La France et les Français, 1938-1939*, Paris, Presses FNSP, 1978; *Les Relations franco-allemandes, 1933-1939*, Paris, CNRS, 1976; *La France et l'Allemagne. 1932-1936*, Paris, CNRS, 1980; *Deutschland und Frankreich 1936-1939, Beihefte der Francia*, Munich-Zurich, 1982. Sur la xénophobie, la thèse de Ralph SCHOR, *L'Opinion française et les étrangers, 1919-1939*, Paris, Publications de la Sorbonne, 1985.

National-socialisme et IIIe Reich

Sur ce sujet, la littérature est immense mais fort inégale. Pour les origines idéologiques, George L. MOSSE, *The Crisis of German Ideology*, Londres, 1966 et Fritz STERN enfin traduit, *Politique et désespoir. Les ressentiments contre la modernité dans l'Allemagne préhitlérienne*, Paris, A. Colin, 1990 (New York, 1963). Étude de fond du système, également traduite récemment, Franz NEUMANN, *Béhémoth. Structure et pratique du national-socialisme*, Paris, Payot, 1987 (Oxford University Press, 1942-1944). Sur la politique mondiale du IIIe Reich : Charles BLOCH, *Le IIIe Reich et le monde*, Paris, Imprimerie nationale, 1986. Orientation très utile : Pierre AYÇOBERRY, *La Question nazie. Les interprétations du national-socialisme, 1922-1975*, Paris, Le Seuil, coll. « Inédit Histoire », 1979. Des analyses d'historiens spécialistes, on retiendra Karl Dietrich BRACHER, *La Dictature allemande*, Toulouse, Privat, 1986 (Cologne, 1969); Martin BROSZAT, *L'État hitlérien*, Paris, Fayard, 1986 (Munich, 1969); Andreas HILLGRUBER, *Hitler Strategie, Politik und Kriegsführung, 1940-1941*, Francfort-sur-le-Main, 1965. Même auteur : *Deutsche Grossmacht und Weltpolitik im 19. u. 20. Jht*, Düsseldorf, 2e éd., 1979. Klaus HILDEBRAND, *Deutsche Aussenpolitik, 1933-1945*, Stuttgart, 1970. D'historiens et germanistes français, François PERROUX, *Des mythes hitlériens à l'Europe allemande*, 2e éd., Paris, 1940; l'ouvrage d'Edmond VERMEIL, qui date un peu mais reste un témoignage d'époque, *L'Allemagne. Essai d'explication*, Paris, Gallimard, 1re éd., 1939, rééd. 1945; l'original, mais presque introuvable *Allemagnes et Allemands* de Robert MINDER, t. I, 2e éd., Paris, Le Seuil, 1948; Henri BURGELIN, *La Société allemande. 1871-1968*, Paris, Arthaud, 1969; Jacques BARIETY et Jacques DROZ, *République de Weimar et régime hitlérien*, Hatier, 1973. Gilbert BADIA et Jean-Marc ARGELES, *Histoire de l'Allemagne contemporaine*, t. I : *République de Weimar – IIIe Reich*, Paris, Messidor-Éd. sociales, 1987. Alfred GROSSER (dir.), *Dix Leçons sur le nazisme*, Paris, Fayard, 1976, rééd. Bruxelles, Complexe, 1988. Sur la SS, on consultera Eugen KOGON, *L'État SS*, Paris, Le Seuil, 1970 (Francfort-sur-le-Main, 1946) et Heinz HÖHNE, *L'Ordre noir*, Paris, Castermann, 1968 (Gütersloh, 1967).

Il existe un grand nombre de biographies des principaux responsables du IIIe Reich; sur Hitler, la dernière mise au point monumentale (900) est celle de Marlis STEINERT, Paris, Fayard, 1991. Sur Joseph Goebbels, celle de l'historien Helmut HEIBER, Berlin, 1962. Roger MANWELL et Heinrich FRAENKEL, *Hermann Göring*, Londres, 1962 et plus récemment, Stefan MARTENS, *Göring. Erster Paladin*, Paderborn, 1985. D'Edward CALIC, *Himmler et son empire*, Paris, 1967, et du même, *L'Homme clef du IIIe Reich*, Paris, 1985 (Düsseldorf, 1982).

Sur la période 1940-44 en France

Pour l'armistice, outre le recueil de documents officiels en 5 vol. déjà cité, on peut se reporter à Albert KAMMERER, *La Vérité sur l'armistice*, Paris, 2e éd., 1945. Pour l'histoire générale de la période : Jean-Baptiste DUROSELLE, *L'Abîme, 1939-1945*, Paris, Imprimerie nationale, 1982 et l'ouvrage plus succinct mais bien documenté de Jean-Pierre AZÉMA, *De Munich à la Libération (1938-1944)*, Paris, Le Seuil, coll. « Nouvelle Histoire contemporaine », 1979. À compléter par Henri MICHEL (éd.), *La France sous l'Occupation*, Paris, 1959 et du même auteur, *Pétain, Darlan, Laval, trois politiques* Paris, Flammarion, 1972 ainsi que l'étude d'Yves DURAND, *Vichy 1940-1944*, Paris, Bordas, 1972.

Sur l'évolution de l'État français

L'Histoire de Vichy de Robert ARON, Paris, Fayard, 1954, nouvelle éd., coll. « Livre de poche », 2 vol., est utile pour la chronologie des événements mais moins éclairante que celle de Robert PAXTON, *La France de Vichy. 1940-1944*, Paris, Le Seuil, coll. « Points Histoire », 1973 (New York, 1972), qui dépasse la perspective franco-française et contient des indications d'archives anglo-américaines. À compléter par l'excellente étude récente de Pierre LABORIE, *L'Opinion française sous Vichy*, Paris, Le Seuil, 1990, et la récente publication monumentale (1 300 p.) de Jean-Louis CRÉMIEUX-BRILHAC, *Les Français de l'An 40*, Paris, Gallimard, 1990, 2 vol. Ouvrage de fond indispensable sur les relations germano-françaises de 1940-44 : Eberhard JÄCKEL, *La France dans l'Europe d'Hitler*, Paris, Fayard, 1968 (Stuttgart, 1966), à compléter par le journal de guerre, *Kriegstagebuch 1939-1944*, du chef de l'état-major allemand Franz HALDER, Stuttgart, 1962-64, 3 vol.; l'ouvrage de Günther GESCHKE, *Die deutsche Frankreichpolitik von Compiègne bis Montoire*, Francfort-sur-le-Main, 1960 et les Mémoires de l'interprète officiel d'Hitler, Paul SCHMIDT, *Statist auf diplomatischer Bühne, 1923-1945*, Bonn, 1949, rééd. 1952.

La fin du régime de Vichy

Elle est évoquée par Walter STUCKI, qui y fut « ministre » (ambassadeur) de Suisse, Neuchâtel, La Baconnière, 1947, et a déposé ses documents aux Archives fédérales de Berne. À lire également, de Henry ROUSSO, *Pétain et la fin de la collaboration*, Bruxelles, Complexe, 1984, ainsi que Louis NOGUÈRES, *La Dernière Étape, Sigmaringen*, Paris, 1956 et le témoignage du général Alexander NEUBRONN, « Als deutscher General bei Pétain », *Vierteljahrshefte für Zeitgeschichte*, Stuttgart, 1956, pp. 227-250. Plus une réflexion d'ensemble du spécialiste américain Stanley HOFFMANN, *Essai sur la France, déclin ou renouveau?* Paris, Le Seuil, 1974.

Sur la politique d'occupation

On consultera d'abord le n° 54 de la *Revue d'histoire de la Deuxième Guerre mondiale*, Paris, avril 1964. On peut continuer par le survol de Jean DEFRASNE, *L'Occupation allemande en France*, PUF, coll. « Que sais-je ? », 1985. Puis s'imprégner de l'atmosphère de l'époque en parcourant *La Grande histoire des Français sous l'Occupation* d'Henri AMOUROUX, Paris, Laffont, 1976-1986, 8 vol. parus; Jacques LORRAINE, *Les Allemands en France*, Paris, Dupont, 1944-1945; Lucien STEINBERG, même intitulé, Paris, Albin Michel, 1980; Jean-Marc FOVILLE, *L'Entrée des Allemands à Paris*, Paris, Calmann-Lévy, 1965; Gérard WALTER, *La Vie à Paris sous l'Occupation, 1940-1944*, Paris, A. Colin, coll. « Kiosque », 1960. D'une tonalité différente sur les relations occupants-occupés, Richard COBB, *Vivre avec l'ennemi*, Paris, Éd. du Sorbier, 1985 (Hanovre-Londres, 1983). Pour conclure cet ensemble : *Le Paris de 1944* de Pierre BOURGET. Un peu en marge du champ étudié, mais indispensable pour mesurer le poids financier de l'Occupation, *cf.* Pierre ARNOULT, *Les Finances de la France et l'Occupation*, Paris, PUF, 1951.

La « coopération » administrative franco-allemande

L'étude la plus précise et la plus complète sur l'organisation administrative du commandement militaire allemand en France (MBF) est due à Hans UMBREIT, *Der MBF 1940-1944*, Boppard am Rhein, 1968, également auteur d'une étude sur le sujet, « Die deutsche Beratzungsverwaltung : Konzept und Typisierung » dans Wolfgang MICHALKA (éd.), *Der Zweite Weltkrieg, Analyse, Grundzüge, Forschungsbilanz*, Munich, 1959, pp. 710-725. Il n'existe malheureusement aucune étude d'ensemble sur l'administration française de l'époque, si ce n'est un ouvrage assez technique de Pierre DOUEIL, *L'Administration locale à l'épreuve de la guerre 1939-1949*, Paris, Librairie du recueil Sirey, 1950.

Sur l'organisation et la collaboration des polices, on peut consulter Jacques DELARUE, *Histoire de la Gestapo*, Paris, Fayard, 1962, (très précis, mais sans indications de sources), et du même, *Crimes et trafics sous l'Occupation*, Paris, Fayard, 1968. Sur la sécurité allemande dans le Nord-Pas-de-Calais, Wolfram WEBER, *Die innere Sicherheit im besetzten Nord-Frankreich und Belgien 1940-1944*, Düsseldorf, 1978. Sur la restructuration et le rôle des polices françaises – malheureusement aussi sans indications de sources –, Henri LONGUECHAUD, *Conformément à l'ordre de nos chefs*, Paris, Plon, 1985. De Hans LUTHER, *Der französische Widerstand gegen die deutsche Besatzungsmacht und seine Bekämpfung*, Tübingen, 1957 (la répression allemande de la Résistance). Sur la Milice : Jacques DELPERRIE DE BAYAC, *Histoire de la Milice, 1918-1945*, Paris, Fayard, 1969.

La collaboration politique

En guise d'introduction, trois ouvrages d'analyse des grands courants conservateurs et fascistes en France : René RÉMOND, *Les Droites en France*, Paris, Aubier-Montaigne, 1982 (édition revue et augmentée des 2 vol. de 1968); Zeev STERNHELL, *Ni droite, ni gauche : l'idéologie fasciste en France*, Paris, Le Seuil, 1983; Pierre MILZA, *Fascisme français. Passé et présent*, Paris, Flammarion, 1987. Ces trois ouvrages comportent des bibliographies consistantes.

Pour se frayer un chemin dans la masse des publications d'intérêt très inégal sur la Collaboration et les collaborateurs, un guide sûr : Pascal ORY, *Les Collaborateurs. 1940-1945*, Paris, Le Seuil, coll. « Points Histoire », 1976, avec une bibliographie comportant aussi des ouvrages de l'époque et une bonne chronologie. Ouvrage à compléter par la mise au point de Jean-Pierre AZÉMA, *La Collaboration*, Paris, PUF, 1975 et le recueil de textes et débats *La Collaboration* de Dominique VEILLON, avec une présentation thématique très utile.

Parmi les ouvrages d'historiens étrangers, on retiendra : Bertram GORDON, *Collaborationnism in France during the Second World War*, Ithaca, 1980; les actes d'un colloque anglo-allemand de 1987 édités par Gerhard HIRSCHFELD et Patrick MARSH, *Collaboration in France. Politics and Culture during the Nazi Occupation, 1940-1944* , Oxford-New York-Munich (15 contributions dont 10 sur la collaboration culturelle). À voir aussi : Michèle COINTET-LABROUSSE, *Vichy et le fascisme*, Bruxelles, Complexe, 1987; l'excellente thèse de Philippe BURRIN, *La Dérive fasciste. Doriot – Déat – Bergery, 1933-1945*, Paris, Le Seuil, coll. « L'Univers historique », 1986; l'ouvrage de Dieter WOLF , *Doriot, du communisme à la Collaboration*, Paris, Fayard, 1969 (Stuttgart, 1967) et celui, plus récent et très documenté, de Jean-Paul BRUNET, *Jacques Doriot*, Paris, Balland, 1986. On se reportera aussi au livre de Raymond TOURNOUX, *Le Royaume d'Otto* (Abetz) Paris, Flammarion, 1982 qui contient de nombreux extraits d'inédits dont le *Journal de guerre* de DÉAT; à l'étude de Stanley HOFFMANN, « Collaborationnism in France during World War II », *Journal of Modern History* (1968), vol. XL, n° 3, repris dans *Preuves*, juillet-septembre 1969; à la *Revue d'histoire de la Deuxième Guerre mondiale*, n° 81, janvier 1971-n° 91, juillet 1973 (avec une étude de Jean-Paul COINTET sur Déat), n° 108, octobre 1977; aux deux mémoires de C. BRICE, *Le Groupe « Collaboration »*, Université de Paris-I, 1978 et M.H. MITTERRAND, *Le RNP de Marcel Déat*, Université de Paris-I, 1981. Pour les ouvrages sur les principaux responsables de la collaboration d'État, on se reportera aux biographies de Fred KUPFERMANN, *Pierre Laval*, Paris, Balland, 1987; Marc FERRO, *Pétain*, Paris, Fayard, 1987; Hervé COUTEAU-BÉGARIE et Claude HUAN, *Darland*, Paris, Fayard, 1989.

Le traitement des minorités culturelles

L'ouvrage le plus complet sur l'Alsace annexée est celui de Lothar KETTENACKER, *Nationalsozialistische Volkstumspolitik im Elsass*, Stuttgart, 1973, partiellement repris en français dans *Saisons d'Alsace*, nos 65 et 68, Strasbourg, Istra, 1978. On peut aussi consulter l'étude plus ancienne sur l'Alsace-Lorraine annexée de Paul KLUKE, *Nationalsozialistische Volkstumspolitik in Elsass-Lohringen*, Berlin, 1958. Sur la Lorraine annexée, voir la thèse de Dieter WOLFANGER, *Nazification de la Lorraine annexée*, Sarreguemines, 1982 (Sarrebruck, 1977, plus complète).

Sur les séparatistes bretons, la meilleure étude est celle d'Henri FRÉVILLE, *Archives secrètes de la Bretagne. 1940-1944*, Paris, Éd. Ouest-France, 1985.

Pour le Nord-Pas-de-Calais, voir Étienne DEJONGHE, « Un mouvement séparatiste dans le Nord et le Pas-de-Calais sous l'Occupation : le Vlaamsch Verbond von Frankrijk », *Revue d'histoire moderne et contemporaine*, Paris, janvier-février 1970. Tous ces travaux comportent des bibliographies.

Sur la doctrine raciale et la « question juive »

Parmi les innombrables travaux sur la question, on retiendra ceux de Léon POLIAKOV, notamment *Le Mythe aryen*, Paris, Calmann-Lévy, 1951, rééd. Bruxelles, Complexe, 1987 et *Le Bréviaire de la haine*, Paris, Calmann-Lévy, 1951, rééd. 1979; la récente étude d'ensemble de Pierre-André TAGUIEFF, *La Force du préjugé. Essai sur le racisme et ses doubles*, Paris, La Découverte, 1987 et de Pierre BIRNBAUM, *Un mythe politique, la « République juive » de Léon Blum à Pierre Mendès France*, Paris, Fayard, 1988. Sur la « solution finale », la somme constamment remise à jour de Raoul HILBERG, *La Destruction des Juifs d'Europe*, Paris, Fayard, 1988 (Chicago, 1961). On consultera aussi avec profit les actes des deux colloques internationaux : Raymond ARON et François FURET (éd.), *L'Allemagne nazie et le génocide juif*, Paris, École des hautes études-Gallimard-Le Seuil, 1985 et François BÉDARIDA (dir.), *La Politique nazie d'extermination*, Paris, Albin Michel, 1989.

Pour le sort des Juifs de France, les deux ouvrages de base sont ceux de Robert PAXTON et Michaël MARRUS, *Vichy et les Juifs*, Paris, Calmann-Lévy, 1981 (New York, 1981), Serge KLARSFELD, *Vichy-Auschwitz*, Paris, Fayard, 1983-1984, 2 vol. À compléter par la documentation de Joseph LUBETZKI, *La Condition des Juifs de France sous l'Occupation*, Paris, CDJC, 1945; l'étude de Pierre PIERRARD, *Juifs et catholiques français de Drumont à Jules Isaac. 1886-1946*, Paris, 1970; les actes du colloque du CDJC publiés par Georges WELLERS, André KASPI et Serge KLARSFELD, *La France et la question juive*, Paris, Éditions Sylvie Messinger, 1981. On consultera également la thèse de Jacques ADLER, *Face à la persécution, les organisations juives à Paris de 1940 à 1944*, Paris, Calmann-Lévy, 1985 (Melbourne, s.d.); le mémoire de Marc KNOBEL, *Doriot, le PPF et les Juifs*, Paris, IEP, 1983-

84; Stéphane COURTOIS, Adam RAYSKI *et al., Qui savait quoi?* (en France) *L'extermination des Juifs, 1941-1945*, Paris, La Découverte, 1987. Vient de paraître : Serge KLARSFELD (éd. et présentation), *Le Statut des Juifs de Vichy. Documentation*, Paris, 1990.

Pour l'histoire du catholicisme français de cette période, on se référera à Jacques DUQUESNE, *Les Catholiques français sous l'Occupation*, Paris, Grasset, 1966, qui indique les principales publications sur le sujet. Sur la franc-maçonnerie, voir Dominique ROSSIGNOL, *Vichy et les francs-maçons*, Paris, Éditions Jean-Claude Lattès, 1981. Sur la jeunesse et l'enseignement, on consultera Antoine PROST, *L'École et la famille dans une société en mutation, 1930-1980*, t. IV de *L'Histoire générale de l'enseignement et de l'éducation*, Paris, Nouvelle Librairie de France, 1981 et Wilfrid D. HALLS, *Les Jeunes et la politique de Vichy*, Paris, Syros, 1968 (préface de J.-P. Rioux).

La propagande, la presse, la radio occupées

Il est difficile de séparer presse, radio et propagande sous l'Occupation. D'où la nécessité de connaître d'abord l'organisation de la propagande allemande, analysée par Élisabeth DUNAN, « La Propaganda Abteilung de France : tâches et organisations », *Revue d'histoire de la Deuxième Guerre mondiale*, n° 4, 1951, pp. 19-32; le texte de Hermann EICH (chef du groupe Prop. Presse), *Wege der französischen Presse*, Paris, Prop. Abt., 1943; à compléter par Claude LÉVY, « L'organisation de la propagande », *Revue d'histoire de la Deuxième Guerre mondiale*, octobre 1966, pp. 8-20; René-Gustave NOBÉCOURT, *Les Secrets de la propagande en France occupée*, Paris, Fayard, 1962. Jacques POLONSKI, *La Presse, la propagande et l'opinion publique sous l'Occupation*, Paris, CDJC, 1946. Sur la presse occupée, on consultera la thèse de doctorat de Michèle COTTA, *Les Idéologies de la Collaboration à travers la presse, 1940-1944*, Paris, FNSP, 1963, qui comporte une importante bibliographie (existe aussi en version imprimée, moins développée : *La Collaboration*, Paris, Armand Colin, coll. « Kiosque », 1964); Jean QUEVAL, *Première page, cinquième colonne*, Paris, Fayard, 1945 et Pierre Marie DIOUDONNAT, *L'Argent nazi à la conquête de la presse française. 1940-1944*, Paris, Éd. Picollec, 1981, auteur également d'une étude sur le journal *Je suis partout. 1930-1944*, Paris, la Table ronde, 1973. Parmi les travaux sur des publications de l'époque, on retiendra : Claude LÉVY, *Les Nouveaux Temps et l'idéologie de la Collaboration*, Paris, FNSP-Armand Colin, 1974 (importante à cause du rôle de son directeur Jean Luchaire); Michel WINOCK, *Histoire politique de la revue Esprit*, Paris, Le Seuil, 1975 et le mémoire de Jean CANESI, *La Nouvelle Reuve française pendant l'Occupation*, Paris, IEP, 1970.

Sur la radio, le seul ouvrage consistant est celui d'Hélène ECK (dir.), *La Guerre des ondes*, Paris, Armand Colin-Lausanne, Payot-Bruxelles, Complexe-Montréal, Hurtubise, 1985. À compléter par quelques voix de l'époque : Pierre DAC, *Un Français libre à Londres en guerre*, Paris, Éditions France-Empire, 1972; du bord opposé : Philippe HENRIOT, *Ici*

Radio-France, Paris, Les Éditions de France, 1943; Jean HÉROLD PAQUIS, *Des Illusions... désillusions*, Paris, Bourgoin, 1948; Georges OLTRAMARE, *Réglons nos comptes*, Genève, Bernet, 1949.

Sur la vie artistique et littéraire

Gilles et Jean-Robert RAGACHE donnent un bon aperçu de *La Vie quotidienne des écrivains et des artistes sous l'Occupation, 1940-1944*, Paris, Hachette, 1988. Plus impressionniste : Hervé LE BOTERF, *La Vie parisienne sous l'Occupation*, Paris, Éditions France-Empire, 2 vol., 1974 et 1975. Deux témoignages importants quoique confondants : Ernst JÜNGER, *Journal de guerre et d'occupation (1941-1945)*, 2 vol., Paris, Julliard, 1951 et 1953 (Stuttgart, 1941 et 1949) et Jean COCTEAU, *Journal 1942-1945* (texte établi, présenté, annoté par Jean Touzot), Paris, Gallimard, 1989. On trouvera les listes des auteurs – interdits et promus par l'occupant – dans l'excellente thèse de Gérard LOISEAUX, *La Littérature de la défaite et de la collaboration*, Paris, Publications de la Sorbonne, 1984. Tout à fait indispensable : Pascal FOUCHÉ, *L'Édition française sous l'Occupation, 1940-1944*, Paris, Bibliothèque de littérature française contemporaine de l'Université Paris-VII, vol. 3 et 4, 1987.

Du grand maître des arts et des lettres occupés, Karl EPTING, on peut lire les ouvrages écrits *a posteriori* : *Generation der Mitte*, Bonn, 1953 et *Réflexions d'un vaincu. Au Cherche-Midi à l'heure française*, Bourg, Éd. ETC, 1953 (Bonn, 1953). Une illustration de l'antisémitisme viscéral : Lucien REBATET, *Les Tribus du théâtre et du cinéma*, Paris, NEF, 1941.

Le cinéma de l'époque a trouvé de nombreux historiens, notamment Pierre CADARS et Francis COURTADE, *Histoire du cinéma nazi*, Losfeld, 1972; André BAZIN, *Le Cinéma de l'Occupation et de la Résistance*, coll. « 10 × 18 », 1975; Olivier BARROT, *L'Écran français 1943-1952*, Paris, EFR, 1979; Jacques SICLIER, *La France de Pétain et son cinéma*, Paris, Henri Veyrier, 1981; Claude-Jean PHILIPPE, *Le Roman du cinéma français*, t. II, *1938-1945*, Paris, Fayard, 1986; Jean-Pierre BERTIN-MAGHIT, *Le Cinéma sous l'Occupation*, Paris, Olivier Orban, 1989 et les propos du producteur Pierre BRAUNBERGER, *Cinémamémoire* (recueillis par Jacques Gerber), Paris, 1987.

Sur l'art occupé, la meilleure initiation est la thèse de Laurence BERTRAND DORLÉAC, *Histoire de l'art : Paris 1940-1944. Ordre national, traditions et modernités*, Paris, Publications de la Sorbonne, 1986. Du même auteur : « L'ordre des artistes et l'utopie corporatiste : les tentatives de régir la scène artistique française, juin 1940-août 1944 », *Revue d'histoire moderne et contemporaine*, t. XXXVII, janvier-mars 1990, pp. 64-87.

L'ensemble est à compléter par les actes du colloque *Politiques et pratiques culturelles dans la France de Vichy*, sous la direction de Jean-Pierre RIOUX, La *Vie culturelle sous Vichy*, Bruxelles, Complexe, 1990, et les innombrables journaux, Mémoires, souvenirs d'écrivains et d'artistes, qui ne présentent la plupart qu'un intérêt anecdotique.

Il en est de même des *Mémoires* des responsables politiques Jacques BENOIST-MÉCHIN (ex-secrétaire d'État chargé des rapports franco-allemands), Joseph BARTHÉLEMY (ex-ministre de la Justice), Yves BOUTHILLIER (ex-ministre des Finances), Jérôme CARCOPINO (ex-ministre de l'Éducation), Marcel DÉAT (dernier ministre du Travail de Vichy), Pierre LAVAL (notes et Mémoires écrits à Fresnes d'août à octobre 1945), Pierre PUCHEU (ex-ministre de l'Intérieur), Xavier VALLAT (premier commissaire général aux Questions juives), Henri DU MOULIN DE LA BARTHÈTE (directeur du cabinet civil du maréchal Pétain).

Sur l'épuration

L'étude la plus documentée est celle de Peter NOVICK, *L'Épuration française, 1940-1944*, Paris, Balland, 1985 (New York, 1968). À compléter par Pierre ASSOULINE, *L'Épuration des intellectuels*, Bruxelles, Complexe, 1985 et les comptes rendus de procès – à aborder avec circonspection –, Jean-Louis AUJOL (avocat), *Le Procès Benoist-Méchin*, c.r. sténographique, Paris, 1948; Paul BUTTIN (bâtonnier), *Le Procès Pucheu et le procès du général Bethouart*, ainsi que général SCHMITT, *Toute la vérité sur le procès Pucheu*, Paris, 1963; Robert DUFOURG, *Adrien Marquet devant la Haute Cour*, Paris, 1948; Me Maurice GARÇON, *Les Procès Maurras*, Paris, Albin Michel, 1946, et du même auteur : *Les Procès de la radio* (Ferdonnet, J. Hérold-Pâquis), Paris, Albin Michel, 1947 et *Les Procès de la Collaboration*, c.r. sténogr., Albin Michel, 1948; Me Jacques ISORNI, *Le Procès de Robert Brasillach*, Paris, Flammarion, 1946; *Le Procès Flandin*, Paris, Librairie de Médicis, 1947; *Le Procès de collaboration* (Brinon, Darnand, Luchaire), Paris, Albin Michel, 1948; *Les Procès de trahison devant la cour de justice de Paris* (Pâquis, Bucard, Luchaire, Brasillach, réquisitoires et plaidoiries), Éd. de Paris, 1947; *Le Procès de Xavier Vallat*, Paris, Éd. du Conquistador, 1948; Louis NOGUÈRES, *La Haute Cour à la Libération, 1940-1949*, Paris, Éd. de Minuit, 1965, et du même auteur : *Le Véritable Procès du maréchal Pétain*, Paris, Fayard, 1955. Otto ABETZ, *D'une prison*, précédé du procès vu par Jean DEROSME, AMIOT-DUMONT, 1949.

ANNEXES

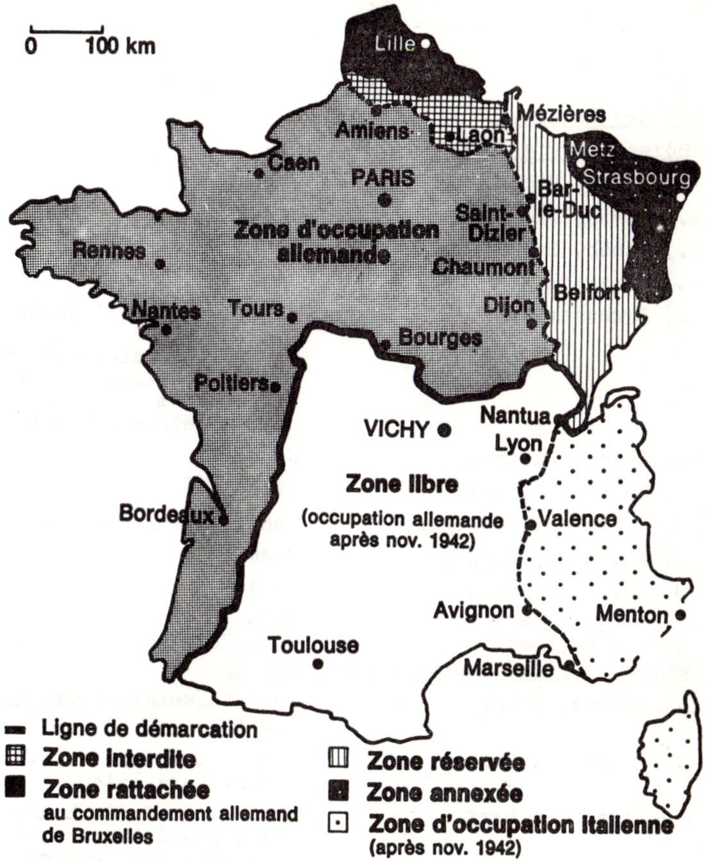

Les cinq zones principales de la France occupée

Liste d'universitaires français dont les autorités allemandes demandent l'exclusion. (Archives de France – AJ 40/567)

Universite de P a r i s.

Faculté des Lettres:

1.) Jüdische Professoren.

1.) Basch, Victor	Jude
2.) Bloch, Camille	Jude
3.) Bloch, Marc	Jude. Kolonialaufruf.
4.) Bedarida,	Jude
5.) Brunschvigg,	Jude,Membre de l'Institut, Politiker der Volksfront.Frau B. war Staatssekretärin im Unterrichtsmin. im ersten Kabinett Blum im Jahre 36.Forder für Ossietzky den Nobelpreis.
6.) Cohen, Gustave,	Jude
7.) Halphen, Louis,	Jude
8.) Millardet, Georges,	Jude, Kolonialaufruf
9.) Martonne, Emm. de	Jude
10.) Weill, Raymond	Jude
11.) Wahl, Jean	Jude
12.) Hauser, Henri,	Jude,Kolonialaufruf,pol.Betät

2.) Scharf deutschfeindliche Professoren:

1.) Hauser, Henri	Jude,Kolonialaufruf,polit.Betä tigung.
2.) Renouvin, Pierre	Verfechter der franz.Kriegs-schuldthese 1914
3.) Rivaud, Albert	Philos. an d. Sorbonne.Ecole libre des Sciences politiques Verfasser antideutscher Büche
4.) Vermeil, Edmond	Bekannt

Faculté des Sciences:

1.) Jüdische Professoren.

1.) Abraham, H. oder R.	Jude
2.) Arambourg, Camille,	Paléontologie, am Mesée d'His tore Naturelle et Directeur de laboratoire an der Ecole d Hautes Etudes, Jude.

-2-

-2-

3.)	Bloch, Eugene diré	Jude, Kolonialaufruf.
4.)	Cahen, Eugene	Jude,
5.)	Drach, Jules	Jude,
6.)	Darmois, Georges,	Jude, Kolonialaufruf.
7.)	Drach, Pierre,	Jude
8.)	Frechet, Maurice	Jude, Kolonialaufruf.
9.)	Herubel, Marcel	Jude
10.)	Jacob, Charles,	Jude, Membre de l'Institut
11.)	Job, Paul	Jude
12.)	Lévy, Robert	Jude
13.)	Michel-Lévy, Albert	Jude
14.)	Weill, Robert,	Jude
15.)	Goldschmidt, Bertrand	Jude
16.)	Grinberg, Boris	Jude
17.)	Walter-Levy, Madame	Jüdin
18.)	Cerf, Hubert	Jude
19.)	Würmser, René	Jude
20.)	Holland, André,	Jude
21.)	Weil, Cathérine,	Jüdin
22.)	Hemmerdinger, Armand	Jude
23.)	May, Robert	Jude
24.)	Montel, Paul,+	Jude

2.) Scharf deutschfeindliche Professoren:

1.)	L a n g e v i n, Paul,	Membre d l'Académie des Sciences, College de France, hat sich in zahlreichen Aufrufen und polit. Versammlungen gegen Deutschland ausgesprochen. Mitglied der Ligue antifasciste.
2.)	Rabaud, Etienne	Kolonialaufruf, politische Betätigung

-3-

-3-

Faculté de Médecine:
1.) Jüdische Professoren.

Abrami, Pierre,	Jude
Halphen, Emile	"
Lévy-Mlle.J.	"
Lévy-Solal, Edmond,	"
Lévy-Valensi, Joseph,	"
Marfan, Antonin Bernard	"
Metzger, Marcel	"
Debré, Robert	"
Weill-Hallé, B.	"
Lobstein	"
Hahn, André	"

Faculté de Pharmacie:
1.) Jüdische Professoren.

Bach, Denis	"
Paris, René	"
David, Robert	"

Faculte de Droit:
1.) Jüdische Professoren.

Lévy-Bruhl, Henri	" , Fordert Nobelpreis für Ossietky.
Lévy-Ullmann, Henri	"
Cualid, William	" , Vizepräsident der "Alliance israélite universelle"
Sibert, Marcel,	" , Jude, Kolonialaufruf
Aftalion, Albert	"

2.) scharf deutschfeindliche Professoren.

Cassin, René, Kolonialaufruf. Hält sich in Lon-

-4-

	don auf. Vorträge gegen Deutschland.
Perroux, François	hat sich verschiedentlich in Wort u. Schrift gegen Deutschland geäussert.
Picard, Roger	Kolonialaufruf. Fordert Nobelpreis für Ossietzky.
Scelle, Georges	~~Jude~~, Kolonialaufruf, Antifasch.

Collège de F r a n c e:

1.) Jüdische Professoren:

Benveniste, Emile,	Jude
Léon, Paul	Jude, Membre de l'Institut
Lévy, Isidore	Jude
Mandelbroit, Szolem	Jude
Mauss, Marcel	Jude, Kolonialaufruf
Mazon, André	Jude, Kolonialaufruf
Mattan-Larrier, Louis,	Jude
Bloch, Jules,	Jude
Mayer, André	Jude

2.) scharf de-utschfeindliche Professoren.

Tonnelat,	Kolonialaufruf, hat sich in Wort u. Schrift gegen Deutschland geäussert
Langevin, Paul,	Mitgl. zahlreicher antideutscher u. antifaschistischer Organisationen. Hat sich in Wort u. Schrift antideutsch betätigt.
Wallon, Henry	Antifaschist, hat sich in Wort und Schrift antideutsch betätigt. Freimaurer.
Febvre, Luc.	Freimaurer.

-5-

-5-

Ecole Pratique des Hautes Etudes.

1.) Jüdische Professoren.

Pevrier, J.	Jude
Homburger, Mlle, Lilias,	Jüdin, Dir. d'Etudes
Levi, Isidore	Jude, Dir.hon.d'ét.
Levy, Robert	Jude
Marx, Jean	Jude, Dir.
Mayerson, I.	Jude, Dir. adj.
Mossé, Fernand,	Jude, Dir. d'ét.
Zeiller, Jacques,	Jude, Directeur d'études
Cohen, Marcel	Jude, Ecole des Langues Orientales, Directeur.
Bloch, Eugene	Jude
Job, P.	Jude
Ephrussi	Jude
Mayer, André	Jude
Korngold, Mme Suz.	Jüdin
Weinberg, Mlle.D.	Jüdin
Weill, Raymond,	Jude
Rosenwald, Mlle.	Jüdin
Halphen, Louis	Jude
Benveniste, Emile	Jude
Bloc$h, Jules,	Jude
Mauss, Marcel,	Jude, Kolonialaufruf.

Puech, H.-Ch.	Jude
Liber, M.	Jude
Jacob, Charles	Jude

2.) scharf deutschfeindliche Professoren:

Wallon, Henry,	Volksfrontpolitiker, bekannt durch antideutsche Manifeste.Mitgl. des "Comité des Intellectuells antifascistes" (cf.Coll.de Fr.) Dir.d'études.
Langevin, Paul,	(cf.Univ.de Paris, Fac.d.Sc.)
Rivet, Paul	Antifaschist, bekannt als Deutschenhasser

-6-

-6-

Ecole Normale Supérieure:

1.) Jüdische Professoren:

Bloch, E.	Jude
Lévy, Robert	Jude
Brunschvigg, L.	Politiker der Volksfront, Frau B. war Staatssekretärin im ersten Kabinett Blum im Jahre 1936. Er forderte für Ossietzky den Nobelpreis.
Bloch, Marc,	Jude
Aron, R.	Jude
Kaan, A.	Jude

2.) scharf deutschfeindliche Professoren.

Vermeil, E.	hat sich in Wort und Schrift antideutsch betätigt.

Ecole de Puériculture de la Faculté de Médecine:

Weill-Hallé, B.	Jude, Professor

Institut de Droit comparé:

Lévy-Ullmann, H.	Jude, Professor

Institut de Psychologie,

1.) Jüdische Professoren.

Meyerson, I.	Jude

2.) scharf deutschfeindliche Professoren.

Wallon, H.	Antifaschist, hat sich in Wort u.Schrift antideutsch betätigt, Freimaurer.

Institut d'Ethnologie:

1.) Jüdische Professoren.

Marcel Mauss,	Jude, Kolonialaufruf

2.) scharf deutschfeindliche Professoren:

R i v e t, P.	bekannt als Deutschenhasser.

-7-

-7-

Institut d'Etudes Germaniques:

1.) deutschfeindliche Professoren:

Vermeil, Edmond	hat sich in Wort und Schrift antideutsch betätigt.

Institut d'Urbanisme de l'Université de Paris:

1.) Jüdische Professoren:

Oualid, W.	Jude, Vizepräsident der "Alliance israélite universelle"

Institut National Agronomique:

1.) scharf deutschfeindliche Professoren. *hier: Jude*

Oualid, W.	Jude, Vizepräsident der "Alliance israélite universelle".

Ecole Nationale Supérieure de l'Aéronautique:

1.) Jüdische Professoren:

Lévy, P.	Jude
Hirschauer, L.	Jude
Kahn, L.	Jude
Bloch,	Jude

Ecole Nationale de la France d'Outremer:

1.) Jüdische Professoren:

M e y e r, Roland,	Jude
L é v y, R.	Jude

2.) scharf deutschfeindliche Professoren.

R i v e t, Paul,	Bekannt als Deutschenhasser.

Ecole Polytechnique:

1.) Jüdische Professoren.

L é v y, Paul,	Jude
Mossé, Fernand,	Jude
J o b, Paul,	Jude
L é v y, Georges,	Jude

-8-

-8-

2.) scharf deutschfeindliche Professoren.

Bouchez, Maurice,	hat sich schriftstellerisch antideutsch betätigt.

Ecole Nationale Supérieure des Postes, Télégraphes et Télépho. nes:

1.) Jüdische Professoren.

Cahen, F.	Jude
David, F.	Jude

Ecole Nationale Supérieure des Mines:

1.) Jüdische Professoren.

Weill, Henri,	Jude
L é v y, Paul	Jude

- 14 -

Liste der nichtjüdischen Filmschaffenden.

Lilian Harvey	(Emigrantin
Marlene Dietrich	(Emigrantin
Eric von Stroheim	(politisch gegen das Reich
Konrad Veidt	(Emigrant
Boubli	(Ehefrau Jüdin, deutschfeindl.Kinobes.
Fred Astaire	(Amerikaner, deutschfeindlicher Jude
Ben Danon	(Hetzfilminitiator
Deboucourt Jean	(Hetzfilmanreger
Dellion Marcel	(Beschimpfung des Führers
Delancy Pierre	(Schnittmeister, Hetzfilmmitwirkender
Dolbert Claude	(Schwindeleien
Donneaut Maurice	(Hetzfilmanstifter
Dubarry Albert	(Direktor der Hetz-Zeitschrift La Républ.
Dulac Germaine	(Jüdin und Kommunistin
Comel	(Produktionsleiter, Hetzfilmanstifter
Casati Dora	(Hetzfilmmitwirkende, Kommunistin
Carré Eugene	(Hetzfilmmitwirkender
Jane de Carol	(Hetzfilmmitwirkender
Cariven Marcel	(Hetzfilmmitwirkender
Earl Elyzabeth	(steht in englischen Diensten
Frapin A.	(Hetzfilmanreger
Lacaze José	(Hetzfilmautor
Mundwiller J.L.	(Hetzfilmmitwirkender
Mistler Jean	(Freimaurer
Marshall Brinda	(Hetzfilmanreger
Mann Thomas	(Schriftsteller Emigrant
P. de Charme	(deutschfeindlich
Oser Jean	(Hetzfilmanreger
Prouvost Jean	(unbesetzten Frankreich, deutschfeindl.
Prudencio de Pereda	(Hersteller von Kommunistenfilmen
Perchicot André	(Kameramann, Hetzfilmmitwirkender
Pascal Dmile	(Hetzfilmmitwirkender
Rotschild, G.	Beschimpfungen des Führers
Françoise Rosay	(in Radio und Zeitungen gegen Deutschl.
Rivers François	(deutschfeindlich, wurde verhafet bei Versuch ohne Erlaubnis freie Grenze zu überschreiten.
Fouée, Marcel	(Hetzfilmmitwirkender
Findley Charles	(Amerikaner, wegen Verletzung deutscher Gesetze verhaftet)
Ferno John	(Hetzfilmanreger, Herstellung kommun.
Grave Serge	Filme) (Hetzfilmanreger
Carrigues Rémy	Beschimpfungen gegen Minister Goebbels
Hugon André	bei den Franzosen unerwünscht
Honegger André	(Herzfilmmitwirkender, Emigrant
Van Hoodebeke	(Musikautor, Hetzfilmmitwirkender
Nenningwray John	(Hetzfilmmitwirkender
Hannicaud Yvonne	(Hetzfilmmitwirkender
Jayet René	(Hetzfilmmitwirkende
Ivens Joris	(Hetzfilmmitwirkender

Listes allemandes d'exclusion 1) de non-Juifs; 2) de Juifs des professions du cinéma (Archives fédérales militaires. Fribourg-en-Brisgau)

- 15 -

Irvin Marcel	(Hetzfilmmitwirkender
Kiepura Jan	(gegen Deutschland tätig
Martha Eggerth	(gegen Deutschland tätig
Lupovici	(Hetzfilmmitwirkender
Lukas Georges	(Kommunist
Lorain Lisette	(Hetzfilmmitwirkende
Lévine Michel	(Kapellmeister, Hetzfilmmitwirkender
Thorez Henri	(Kommunist
Vermont B.	(Hetzfilmmitwirkender, Drehbuchautor
Zimmer Bernard	(Kommunist
René Clair	(Franzose
Michele Morgan	(wirkt in Amerika in einem Hetzfilm mit
Charles Boyer	(im Radio gegen Deutschland gewirkt
Wohlbrück Adolph	(in Amerika, Emigrant
Simone Simon	(deutschfeindlich nach Amerika geflüchtet
Pierre Billon	(Filmregisseur Regisseur d.Hetzfilms"2.Bureaux
Jouvet Louis	(-

– 16 –

Anlage 2

Liste, der in Frankreich tätig gewesenen jüdischen Filmschaffenden.

Alexander Raoul
Alexander René
Alexander Robert
Aisner Henry
Aisner Robert
Aisner Georges
Agiman Georges
Algazy E.A.C. (Métropa-Film)
Aron André (Pan-Cinéma)
Aron Francis
Aron Robert
Aumont-Jean-Pierre
Astaire Fred
Baer Jean Pierre de
Barstoff Simon
Baum Ralph
Bentata Paul (Eden Production)
Bernard Armand
Bernard Raymond
Bernard Tristan
Bernhardt Kurt
Bernheim Michel
Bernstein Henry
Betove Levy)
Bloch Noé
Blum René (Parnaso Films)
Blum Roger
Blum Robert
Blumentahl J. (Stud. Paramount)
Blitzstein Marx
Bondy Milos
Boubli (Ehefrau Jüdin)
Charles Samuel
Charlewsky
Cohen David
Cohen Jack
Cohen Léo
Cohen Marcel
Cohen N. (Osso-Films)
Col Dehlia
Coolus Romain
Courant Kurt
Dac Pierre
Dalio
Danciger Georges (Simpex Film)
Danciger Oscar
David Charles
David Jean
David Léon
Dalac Charles
Deutschmeister A. (Franco Films)
Devirys Charles
Diamant-Berger Maurice
Diamant-Berger Ginette
Dreyfuss J.P.
Dubas Marie
Dulac Germaine
Epstein Jean
Epstein Marie
Epstein Raphael
Epstein Samuel
Ermolieff Marc.
Erlanger Herbert (Rechtsb. War.B)
Fainsilber Benjamin
Fainsilber Samson
Farkas Nicolas
Fisher Pierre
Forester Jack
Foss David, de la
Franzose Ernest
Gance Abel
Geftmann Grégoire
Geron Kurt
Glass Max
Glass Mac
Glueckmann Max
Goldblatt Charles
Goldmann Justus
Gombault Charles (Weisskopf
Grinkrug) Onésime (Arci-Films)
Grinstein Raoul
Haas Hugo
Haik Clément
Haik Jacques
Hakim André
Hakim Pierre
Hakim Raphael
Hakim Reymond
Hakim Robert
Heilbronner Max

Liste allemande d'exclusion des Juifs de la profession des industries cinématographiques (Archives de France AJ 40/567)

— 17 —

Hugon Ivan
Hervilleur Raymond
Image Jean (Hadjy Imre)
Jakobson
Kagansky (General Production)
Kamenka Alexander
Kamenka Sacha
Karpels Isidore
Kaufmann Boris
Kefer Pierre
Kelber Géo
Kleber Michel
Kiss Ester
Klarsfedl M.H. (Paramount)
Koenigsfest (Solar-Film)
Kolpenitzky Max (Max Colpet)
Korène Vera
Kraus Gina
Kretschmer Fritz
Landau Jacques
Laemmle Marc
Lamy Adrien
Lamy Charles
Lang André
Lania Léo
Latzarus Charles
Laumann
Le Dorle (Lederer)
Lachuche Bernard
Levin Sam
Levy Albert
Levy Charles
Levy Jacques
Levy Jean
Levy Jean-Benoit
Levy Henry
Levy Herbert
Levy Mathot
Levy Macime
Levy Robert
Lévy Sylvain
Levy-Strauss
Lippschitz (Trinanon-Film)
Litwak Anatole
Livermann
Loevenberg
Lucachevitch Joseph
Lurville Armand
Metzger
Meyer Valentin
Meyer Henry
Milakowsky
Misraki Paul
Mittler Léo
— Musso Jeff (Films Derby)
Natzler Greta
Natan Bernard
- Natan Emile
Natanson Antoine
Natanson Jacques
Nebenzahl Seymour
Neumayer
— Ophuls Max
Osso Adolphe (Osso Films)
Oswald Marianne
Oswald Richard
Ozep Fedor
Perlmann Isidore
Pathé-Natan
Picard Nadine
Pines Romain
Pommer Eric
Pressburger
Rabinovitch Gregor
Radsack Erik
Rahna
Reitberger Paul
Rimsky Nicolas
Rischmann
Rosenhart Jean
Rosenberg Lucien
Rosendahle Ferdinand
Rosenfeld Isi
Rosentahl Alfred
Rosenweig A.
Salkind Michel
Sandberg Georges
Sassoon William
Schaeffer H.
Schiffrin Simon
Schlossberg
Schuefftan
Schwab Pierre
Schwartz Ed.
Schwoob d'Héricourt Jacques
Siegmann Mathos
Sikoulsky Marc
Silberberg (Vissonart Films)
Simon Guy
Siodmak Robert
Siritzky Léon
Sobelmann (Films Agimann)
Souhamy David (Gallia Films)
Suedmark Robert

\- 18 -

Mireille Olly Flint
Misrai E.
Tamkim Sam (Maja Films)
Tennenbaum D.
Tuscherer Eugène (Films Mercure)
Tzipine J.
Ullmann Henri
Uclsa Paul
Ventura Ray
Wall Jean
Weil René
Weil Roger
Weill Pierre
Weiss Marcel
Wengeroff Alexis
Temerson Jean
Wiener Jean
Wilhelm Hans
Wohlgemuth
Woog Roger
Worms Marcelle
Wurtzer
Zimmer Bernard
Zahn Juliette
Zederbaum Cladimir
Zylbergerg Eugène
Raya Nita (Freundin von Maurice Chevalier)

LE RETOUR DE L'AIGLON

15 Décembre 1840 : Retour des cendres de Sainte-Hélène.
15 Décembre 1940 : Retour des cendres de *L'AIGLON*.

Les siècles passent... La grande pensée de NAPOLEON — *L'EUROPE UNIE* — renait de la conjonction sacrée de ces cendres.

L'Archiduc blanc repose désormais auprès de son Père, sous le dôme des Invalides, symbole de paix entre la France et l'Allemagne,

POINT DE DÉPART D'UNE EUROPE RÉCONCILIÉE

Chloroformés par des gouvernements judéo-maçonniques au service de l'Angleterre, nous avions oublié jusqu'à la grandeur de notre histoire. Par son geste simple et grandiose, Adolf HITLER nous la rappelle. Il nous prouve ainsi sa disposition d'esprit à notre égard. De Dunkerque à Ajaccio — berceau de l'Empereur — les Français, sensibles aux gestes nobles, se sentent troublés et reconnaissent qu'à cette date historique du 15 décembre 1940, quelque chose de grand s'est accompli.

L'Angleterre pourra ergoter, le fait est là, décisif.

L'heure a sonné, une heure solennelle, grosse de tout l'avenir de la France, de s'arracher aux idées rétrogrades pour s'engager d'un pas résolu, sur les voies de l'avenir qui conduisent à la paix véritable et à

L'EUROPE UNIE.

Pierre COSTANTINI
Chef de la *LIGUE FRANÇAISE*.

Affiche de la Propaganda *(Archives de France AJ 40/1001)*

UNIVERSITÉ DE PARIS

INSTITUT D'ÉTUDES GERMANIQUES

CONFÉRENCES PUBLIQUES A LA SORBONNE

Samedi 7 Juin, à 17 heures
Amphithéâtre Descartes

M. Jean-Edouard SPENLÉ, Recteur de l'Académie de Dijon,
Les universités allemandes dans le passé et dans le présent.

Vendredi 13 Juin, à 17 heures
Amphithéâtre Descartes

M. Maurice BOUCHER, Professeur à la Sorbonne,
Le second Faust et la sagesse de Gœthe.

Vendredi 20 Juin, à 17 heures
Amphithéâtre Richelieu

M. Henri GOUHIER, Professeur à la Faculté des Lettres de Bordeaux,
Le théâtre devant la pensée philosophique allemande.

Vendredi 27 Juin, à 17 heures
Amphithéâtre Richelieu

M. Alfred JOLIVET, Professeur à la Sorbonne,
L'épopée germanique : les Nibelungen.

Vendredi 4 Juillet, à 17 heures
Amphithéâtre Descartes

M. Louis RÉAU, Professeur à la Sorbonne,
Albert Dürer *(avec projections).*

Paris. Imp. administrative Centrale, 8, rue de Furstenberg (6e).

Programme des cours d'études germaniques en Sorbonne de 1941 (Archives de France AJ 40/566)

Proclamation

à la Population Française

Les agitateurs anti-allemands de la radio et les agents stipendiés par les Alliés vous ont incités à la grève, à la révolte et aux actes de sabotage contre les entreprises de transports et les installations d'approvisionnement.

Sous prétexte de porter ainsi atteinte à l'autorité occupante ils vous ont provoqués à commettre des actes dont les conséquences retomberont fatalement sur vous-mêmes, sur vos femmes et vos enfants, mettant en danger votre alimentation et votre sécurité.

L'armée allemande est décidée à imposer le respect des lois et des ordres donnés et à rétablir l'ordre et la paix sociale, au besoin par la force des armes.

J'exige en conséquence de vous: que chacun reprenne immédiatement son travail et contribue ainsi au rétablissement de l'ordre. C'est ainsi que vous servirez les intérêts de votre patrie et ceux de votre famille.

Tous ceux qui cessent le travail ou refusent de le reprendre, qui pratiquent le lock-out, qui empêchent ceux qui veulent travailler de reprendre le travail, les molestent, les menacent ou qui troublent de n'importe quelle autre façon la paix sociale, contreviennent aux dispositions de l'article 20 de l'Ordonnance concernant la sauvegarde de l'Autorité occupante et encourent les peines les plus rigoureuses allant jusqu'à la peine capitale.

Jusqu'au jour où l'ordre sera rétabli j'ordonne ce qui suit:

1. Les lieux de plaisir, théâtres, cinémas etc. sont fermés jusqu'à nouvel ordre.
2. La vente des alcools et des boissons alcoolisés est absolument interdite.
3. Sont interdits tous rassemblements sur la voie publique et toutes réunions soit à l'intérieur soit à l'extérieur de locaux fermés, exception faite des réunions en famille et des réunions du personnel en vue de son travail sur les lieux de ce travail.

Français, je fais appel à votre bon sens! Quiconque ne se conforme pas à mes ordonnances, s'expose aux rigueurs de la loi et à l'usage des armes dont les troupes feraient emploi.

Der Militärbefehlshaber in Frankreich.

Affiche du commandement militaire allemand de la zone Sud occupée, 14.6.1944 (Archives de France AJ 40/967)

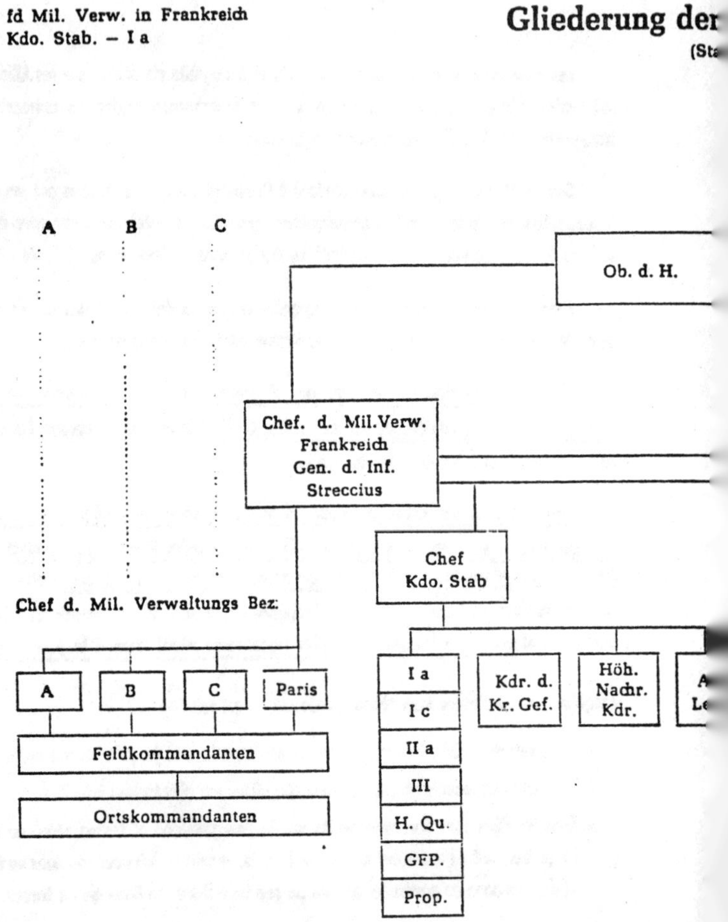

Premier organigramme de l'administration militaire allemande en France au 29 juillet 1940 (Archives fédérales militaires, Fribourg-en-Brisgau)

Verw. in Frankreich

9. Juli 1940)

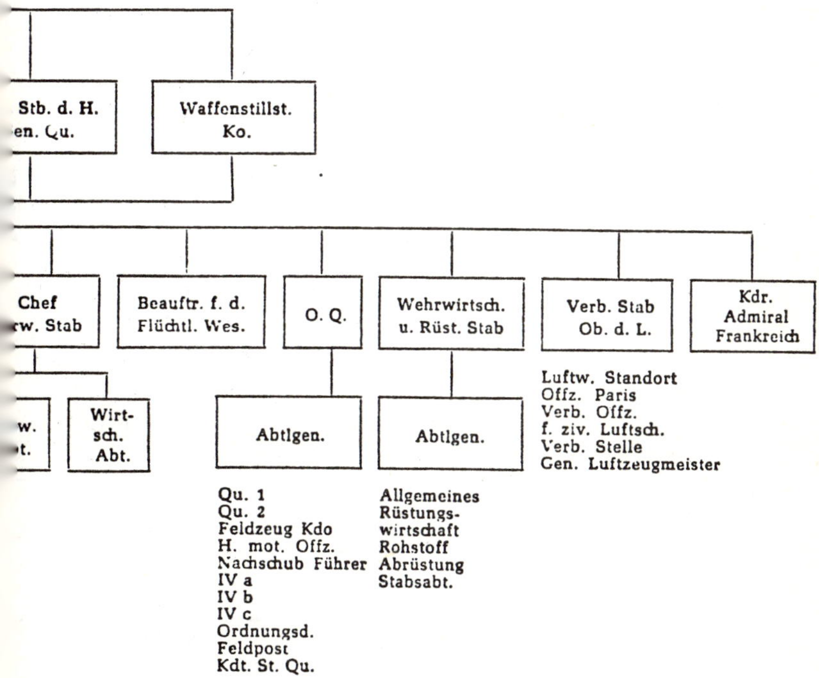

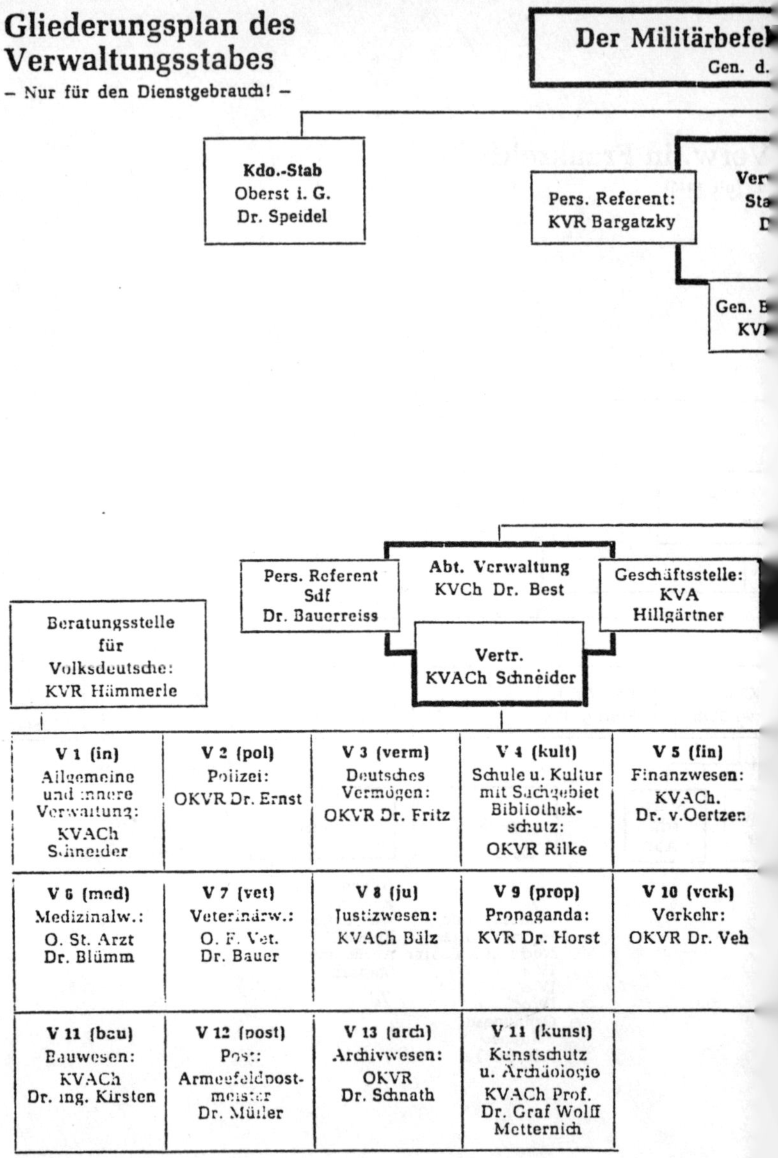

Deuxième organigramme de l'administration militaire en France à la fin novembre 1941 (Archives fédérales militaires, Fribourg-en-Brisgau)

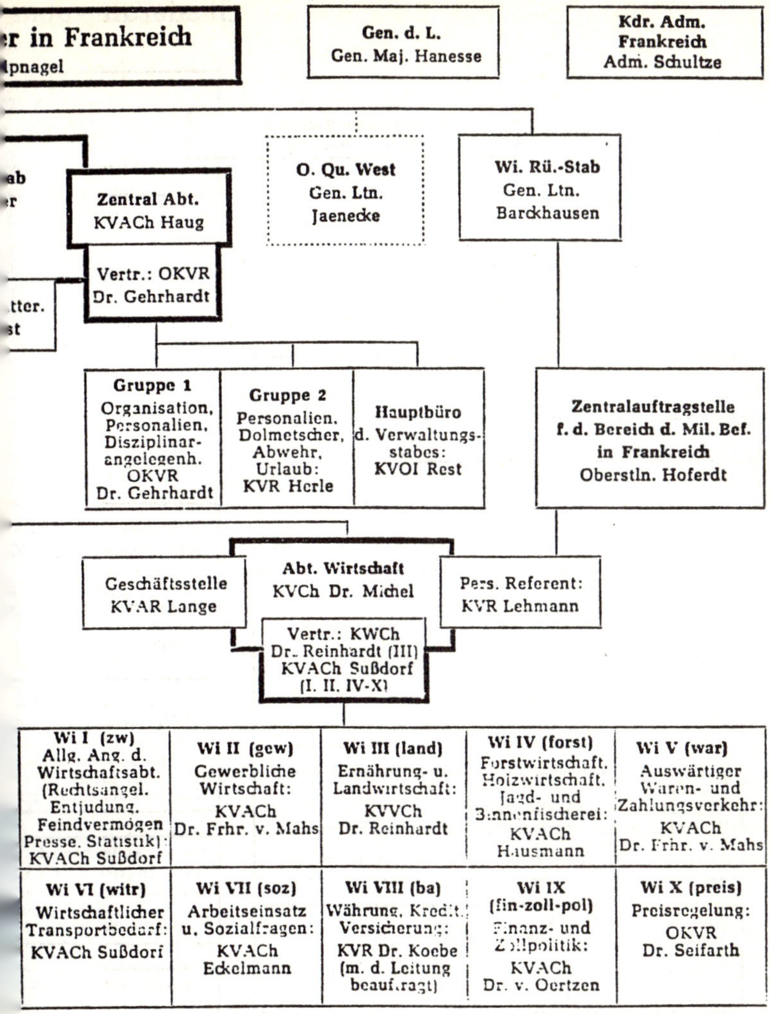

Stand Ende November 1941
Verwaltungsstab, Zentralabtlg.

Akte Nr. 85 216

Gliederungsplan

Stand

Ver

Chef:

Allgemeiner Ver

Persönlicher Referent:
KVR. Lehmann

Abteilungen Verwaltung
Leiter: KVCh. Dr. Medicus

Geschäftsstelle: KVA. Hillgärtner | Vertreter: KVACh. Bälz

V 1: Allgemeine Verwaltung
Abteilungsleiter: KVCh. Dr. Medicus
Gruppe 1: Allgemeine u. innere Verwaltung, OKVR. Frhr. v. Teuchert
Gruppe 2: Kultur- u. Kunstverwaltungen, OKVR. Dr. Kuetgens
Gruppe 3: Verkehr, OKVR. Dr. Veh
Gruppe 4: Bauwesen, KVACh. Dr. Kirsten
Gruppe 5: Post, Armeefeldpostmeister Dr. Müller

V 2: Justiz
Abteilungsleiter: KVACh. Bälz
Gruppe 1: Justizverwaltung und allg. Rechtsangelegenh. KVACh. Bälz
Gruppe 2: Wirtschaftl. Rechtsangel., OKVR. Dr. Blanke

V 3, Wi VIII Finanzen
Abteilungsleiter: KVACh. Dr. v. Oertzen
V 3 1: Finanzverwaltung, OKVR. Dr. Drücke
V 3 2: Deutsches Vermögen, OKVR. Dr. Fritz
Wi VIII: Finanz- und Zollpolitik, KVACh. Dr. v. Oertzen

Wi I: Allg. Wirtschafts
Abteilungsleiter: KVAC
Gruppe 1: Allgemeine
OKVR. Dr.
Gruppe 2: Feindvermög
Gruppe 3: Statistik. KV
Gruppe 4: Wirtschaftstr
Dolmetscher

Wi III: Ernährung und
Abteilungsleiter: KVVC
Gruppe 1: Erzeugung,
Gruppe 2: Ernährungsv
Gruppe 3: Landbewirts

Wi V: Außenhandel,
Abteilungsleiter: KVAC
Gruppe 1: Auswärtiger
OKVR. Schw
Gruppe 2: Währung. K

Wi VII: Arbeitseinsatz
Abteilungsleiter: KVA
Gruppe A: Allg. Ange
Gruppe B I: Anwerbun
OKVR. Dr
Gruppe B II: Innerfran
Gruppe C: Sozialversi
OKVR. De

Troisième organigramme de l'administration militaire allemande en France au 1er novembre 1942 (Archives fédérales militaires, Fribourg-en-Brisgau)

erwaltungsstabes

. 1942

stab

Michel

Ch. Dr. Medicus

Zentralabteilung
OKVR. Dr. Gehrhardt
Vertreter: KVR. Dr. Dyckerhoff

Gruppe 1	Gruppe 2	Gruppe 3	Hauptbüro
Organisation u. Personalien OKVR. Dr. Gehrhardt	Personalien KVR. Dr. Dyckerhoff	Presse und Propag. KVR. Dr. Horst	d. Verw.-St. KVOJ. Rest

Abteilungen Wirtschaft
Leiter: KVCh. Dr. Michel

eferent: mann | Vertreter: KVVCh. Dr. Reinhardt | Geschäftsstelle: KVAR. Lange

irtschaftstransp.
Heraeus
iten u. Entjudung.
Rinke
ner
VR. Müller – Wild

aft
hardt
Schroeckh
KVR. Dr. Schoppmann
terdirektor Wermke

rsicherungswesen
v. Mahs
Zahlungsverkehr.
erung. KVR. Dr. Koebe

wesen
n
KVACh. Eckelmann
räften n. Deutschland
atz. OKVR. Dr. Kohl
Lohngestaltung.

Wi II: Gewerbliche Wirtschaft
Abteilungsleiter: KVACh. Dr. Frhr. v. Mahs
Generalreferat. OKVR. Bolck
Gruppe A: Bergbau u. Kohlenwirtschaft, Steine u. Erde KVR. Röver
Gruppe B: Mineralölwirtschaft. Rittmeister Roß
Gruppe C: Energiewirtschaft. OKVR. Henney
Gruppe D: Eisenschaff. Industrie u. Gießereien. Obstltn. Dr. v. Hofacker
Gruppe E: Metallschaff.- u. Halbzeugindustrie. OKVR. Panse
Gruppe F: Eisen- u. metallverarb. Industrie. KVR. Rohmann
Gruppe G: Chem. Ind. u. verw. Industriezweige. Major Dr. Schulz
Gruppe H: Bauwirtschaft, Baustoffe, Baugeräte, KVR. Dr. Donath
Gruppe J: Textil- u. Papierindustrie. KVR. Schilling
Gruppe K: Sonstige Industrien. OKVR. Bolck
Gruppe L: Wirtschaftsorganisation. Handel, Handwerk, Fremdenverkehr. OKVR. Dr. Gehrhardt
Der Abteilung „Gewerbliche Wirtschaft“ zugeteilt: Weniger. Generalbeauftragter beim Office Central de Repartition des Prod. Industriels

Wi IV: Forst- und Jagdwesen
Abteilungsleiter: KVACh. Hausmann
Gruppe 1: Forstwirtschaft. OKVR. Schüler
Gruppe 2: Holzwirtschaft. KVR. Lichtenberg
Gruppe 3: Jagdwesen. OKVR. Schüler

Wi VI: Preisregelung
Abteilungsleiter: OKVR. Dr. Seifarth

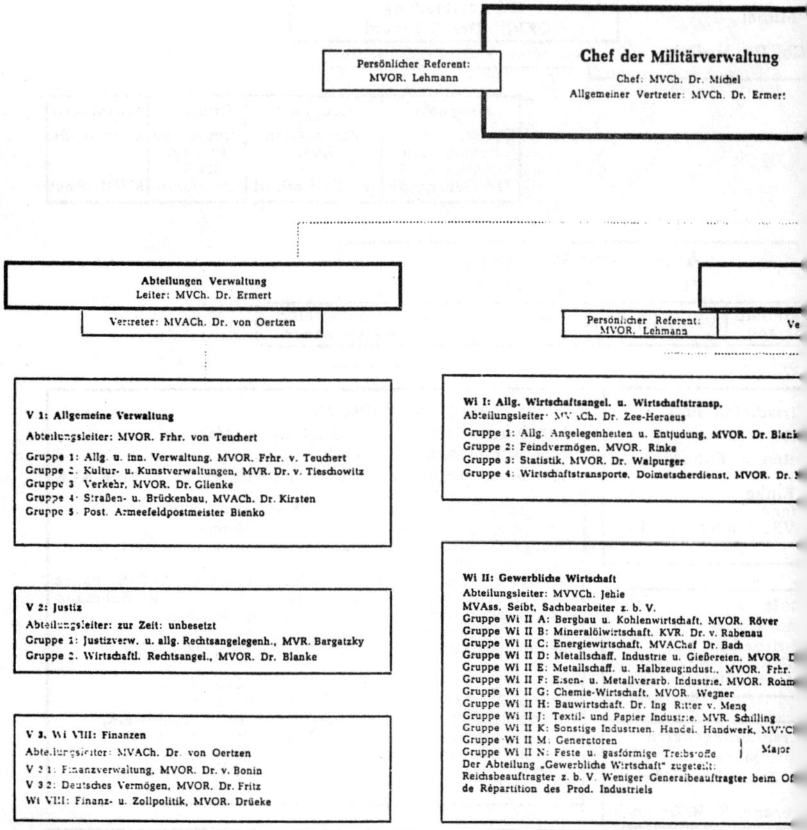

Quatrième et dernier organigramme de l'administration militaire allemande en France au 1er mars 1944 (Archives fédérales militaires, Fribourg-en-Brisgau)

Gliederungsplan der Mil. Verw. i. Frkr.
Stand vom 1. März 1944

Zentralabteilung
'ACh. Dr. von Jonquières

ertr.: MVOR. Dr. Dyckerhoff

Gruppe 1
Organisation
Allg. Pers. Ang.
MVACh. Dr. v. Jonquières

Gruppe 2
Personalien
MVOR.
Dr. Dyckerhoff

Gruppe 3
Presse
MVR.
Dr. Horst

Zentralbüro d. Mil. Verw.
MVOJ. Rest

'irtschaft
Dr. Michel

Reinhardt

Wi III: Ernährung und Landwirtschaft
Abteilungsleiter: MVVCh. Dr. Reinhardt
Gruppe 1: Erzeugung, MVOR. Dr. Schroeckh
Gruppe 2: Ernährungswirtschaft, MVOR. Dr. Schoppmann
Gruppe 3: Landbewirtschaftung, Güterdirektor Wermke

Wi IV: Forst- und Jagdwesen
Abteilungsleiter: MVACh. Hausmann
Gruppe 1: Forstwirtschaft, MVOR. Schüler
Gruppe 2: Holzwirtschaft, MVR Lichtenberg
Gruppe 3: Jagdwesen, MVOR. Schüler

Wi V: Außenhandel, Geld- und Versicherungswesen
Abteilungsleiter: MVACh. Dr. Frhr. v. Mahs
Gruppe 1: Auswärtiger Waren- u. Zahlungsverk., MVACh. Dr. Frhr. v. Mahs
Gruppe 2: Währung, Kredit, Versicherung, MVR. Dr. Koebe

Wi VI: Preisregelung
Abteilungsleiter: MVACh. Bauch

Arb.: Hauptabteilung Arbeit
Leiter: MVVCh. Glatzel
Vertreter:
MVOR. Dr. List
MVOR. Dr. Kohl

Abt. A: Arbeitseinsatz
Abteilungsleiter: MVOR. Dr. List

Abt. B: Ordnung d. Arbeit
Sozialversicherung u. Arbeitsschutz
Abteilungsleiter: MVOR. Dr. Kohl

Abt. C: Allg. Angelegenheiten
Personalien u. Kassenwesen
Abteilungsleiter: MVOR. Gottschick

Wi VIII siehe V 3

Carte des implantations de l'administration militaire allemande en France au 1er août 1944 (Archives fédérales militaires, Fribourg-en-Brisgau)

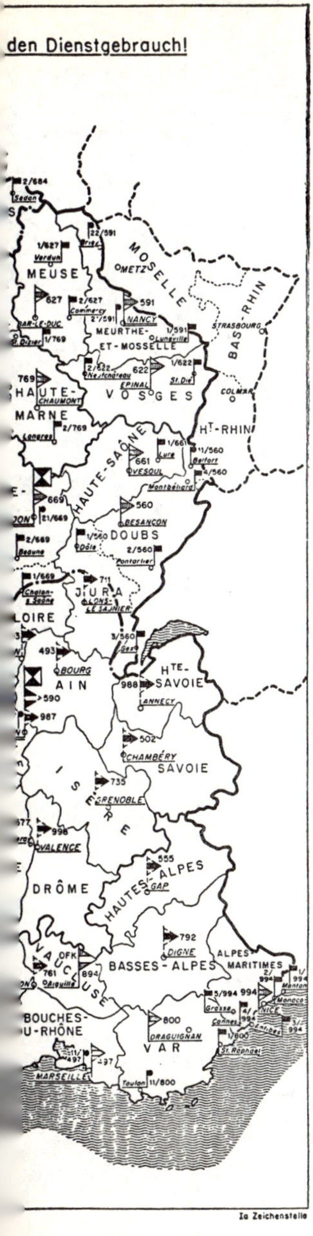
den Dienstgebrauch!
Sedan
Verdun
MEUSE
MOSELLE
METZ
BAS-RHIN
STRASBOURG
NANCY
MEURTHE-ET-MOSSELLE
Luneville
Commercy
BAR-LE-DUC
EPINAL
St. Dié
VOSGES
CHAUMONT
HAUTE-MARNE
Langres
COLMAR
H^T-RHIN
Belfort
Lure
VESOUL
HAUTE-SAÔNE
Montbéliard
BESANCON
DOUBS
Dôle
Pontarlier
Beaune
JURA
LONS-LE SAUNIER
LOIRE
Gex
BOURG
AIN
H^{TE}-SAVOIE
ANNECY
CHAMBÉRY
SAVOIE
ISÈRE
GRENOBLE
VALENCE
DRÔME
HAUTES-ALPES
GAP
DIGNE
BASSES-ALPES
ALPES MARITIMES
VAUCLUSE
Menton
Monaco
NICE
Antibes
Grasse
Cannes
St. Raphael
BOUCHES-DU-RHÔNE
DRAGUIGNAN
VAR
MARSEILLE
Toulon
Ia Zeichenstelle

Carte des implantations de l'administration militaire allemande en zone Nord au 15 mars 1941 (Archives fédérales militaires, Fribourg-en-Brisgau)

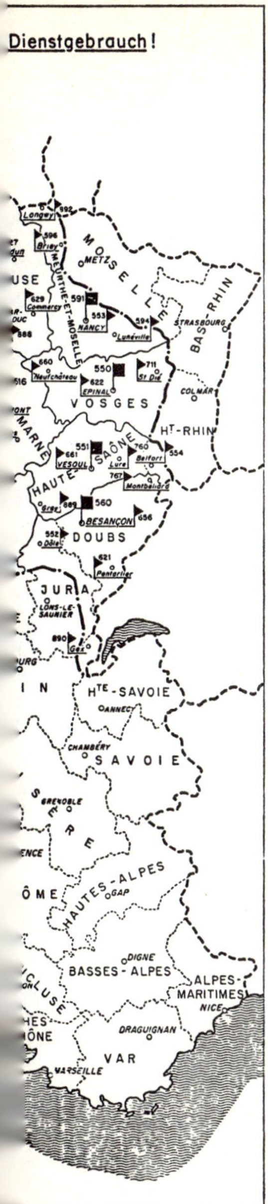

… nachgezeichnet i. d. Zeichenstelle des MGFA Freiburg

Index des noms de personnes

TABLES DES MATIÈRES

Cet ouvrage a été réalisé par la
SOCIÉTÉ NOUVELLE FIRMIN-DIDOT
Mesnil-sur-l'Estrée
pour le compte des Éditions Fayard
en janvier 1991

Imprimé en France
Dépôt légal : janvier 1991
N° d'édition : 1267 – N° d'impression : 16617
ISBN : 2-213-02623-8

35-8395-2